R, SAS, SPSS 함께하는

범주형 자료의 시각화

대응분석

| 최용석 지음 |

KM 경문사

머리말

One picture is worth ten thousand words.
Fred R.(8, December 1921)

대응분석(correspondence analysis)은 범주형 자료(categorical data)에서 분할표로 구성 가능한 자료의 행(row)과 열(column)을 저차원 공간상의 점들로 동시에 나타내어 그들의 관계를 탐구하려는 탐색적 자료분석 기법이다.

1930년대 허슈펠드(Hirschfeld)에 의해서 개발되어 1960년대 벤제크리(Benzécri)에 의해서 더욱 발전된 대응분석은 범주형 자료분석에서 시각화 기법으로 아주 뛰어나다. 저자도 국내에서 처음으로 1993년 《SAS 대응분석》(고려대학교 통계연구소 통계분석 강의총서 17)과 2001년 《SAS 대응분석의 이해와 응용》을 집필하였다. 그 이후 본인의 졸작에 이를 요약하거나 R의 패키지 ca를 활용하기도 하여 분할표 자료의 시각화 기법으로 대응분석을 소개하였다.

이번 신작 《R, SAS, SPSS 함께하는 범주형 자료의 시각화 -대응분석-》에서는 그동안 대응분석에 관한 저서에서 미처 수용하지 못했던 내용과 새로운 관점에서 연구한 결과를 포함하였다. R은 버전 4.1을 바탕으로 패키지 ca(버전 0.71.1)와 지도학생들과 개발한 다시점 자료(longitudinal data)의 시각화를 위한 패키지 vlda(visualization of multidimensional longitudinal data, 버전 1.1.5)를 활용하였고 SAS는 PROC CORRESP(버전 9.2)와 SPSS는 IBM SPSS Statistics 27을 활용하였다. 특히, R 버전이 4.2 이상에서 한글이 포함된 자료인 경우 함수 read.table()에서 인코딩 옵션 fileEncoding = "euc-kr"을 반드시 사용해야 한다.

이 책의 구성은 다음과 같은데 패키지 활용은 R을 기본으로 설명하고 SAS와 SPSS 실습을 각 장의 마지막 2개 절로 각각 제공하고 있다. 1장에서 대응분석의 엿보기를 통해 비대칭 분할표, 텍스트 마이닝, 다시점 자료를 위한 다양한 대응분석을 이해하고자 한다. R의 대응분석을 위한 패키지 ca의 적용을 소개하고 SAS/PROC CORRESP와 SPSS의 메뉴 **분석(A)** ▶ **차원 축소(D)**에서 **대응일치분석(C)**과 **최적화 척도법(O)**에서 제공하는 대응분석을 실습에서 소개하고 있다. 2장은 범주형 자료 중 이원분할표의 행과 열 범주 간의 대응관계를 시각적으로 보여주는 단순(simple) 대응분석에 대해 소개한다. 더불어 비대칭 분할표의 대칭부분과 반대칭 부분의 수정 단순 대응분석을 제공한다. 3장에서는 삼원 이상의 다원 분할표 내지는 범주변수가 3개 이상인 범주형 자료에 대해 다중(multiple) 대응분석을 고려할 수 있다. 자료의 형태는 분할표, 분류변수가 포함된 자료, 표시행렬과 버트표를 고려할 수 있다. 4장은 텍스트 마이닝에서 텍스트 자료의 처리와 TF−IDF 가중 함수를 활용한 정형화를 통해 얻어진 문서−핵심어 행렬에 의한 이원분할표의 단순 대응분석을 문서와 단어의 연관성을 시각적인 해석을 통해 제공한다. 5장에서는 새로운 정보를 가진 범주를 이미 어떤 분할표 자료의 대응분석에 추가하여 기존 범주들과의 대응관계를 살핀다. 이를 추가범주라 하는데 이를 위한 단순과 다중 대응분석 알고리즘을 소개한다. 6장에서는 범주들의 대응관계를 2차원 대응분석 그림만으로는 충분히 나타낼 수 없는 경우 그림상의 좌표점에 대한 부가적인 정보통계량을 설명한다. 7장에서는 각 개체가 여러 시간에 따라 관찰된 반응을 반복측정(repeated measurement)한 다시점 자료의 시각화를 위해 개발된 R의 패키지 vlda를 활용한다. vlda는 긴 형태와 넓은 형태의 다시점 자료를 모두 분석할 수 있으며 추가 개체와 변수도 다룬다.

R, SAS와 SPSS는 국내에서 통계적 분석 도구로 가장 잘 알려진 패키지이다. 특히 R은 인기 있는 오픈 소스(http://www.r-project.org)의 소프트웨어다. 각 장에서 사용되는 [R-코드], [SAS-코드], [SPSS-메뉴] 그리고 [자료 목록]을 부록에 수록해 두며 이는 저자의 홈페이지(http://yschoi.pusan.ac.kr) 메뉴 Researches의 Books에서 받아 갈 수 있다.

끝으로 이 책은 분할표를 포함하여 다양한 형태의 범주형 자료를 이해하고 이를 시각화하기 위해 R, SAS와 SPSS를 활용하는데, 이렇게 대응분석을 소개하는 책을 출간하게 되어 매우 기쁘고 행복하게 생각한다. 그리고 통계학, 특히 범주형 자료분석에서 최근 관심과 활용도가 높아지고 있는 시각화 기법과 관련된 이 책을 출간해주신 경문사 여러분께 고마움을 전한다.

부산대학교 통계학과 연구실 208호

최용석

* 이 과제는 부산대학교 기본연구지원사업(2년)에 의하여 연구되었음.

목차

1장 대응분석의 이해

2장 단순 대응분석

3장 다중 대응분석

4장 텍스트 자료의 대응분석

5장 추가범주의 대응분석

6장 좌표점 정보통계량

1 장

대응분석의 이해

one question frequently asked is whether some features are more informative than others...
this question requires series study.
Chernoff, H.(1973)

어떤 특징이 다른 특징보다 더 유용한지 여부는
자주 묻는 질문 중 하나이다...
이 문제는 계속해서 살펴볼 필요가 있다.

범주형 자료의 범주 간의 대응관계를 시각적으로 보여주는 대응분석(correspondence analysis; CRA)에 대해 소개하고자 한다. 일반적으로 대응분석은 이원분할표 자료에 적용되는 단순 대응분석과 다원분할표 자료에 적용되는 다중 대응분석으로 나눌 수 있다. 비대칭 분할표의 수정 단순 대응분석은 대칭과 반대칭 대응분석 그림을 통해 해석상 기하적으로 상호 보완적인 관계를 보여 준다. 최근 텍스트 자료와 다시점 자료를 시각적으로 해석하는 데 대응분석이 활용되고 있다. 대응분석의 개발과 다양한 분야에 응용되고 있는 여러 사례를 살펴보자. 더불어 몇 가지 보기에서 R의 대응분석을 위한 패키지 ca의 적용을 소개하고 SAS/PROC CORRESP와 SPSS의 메뉴 **분석(A)** ▶ **차원 축소(D)**에서 **대응일치분석(C)**과 **최적화 척도법(O)**에서 제공하는 대응분석을 실습에서 소개하려 한다.

1.1 대응분석 엿보기

일반적으로 범주형 자료(categorical data)인 분할표(contingency table) 자료에 대하여 삼원분할표 이하에서는 카이제곱검정을 통하여 각 범주 변수 간의 연관성인 독립성과 동질성을 살펴본다. 또한 삼원분할표 이상의 경우에는 로그선형모형(log-linear model) 또는 로짓모형(logit model)을 통하여 범주 간의 연관성을 살펴본다(양호진 외, 2022). 이 장에서는 이들 검정과 모형 대신에 대응분석(correspondence analysis)이라는 다변량 시각적 방법을 소개하려 한다. 즉, 대응분석이란 범주형 자료에서 범주변수 각각의 범주에 해당하는 분류변수에 의한 분할표 자료의 행(row)과 열(column)을 저차원 공간상의 점들로 동시에 나타내어 그들의 관계를 탐구하려는 시각화 자료분석 기법이다. 실제 대응분석은 사회학, 생태학, 심리학, 기상학, 교육학, 지리학, 경제학 등의 여러 분야에 걸쳐 응용되고 있다.

대응분석은 기본적으로 이원분할표 자료에 적용되는 단순(simple) 대응분석과 다원분할표 자료에 적용되는 다중(multiple) 대응분석으로 나눌 수 있다(Greenacre와 Hastie, 1987). 최용석(2001, 3장)에 따르면 대응분석을 적용하는 자료로 분할표가 일반적이나 분할표의 범주를 나타내는 분류변수를 개체별로 나타낸 자료와 0과 1에 의한 표시행렬(indicator matrix)과 표시행렬로부터 얻어진 버트행렬(Burt matrix)도 활용된다.

먼저 이 절에서는 단순 대응분석과 다중 대응분석을 적용한 보기를 통해 대응분석을 기하적으로 이해하기 위해서 대응분석 그림만 제공하여 해석한다. 나머지 결과들은 각 장별로 이들 보기를 재인용하여 추가적인 설명을 더하고자 한다. 이를 위한 R의 패키지 ca(버전 0.71.1)의 활용도 곁들인다.

특히, [보기 1.1.1]은 지위와 흡연습관의 이원분할표의 단순 대응분석, [보기 1.1.2]는 사고운전자의 운전상태와 부상정도에 따른 삼원분할표의 다중 대응분석, [보기 1.1.3]은 오즈의 마법사 세 편에 대한 텍스트 마이닝의 단순 대응분석, [보기 1.1.4]는 외상 후 스트레스 증후군에 대한 3개월, 6개월, 12개월 다시점 자료의 다중 대응분석, [보기 1.1.5]는 경제전망과 경제정책선호도 조사자료의 5개 범주변수에 대한 오원분할표의 다중 대응분석, [보기 1.1.6]은 인구통계적 변인과 사회경제적 변인의 조합으로 이루어진 다원분할표인 버트표(Burt table) 자료의 다중 대응분석, [보기 1.1.7]은 미국의 1980년과 1985년도 거주지 이주에 대한 비대칭(asymmetric) 분할표의 수정(modified) 단순 대응분석을 제공한다.

보기 1.1.1 지위에 따른 흡연습관의 이원분할표에 대한 단순 대응분석

[자료 1.1.1]은 어느 회사에서 지위에 따라 개인의 흡연습관을 나타낸 이원분할표 자료이다(Greenacre, 1984, p. 72). 이 자료는 R의 패키지 ca에서 data(smoke)로 제공되고 있다. 행범주는 지위에 따라 5범주로 나누고 각 그룹으로부터 흡연습관에 응답할 사람을 남녀 구분 없이 임의로 10% 선정하였다. 그리고 이들 각자에게 4가지 흡연습관 none(담배를 전혀 피우지 않는다), light(하루에 담배를 1-10개비 피운다), medium(하루에 담배를 11-20개비 피운다) 그리고 heavy(하루에 담배를 1갑 이상 피운다)에 따라 응답하도록 하였다.

[자료 1.1.1] 지위에 따른 흡연습관의 이원분할표

	흡 연 습 관			
지위	none	light	medium	heavy
상위 경영직(SM)	4	2	3	2
하위 경영직(JM)	4	3	7	4
상위 고용직(SE)	25	10	12	4
하위 고용직(JE)	18	24	33	13
비서직(SC)	10	6	7	2

[R-코드 1.1.1](smoke-SCRA.R)의 수행 결과 중 가장 중요한 [그림 1.1.1]의 단순 대응분석 그림에 대한 설명은 [해석 1.1.1]을 참고하기 바란다. 단순 대응분석의 나머지 결과와 해석은 2장을 참고하기 바란다.

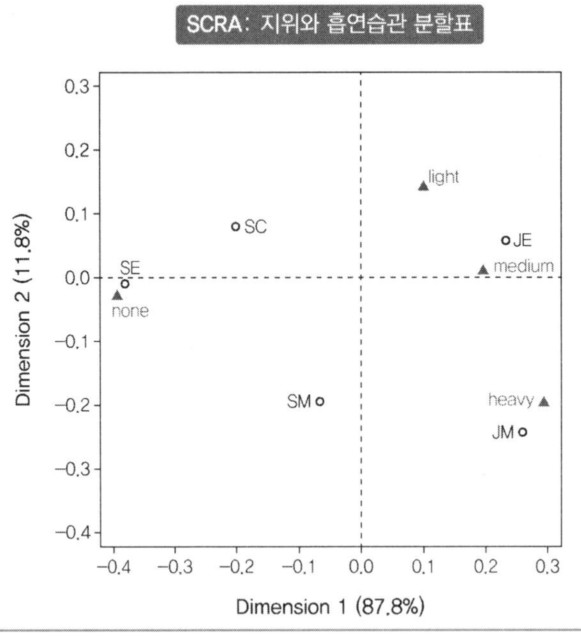

[그림 1.1.1] 지위에 따른 흡연습관의 이원분할표에 대한 단순 대응분석 그림

해석 1.1.1 [그림 1.1.1]에 대한 기하적 해석

(1) 제1축(Dimension 1)의 설명력이 87.8%로 매우 높아 이 축으로도 [자료 1.1.1]의 행과 열범주의 연관성을 충분히 시각적으로 보여 줄 수 있다. 여기서 설명력은 2차원 대응분석 그림이 분할표 자료의 범주의 관계를 얼마나 보여 줄 수 있는지에 대한 정도를 나타내고 있다.

(2) 제1축에 대하여 왼편의 SE(상위 고용직)과 SC(비서직)은 오른편의 JM(하위 경영직), JE(하위 고용직)과는 다른 방향으로 상대적으로 멀리 떨어져 있다. 이런 행범주들의 상대적 위치는 지위에 따라 흡연습관의 유사성에 차이점이 있음을 기하적으로 말하고 있다.

(3) 실제 이들 행범주 SE와 SC는 흡연 습관을 나타내는 열범주 none(담배를 전혀 피우지 않는다) 방향으로 대응하고, 원점에 가까우나 SM도 이 방향으로 대응하고 있다.

(4) 이와는 반대로 행범주 JE는 열범주 medium(하루에 담배를 11-20개비 피운다)와 대응하며 JM은 열범주 heavy(하루에 담배를 1갑 이상 피운다)와 대응하고 있다.

(5) 전반적으로 행범주인 지위에 따라 열범주인 흡연습관의 차이를 보여주고 있다.

[R-코드 1.1.1] 지위에 따른 흡연습관의 이원분할표에 대한 단순 대응분석(smoke-SCRA.R)

```
# Simple CRA : smoker data
library(ca)
data(smoke)
O=smoke
sca=ca(O)
sca

par(pty="s")
plot(sca, main="SCRA : 지위와 흡연습관 분할표")
```

보기 1.1.2 사고운전자의 부상정도에 따른 삼원분할표의 다중 대응분석

[자료 1.1.2]는 Jobson(1992, Table 9.55)에서 인용한 운전상태(정상, 음주)와 안전벨트 사용(착용, 미착용)에 따른 사고운전자의 부상 정도(없음, 경상, 중경상, 중상)를 고려한 삼원분할표이다. 여기서는 삼원분할표를 직접 입력자료로 활용하기 위해서 이를 변환한 accidenttable.txt와 같은 형태를 고려하자. 이 자료에는 범주변수로 운전상태, 안전벨트 사용, 사고운전자의 부상 정도를 고려하였고 각각의 범주로 (정상, 음주), (착용, 미착용), (없음, 경상, 중경상, 중상)을 분류변수로 두고 있다.

[자료 1.1.2] 운전상태, 안전벨트 사용, 사고운전자의 부상 정도에 따른 삼원분할표

운전상태	안전벨트 사용	운전자의 부상 정도			
		없음	경상	중경상	중상
정 상	착 용	12500	604	344	38
	미착용	61971	3519	2272	237
음 주	착 용	313	43	15	4
	미착용	3992	481	370	66

[자료 1.1.2]의 삼원분할표의 분류변수 입력형태(accidenttable.txt)

운전	벨트	부상	빈도
정상	착용	없음	12500
정상	착용	경상	604
정상	착용	중경상	344
정상	착용	중상	38
정상	미착용	없음	61971
정상	미착용	경상	3519
정상	미착용	중경상	2272
정상	미착용	중상	237
음주	착용	없음	313
음주	착용	경상	43
음주	착용	중경상	15
음주	착용	중상	4
음주	미착용	없음	3992
음주	미착용	경상	481
음주	미착용	중경상	370
음주	미착용	중상	66

[자료 1.1.2]의 분류변수 입력형태에 의한 자료에 대하여 R의 library(ca)의 함수 mjca()를 활용한 다중 대응분석을 위한 [R-코드 1.1.2](accidenttable-MCRA.R)를 활용하였다. 특히, 다중 대응분석 알고리즘에 따라 옵션으로 세 가지 lambda="adjusted"(default)/"Burt"/"indicator"를 사용할 수 있음을 주석으로 달아 놓았고 이는 3장에서 자세히 설명하고 있다. [그림 1.1.2]의 다중 대응분석 그림의 해석은 [해석 1.1.2]와 같이 요약할 수 있다. 함수 mjca()를 활용하는 경우 다중 대응분석 그림의 좌표점은 범주변수:분류변수 형태로 분류변수가 어떤 범주변수의 범주를 나타내는지를 보여주어 해석하기가 더 용이하다. 다중 대응분석의 나머지 결과는 [보기 3.4.2]에 주어져 있다.

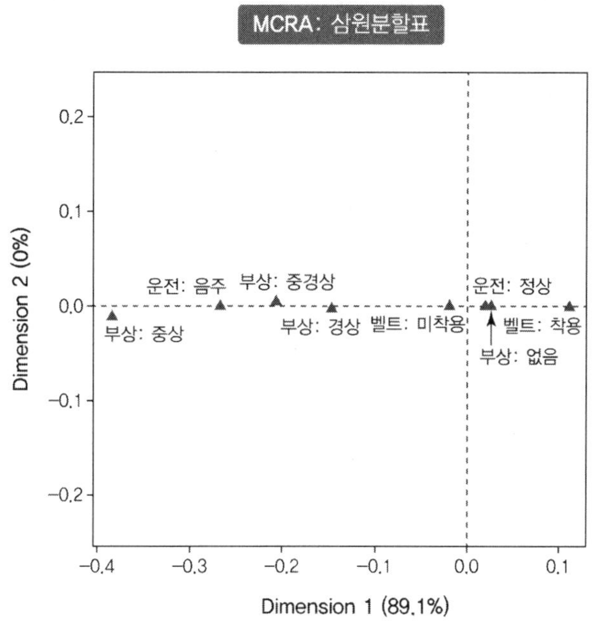

[그림 1.1.2] 사고 운전자에 관한 삼원분할표의 다중 대응분석 그림

해석 1.1.2 [그림 1.1.2]에 대한 기하학적 해석

(1) 다중 대응분석 그림의 제1축(Dimension 1)의 설명력이 89.1%로 매우 높아 제1축만으로도 범주들의 대응관계를 충분히 파악할 수 있다.

(2) 수평축인 제1축에 대하여 왼편의 음주를 했을 경우(운전:음주) 안전벨트를 미착용(벨트:미착용)하며 따라서 사고가 나면 운전자의 부상 정도가 중상, 중경상, 경상에 대응한다. 오른편은 이와 반대로 운전자가 음주를 하지 않은 정상상태라면 안전벨트를 착용하게 되고 사고가 나도 부상자가 없음을 보여주고 있다.

[R-코드 1.1.2] 사고 운전자에 관한 삼원분할표의 다중 대응분석(accidenttable-MCRA.R)

```
# MCRA for Car Accidents
library(ca)
acdtable<-read.table("accidenttable.txt", header=T)
table=xtabs(빈도 ~ 벨트 + 부상 + 운전, data=acdtable)
mjca(table) # lambda="adjusted"(default)/"Burt"/"indicator"
plot(mjca(table), main="MCRA : 삼원분할표")
```

보기 1.1.3 오즈의 마법사 텍스트 마이닝의 단순 대응분석

[자료 1.1.3](oz_total.txt)은 강창완 외(2018, 8.4절)에서 제공하는 오즈의 마법사 시리즈 중에서 세 편(wonderfulOZ, royal, OzoplaningwiththeWizardofOz)의 문서로부터 텍스트 마이닝을 적용하여 불용어를 제외하고 각각 상위 빈도 5개 단어와 빈도를 요약한 것이다. 물론 각 문서로부터 상위 빈도 5개에 Dorothy와 같이 중복된 단어도 있지만 Woodman과 같이 첫 번째 시리즈 문서에만 나타난 단어도 있고 Lion과 같이 두 시리즈 문서에서만 중복되는 단어도 있었다. 이들 단어들을 통합하여 총 12개 중요 단어별 빈도가 구성되었다. 이를 위한 [R-코드 1.1.3](oz-SCRA.R)를 참고하자. 여기서는 텍스트 마이닝의 자연어 처리를 위한 R의 KoNLP 패키지를 활용한 결과를 활용하며 실제 문서-용어 행렬과 용어의 중요도인 가중치를 측정하는 TF-IDF(term frequency-inverse document frequency)를 활용한 대응분석은 4장 텍스트 자료의 대응분석에서 자세히 설명하기로 하자.

[자료 1.1.3] 오즈의 마법사 시리즈 세 편의 상위 빈도 5개 단어(oz_total.txt)

시리즈	Dorothy	Scarecrow	Woodman	Lion	Witch	Hokus	Cowardly	Jellia	Wizard	Strut	Nick	Soldier
oz-1	353	214	175	173	117	0	0	0	0	0	0	0
oz-2	411	481	0	197	0	200	194	0	0	0	0	0
oz-3	137	0	0	0	0	0	0	328	250	143	142	105

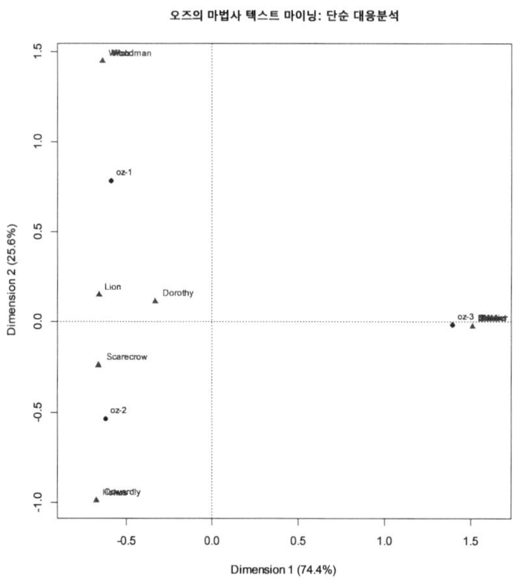

[그림 1.1.3] 오즈의 마법사 텍스트 마이닝의 단순 대응분석 그림

해석 1.1.3 **[그림 1.1.3]에 대한 기하적 해석**

(1) 단순 대응분석 그림의 제1축(Dimension 1)과 제2축(Dimension 2)은 각각 74.40%와 25.60%를 설명하며 2차원의 단순 대응분석 그림의 설명력은 총 100%이다.

(2) 제2사분면의 Woodman, Witch, Lion, Dorothy 단어들은 oz-1인 시리즈 문서 wonderfulOZ에 대응한다. 이들 단어들은 이 시리즈 문서에서 높은 빈도를 보였다. 제3사분면에는 Scarecrow, Cowardly, Hokus 단어가 oz-2인 시리즈 문서 royal에 대응한다. 특히 이들 단어들 중 Cowardly와 Hokus는 이 문서에서만 상위 5개 빈도의 중요 단어이며 Scarecrow는 oz-1 문서에도 나타나지만 oz-2 문서에 비해 빈도가 2배 정도 적다.

(3) 제4사분면에는 좌표점 위치가 동일해서 겹쳐서 보이는 나머지 단어인 Jellia, Wizard, Strut, Nick, Soldier가 oz-3인 시리즈 문서 OzoplaningwiththeWizardofOz에 대응한다. 이들 단어는 시리즈 문서 oz-3에서만 나타난 단어로 이루어져 있다.

[R-코드 1.1.3] 오즈의 마법사 텍스트 마이닝의 단순 대응분석(oz-SCRA.R)

```
# SCRA for OZ series
library(ca)
oz=read.table("oz_total.txt", head=T)
oz
ca(oz)
par(pty="s")
plot(ca(oz), main="오즈의 마법사 텍스트 마이닝: 단순 대응분석")
```

보기 1.1.4 외상 후 스트레스 증후군에 대한 다시점 자료의 다중 대응분석

[자료 1.1.4](ptsd.txt)는 화재에서 생존한 316명의 부상자를 대상으로 3개월, 6개월 그리고 12개월 후 면접을 통하여 작성한 외상 후 스트레스 증후군(ptsd)에 대한 다시점 자료(longitudinal data)이다. 특히, 이 자료는 7장의 [보기 7.1.1]에서 다시점 자료의 시각화 분석을 위한 R의 패키지 vlda의 data(PTSD)로 제공된다. 이들 자료에 대한 범주변수명과 분류변수 값에 대한 설명은 [표 1.1.1]을 참고하기 바란다.

[표 1.1.1] [자료 1.1.4]에 대한 범주변수명과 분류변수 값

범주변수	분류변수 값	범주변수 명
개체고유번호	정수	subject
시점	1, 2, 3	time
스트레스증후	사례(1), 대조(0)	ptsd
자아통제력	실수	control
인생문제횟수	실수	problems
스트레스횟수	정수	sevent
가족결속력	정수	cohes

[자료 1.1.4] 외상 후 스트레스 증후군에 대한 다시점 자료(ptsd.txt)

subject	time	ptsd	control	problems	sevent	cohes
15	1	0	3.22222	5.625	1	8
15	2	0	3.16667	5.375	0	8
15	3	0	3.27778	3.750	1	8
18	1	1	2.55556	9.250	0	8
18	2	0	3.44444	4.375	0	8
18	3	0	3.33333	2.375	0	8
19	1	1	2.72222	7.750	1	7
19	2	1	2.77778	7.750	1	7
19	3	0	2.77778	7.500	1	7
중 간 생 략						
571	1	0	3.55556	3.000	0	7
571	2	0	2.94444	1.875	0	7
571	3	0	3.50000	2.750	0	7

[자료 1.1.4]에서 범주변수 명 subject는 각 개체가 세 가지 시점에서 반복 측정되어 있음을 보여주는 개체고유 번호를 나타내는 변수이다. 그리고 외상 후 스트레스 증후군(ptsd)에서 대조(0)은 외상 후 스트레스 증후가 없음을 나타낸다. 그리고 여러 지역을 살면서 자각한 자아통제력(control), 인생문제 횟수(problems), 마지막 면접 후 생긴 스트레스 사건의 횟수(sevent), 가족결속력(cohes), 면접한 시점(time)을 기록하고 있다.

특히 자아통제력(control), 인생문제 횟수(problems), 스트레스 횟수(sevent), 가족결속력(cohes)의 값은 실수와 정수로 되어 있어 그 범위가 다양하다. 이를 분석의 편의상 자아통제력(control), 인생문제 횟수(problems), 스트레스 횟수(sevent)는 3을 기준으로 상(1)과 하(0)로 나누고 가족결속력(cohes)은 6을 기준으로 상(1)과 하(0)로 나누었다.

본격적인 다양한 다시점 자료에 대한 대응분석은 7장에서 자세히 다룬다.

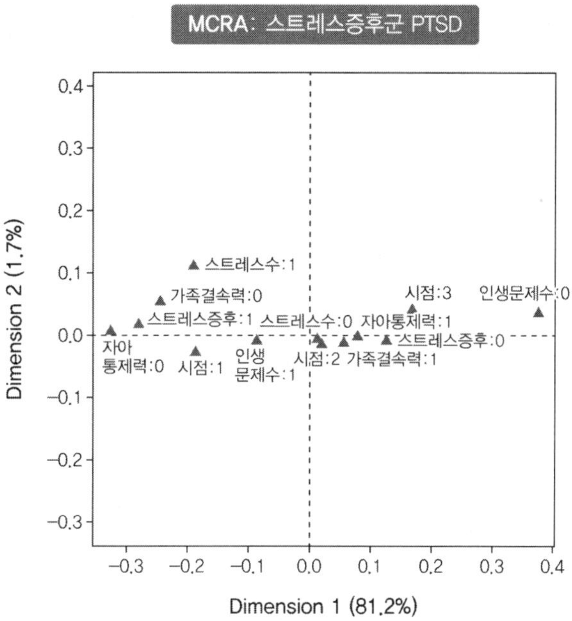

[그림 1.1.4] 외상 후 스트레스 증후군에 대한 다시점자료의 다중 대응분석 그림

이렇게 변환된 자료에 대하여 다중 대응분석을 위한 [R-코드 1.1.4](ptsd-MCRA.R)를 활용하였다. [그림 1.1.4]의 다중 대응분석 그림의 해석은 [해석 1.1.4]와 같이 요약할 수 있다.

해석 1.1.4 **[그림 1.1.4]에 대한 기하적 해석**

(1) 다중 대응분석 그림의 제1축(Dimension 1)과 제2축(Dimension 2)은 각각 81.20%와 1.70%를 설명하며 2차원의 다중 대응분석 그림의 설명력은 총 82.90%이다. 특히, 제1축의 설명력이 매우 높아 이를 중심으로 그림을 해석할 것을 추천한다.

(2) 제1축 왼편의 범주들은 시점:1(3개월 후), 자아통제력:0과 가족결속력:0, 인생문제수:1, 스트레스수:1과 스트레스증후:1이 서로 대응한다. 이는 외상 3개월 후 자아통제력과 가족결속력이 낮으며 인생문제와 스트레스가 높은 스트레스증후의 환자임을 보여주고 있다.

(3) 제1축의 오른편에서 시점:2와 시점:3은 외상 후 6-12개월이 지나면서 자아통제력:1과 가족결속력:1로 자아통제력과 가족결속력이 높고, 인생문제수:0과 스트레스:0으로 인생문제수와 스트레스가 낮아졌음을 보여주고 있다. 이는 시간이 지날수록 환자들이 외상에서 회복되고 있음을 보여준다.

[R-코드 1.1.4] 외상 후 스트레스 증후군에 대한 다시점 자료의 다중 대응분석(ptsd-MCRA.R)

```
# MCRA for PTSD
ptsd<-read.table("ptsd.txt", header=T)
v1 <- as.numeric(ptsd$자아통제력>=3)
v2 <- as.numeric(ptsd$인생문제수>=3)
v3<- as.numeric(ptsd$스트레스수>=3)
v4 <- as.numeric(ptsd$가족결속력>=6)
nptsd <- data.frame(ptsd[,1:3],자아통제력=v1,인생문제수=v2, 스트레스수=v3, 가족결속력=v4)
nptsd<-nptsd[, -1]
library(ca)
mjca(nptsd)
par(pty="s")
plot(mjca(nptsd), main="MCRA : 스트레스증후군 PTSD")
```

보기 1.1.5 경제전망과 경제정책선호도 조사자료의 다중 대응분석

[자료 1.1.5](view.txt)는 120명의 성인 남녀를 대상으로 성별(sex), 나이(age), 수입(income)에 따른 경제전망(view)과 경제정책선호도(policy)를 알아보기 위해 5가지 질문을 통하여 수집된 가상의 자료이다. 특히, 5가지 질문에 대한 범주변수와 각각의 분류변수로 (1) sex(성별): 1(남), 2(여) / (2) age(나이): 1(30세 이하), 2(30세 이상) / (3) income(연 수입): 1(1000만원 이하), 2(1000만원 이상) / (4) view(경제전망): 1(낙관), 2(비관) / (5) policy(정부의 경제정책): 1(찬성), 2(반대)를 고려한다.

실제로 [자료 1.1.5]는 5개 범주변수로 구성이 되어 있어 오원분할표를 구성하여 다중 대응분석을 고려할 수 있으나 삼원분할표 이상의 분할표 구성은 다소 복잡하므로 대신에 [자료 1.1.5]에 대해 다중 대응분석을 실시하게 된다. [R-코드 1.1.5](view-MCRA.R)를 활용하였고 R의 패키지 ca에서 제공되는 함수 mjca()를 활용하고 있다. [그림 1.1.5]는 다중 대응분석 그림과 설명력이 주어져 있다. 실제로 이들 설명력은 함수 mjca()의 디폴트 옵션(lambda="adjusted")을 사용하여 원래 버트행렬의 설명력을 높인 것이다. 이에 대해선 3장 4절에서 자세히 설명한다.

[자료 1.1.5] 경제전망과 경제정책선호도 조사자료(view.txt)

id	sex	age	income	view	policy
1	1	2	2	2	2
2	1	1	1	1	2
3	2	1	1	1	1
4	1	2	2	2	2
5	2	1	1	2	2
6	1	2	1	2	1
7	1	1	1	2	2
8	1	2	2	2	2
9	1	1	1	1	2
10	2	1	1	1	1
중 간 생 략					
115	2	1	1	1	1
116	1	2	2	2	2
117	2	1	1	2	2
118	1	2	1	2	1
119	1	1	1	2	2
120	2	1	1	1	1

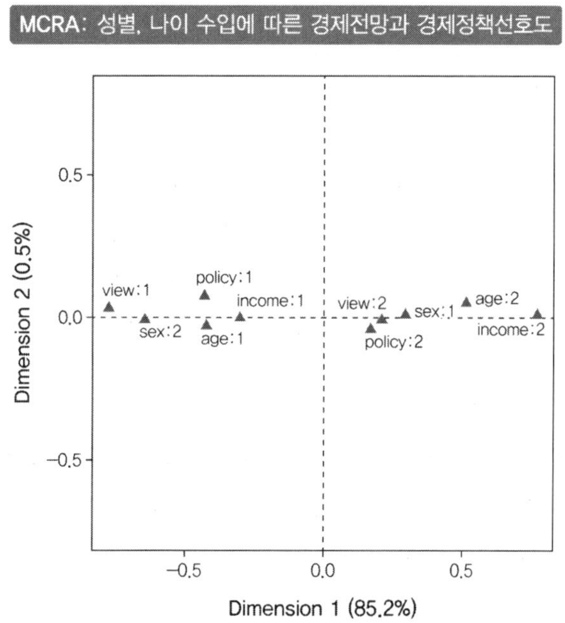

[그림 1.1.5] 경제전망과 경제정책선호도 조사자료의 다중 대응분석 그림

해석 1.1.5 **[그림 1.1.5]에 대한 기하적 해석**

(1) 제1축과 제2축의 설명력은 각각 85.20%와 0.50%이다. 제1축만으로도 충분히 범주변수의 대응관계를 보여 줄 수 있다.

(2) 제1축의 왼편에 연령(age:1)과 수입(income:1)이 낮은 여성(sex:2)들이 경제전망을 낙관(view:1)하고 정부의 경제정책을 찬성(policy:1)하고 있다.

(3) 제1축의 오른편에는 연령(age:2)과 수입(income:2)이 높은 남성(sex:1)들이 경제전망을 비관(view:2)하고 경제정책을 반대(policy:2)하고 있음을 보여주고 있다.

[R-코드 1.1.5] 경제전망과 경제정책선호도 조사자료의 다중 대응분석(view-MCRA.R)

```
# MCRA for Economic View and Policy
view<-read.table("view.txt", header=T)
view<-view[, -1]
library(ca)
mjca(view)
par(pty="s")
plot(mjca(view), main="MCRA : 성별, 나이 수입에 따른 경제전망과 경제정책선호도")
```

보기 1.1.6 **인구통계적 변인과 사회경제적 변인에 의한 버트표 자료의 다중 대응분석**

[자료 1.1.6](sociecono_B.txt)에는 교육수준, 나이, 거주지역의 규모 등 인구통계적 변인과 사회경제적 변인 간의 관계를 통해 얻어진 버트표(Burt table)가 주어져 있다. 이 자료에 대한 다중 대응분석은 Lebart 외(1984, pp. 100-108)에 잘 소개되어 있다. 물론 이 분석을 통하여 연관성이 높은 범주의 대응을 살피려 한다. 먼저 프랑스의 18세 이상 남녀 1000명을 대상으로 한 7가지 질문(범주변수)과 응답항목(분류변수)은 다음과 같다.

(1) 성별 : SEXM(남), SEXF(여)
(2) 교육수준 : EDU1(무학), EDU2(초등), EDU3(고중퇴), EDU4(고졸), EDU5(대졸)
(3) 주거상태 : LOD1(대출), LOD2(소유), LOD3(전세), LOD4(기숙)
(4) 주식소유 : STO1(소유), STO2(무소유)
(5) 동산소유 : HOU1(소유), HOU2(무소유)

(6) 나이 : AGE1(25세 미만), AGE2(25세-34세), AGE3(35세-49세), AGE4(50세-64세), AGE5(65세 이상)

(7) 거주지 규모 : SIZ1(2천 미만), SIZ2(2천-2만 미만), SIZ3(2만-10만 미만), SIZ4(10만-50만 미만), SIZ5(50만 이상)이다.

전체적으로 범주변수가 7개이고 분류변수는 총 25개로 이와 같은 경우 칠원분할표에 해당한다. 삼원분할표를 넘는 다원분할표의 경우에는 이와 같이 버트표를 활용하여 다중 대응분석을 적용할 수 있다. 특히, 버트표의 비대각은 범주변수 간의 이원분할표의 조합으로 구성되며 대각은 범주변수의 분류변수의 주변합으로 이루어져 있다. 버트표를 입력 자료로 R의 패키지 ca를 활용한 [R-코드 1.1.6](sociecono-MCRA-ca-B.R)는 매우 간단하게 다중 대응분석 [그림 1.1.6]을 제공한다. 실제 3.3절에서는 다중 대응분석의 알고리즘을 요약한 [표 3.3.1]을 제공하며 [보기 3.3.3]에서 [보기 1.1.6]과 비교하여 설명한다.

[자료 1.1.6] 인구통계적 변인과 사회경제적 변인에 의한 버트표(sociecono_B.txt)

	성별		교육수준					주거상태				주식		동산		나이					거주지규모				
	SEXM	SEXF	EDU1	EDU2	EDU3	EDU4	EDU5	LOD1	LOD2	LOD3	LOD4	STO1	STO2	HOU1	HOU2	AGE1	AGE2	AGE3	AGE4	AGE5	SIZ1	SIZ2	SIZ3	SIZ4	SIZ5
SEXM	469	0	102	164	69	65	69	62	151	224	32	54	415	35	434	18	111	169	84	87	42	40	81	161	145
SEXF	0	531	94	163	91	102	81	58	142	302	29	67	464	47	484	22	136	187	104	82	41	47	94	168	181
EDU1	102	94	196	0	0	0	0	17	59	105	15	12	184	11	185	9	27	54	47	59	19	17	35	70	55
EDU2	164	163	0	327	0	0	0	45	116	151	15	26	301	21	306	0	55	125	84	63	43	34	67	110	73
EDU3	69	91	0	0	160	0	0	16	37	98	9	19	141	14	146	14	47	60	27	12	12	13	34	52	49
EDU4	65	102	0	0	0	167	0	27	39	87	14	27	140	19	148	16	62	63	16	10	8	15	21	57	66
EDU5	69	81	0	0	0	0	150	15	42	85	8	37	113	17	133	1	56	54	14	25	1	8	18	40	83
LOD1	62	58	17	45	16	27	15	120	0	0	0	11	109	7	113	3	23	68	20	6	7	20	27	48	18
LOD2	151	142	59	116	37	39	42	0	293	0	0	60	233	48	245	9	24	91	80	89	59	33	62	72	67
LOD3	224	302	105	151	98	87	85	0	0	526	0	45	481	23	503	22	180	182	79	63	11	29	80	191	215
LOD4	32	29	15	15	9	14	8	0	0	0	61	5	56	4	57	6	20	15	9	11	6	5	6	18	26
STO1	54	67	12	26	19	27	37	11	60	45	5	121	0	39	82	2	18	35	27	39	4	9	22	36	50
STO2	415	464	184	301	141	140	113	109	233	481	56	0	879	43	836	38	229	321	161	130	79	78	153	293	276
HOU1	35	47	11	21	14	19	17	7	48	23	4	39	43	82	0	3	11	27	20	21	7	12	12	25	26
HOU2	434	484	185	306	146	148	133	113	245	503	57	82	836	0	918	37	236	329	168	148	76	75	163	304	300
AGE1	18	22	9	0	14	16	1	3	9	22	6	2	38	3	37	40	0	0	0	0	2	4	8	15	11
AGE2	111	136	27	55	47	62	56	23	24	180	20	18	229	11	236	0	247	0	0	0	13	16	34	102	82
AGE3	169	187	54	125	60	63	54	68	91	182	15	35	321	27	329	0	0	356	0	0	31	34	71	100	120
AGE4	84	104	47	84	27	16	14	20	80	79	9	27	161	20	168	0	0	0	188	0	25	20	26	60	57
AGE5	87	82	59	63	12	10	25	6	89	63	11	39	130	21	148	0	0	0	0	169	12	13	36	52	56
SIZ1	42	41	19	43	12	8	1	7	59	11	6	4	79	7	76	2	13	31	25	12	83	0	0	0	0
SIZ2	40	47	17	34	13	15	8	20	33	29	5	9	78	12	75	4	16	34	20	13	0	87	0	0	0
SIZ3	81	94	35	67	34	21	18	27	62	80	6	22	153	12	163	8	34	71	26	36	0	0	175	0	0
SIZ4	161	168	70	110	52	57	40	48	72	191	18	36	293	25	304	15	102	100	60	52	0	0	0	329	0
SIZ5	145	181	55	73	49	66	83	18	67	215	26	50	276	26	300	11	82	120	57	56	0	0	0	0	326

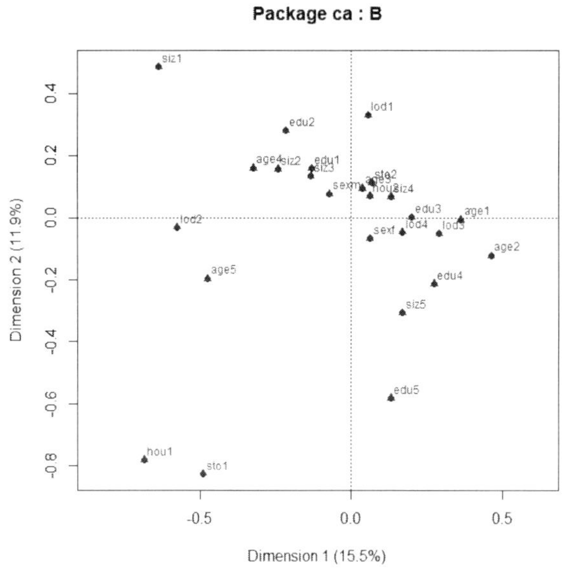

[그림 1.1.6] 인구통계적 변인과 사회경제적 변인에 의한 버트행렬의 다중 대응분석 그림

해석 1.1.6 [그림 1.1.6]에 대한 기하적 해석

(1) [그림 1.1.6]에서 다중 대응분석 그림의 제1축(Dimension 1)과 제2축(Dimension 2)은 각각 15.5%와 11.9%를 설명하고 있다.

(2) 수평축인 제1축에 대하여 나이(age1-age5)와 거주지역규모(siz1-siz5) 사이의 대응관계를 보여준다. 오른편의 나이가 적은(age1-age3) 젊은 사람은 거주 지역규모가 큰 지역(siz4, siz5)에서 살고 있다. 왼편의 나이가 많은(age4, age5) 사람은 거주 지역규모가 작은 지역(siz1, siz2)에서 살고 있다.

(3) 주식소유는 그림의 제1축 왼편 sto1(소유)와 오른편 sto2(무소유)로 나뉘어져 있고, 특히 남성(sexm)들이 sto1(소유)과 대응하고 있어 주식을 소유하고 있다. 나이가 적은(age1-age3) 젊은 사람은 높은 교육수준(edu3-edu5)과도 관계가 있으며 거주지규모도 큰 지역(siz4, siz5)에 살고 있다.

(4) 주거상태(lod1(대출), lod2(소유), lod3(전세), lod4(기숙))의 경우는 제1축에 대하여 왼편의 남성(sexm)들이 lod2(소유)와 대응하고 있어 주거를 주로 소유하고 있으며 이들은 동산도 소유(hou1)하고 연령이 높고(age4, age5), 거주지규모도 작은 지역(siz1-siz3)에 살며 교육수준은 낮다(edu1, edu2).

[R-코드 1.1.6] 인구통계적 변인과 사회경제적 변인에 의한 버트행렬에 대한 다중 대응분석 (sociecono-MCRA-ca-B.R)

```
# MCRA of Package ca for socieconomic data
B<-read.table("sociecono_B.txt", head=T)
library(ca)
ca(B)
plot(ca(B), main="Package ca : B")
```

보기 1.1.7 비대칭 분할표 자료의 수정 단순 대응분석

[자료 1.1.7](usmigration.txt)은 1980년에 거주자들이 살던 지역에서 1985년에 다른 지역으로 이주한 경우를 정리한 4×4 분할표이다. 특히 이 분할표는 비대칭(asymmetric) 분할표이다(Lee와 Choi, 2014). 이 자료에 대한 분석은 수정(modified) 단순 대응분석으로 2.4절과 Lee와 Choi(2014), Greenacere(2007)의 Chapter 22, Izenman(2008)의 17.3절에 잘 소개되어 있다.

특히, 범주의 수가 $n=4$개인 [자료 1.1.7]의 비대칭 분할표를 크기가 $n\times n$인 정방행렬을 N이라고 하면 이는 다음과 같이 둘 수 있다.

$$\begin{aligned} N &= \frac{1}{2}(N + N^T) + \frac{1}{2}(N - N^T) \\ &= S + K \end{aligned}$$

여기서 S는 대칭(symmetric) 부분이고 K는 반대칭(skew-symmetric) 부분으로 S의 대각원소는 원 분할표 N의 대각원소와 동일하며 대칭행렬의 성질을 가진다. 반면에 K의 대각원소는 모두 0이고 비대각원소는 절댓값이 같고 부호가 양과 음으로 다르다.

따라서 대칭 부분과 반대칭 부분의 단순 대응분석을 실시하면 되나 반대칭 부분의 문제로 대응분석의 알고리즘을 적용하기 위해서는 원자료 분할표 N의 크기가 4배인 $2n \times 2n$인 블록행렬

$$N^* = \begin{bmatrix} N & N^T \\ N^T & N \end{bmatrix}$$

를 고려하고 이에 대한 단순 대응분석을 실시하면 된다. 다만 수정 단순 대응분석 그림은 대칭과 반대칭의 단순 대응분석 그림 두 종류가 함께하며 해석 또한 다소 다른 관점을 가

지고 있다. 대칭 단순 대응분석 그림은 일반적인 단순 대응분석과 동일하며 반대칭 단순 대응분석 그림은 원점과 두 점 간에 이루는 삼각형의 크기에 따라 대칭성에서 벗어나는 정도인 편차(deviation)를 설명한다. 다시 말해서 [해석 1.1.7]-(3)과 (4)와 같이 대칭 부분과 반대칭 부분은 서로 다르다는 점이다. 이에 대한 자세한 알고리즘은 2장 4절 수정 단순 대응분석을 참고 바라며 이를 위해 [R-코드 1.1.7](usmigration-modifiedCRA.R)을 참고하기 바란다.

[자료 1.1.7] 미국의 거주지 이주에 관한 비대칭 분할표(usmigration.txt)

	1985년 거주				
1980년 거주	Northest85	Midwest85	South85	West85	총합
Northest80	11607	100	366	124	12197
Midwest80	87	13677	515	302	14581
South80	172	255	17819	270	18516
West80	63	176	286	10192	10717
총합	11929	14208	18986	10888	56011

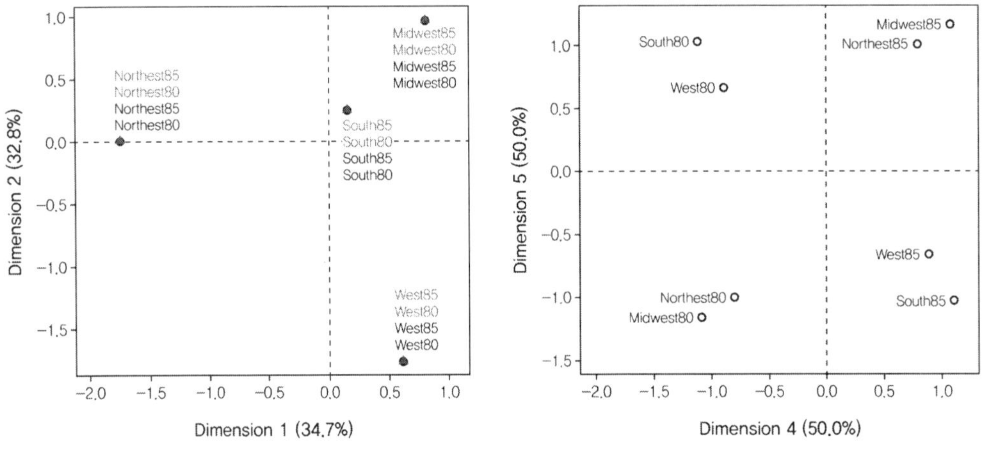

(a) 대칭 부분 (b) 반대칭 부분

[그림 1.1.7] 미국의 거주지 이주에 관한 비대칭 분할표의 수정 단순 대응분석 그림

해석 1.1.7 [그림 1.1.7]에 대한 기하적 해석

(1) [그림 1.1.7]은 수정 단순 대응분석 그림 (a) 대칭 부분 (b) 반대칭 부분에 대한 것으로 제1축(Dimension 1)과 제2축(Dimension 2)은 67.42%를, 제4축(Dimension 4)과 제5축(Dimension 5)은 100.0%를 설명하고 있다.

(2) 이들 2차원 대응분석 그림의 설명력은 대칭 부분과 반대칭 부분으로 나누어져 있다. 즉, 크기가 $n \times n$ 블록 행렬의 설명력에 관한 전체 차원의 수는 $2n-1$이다. 이 중에서 차례로 $n-1$개는 대칭 부분의 차원 수이고 나머지 n개는 반대칭 부분의 차원의 수에 해당한다. 이와 관련한 주결여성과 개별, 대칭 그리고 반대칭 설명력 등 보다 자세한 내용은 [표 2.4.3]을 참고하기 바란다.

(3) 대칭 단순 대응분석 그림 (a)에서 행과 열의 좌표점이 동일하며 이들 좌표점 중 Northest, West, Midwest가 원점에서 많이 떨어져 있으며 서로 멀리 놓여 있다. 이들은 1980년에서 1985년 사이에 이들 간에 거주지의 이동이 적었음을 나타낸다. [자료 1.1.7]을 보면 Northest80에서 South85로 이주한 사람들 366명보다 Midwest85와 West85로 이주한 사람들이 100명과 124명으로 적다. 특히, 이런 현상은 원점에서 왼편에 있는 Northwest와 오른편의 나머지 거주지 간에 더하다는 점이다. 또한 1사분면의 Midwest와 South 지역은 군집을 형성하고 있는데 이는 이들 지역 간에 이동이 [자료 1.1.7]에 따르면 빈도로 515와 255로 상대적으로 많음을 보여준다.

(4) 반대칭 부분의 대응분석 그림 (b)의 해석은 (a)의 것과는 달리 거리 대신 삼각형에 대한 기하적인 해석에 바탕을 둔다고 하였다. 즉, 대응분석 그림 원점과 수직축(Dimension 5)의 왼편에 있는 South80과 Midwest80 좌표점에 의해서 제일 큰 삼각형이 만들어져서 서로 거주지 이동에 강한 차이를 보여주고 있다.

(5) 왼편 South80과 Midwest80에 의해 형성된 삼각형을 시계방향으로 회전하면 4사분면 South85와 1사분면 Midwest85로 대응하여 이 지역의 이주를 보여준다. 실제 [자료 1.1.7]에서 빈도가 17819와 13677로 매우 높다.

[R-코드 1.1.7] 미국의 거주지 이주에 관한 수정 단순 대응분석(usmigration-modifiedCRA.R)

```
# Modified CRA for US migration
library(ca)
us=read.table("usmigration.txt", head=T)
N=as.matrix(us) # N = S + K
S=(N + t(N))/2 # symmetric
K=(N-t(N))/2   # skew-symmetric
B=rbind(cbind(N, t(N)), cbind(t(N), N)) # Block Matrix

# CRA of B
ca(B, nd=6)
rows=ca(B, nd=6)$rowcoord

# CRA Plot of Symmetric Part
plot(ca(B))

# CRA plot of Skew-symmetric Part
plot(rows[,4:5], xlab="Dimension 4(50.0%)", ylab="Dimension 5(50.0%)",
               xlim=c(-2.0, 1.2), ylim=c(-1.5, 1.2))
text(rows[,4:5], rownames(rows), pos=2, col=4)
abline(v=0, h=0)
```

1.2 대응분석의 개발과 응용

대응분석이란 범주형 자료에서 범주변수 각각의 범주에 해당하는 분류변수에 의한 분할표 자료의 행(row)과 열(column)을 저차원 공간상의 점들로 동시에 나타내어 그들의 관계를 탐구하려는 시각화 자료분석 기법이다. 일반적으로 다변량 통계 자료분석과 관련된 책에서 볼 수 있는 대응분석에 대한 정의를 [표 1.2.1]에 원어로 요약해 두었다.

대응분석이 다변량 자료분석에서 널리 알려진 때는 1980년대이다. 특히 Lebart 외(1984)와 Greenacre(1984)는 이 분석기법에 대해서 기하와 수리적 관점에서 상세히 언급하고 있다. 특히 Greenacre(2007)는 대응분석을 활용의 관점에서 소개하고 있고 Greenacre와 Blasius(1994), Beh와 Lombardo(2014)는 사회과학에서 다양한 사례를 중심으로 대응분석의 개발과 응용을 소개하고 있다. 특히 Beh와 Lombardo(2014, 1.6.3절)의 경우 대응분석이라는 영역 아래 그동안 새로운 자료에 적용되고 개발된 다양한 이름의 대응분석의 이론과 응용을 포함하여 여러 가지 방법의 관점을 소개하고 있다. 그리고 다변량 자료분석의 교재 내지는 참고도서로 많이 사용되는 Johnson과 Wichern(2002, 12.6절), Härdle와 Simar(2007, 13장), Izenman(2008, 17장) 그리고 Gower 외(2011, 7장-8장)에서도 대응분석을 비중 있게 다루고 있다.

국내에서는 Choi(1991)와 Choi와 Huh(1999)가 이원분할표에서 이상치의 영향을 줄이는 저항성(resistant) 대응분석을 소개한 계기로 최용석(1993, 2001)은 통계패키지 SAS를 활용하여 대응분석의 다양한 응용성을 선보였다. 자료분석 관련 저서들 가운데 최용석(1993; 2022, 8장), 최용석과 정광모(2001, 6장), 허명회(1999, 3장과 7장; 2011, 3장; 2014, 16장), 최용석과 신상민(2013, 3.1절), 양호진 외(2022, 12장)에서 대응분석을 시각화 기법으로 적절히 소개하고 있다.

환경 오염자료에 대한 분석에서 최용석과 강상목(1994)은 대응분석의 응용성과 실용성을 선보이고 Choi 외(2002)는 범주변수와 관련 범주가 많은 다중 대응분석의 경우 군집분석을 활용한 범주 간의 연관성을 보였다. 특히, Choi 외(2005)는 형상분석에서 형상 간의 비교에 사용되는 프로크러스티즈(Procrustes) 분석을 활용하여 다양한 대응분석 그림의 변동 차이를 비교하였다. Lee와 Choi(2014)는 대응짝 자료의 비대칭 정방분할표에 적용 가능한 대칭성, 준대치성, 순서대치성 모형에 대한 추론 방법 대신에 수정된 대응분석을 활용하여 범주들 간의 대응관계를 시각적으로 더 뚜렷하게 보여주었다. Lee(2019)는 다시점 자료(longitudinal data) 분석에 대한 시각화 기법으로 대응분석의 알고리즘을 접목하였고 이를 R 패키지 vlda(버전 1.1.5)로 개발한 Ryu 외(2022)와 Lee 외(2021)도 그 활용도가 높다고 생각하며 7장에서 활용한다.

최근 빅데이터(Big data)의 비정형화 자료(unstructured data)에 대한 분석인 텍스트 마이닝에서 문서와 중요 단어들의 연관성을 시각적으로 해석하는 데 대응분석의 활용이 높아지고 있다. 특히, Choi와 Choi(2014)는 맵리듀스를 활용하여 비정형 빅데이터를 분석하는 대응분석을 활용하였고 Kim 외(2012)는 논문저자와 용어 연관성의 사회네트워크분석의 시각적 보완 기법으로 대응분석을 활용하였다.

대응분석의 수리적인 기원은 허슈펠드(Herman Otto Hirschfeld, 1912-1980, 본명 Hartley, 하틀리의 영어 표현)가 1935년에 출간한 〈상관과 분할의 연관성, *A connection between correlation and contingency*〉이라는 논문이고 1940-1950년대에 몇몇 학자들에 의해서 더욱 발전되었다. 대응분석의 기하적인 면은 1960년대 프랑스에서 수학자이자 통계학자인 벤제크리(Jean-Paul Benzécri, 1932-2019)의 자료분석 모임이 다양한 분야에서 대응분석 기법을 응용하고 발전시켰다. 이와 대등한 기법으로 일본에서는 1950년대 하야시(Chikio Hayashi, 1918-2002)에 의해서 수량화 제3방법(*third quantification method*)으로 개발되어 발전되었다. 더불어 최근 20년간 대응분석의 이론과 응용을 정리하고 응용의 폭을 넓힌 그린에이커(Michael Greenacre, 1951-현재)의 헌신도 주목할 만하다. [그림 1.2.1]은 이들 세 사람의 사진과 함께 출생과 사망 연도를 보여 주고 있다.

대응분석(correspondence analysis)이라는 어원을 살펴보면 불어인 *L'Analyse des correspondances*이다. 영어로 번역하면 *analysis of correspondence*가 맞지만 *correspondence*의 의미가 강조되어 *correspondence analysis*가 되었다 한다(Greenacre, 1984). 프랑스의 지하철에서는 환승역을 correspondence라 하니 지하철의 서로 다른 노선을 대응해서 연결한다는 의미가 있다고 볼 수 있다. 미국에서는 대응분석을 *reciprocal averaging*, 혹은 *appropriate scoring*이라 하고 네덜란드에서는 *homogeneity analysis,* 캐나다에서는 *dual scaling* 그리고 이스라엘에서는 *scalogram*이라 한다(SAS Institute, 2013, Chapter 34). 물론 이들은 대응분석과 수리적으로 동일하며 Greenacre(1984, Chapter 4)는 *reciprocal averaging*과 *dual scaling*에 대해 수리적으로 상세히 설명하고 있고 Beh와 Lombardo(2014, 3.5절)는 *reciprocal averaging*를 대수적으로 제공하고 있으니 독자들은 참고하기 바란다. 또한 대응분석을 대수적 수리적 관점에서 *principal component analysis of categorical data*와 *correspondence factor analysis*로 부르기도 한다(Beh와 Lombardo, 2014, 1.6.3절).

대응분석은 일반적으로 이원분할표에 적용되는 단순 대응분석(simple correspondence analysis)과 다원분할표에 적용되는 다중 대응분석(multiple correspondence analysis)

으로 나눌 수 있다(Greenacre와 Hastie, 1987). 더군다나 세 가지 이상의 범주변수에 의한 범주의 입력자료에 대한 다중 대응분석도 Lebart 외(1984, Chapter 5)는 이원(two-way) 대응분석이라 했다.

일반적으로 이원분할표에 대한 분석으로 행과 열 범주의 독립성 내지는 동질성만을 보여주는 카이제곱검정을 실시하는 것이 관례적이다. 이런 전통적인 방법에서 한 걸음 더 나아가 어느 행과 열 범주가 서로 연관된 대응관계를 맺고 있는지를 기하학적인 관점에서 시각적으로 보여주는 것이 대응분석이다.

Jean-Paul Benzécri(1932-2019)
en.wikipedia.org

Chikio Hayashi(1918-2002)
ja.wikipedia.org/wiki

Michael Greenacre(1951-현재)
bse.eu/people/greenacre-michael

[그림 1.2.1] 대응분석과 관련된 통계학자: 벤제크리, 하야시, 그린에이커

[표 1.2.1] 대응분석에 대한 정의

Lebart, Morineau and Warwick(1984)
Correspondence analysis can be viewed as finding the best simultaneous representation of two data sets that comprise the rows and columns of a data matrix. Two-way correspondence analysis can be generalized to encompass more than two sets of categories. The method of multiple correspondence analysis is a simple extension of two-way analysis.

Greenacre(1984)
Correspondence analysis is a technique for displaying the rows and columns of a data matrix(primary, a two-way contingency table) as points in dual low-dimensional vector spaces.

Härdle and Simar(2007)
Correspondence analysis provides tools for analyzing the associations between rows and columns of contingency tables.

Greenacre(2007)
Correspondence analysis is a statistical technique which is useful to all students, researchers and professionals who collect categorical data, for example data collected in social surveys. The method is particularly helpful in analysing cross-tabular data in the form of numerical frequencies, and results in an elegant but simple graphical display which permits more rapid interpretation and understanding of data.

Izenman(2008)
Correspondence analysis is an exploratory multivariate technique for simultaneously displaying scores representing the row categories and column categories of a two-way contingency table as the coordinates of points in a low-dimensional(two- or possibly three-dimension) vector space. For two-way contingency tables, correspondence analysis is known as simple correspondence analysis. For three-way and higher contingency tables, it is known as multiple correspondence analysis.

1.3 SAS 실습

1.1절에서 대응분석의 응용으로 소개한 7가지 보기에서 R의 패키지 ca를 활용한 결과들 중 몇 가지에 대하여 우선 대응분석 그림을 제공하고 해석을 곁들였다. 이는 다양한 형태의 범주형 자료의 대응분석 그림을 통해 범주들 간의 대응관계를 기하적 관점에서 시각적으로 먼저 이해하는 것이 핵심이기 때문이다. 즉, 대응분석은 범주형 자료에 대한 다변량 시각적 방법이기 때문에 그림에 대한 기하적 해석이 중요하다.

대응분석을 위한 패키지로 SAS/PROC CORRESP가 SAS 버전 6.04 이후에 등장하였는데 최용석(1993, 2001)은 국내에서 처음으로 이를 활용하여 대응분석의 다양한 면을 선보였다. 그만큼 SAS/PROC CORRESP가 다양한 결과를 제공하도록 대응분석의 이론적 측면을 충분히 포함하고 있다는 점이다. 1.1절에서 R을 적용한 [보기]와 대응분석 그림을 얻기 위한 [코드]는 이 절에서 SAS를 적용하여 다음과 같이 대응된다.

R : [보기 1.1.1]~[보기 1.1.7]과 [R-코드 1.1.1]~[R-코드 1.1.7]
SAS : [보기 1.3.1]~[보기 1.3.7]과 [SAS-코드 1.3.1]~[SAS-코드 1.3.7]

예전에는 대응분석 그림을 얻을 때 PROC CORRESP의 결과를 옵션 outc=를 통해 저장하여 PROC PLOT을 활용했다. 최근에는 odds graphics on; 혹은 odds graphics;를 SAS 코드에 지정하면 시각적으로 깔끔한 대응분석 그림을 제공받을 수 있다. 보다 자세한 PROC CORRESP의 문법에 대해선 최용석(1993, 2001)과 SAS Institute(2013, Chpter 34)를 참고하기 바란다.

보기 1.3.1 지위에 따른 흡연습관의 이원분할표에 대한 단순 대응분석

[보기 1.1.1]의 지위에 따른 흡연습관의 이원분할표 [자료 1.1.1]을 분석하기 위한 [R-코드 1.1.1] 대신에 여기서는 [SAS-코드 1.3.1]에 의한 설명력 99.52(87.76+11.76)%의 단순 대응분석 [그림 1.3.1]을 제공하고 있다. 그림의 제1축(Dimension 1) 오른편 흡연습관은 흡연의 정도(light~heavy)에 차이는 있지만 흡연을 하는 열범주들이 위치해 있으며 왼편은 none으로 흡연을 하지 않는다는 열범주가 위치하고 있다. 오른편 JM과 JE는 흡연하는 행

범주인 지위들에 해당한다. 추가적으로 [해석 1.1.1]과 [SAS-코드 1.3.1]의 나머지 결과들은 2.5절을 참고하기 바란다.

[SAS-코드 1.3.1]은 행범주 직위를 도수와 함께 자료로 입력하여 사용하고 PROC CORRESP의 id 문에 이와 관련된 변수명 group을 지정하고 var 문에 열범주 명을 사용한다.

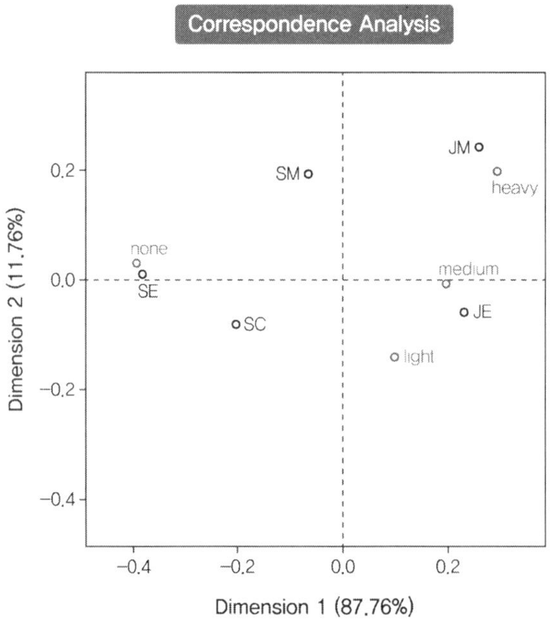

[그림 1.3.1] 지위에 따른 흡연습관의 이원분할표에 대한 단순 대응분석 그림

[SAS-코드 1.3.1] 지위에 따른 흡연습관의 이원분할표에 대한 단순 대응분석(smoke-SCRA.SAS)

```
data smoker;
      input  group $ none light medium heavy;
 cards;
 SM   4  2  3  2
 JM   4  3  7  4
 SE  25 10 12  4
 JE  18 24 33 13
 SC  10  6  7  2
 ;
ods graphics on;
proc corresp data = smoker all short;
      var none light medium heavy;
      id group;
run;
```

보기 1.3.2 사고운전자의 부상정도에 따른 삼원분할표의 다중 대응분석

[보기 1.1.2]의 사고운전자의 부상정도에 따른 삼원분할표 [자료 1.1.2]의 다중 대응분석을 위한 [R-코드 1.1.2] 대신에 [SAS-코드 1.3.2]는 각 범주변수 condi, belt, injury의 범주인 분류변수로 도수의 위치(셀)를 지정하여 PROC CORRESP의 table 문에 범주변수(condi belt injury)를 지정하고 다중 대응분석을 위한 옵션 mca를 사용하여 설명력 42.39 (22.37+20.02)%의 [그림 1.3.2]를 제공한다. 설명력과 좌표에 대한 추가적인 결과는 3.5절을 참고하기 바란다.

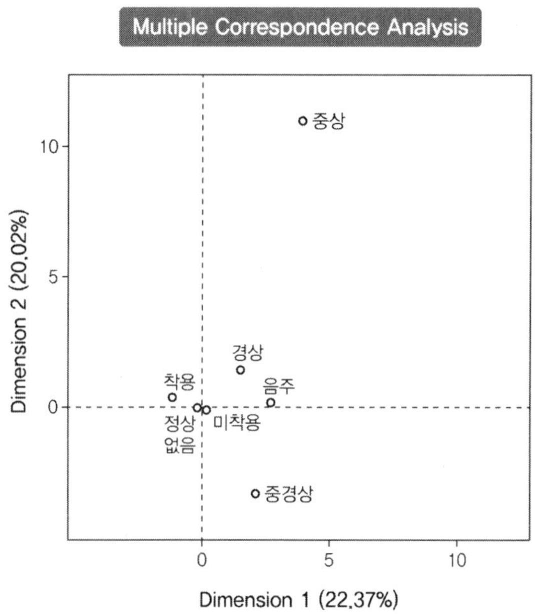

[그림 1.3.2] 사고 운전자에 관한 삼원분할표의 다중 대응분석 그림

[그림 1.3.2]에서 범주들의 좌표점의 기하적 위치는 [그림 1.1.2]와는 정반대이나 대응관계는 동일하다. 수평축인 제1축에 대하여 오른편의 음주를 했을 경우 안전벨트를 미착용할 가능성이 높고 따라서 사고가 나면 운전자의 부상 정도가 중상, 중경상, 경상에 대응한다. 왼편은 이와 반대로 운전자가 음주를 하지 않은 정상상태라면 안전벨트를 착용하게 되며 사고가 나도 부상자가 없음을 보여주고 있다. 자세한 것은 [해석 1.1.2]를, 나머지 결과들은 3.5절을 참고하기 바란다.

[SAS-코드 1.3.2] 사고 운전자에 관한 삼원분할표의 다중 대응분석(accident-MCRA.SAS)

```
data accident;
     input condi $ belt $ injury $ count@@;
 cards;
 정상    착용    없음    12500    정상    착용    경상    604
 정상    착용    중경상  344      정상    착용    중상    38
 정상    미착용  없음    61971    정상    미착용  경상    3519
 정상    미착용  중경상  2272     정상    미착용  중상    237
 음주    착용    없음    313      음주    착용    경상    43
 음주    착용    중경상  15       음주    착용    중상    4
 음주    미착용  없음    3992     음주    미착용  경상    481
 음주    미착용  중경상  370      음주    미착용  중상    66
 ;
ods graphics on;
proc corresp data=accident mca observed short;
     tables condi belt injury;
     weight count;
 run;
```

보기 1.3.3 오즈의 마법사 텍스트 마이닝의 단순 대응분석

[보기 1.1.3]은 오즈마법사 시리즈 중에서 OzoplaningwiththeWizardofOz, wonderful OZ, royal 세 편의 문서로부터 텍스트 마이닝을 적용하여 불용어를 제외하고 각각 상위 빈도 5개 단어와 빈도를 요약한 [자료 1.1.3]에 대한 단순 대응분석을 보여주었다. 이를 위한 [R-코드 1.1.3] 대신에 [SAS-코드 1.3.3]에 의한 설명력 100(74.37+25.63)%의 [그림 1.3.3]을 얻게 된다.

이 그림에 대한 해석은 [그림 1.1.3]과 기하적으로 동일하며 좌표점의 문자 인식이 더 구분되어 보기가 좋다. 제2사분면의 Woodman, Witch, Lion, Dorothy 단어들은 oz-1인 시리즈 문서 wonderfulOZ에 대응하고 제3사분면에는 Scarecrow, Cowardly, Hokus 단어가 oz-2인 시리즈 문서 royal에 대응한다. 제4사분면에는 좌표점 위치가 동일해서 겹쳐서 보이는 나머지 단어인 Jellia, Wizard, Strut, Nick, Soldier가 oz-3인 문서 OzoplaningwiththeWizard-ofOz에 대응한다. 추가적으로 [해석 1.1.3]을 참고하고 용어 가중치 함수 TF-IDF(term frequency-inverse document frequency)를 적용한 문서-핵심어에 대한 분석은 4.4절을 참고하기 바란다.

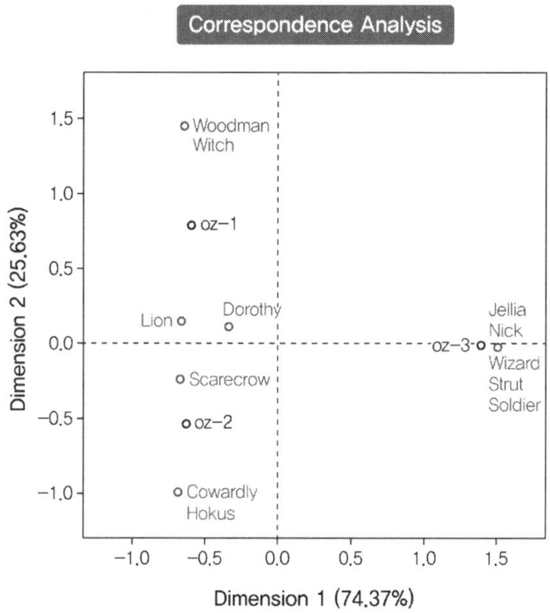

[그림 1.3.3] 오즈의 마법사 텍스트 마이닝의 단순 대응분석 그림

[SAS-코드 1.3.3] 오즈의 마법사 텍스트 마이닝의 단순 대응분석(oz-SCRA.SAS)

```
data oz;
input series $ Dorothy Scarecrow Woodman Lion Witch Hokus Cowardly Jellia Wizard
Strut Nick Soldier;
cards;
 oz-1    353   214   175   173   117    0     0     0     0     0     0     0
 oz-2    411   481    0    197    0    200   194    0     0     0     0     0
 oz-3    137    0     0     0     0     0     0    328   250   143   142   105
;

ods graphics on;
proc corresp data = oz all short;
    var Dorothy Scarecrow Woodman Lion Witch Hokus Cowardly Jellia Wizard Strut Nick Soldier;
    id series;
run;
```

보기 1.3.4 외상 후 스트레스 증후군에 대한 다시점 자료의 다중 대응분석

[보기 1.1.4]에서 화재에서 생존한 316명의 부상자를 대상으로 3개월, 6개월 그리고 12개월 후 면접을 통하여 외상 후 스트레스 증후군(ptsd)에 대한 다시점 자료 [자료 1.1.4]에 대하여 [R-코드 1.1.4]에 의해서 [그림 1.1.4]의 다중 대응분석 그림을 살펴보았다. 여기서는 [SAS-코드 1.3.4]에 의해서 설명력 40.00(24.34+15.66)%의 [그림 1.3.4]를 제공한다. 특히, [자료 1.1.4]와 같이 여러 개의 범주변수의 범주인 분류변수가 입력자료인 경우의 다중 대응분석을 위해서는 PROC CORRESP의 옵션 mca와 tables 문에 범주변수 y1-y6을 지정한다. [그림 1.3.4]에서 제1축의 오른편 범주들은 시점1(3개월 후), 자아통제력0과 가족결속력0, 인생문제수1, 스트레스수1, 스트레스증후1이 서로 대응한다. 이는 외상 3개월 후 자아통제력과 가족결속력이 낮으며 인생문제와 스트레스가 높아지는 스트레스 증후의 환자 증세를 보여주고 있다. [해석 1.1.4]를 참고하고 추가적인 결과들은 7.4절을 참고하기 바란다.

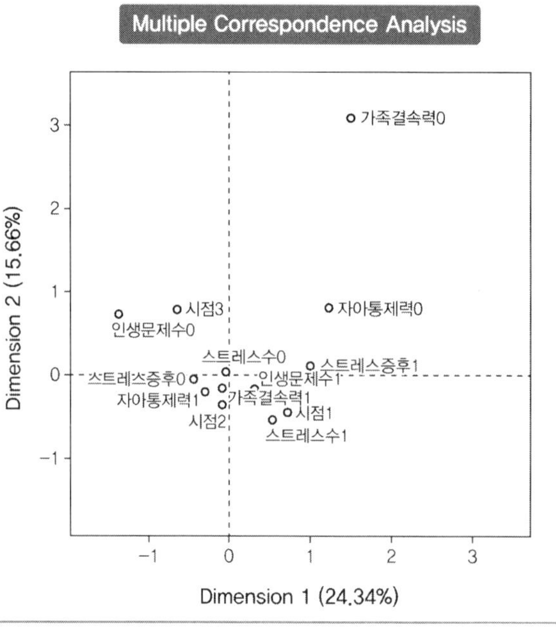

[그림 1.3.4] 외상 후 스트레스 증후군에 대한 다시점 자료의 다중 대응분석 그림

[SAS-코드 1.3.4] 외상 후 스트레스 증후군에 대한 다시점자료의 다중 대응분석(ptsd-MCRA.SAS)

```
data ptsd;
infile 'D:ptsd.txt';
input obs  x1-x6;
if x1=1 then y1="시점1"; else if x1=2 then y1="시점2";  else y1="시점3";
if x2=1 then y2="스트레스증후1"; else  y2="스트레스증후0";
if x3>=3 then y3="자아통제력1"; else y3="자아통제력0";
if x4>=3 then y4="인생문제수1"; else y4="인생문제수0";
if x5>=3 then y5="스트레스수1"; else y5="스트레스수0";
if x6>=3 then y6="가족결속력1"; else y6="가족결속력0";
run;
ods graphics on;
proc corresp data=ptsd  mca outc=graph observed short;
    tables y1-y6;
run;
```

보기 1.3.5 경제전망과 경제정책선호도 조사자료의 다중 대응분석

[보기 1.1.5]에서 120명의 성인 남녀를 대상으로 성별(sex), 나이(age), 수입(income)에 따른 경제전망(view)과 경제정책선호도(policy)를 알아보기 위해 5가지 질문을 통하여 수집된 가상의 [자료 1.1.5]에 대하여 [R-코드 1.1.5]에 의한 [그림 1.1.5]를 제공하였다. 여기서는 [SAS-코드 1.3.5](view-MCRA.SAS)에 의해서 설명력 76.34(53.79+22.55)%인 [그림 1.3.5]를 제공한다. 설명력과 좌표에 대한 추가적인 결과는 3.5절을 참고하기 바란다. 특히, [자료 1.1.5]와 같이 여러 개의 범주변수의 범주가 분류변수인 입력자료의 다중 대응분석을 위해서는 PROC CORRESP의 옵션 mca와 tables 문에 범주변수 x1-x5를 지정한다.

제1축의 오른편에 연령(age1)과 수입(income1)이 낮은 여성(sex2)들이 경제전망을 낙관(view1)하고 정부의 경제정책을 찬성(policy1)함을 보여 준다. 왼편에는 연령(age2)과 수입(income2)이 높은 남성(sex1)들이 경제전망을 비관(view2)하고 경제정책을 반대(policy2)하고 있음을 보여주고 있다. 이는 [해석 1.1.5]와 기하적으로 제1축에 대하여 좌표점의 위치가 반대인 경우이나 대응관계는 동일하다.

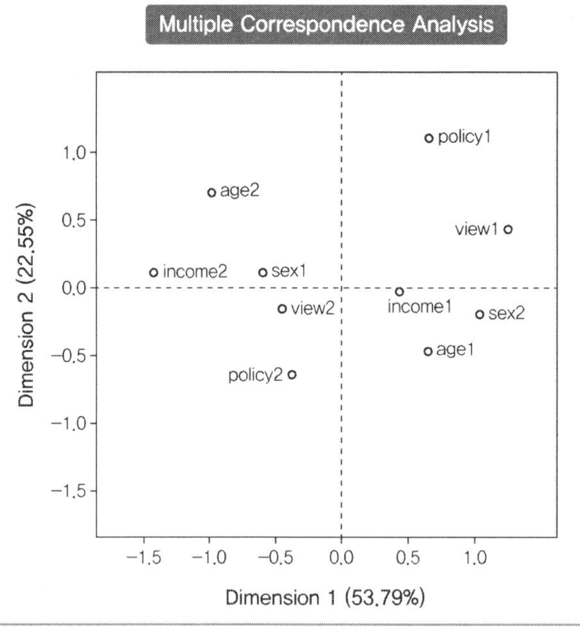

[그림 1.3.5] 경제전망과 경제정책선호도 조사자료의 다중 대응분석 그림

[SAS-코드 1.3.5] 경제전망과 경제정책선호도 조사자료의 다중 대응분석(view-MCRA.SAS)

```
data view;
infile 'D:view.txt';
input id sex age income view policy;
if sex=1 then x1="sex1"; else x1="sex2";
if age=1 then x2="age1"; else  x2="age2";
if income=1 then x3="income1"; else x3="income2";
if view=1 then x4="view1"; else x4="view2";
if policy=1 then x5="policy1"; else x5="policy2";

proc corresp data=view mca observed short;
     tables x1-x5;
run;
```

보기 1.3.6 인구통계적 변인과 사회경제적 변인에 의한 버트표 자료의 다중 대응분석

[보기 1.1.6]에는 교육수준, 나이, 거주지역의 규모 등 인구통계적 변인과 사회경제적 변인 간의 관계를 통해 얻어진 버트표인 [자료 1.1.6](sociecono_B.txt)이 주어져 있다. 전체적으로 범주변수가 7개이고 분류변수는 총 25개로 이 자료에 대한 다중 대응분석 [그림 1.1.6]은 [R-코드 1.1.6]에 의해서 제공되었다. [SAS-코드 1.3.6](sociecono-MCRA.SAS)은 PROC CORRESP의 옵션 mca와 버트표 자료인 경우 var 문에 범주명 sexm sexf … siz4 siz5를 사용하면 [그림 1.3.6]을 얻게 된다. [그림 1.1.6]과는 기하적으로 좌표점들의 위치가 위아래, 왼편과 오른편이 바뀐 형태이나 대응관계와 해석은 동일하다.

주거상태(lod1(대출), lod2(소유), lod3(전세), lod4(기숙))의 경우는 제1축에 대하여 오른편의 남성(sexm)들이 lod2(소유)와 대응하고 있어 주거를 주로 소유하고 있으며 이들은 동산도 소유(hou1)하고 연령이 높고(age4, age5), 거주지규모도 작은 지역(siz1-siz3)에 살며 교육수준은 낮다(edu1, edu2). 나머지는 [해석 1.1.6]을 참고하고 설명력과 좌표에 대한 추가적인 결과는 3.5절을 참고하기 바란다.

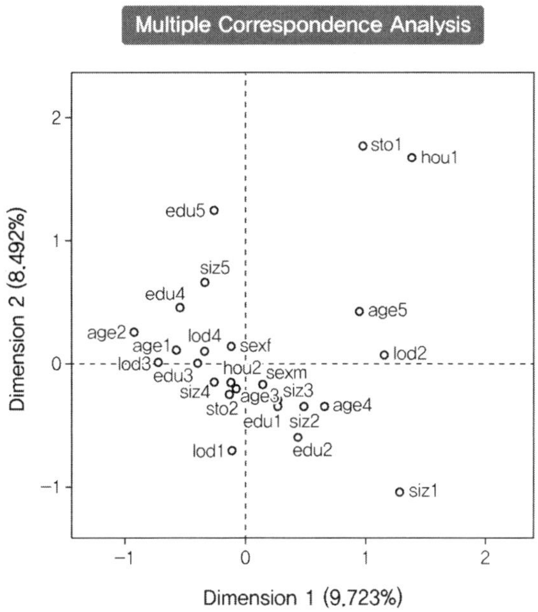

[그림 1.3.6] 인구통계적 변인과 사회경제적 변인에 의한 버트행렬의 다중 대응분석 그림

[SAS-코드 1.3.6] 인구통계적 변인과 사회경제적 변인에 의한 버트행렬에 대한 다중 대응분석 (sociecono-MCRA.SAS)

```
data sociecono;
infile 'D:sociecono_B.txt';
input  sexm sexf edu1 edu2 edu3 edu4 edu5 lod1 lod2 lod3 lod4
       sto1 sto2 hou1 hou2 age1 age2 age3 age4 age5 siz1 siz2 siz3 siz4 siz5;
proc corresp data=sociecono nvars=7  mca short;
     var sexm sexf edu1 edu2 edu3 edu4 edu5 lod1 lod2 lod3 lod4
     sto1 sto2 hou1 hou2 age1 age2 age3 age4 age5 siz1 siz2 siz3 siz4 siz5;
run;
```

보기 1.3.7 비대칭 분할표 자료의 수정 단순 대응분석

[보기 1.1.7]에는 1980년과 1985년에 미국 거주지 이주에 관한 경우를 정리한 비대칭 4×4 분할표 [자료 1.1.7](usmigration.txt)에 대하여 수정 단순 대응분석 [그림 1.1.7]을 [R-코드 1.1.7]이 제공하였다. 여기서는 [SAS-코드 1.3.7](usmigration-modifiedSCRA.SAS)에 의해서 [그림 1.3.7]-(a) 대칭 부분과 (b) 반대칭 부분의 두 종류의 그림이 제공된다. 특히 SAS의 cards; 이하 입력자료는 [보기 1.1.7]의 [R-코드 1.1.7]의 블록행렬 B로부터 제공되었다. SAS에서는 차원별 조합에 의한 대응분석 그림들 중 [그림 1.3.7]-(a) 1차원(Dimension 1)과 2차원(Dimension 2)에 의한 그림과 (b) 4차원(Dimension 4)과 5차원(Dimension 5) 그림이 각각 여기에 해당한다.

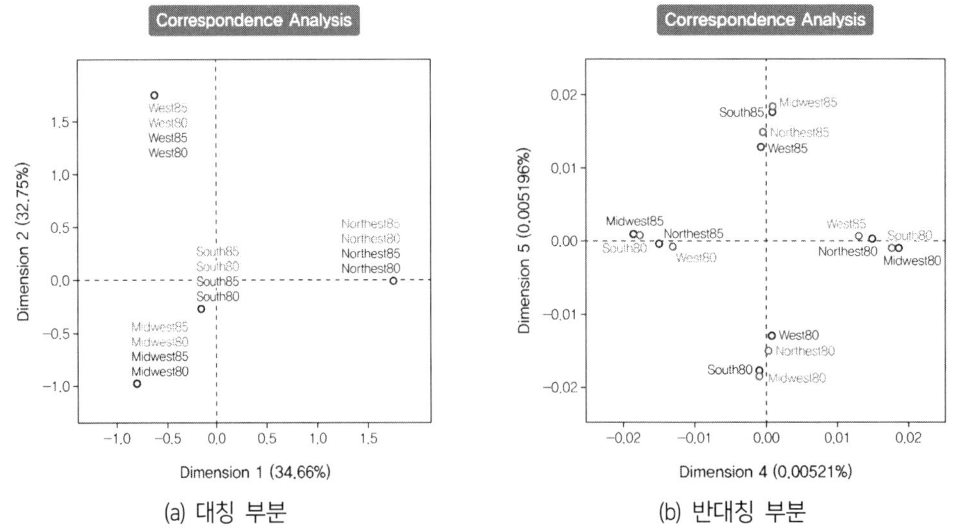

(a) 대칭 부분 (b) 반대칭 부분

[그림 1.3.7] 미국의 거주지 이주에 관한 비대칭 분할표의 수정 단순 대응분석 그림

[그림 1.3.7]-(a) 대칭 부분에서 행과 열좌표점이 동일하며 이들 좌표점 중 Northest, West, Midwest가 원점에서 많이 떨어져 있으며 서로 멀리 놓여 있다. 이들은 1980년에서 1985년 사이에 이들 간에 거주지의 이동이 적었음을 나타낸다. (b)의 해석은 그림 원점과 수평축(Dimension 4)의 왼편 South80과 수직축(Dimension 5)의 아래쪽 Midwest80 좌표점에 의해서 제일 큰 삼각형이 만들어져서 서로 거주지 이동에 강한 차이를 보여주고 있다. 이 삼각형을 시계방향으로 회전하면 수평축 오른편 South 85과 수직축 위 Midwest85로 이주를 보여준다. 실제 [자료 1.1.7]에서 이들 거주지 이동 빈도가 17819와 13677로 매우 높다. 보다 자세한 해석은 [해석 1.1.7]과 나머지 결과들은 2.5절을 참고하기 바란다.

[SAS-코드 1.3.7] 미국의 거주지 이주에 관한 비대칭 분할표의 수정 단순 대응분석 (usmigration-modifiedSCRA.SAS)

```
data usmigration;
   input  area $1-12  Northest85 Midwest85 South85 West85 Northest80 Midwest80 South80 West80;
cards;
Northest80       11607       100       366       124     11607        87       172        63
Midwest80           87     13677       515       302       100     13677       255       176
South80            172       255     17819       270       366       515     17819       286
West80              63       176       286     10192       124       302       270     10192
Northest85       11607        87       172        63     11607       100       366       124
Midwest85          100     13677       255       176        87     13677       515       304
South85            366       515     17819       286       172       255     17819       270
West85             124       302       270     10192        63       176       286     10192
;
run;

ods graphics;
proc corresp data = usmigration dim=6 all short;
    var Northest85 Midwest85 South85 West85 Northest80 Midwest80 South80 West80;
    id area;
run;
```

1.4 SPSS 실습

IBM SPSS Statistics 27의 경우에는 메뉴 방식의 패키지로 다음과 같이 Data Editor 화면에서 범주변수가 2개인 이원분할표의 단순 대응분석은 **대응일치분석(C)**에서 제공하며 범주변수가 여러 개인 다원분할표의 다중 대응분석은 **최적화 척도법(O)**에서 제공한다.

1) 단순 대응분석: 분석(A) ▶ 차원 축소(D) ▶ 대응일치분석(C)
2) 다중 대응분석: 분석(A) ▶ 차원 축소(D) ▶ 최적화 척도법(O)

이 절에서는 1.1절에서 R을 적용한 [보기]와 대응분석 그림을 얻기 위한 [코드]는 이를 위한 메뉴 형식의 SPSS를 적용하여 다음과 같이 대응되며 Data Editor에서 입력한 SPSS 자료파일(*.sav)도 정리해 두었다.

R : [보기 1.1.1]~[보기 1.1.7]과 [R-코드 1.1.1]~[R-코드 1.1.7]
SPSS : [보기 1.4.1]~[보기 1.4.6]과 [SPSS-메뉴 1.4.1]~[SPSS-메뉴 1.4.6]

특히, [보기 1.4.1]~[보기 1.4.3]과 같이 SPSS에서 분할표 형태의 자료를 입력할 때는 빈도를 나타내는 변수인 도수를 **데이터(D) ▶ 가중케이스(W)**에서 빈도 변수(F)로 설정해야 한다.

SPSS에서 단순 대응분석 그림은 행 포인트 및 열 포인트 정규화라는 이름으로 제공되며 범주 포인트의 결합도표라는 이름으로 제공되는 다중 대응분석 그림은 범주변수마다 색깔로 구분을 하고 범주를 선으로 연결하여 R과 SAS보다 훨씬 범주들의 대응관계를 시각적으로 파악하기 쉽게 되어 있다. 그러나 SPSS의 대응분석에서는 R의 [보기 1.1.6] 또는 SAS의 [보기 1.3.6]에서와 같이 입력자료 형태가 버트표인 경우는 처리하기가 거의 불가능하다. 일반적으로 [보기 1.4.4]와 [보기 1.4.5]와 같이 통계조사나 실험의 결과를 통해 범주변수의 범주를 입력 자료 값으로 사용하는 텍스트파일(*.txt) 형태의 자료파일은 R과 SAS에서는 read.table과 infile을 이용해서 외부에서 불러오거나 코드 내에서 자료를 입력해서 사용한다. 반면에 SPSS에서는 Data Editor 화면에서 텍스트파일(*.txt) 형태의 자료파일을 **파일(F) ▶ 열기(O) ▶ 데이터(D) ▶ 파일 유형(T)**에서 텍스트 가져오기 마법사 6단계를 거쳐 SPSS 자료파일(*.sav)로 저장 가능하다. 평소 SPSS 사용자는 이 변환 과정에 익숙하리라 생각한다.

대응분석 그림의 각 축은 R과 SAS에서는 Dimension 1과 Dimension 2로 이를 제1축과 제2축으로 불렀으나 SPSS는 차원 1과 차원 2로 되어 있어 이를 경우에 따라 같이 나타내기도 한다. 그리고 이들에 대한 설명력은 R과 SAS에서는 자동으로 제시되나 SPSS의 경우 단순 대응분석은 결과의 요약에서 차원별 관성비율을 살펴봐야 하고 다중 대응분석은 모형 요약에서 설명된 분산의 % 분산을 보면 된다. 이는 2장의 2.6절의 SPSS 실습에서 자세히 보이고자 한다.

보기 1.4.1 지위에 따른 흡연습관의 이원분할표에 대한 단순대응분석

[보기 1.1.1]의 지위에 따른 흡연습관의 이원분할표 [자료 1.1.1]을 분석하기 위한 [R-코드 1.1.1] 대신에 여기서는 [SPSS-메뉴 1.4.1]에 의한 단순 대응분석 [그림 1.4.1]을 제공한다.

그림의 차원 1(제1축)의 오른편 흡연습관은 흡연의 정도(light~heavy) 차이는 있지만 흡연을 하는 열범주이고 왼편은 none으로 흡연을 하지 않는다는 열범주가 위치하고 있다. 오른편 JM과 JE는 흡연하는 지위에 해당한다. 추가적으로 [해석 1.1.1]을 참고하고 나머지 결과에 대한 것은 2.6절을 참고하기 바란다.

[SPSS-메뉴 1.4.1]에서 SPSS에서 분할표 형태의 자료를 입력할 때 칸(cell)을 나타내는 위치를 범주변수(지위, 흡연습관)에 따라 사용하고 해당 빈도를 나타내는 변수(도수)를

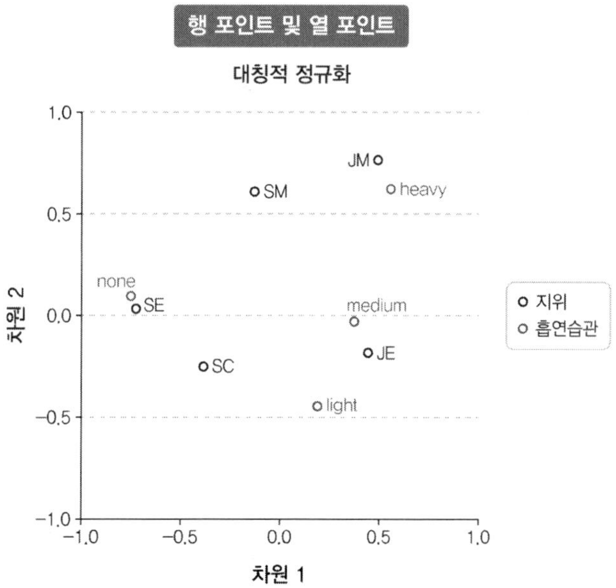

[그림 1.4.1] 지위에 따른 흡연습관의 이원분할표에 대한 단순 대응분석 그림

데이터(D) ▶ 가중케이스(W)에서 빈도 변수(F)로 설정해야 한다. 변수 보기에서 값의 레이블을 범주변수의 행과 열 범주명을 지정하면 된다. ▶ 대응일치분석(C)에서 자료를 입력할 때 칸(cell)을 나타내는 위치의 범위를 행과 열의 범위지정에서 해주어야 한다.

[SPSS-메뉴 1.4.1] 지위에 따른 흡연습관의 이원분할표에 대한 단순 대응분석(smoke.sav)

분석(A) ▶ 차원 축소(D) ▶ 대응일치분석(C)

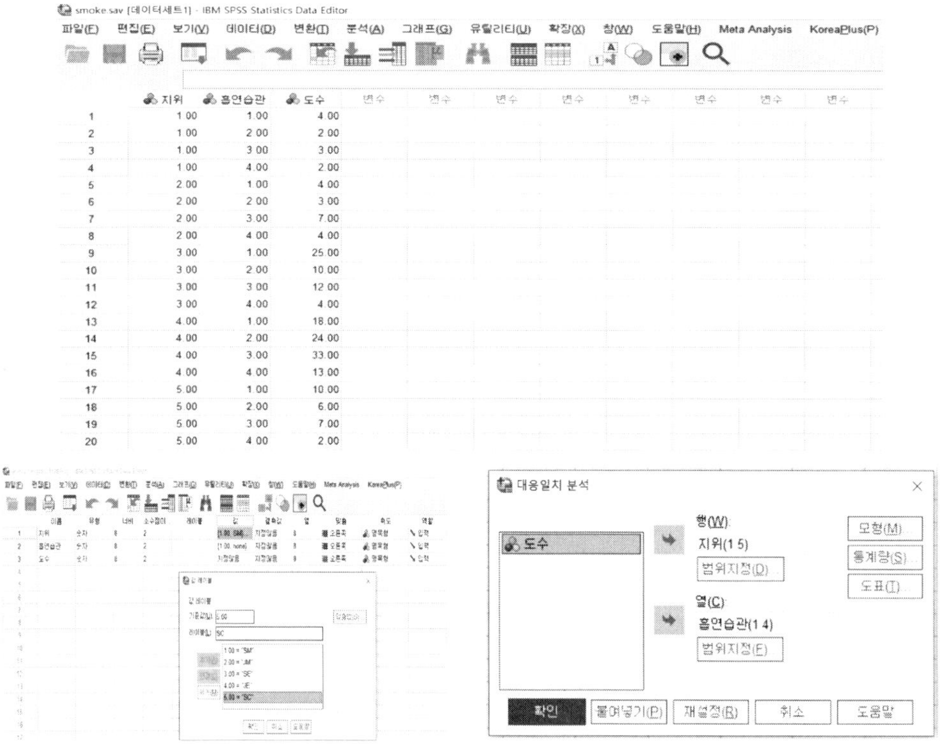

보기 1.4.2 사고운전자의 부상정도에 따른 삼원분할표의 다중 대응분석

[보기 1.1.2]의 사고운전자의 부상정도에 따른 삼원분할표 [자료 1.1.2]의 다중 대응분석을 위한 [R-코드 1.1.2] 대신에 [SPSS-메뉴 1.4.2]에 의해서 다중 대응분석 [그림 1.4.2]를 얻는다.

수평축인 차원 1(제1축)에 대하여 오른편을 보면 음주를 했을 경우 안전벨트를 미착용하며 따라서 사고가 나면 운전자의 부상정도가 중상, 중경상, 경상에 대응한다. 왼편은 이와 반대로 운전자가 음주를 하지 않은 정상상태(없음)라면 안전벨트를 착용하게 되고 사고가 나도 부상자가 없음을 보여주고 있다. 자세한 것은 [해석 1.1.2]를 참고하기 바란다.

[SPSS-메뉴 1.4.2]에서도 SPSS에서 분할표 형태의 자료를 입력하므로 칸(cell)을 나타내는 위치를 범주변수(운전상태, 안전벨트, 부상정도)에 따라 사용하고 해당 빈도를 나타내는 변수(도수)를 **데이터(D) ▶ 가중케이스(W)**에서 **빈도 변수(F)**로 설정해야 한다. 나머지 절차도 [보기 1.4.1]과 동일하다.

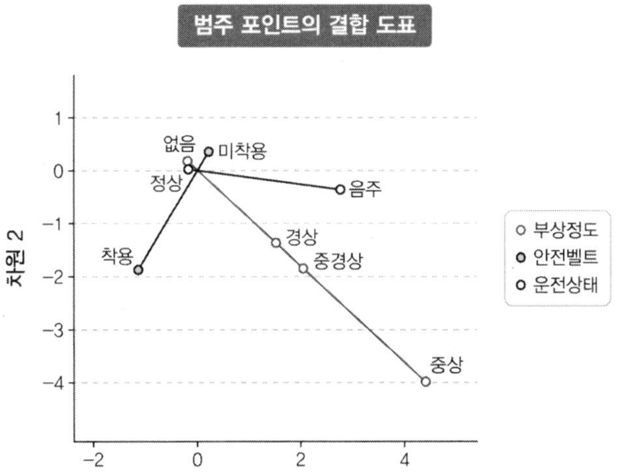

[그림 1.4.2] 사고 운전자에 관한 삼원분할표의 다중 대응분석 그림

[SPSS-메뉴 1.4.2] 사고 운전자에 관한 삼원분할표의 다중 대응분석(accident.sav)

분석(A) ▶ 차원 축소(D) ▶ 최적화 척도법(O)

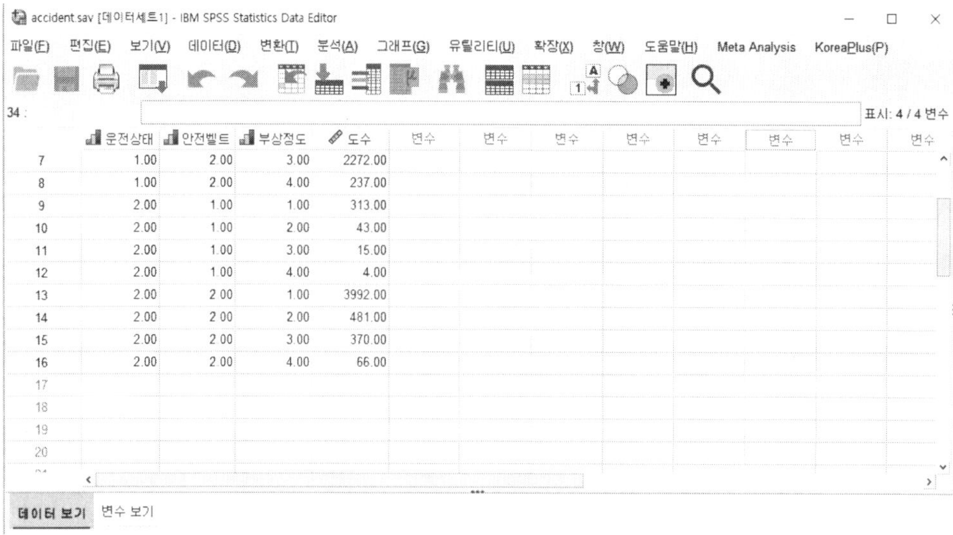

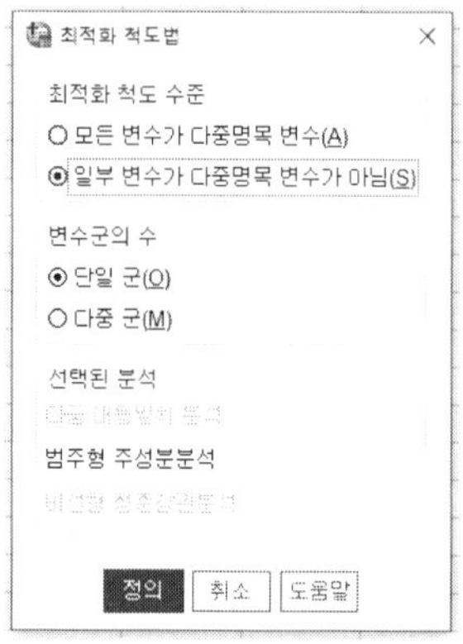

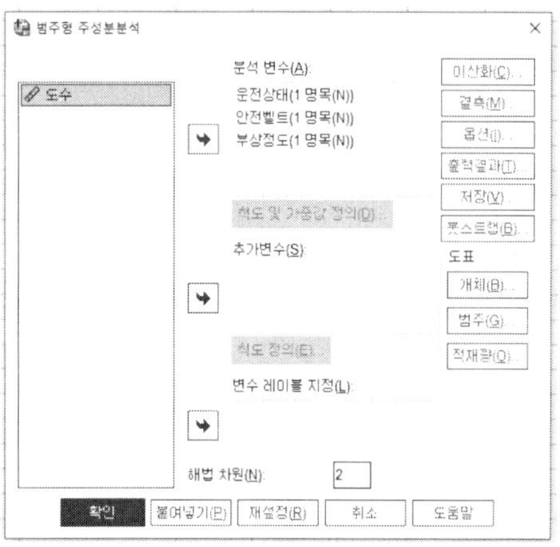

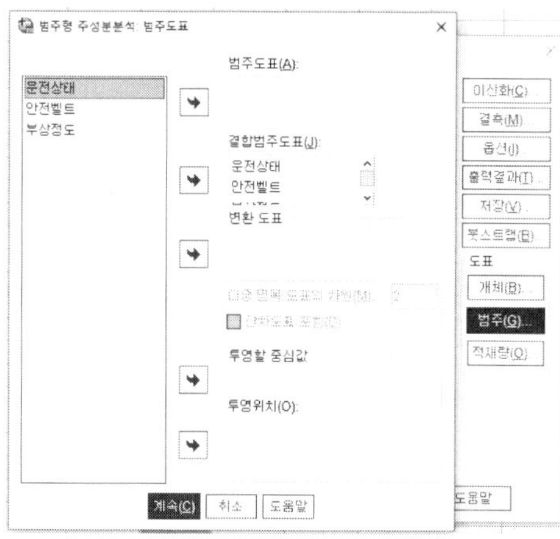

보기 1.4.3 오즈의 마법사 텍스트 마이닝의 단순 대응분석

[보기 1.1.3]은 오즈의 마법사 시리즈 중에서 세 편의 문서로부터 텍스트 마이닝을 적용하여 불용어를 제외하고 각각 상위 빈도 5개 단어와 빈도를 요약한 [자료 1.1.3]에 대한 단순 대응분석을 [R-코드 1.1.3]을 통하여 보여주었다. 여기서는 [SPSS-메뉴 1.4.3]에 의해서 [그림 1.4.3]을 얻게 된다. 이를 얻기 위한 절차는 단순 대응분석을 위해 살펴본 [SPSS-메뉴 1.4.1]과 동일하다.

이 그림에 대한 해석은 [그림 1.1.3]과 기하적으로 동일하며 좌표점 인식이 더 구분되어 보기가 좋다. 제2사분면의 핵심어 Woodman, Witch, Lion, Dorothy가 oz-1인 시리즈 문서에 대응하고 제3사분면에는 Scarecrow, Cowardly, Hokus 단어가 oz-2 문서에 대응한다. 제4사분면에는 좌표점 위치가 동일해서 겹쳐서 보이는 나머지 단어인 Jellia, Wizard, Strut, Nick, Soldier가 oz-3 문서에 대응한다. 추가적으로 [해석 1.1.3]을 참고하기 바란다.

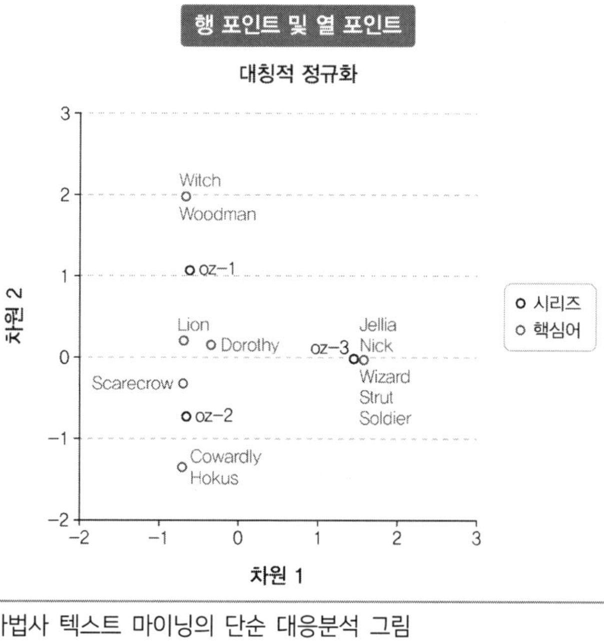

[그림 1.4.3] 오즈의 마법사 텍스트 마이닝의 단순 대응분석 그림

[SPSS-메뉴 1.4.3] 오즈의 마법사 텍스트 마이닝의 단순 대응분석(oz.sav)

분석(A) ▶ 차원 축소(D) ▶ 대응일치분석(C)

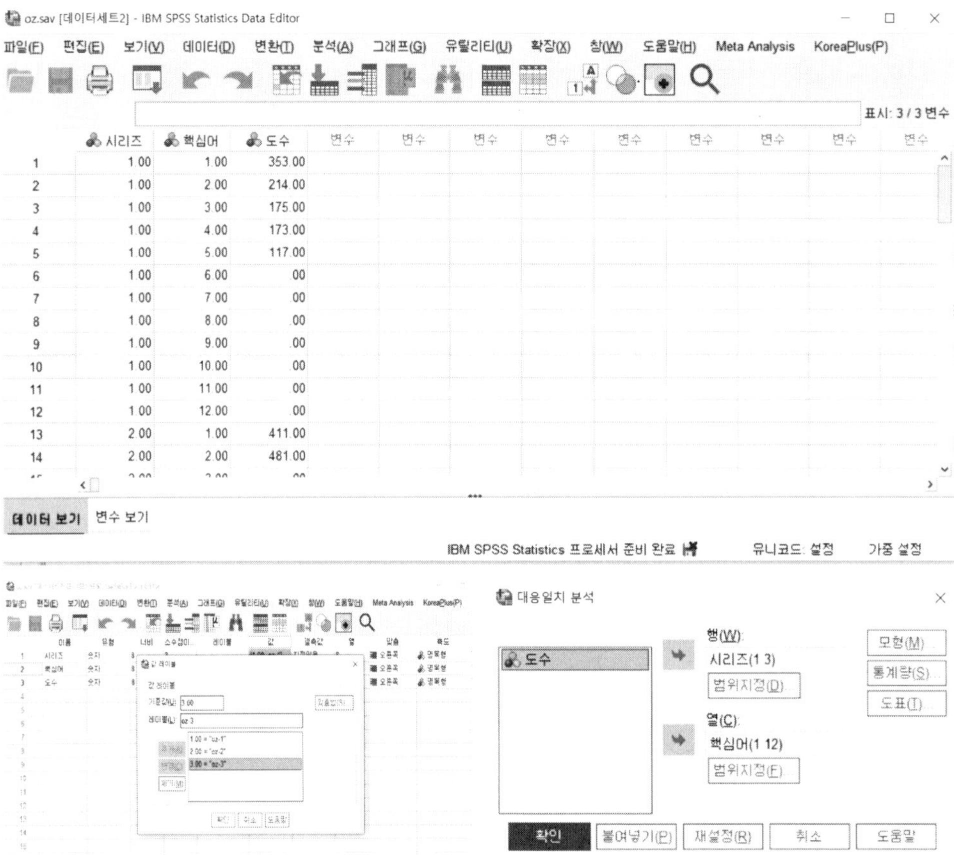

보기 1.4.4 외상 후 스트레스 증후군에 대한 다시점 자료의 다중 대응분석

[보기 1.1.4]에서 화재에서 생존한 316명의 부상자를 대상으로 3개월, 6개월 그리고 12개월 후 면접을 통하여 외상 후 스트레스 증후군(ptsd)에 대한 다시점 자료 [자료 1.1.4]에 대하여 [R-코드 1.1.4]에 의해서 [그림 1.1.4]의 다중 대응분석 그림을 살펴보았다. 여기서는 [SPSS-메뉴 1.4.4]에 의해서 **분석(A) ▶ 차원 축소(D) ▶ 최적화 척도법(O)**을 통해 [그림 1.4.4]를 얻는다. 최적화 척도법 화면에서 **범주형 주성분분석**을 지정하고 개체를 제외한 모든 범주변수를 분석변수(A)에 가져온 후에 메뉴에 따라 진행하면 된다.

[그림 1.4.4]에서 차원 1(제1축)의 오른편 범주들은 시점1(3개월 후), 자아통제력1과 가족결속력1, 인생문제수2, 스트레스수2와 스트레스증후2가 서로 대응한다. 이는 외상 3개월

후 자아통제력과 가족결속력이 낮으며 인생문제와 스트레스가 높아지는 스트레스 증후의 환자 증세를 보여준다. SPSS에서는 범주인 분류변수 값을 0으로 사용하지 못해 0은 1로 1은 2로 두었다. [해석 1.1.4]를 참고하기 바란다.

특히, [자료 1.1.4]와 같이 여러 개의 범주변수의 범주인 분류변수가 입력자료인 경우의 다중 대응분석을 위해서는 SPSS에서는 Data Editor 화면에서 텍스트파일(*.txt) 형태의 자료파일을 **파일(F) ▶ 열기(O) ▶ 데이터(D) ▶ 파일 유형(T)**에서 텍스트 가져오기 마법사 6단계를 거쳐 SPSS 자료파일(*.sav)로 저장하면 된다. 그리고 범주 포인트의 결합도표라는 이름으로 제공되는 다중 대응분석 그림은 범주변수마다 색깔로 구분을 하고 범주인 분류변수를 선으로 연결하여 시각적으로 파악하게 쉽게 되어 있다는 점이다.

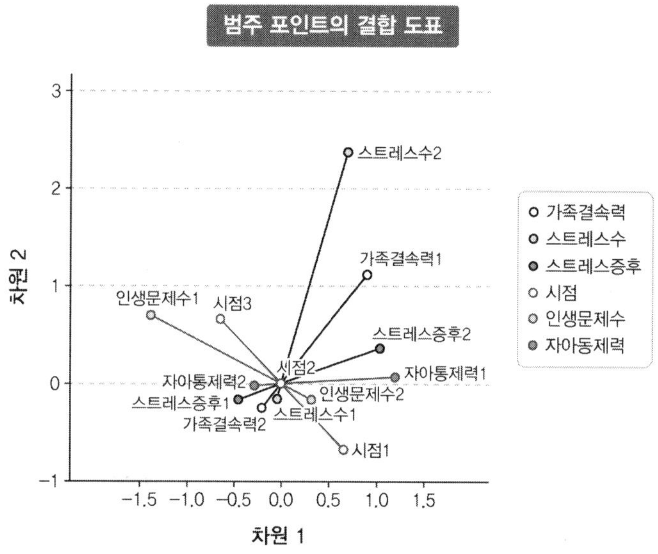

[그림 1.4.4] 외상 후 스트레스 증후군에 대한 다시점 자료의 다중 대응분석 그림

[SPSS-메뉴 1.4.4] 외상 후 스트레스 증후군에 대한 다시점 자료의 다중 대응분석(ptsd.sav)

분석(A) ▶ 차원 축소(D) ▶ 최적화 척도법(O)

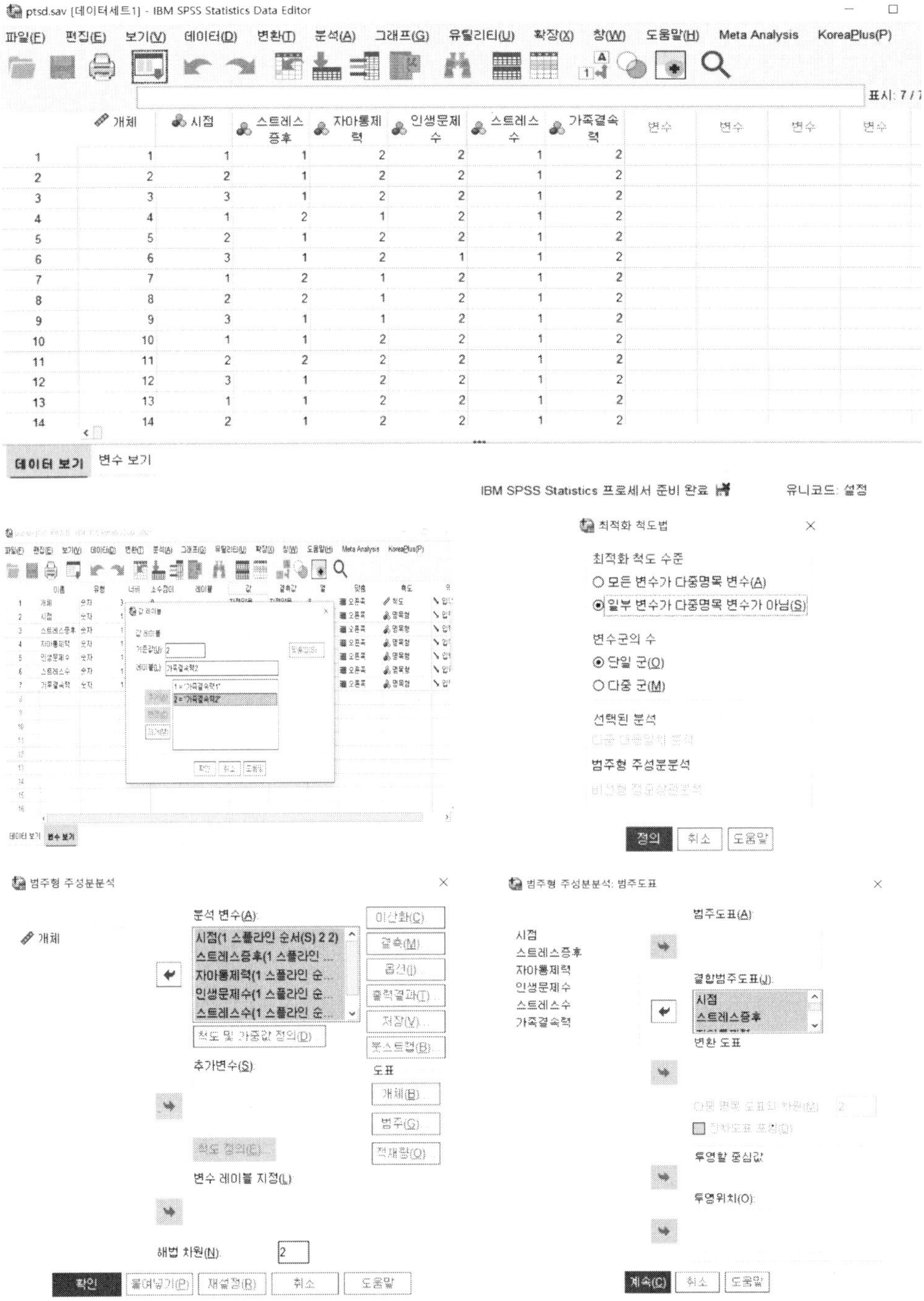

보기 1.4.5 경제전망과 경제정책선호도 조사자료의 다중 대응분석

[보기 1.1.5]에서 120명의 성인 남녀를 대상으로 성별(sex), 나이(age), 수입(income)에 따른 경제전망(view)과 경제정책선호도(policy)를 알아보기 위해 5가지 질문을 통하여 수집된 가상의 [자료 1.1.5]에 대하여 [R-코드 1.1.5]에 의한 [그림 1.1.5]를 제공하였다. 여기서는 [SPSS-코드 1.4.5]에 의해서 다중 대응분석 [그림 1.4.5]를 얻는다.

차원 1의 오른편은 연령(age1)과 수입(income1)이 낮은 여성(sex2)들이 경제전망을 낙관(view1)하고 정부의 경제정책을 찬성(policy1)함을 보여 준다. 왼편은 연령(age2)과 수입(income2)이 높은 남성(sex1)들이 경제전망을 비관(view2)하고 경제정책을 반대(policy2)함을 보여주고 있다. 이는 [그림 1.1.5]와 기하적으로 차원 1(제1축)에 대하여 좌표점의 위치가 반대의 경우이나 대응관계는 동일하므로 [해석 1.1.5]를 참고하기 바란다.

여기서는 [보기 1.4.4]와 마찬가지로 텍스트파일(*.txt)이 여러 개의 범주변수의 범주명이 입력 자료인 경우로 SPSS에서는 Data Editor 화면에서 **파일(F) ▶ 열기(O) ▶ 데이터(D) ▶ 파일 유형(T)**에서 텍스트 가져오기에서 SPSS 자료파일(*.sav)로 저장 가능하다.

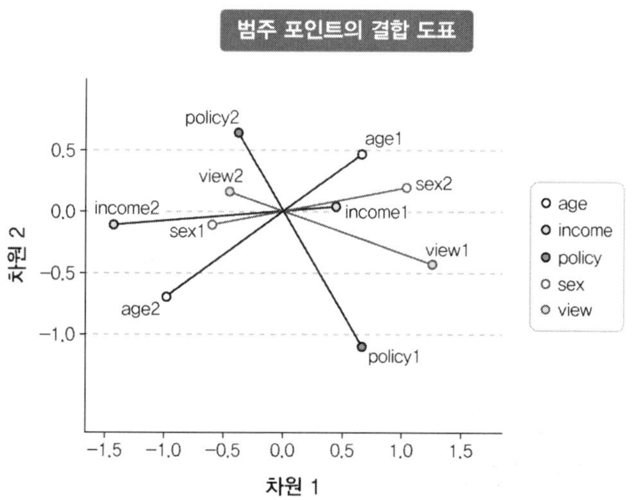

[그림 1.4.5] 경제전망과 경제정책선호도 조사자료의 다중 대응분석 그림

[SPSS-메뉴 1.4.5] 경제전망과 경제정책선호도 조사자료의 다중 대응분석(view.sav)

분석(A) ▶ 차원 축소(D) ▶ 최적화 척도법(O)

보기 1.4.6 비대칭 분할표 자료의 수정 단순 대응분석

[보기 1.1.7]에는 1980년과 1985년에 미국 거주지 이주에 관한 경우를 정리한 비대칭 4×4 분할표 [자료 1.1.7](usmigration.txt)에 대하여 수정 단순 대응분석 [그림 1.1.7]을 [R-코드 1.1.7]이 제공하였다. 여기서는 [SPSS-메뉴 1.4.6]에 의해서 [그림 1.4.6]-(a) 대칭부분과 (b) 반대칭 부분의 두 종류의 그림이 제공된다. 특히, 차원 4와 차원 5의 (b) 반대칭 부분의 그림을 얻기 위해서는 **대응일치분석: 도표**에서 차원수 제한과 최저와 최고 차원을 4와 5로 해주어야 한다.

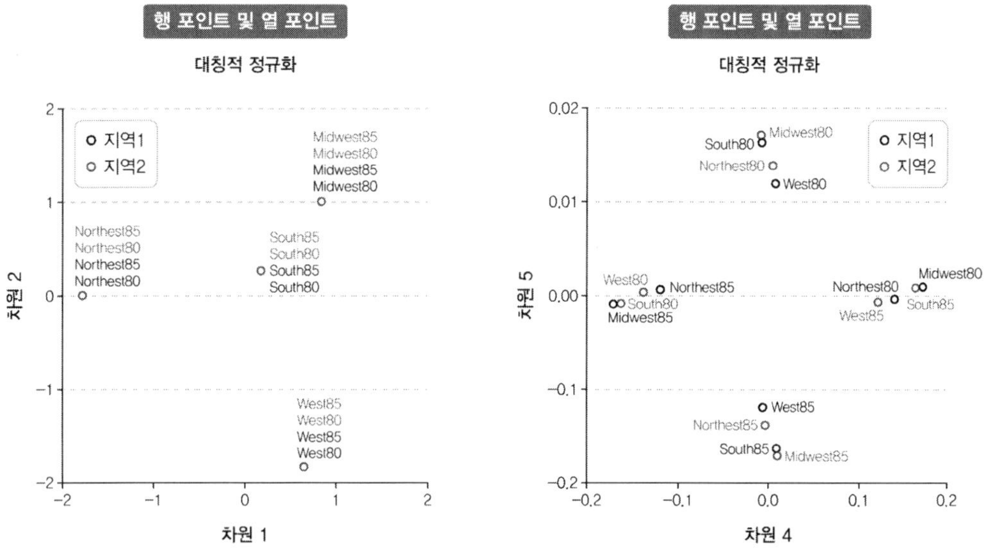

(a) 대칭 부분　　(b) 반대칭 부분

[그림 1.4.6] 미국의 거주지 이주에 관한 비대칭 분할표의 수정 단순 대응분석 그림

[그림 1.4.6]-(a) 대칭 부분에서 행과 열좌표점이 동일하며 이들 좌표점 중 차원 1의 왼편 Northest, 차원 2의 아래쪽 West 그리고 차원 2의 위쪽 Midwest가 원점에서 많이 떨어져 있으며 서로 멀리 놓여 있다. 이런 기하적인 위치는 1980년에서 1985년 사이에 이들 간에 거주지의 이동이 상대적으로 South에 비해 적었음을 나타낸다. (b)의 해석은 그림 원점과 수평축 차원 4의 왼편 South80과 수직축 차원 5의 위쪽 Midwest80 좌표점에 의해서 제일 큰 삼각형이 만들어져서 서로 거주지 이동에 강한 차이를 보여주고 있다. 이 삼각형을 시계방향으로 회전하면 수평축 오른편 South85와 수직축 아래 Midwest85로 이주를 보여준다. 자세한 해석은 [해석 1.1.7]을 참고하기 바란다.

[SPSS-메뉴 1.4.6] 미국의 거주지 이주에 관한 비대칭 분할표의 수정 단순 대응분석(usmigration.sav)

분석(A) ▶ 차원 축소(D) ▶ 대응일치분석(C)

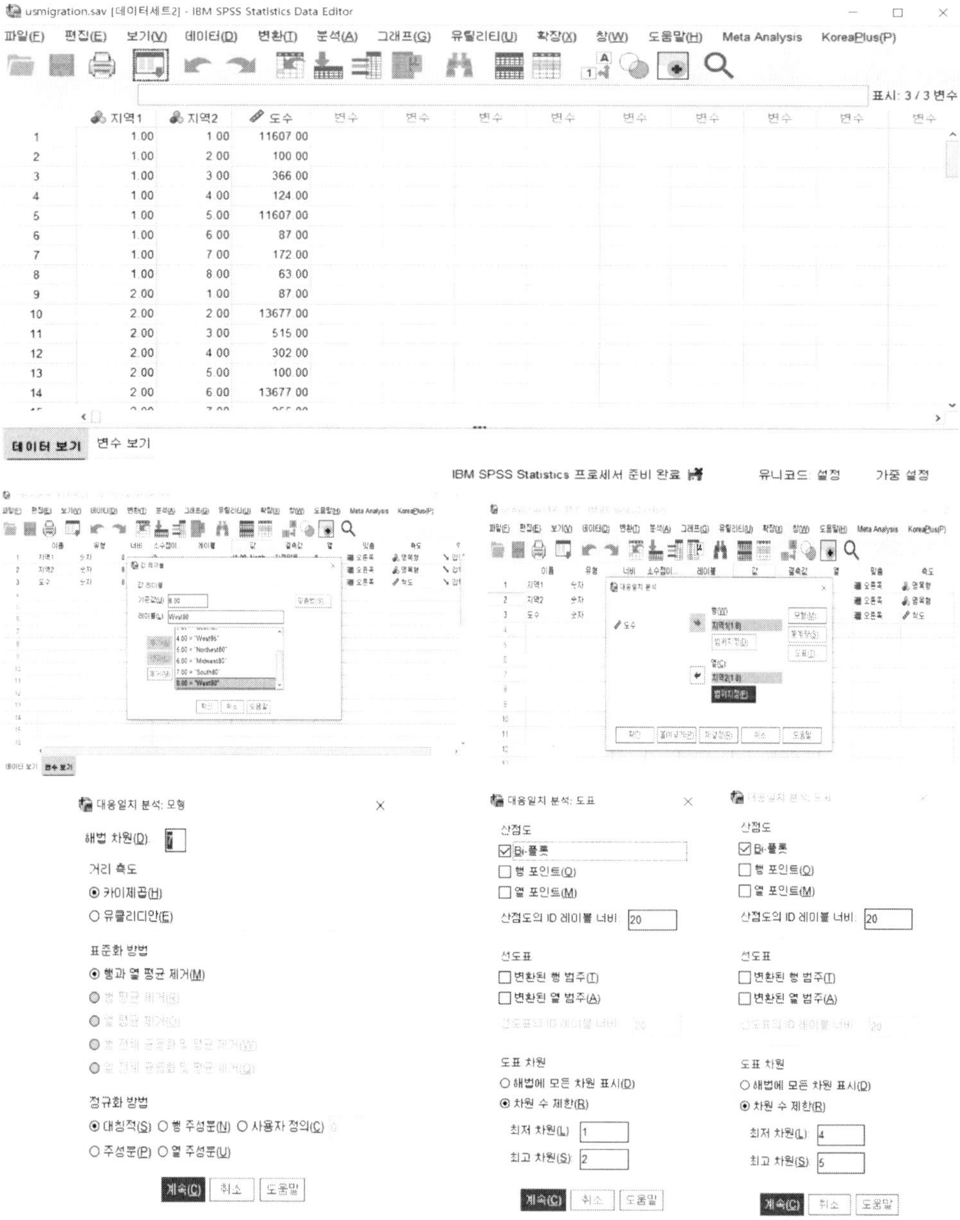

1장 요약

01 일반적으로 범주형 자료(categorical data)인 분할표(contingency table) 자료에 대하여 삼원 분할표 이하에서는 카이제곱검정을 통하여 각 범주 변수 간의 연관성인 독립성과 동질성을 살펴본다. 또한 삼원분할표 이상의 경우에는 로그선형모형(log-linear model) 또는 로짓모형(logit model)을 통하여 범주 간의 연관성을 살펴본다.

02 대응분석이란 범주형 자료에서 범주변수 각각의 범주에 해당하는 분류변수에 의한 분할표 자료의 행(row)과 열(column)을 저차원 공간상의 점들로 동시에 나타내어 그들의 관계를 탐구하려는 시각화 자료분석 기법이다.

03 대응분석은 이원분할표 자료에 적용되는 단순 대응분석와 다원분할표 자료에 적용되는 다중 대응분석으로 나눌 수 있다.

04 대응분석을 응용하기 위한 패키지로 R의 ca(버전 0.71.1), SAS는 PROC CORRESP(버전 9.2) 그리고 SPSS는 IBM SPSS Statistics 27이 있다.

05 단순과 다중 대응분석은 R의 패키지 ca에서 함수 ca()와 mjca()를 각각 활용하며 SAS에서는 다중 대응분석의 경우 옵션 mca를 지정하여 사용한다. 메뉴 방식인 SPSS에서는 **분석(A) ▶ 차원 축소(D)**에서 단순 대응분석은 **대응일치분석(C)**에서 제공되며 다중 대응분석은 **최적화 척도법(O)**에서 제공된다.

2 장

단순 대응분석

the rules which have more sound statistical foundations seem, at present, to offer little advantage over the simpler.
Jolliffe, I.T.(1986, Chapter 6)

더 건전한 통계적 기초를 가진 규칙들은,
현재, 더 단순한 것들에 비해 거의 이점을 제공하지 않는 것처럼 보인다.

범주형 자료 중 이원분할표의 행과 열 범주 간의 대응관계를 시각적으로 보여주는 단순 대응분석(simple correspondence analysis)에 대해 소개하고자 한다. 더불어 비대칭 분할표의 대칭 부분과 반대칭 부분의 대응분석 그림을 통해 해석상 기하학적으로 상호 보완적인 관계를 보여주는 수정(modified) 단순 대응분석을 살펴보려 한다. 더불어 보기에서 대응분석을 위한 R의 패키지 ca에서 단순 대응분석을 위한 함수 ca()의 적용을 소개하고 1.3절과 1.4절에서 살펴본 SAS/PROC CORRESP와 SPSS의 **분석(A) ▶ 차원 축소(D) ▶ 대응일치분석(C)**에서 제공하는 단순 대응분석 그림 외에 나머지 추가 결과에 대한 것을 실습에서 설명하고자 한다.

2.1 단순 대응분석의 알고리즘

단순 대응분석의 대수적인 면을 소개하기로 하자. 범주형 자료의 요약된 형태가 [표 2.1.1]과 같은 행과 열의 수가 각각 n과 p인 이원분할표로부터 자료행렬

$$O=(o_{ij}),\ o_{ij} \geq 0,\ i=1,\dots,n\ ;\ j=1,\dots,p \tag{2.1.1}$$

를 고려하자.

[표 2.1.1] $n \times p$ 이원분할표

		열 범주				행 합
		1	2	$\cdots$	p	
행 범주	1	o_{11}	o_{21}	$\cdots$	o_{1p}	$o_{1.}$
	2	o_{21}	o_{22}	$\cdots$	o_{2p}	$o_{2.}$
	$\vdots$	$\vdots$	$\vdots$	$\vdots$	$\vdots$	$\vdots$
	n	o_{n1}	o_{n2}	$\cdots$	o_{np}	$o_{n.}$
열 합		$o_{.1}$	$o_{.2}$	$\cdots$	$o_{.p}$	$o_{..}$

(2.1.1)의 O의 i번째 행 $(o_{i1}, \cdots, o_{ip})$은 크기가 $o_{i.} = \sum_{j=1}^{p} o_{ij}$이고 p개의 범주를 갖는 다항표본(multinomial sample)이다. 이들 표본의 총 크기는 O의 모든 원소들의 합

$$o_{..} = \sum_{i=1}^{n}\sum_{j=1}^{p} o_{ij} = 1_n^T O 1_p$$

가 된다. 여기서 1_n과 1_p는 크기가 각각 $n \times 1$과 $p \times 1$인 원소 1을 갖는 벡터이다.

단순 대응분석에서는 [표 2.1.1]과 같은 이원분할표의 자료행렬 O로부터 대응행렬(correspondence matrix)

$$F=(f_{ij}),\ f_{ij} = \frac{o_{ij}}{o_{..}},\ \ i=1,\dots,n\ ;\ j=1,\dots,p \tag{2.1.2}$$

를 정의하게 되는데, 이는 상대도수(relative frequencies)로 이루어져 있는 자료행렬이다.

다음으로 크기가 $f_{i.} = \Sigma_{j=1}^{p} f_{ij}$ 인 행프로파일(row profile)벡터가

$$\boldsymbol{r}_i = \frac{1}{f_{i.}}(f_{i1}, \ldots, f_{ip})^T = \frac{1}{o_{i.}}(o_{i1}, \ldots, o_{ip})^T \ , \ i = 1, \ldots, n \tag{2.1.3}$$

로 정의될 때 이들 n 개의 행프로파일 $\boldsymbol{r}_1, \ldots, \boldsymbol{r}_n$ 은 p 차원의 가중유클리드공간(weighted Euclidean space)에서 벡터인 행좌표점이 된다. 대각원소로 $f_{i.}$, $i = 1, \ldots, n$를 가중치로 하는 대각행렬 $D_r = diag(f_{1.}, \ldots, f_{n.})$를 고려하면 이들에 의한 행프로파일의 행렬의 대수적 표현은 다음과 같다.

$$R = D_r^{-1} F = (\boldsymbol{r}_1, \ldots, \boldsymbol{r}_n)^T \tag{2.1.4}$$

여기서 p차원의 가중유클리드공간에서는 두 개의 행좌표 $\boldsymbol{r}_i$와 $\boldsymbol{r}_k$ 사이의 거리가 가중치 $f_{.j} = \Sigma_{i=1}^{n} f_{ij}$를 갖는 제곱 카이제곱거리

$$\begin{aligned} d_p^2(\boldsymbol{r}_i, \boldsymbol{r}_k) &= (\boldsymbol{r}_i - \boldsymbol{r}_k)^T D_c^{-1} (\boldsymbol{r}_i - \boldsymbol{r}_k) \\ &= \sum_{j=1}^{p} \frac{(f_{ij}/f_{i.} - f_{kj}/f_{k.})^2}{f_{.j}} \end{aligned} \tag{2.1.5}$$

로 정의된다. 여기서 $D_c = diag(f_{.1}, \ldots, f_{.p})$는 가중치 $f_{.j}$, $j = 1, \ldots, p$를 대각원소로 하는 크기가 $p \times p$ 인 대각행렬이다.

행프로파일의 경우와 마찬가지로 크기가 $f_{.j} = \Sigma_{i=1}^{n} f_{ij}$ 인 j 번째 열프로파일(column profile)벡터를 $\boldsymbol{c}_j = (f_{1j}, \ldots, f_{nj})^T / f_{.j}$ 라고 하면, 이들 p 개의 열프로파일 $\boldsymbol{c}_1, \ldots, \boldsymbol{c}_p$ 는 n 차원의 가중유클리드공간에서 정의되는 p 개의 벡터인 열좌표점이 된다. 이들에 의한 열프로파일의 행렬은 다음과 같다.

$$C = D_c^{-1} F^T = (\boldsymbol{c}_1, \ldots, \boldsymbol{c}_p)^T \tag{2.1.6}$$

따라서 두 개의 열프로파일 $\boldsymbol{c}_j$와 $\boldsymbol{c}_l$ 간의 거리도 행좌표점의 거리인 (2.1.5)와 유사하게 (2.1.7)과 같이 제곱 카이제곱거리로 정의된다.

$$
\begin{aligned}
d_n^2(\boldsymbol{c}_j, \boldsymbol{c}_l) &= (\boldsymbol{c}_j - \boldsymbol{c}_l)^T D_r^{-1}(\boldsymbol{c}_j - \boldsymbol{c}_l) \\
&= \sum_{i=1}^{n} \frac{(f_{ij}/f_{.i} - f_{il}/f_{.l})^2}{f_{i.}}
\end{aligned} \tag{2.1.7}
$$

일반적으로 단순 대응분석은 많은 다변량분석에 적용되는 차원축소기법(method of dimension reduction)을 통하여 p차원과 n차원의 가중유클리드공간에서의 행좌표점 $\boldsymbol{r}_1, \ldots, \boldsymbol{r}_n$과 열좌표점 $\boldsymbol{c}_1, \ldots, \boldsymbol{c}_p$를 하나의 그림으로 동시에 나타내어 이들의 관계를 시각적으로 탐구하는 것이 목적이다. 이렇게 그려지는 그림이 바로 단순 대응분석 그림에 해당한다. 차원 수가 다른 행 좌표점과 열 좌표점을 하나의 그림에 동시에 나타내는 방법에는 대칭적 방법과 투영적 방법이 있는데 여기서는 Greenacre(1984)의 대칭적 방법을 소개하며 이는 최용석(2001, 1장)에 잘 정리되어 있어 그 절차를 단순 대응분석 알고리즘으로 [표 2.1.2]에 요약하려 한다. 이를 위하여 몇 가지 더 요약정리해 보기로 하자.

우선 n개의 행프로파일 $\boldsymbol{r}_1, \ldots, \boldsymbol{r}_n$과 p개 열프로파일 $\boldsymbol{c}_1, \ldots, \boldsymbol{c}_p$의 중심(centroid)은 각각 크기가 $p \times 1$과 $n \times 1$로 이들 프로파일 벡터의 가중합으로 계산된다.

$$
\boldsymbol{c} = \sum_{i=1}^{n} f_{i.}\boldsymbol{r}_i = \sum_{i=1}^{n} (f_{i1}, \cdots, f_{ip})^T = F^T \boldsymbol{1}_n \tag{2.1.8}
$$

$$
\boldsymbol{r} = \sum_{j=1}^{p} f_{.j}\boldsymbol{c}_j = \sum_{j=1}^{p} (f_{1j}, \cdots, f_{nj})^T = F \boldsymbol{1}_p \tag{2.1.9}
$$

(2.1.8)과 (2.1.9)의 두 벡터를 고려한 중심화 대응행렬 $\widetilde{F} = F - \boldsymbol{r}\boldsymbol{c}^T$의 변환된 잔차행렬(residual matrix) Y의 비정칙값분해(singular values decomposition)

$$
Y = D_r^{-1/2} \widetilde{F} D_c^{-1/2} = U \Lambda V^T \tag{2.1.10}
$$

를 이용하면 대칭적 방법의 행좌표점과 열좌표점을 쉽게 얻을 수 있다. 여기서, $D_r = diag(\boldsymbol{r}) = diag(f_{1.}, \ldots, f_{n.})$과 $D_c = diag(\boldsymbol{c}) = diag(f_{.1}, \ldots, f_{.p})$는 각각 행과 열의 주변비율 $f_{i.} = \sum_{j=1}^{p} f_{ij}$, $i = 1, \ldots, n$과 $f_{.j} = \sum_{i=1}^{n} f_{ij}$, $j = 1, \ldots, p$를 대각원소로 하는 크기가 각각 $n \times n$과 $p \times p$인 대각행렬이다. 그리고 $\Lambda = diag(\lambda_1, \ldots, \lambda_p)$는 비정칙값인 $\lambda_1, \ldots, \lambda_p$를 대각원소로 갖는 크기가 $p \times p$인 대각행렬이며, 행렬 U와 V는 각각 $U^T U = I_p$와 $V^T V = I_p$를 만족한다. 최용석(2001, 2장)에 따르면 (2.1.10)에서 대응행렬 F 대신에 중심화 대응행렬 $\widetilde{F}$를 이용하는 대수적 이유는 다음과 같다.

대응행렬 F의 일반화비정칙값분해(generalized singular values decomposition)는

$$F = AD_\lambda B^T \tag{2.1.11}$$

이다. 여기서 $D_r = diag(f_{1.}, \ldots, f_{n.})$과 $D_c = diag(f_{.1}, \ldots, f_{.p})$는 크기가 $n \times n$과 $p \times p$인 대각행렬이다. $A^T D_r^{-1} A = B^T D_c^{-1} B = I$이고 $D_\lambda = diag(1, \lambda_1, \ldots, \lambda_{p-1})$는 1을 포함하는 비정칙값을 대각원소로 하는 대각행렬이다.

(2.1.11)로부터 p차원 공간상의 n개의 행프로파일과 n차원 공간상의 p개의 열프로파일을 저차원 그래프에 나타내기 위한 좌표점은 각각

$$C_R = D_r^{-1} A D_\lambda, \ C_C = D_c^{-1} B D_\lambda \tag{2.1.12}$$

의 열벡터이다. 여기서 항상 1번째 열은 제외해야 한다. 이는 (2.1.11)의 F의 일반화비정칙값분해에서 D_λ를 구성하는 비정칙값 중에서 최댓값은 항상 1이 되고 A와 B의 1번째 열벡터가 이 값에 대응하기 때문이다. 따라서 대응행렬 F의 일반화비정칙값분해를 대수적으로 이용하는 대응분석은 비정칙값이 1 다음으로 큰 값을 최대 비정칙값로 한다. 그 반면에 (2.1.10)의 중심화 대응행렬 $\widetilde{F}$를 이용하는 단순 대응분석 그림의 행 좌표점과 열 좌표점은 각각

$$\widetilde{C_R} = D_r^{-1/2} U\Lambda, \ \widetilde{C_C} = D_c^{-1/2} V\Lambda \tag{2.1.13}$$

로 주어진다. 이들 각각을 주좌표점(principal coordinate)에 의한 행과 열좌표행렬이라 한다. 따라서 (2.1.10)과 (2.1.11)로부터 다음을 만족한다.

$$A = (\mathbf{r} \ \ U), \ B = (\mathbf{c} \ \ V),$$
$$D_\lambda = \begin{bmatrix} 1 & \mathbf{0}^T \\ \mathbf{0} & \Lambda \end{bmatrix}$$

특히, (2.1.13)의 좌표행렬의 기하적 성질을 최용석(2001, 2장)에서 발췌하여 정리하면, 행좌표행렬 $\widetilde{C_R}$는 비정칙값분해 (2.1.10)과 $V^T V = I_p$를 이용하여 다음과 같이 분해될 수 있다.

$$\begin{aligned} \widetilde{C_R} &= D_r^{-1/2} U\Lambda \\ &= D_r^{-1/2} (U\Lambda V^T) V \end{aligned}$$

$$= D_r^{-1/2}(D_r^{-1/2}\widetilde{F}D_c^{-1/2})V$$

$$= (D_r^{-1}\widetilde{F})(D_c^{-1/2})V \qquad (2.1.14)$$

여기서 $D_r^{-1}\widetilde{F} = (\widetilde{\boldsymbol{r}}_1, \ldots, \widetilde{\boldsymbol{r}}_n)^T$는 중심화 대응행렬 $\widetilde{F}$의 행좌표점에 해당하는 행프로파일 벡터 $\widetilde{\boldsymbol{r}}_i = (f_{i1} - f_{i.}f_{.1}, \ldots, f_{ip} - f_{i.}f_{.p})^T / f_{i.}$, $i = 1, \ldots, n$로 구성되어 있다. 물론 두 개의 행좌표점인 행프로파일벡터 $\widetilde{\boldsymbol{r}}_i$와 $\widetilde{\boldsymbol{r}}_k$ 사이에는 (2.1.15)와 같은 가중유클리드공간상의 제곱 카이제곱거리

$$d_p^2(\widetilde{\boldsymbol{r}}_i, \widetilde{\boldsymbol{r}}_k) = (\widetilde{\boldsymbol{r}}_i - \widetilde{\boldsymbol{r}}_k)^T D_c^{-1}(\widetilde{\boldsymbol{r}}_i - \widetilde{\boldsymbol{r}}_k) \qquad (2.1.15)$$

를 만족한다. 더불어 (2.1.14)를 보면 $D_r^{-1}\widetilde{F}$에 $D_c^{-1/2}$이 곱해져 이를 $D_r^{-1}\widetilde{F}D_c^{-1/2} = (\hat{\boldsymbol{r}}_1, \ldots, \hat{\boldsymbol{r}}_n)^T$라 하면 여기서 $\hat{\boldsymbol{r}}_i = D_c^{-1/2}\widetilde{\boldsymbol{r}}_i$는 행프로파일벡터 $\widetilde{\boldsymbol{r}}_i$가 재척도(rescale)된 것이다. 그러면 (2.1.15)의 가중유클리드상의 제곱 카이제곱거리는

$$(\widetilde{\boldsymbol{r}}_i - \widetilde{\boldsymbol{r}}_k)^T D_c^{-1}(\widetilde{\boldsymbol{r}}_i - \widetilde{\boldsymbol{r}}_k) = (\hat{\boldsymbol{r}}_i - \hat{\boldsymbol{r}}_k)^T(\hat{\boldsymbol{r}}_i - \hat{\boldsymbol{r}}_k)$$

인 일반적인 유클리드거리가 된다. (2.1.14)에서 $V^TV = I_p$를 만족하는 직교행렬 V가 뒤에서 곱해진 것은 기하적으로 재척도된 행좌표점 $\hat{\boldsymbol{r}}_i$을 좌표축에 대해서 직교 변환시키는 효과를 갖는다. 열좌표행렬 $\widetilde{C}_C = D_c^{-1/2}V\Lambda$에 대해서도 행좌표행렬 $\widetilde{C}_R$의 대수와 기하적 성질을 동일하게 적용할 수 있다.

다음으로 s 차원의 단순 대응분석 그림을 위해서는 각각 (2.1.13)의 좌표행렬 $\widetilde{C}_R$와 $\widetilde{C}_C$의 s 개의 열로 이루어진 부행렬

$$\widetilde{C}_{R(s)} = D_{r(s)}^{-1/2}U_{(s)}\Lambda_{(s)}, \ \widetilde{C}_{C(s)} = D_{c(s)}^{-1/2}V_{(s)}\Lambda_{(s)} \qquad (2.1.16)$$

을 이용하면 된다.

덧붙여 설명하자면, 단순 대응분석 그림의 행좌표점과 열좌표점 사이의 거리는 기하적으로 아무런 의미가 없고, 다만 두 좌표점이 원점에 대하여 같은 방향에 위치한다면 이들이 나타내는 행범주와 열범주가 대응관계에 있다고 본다. 만약에 원점에 대하여 같은 방향에 위치하는 행범주 또는 열범주 간에는 동질성이 만족되면 다른 방향에 위치하는 행범주 또는 열범주 간에는 독립성이 만족된다. 범주의 독립성와 동질성에 대해선 2.3절에서 자세히

다룬다.

(2.1.10)의 중심화 대응행렬 $\widetilde{F}$를 이용하는 단순 대응분석 그림의 행좌표점과 열좌표점으로 (2.1.13)의 주좌표점 대신에 다음과 같은 표준좌표점(standard coordinates)인 행과 열좌표행렬

$$\widehat{C}_R = D_r^{-1/2}\, U,\ \ \widehat{C}_C = D_c^{-1/2}\, V \tag{2.1.17}$$

를 각각 고려할 수 있고 이들은 $\widehat{C}_R D_r \widehat{C}_R^{\ T} = I_n$과 $\widehat{C}_C D_c \widehat{C}_C^{\ T} = I_p$를 만족한다.

끝으로, (2.1.16)의 부행렬 $\widetilde{C}_{R(s)}$와 $\widetilde{C}_{C(s)}$가 제공하는 $s(\geq 2)$차원의 단순 대응분석 그림은 크기가 $n\times p$인 이원분할표 자료를 차원축소를 통하여 근사적으로 나타내고 있다. 이런 근사의 정도를 설명하는 근사적합도(goodness-of-fit)를 설명력이라고도 하며 (2.1.10)의 비정칙값분해로부터 비정칙값 제곱인 고윳값을 $l_k = \lambda_k^2$라 하면

$$fit_O = \frac{\sum_{k=1}^{s} l_k}{\sum_{k=1}^{q} l_k} \times 100\% \tag{2.1.18}$$

를 따른다. 여기서, $q = \min(n-1,\ p-1)$이다.

특히, 단순 대응분석에서는 (2.1.18)의 설명력을 구성하는 비정칙값의 제곱은 고윳값(eigenvalue)이 되고 이를 주결여성(principal inertia)이라 하며, 이들의 합을 총결여성(total inertia)이라 부른다. 총결여성에 대한 기하와 대수적 의미에 대해선 범주들의 독립성과 동질성을 검정하는 카이제곱검정과 관련이 되어 있어 2.3절에서 자세히 다룰 것이다.

$$\text{주결여성(principal inertia)}:\ l_k = \lambda_k^2 \tag{2.1.19}$$

$$\text{총결여성(total inertia)}:\ \sum_{k=1}^{q} l_k,\ \ q = \min(n-1,\ p-1) \tag{2.1.20}$$

따라서 (2.1.18)은 고윳값의 전체합계인 총결여성에 대해 최대 고윳값에서부터 내림차순으로 s 개의 고윳값들이 차지하는 누적합

$$fit_O = \frac{s\text{개 주결여성의 누적합}}{\text{총결여성}} \times 100\% \tag{2.1.21}$$

를 고려하여 이들 고윳값의 개수에 대응되는 차원의 수를 정한다.

경험상 (2.1.18) 또는 (2.1.21)의 설명력이 70% 이상이면 s 차원의 단순 대응분석 그림이 기하적으로 이원분할표의 행과 열범주의 대응관계를 충분히 보여주며 특히, 시각적으로 쉽게 기하적 해석을 해 볼 수 있는 $s=2$차원의 단순 대응분석 그림이 선호된다.

[표 2.1.2] 단순 대응분석 그림의 해석

1) 2차원 대응분석 그림의 1차원축(Dimension 1)과 2차원축(Dimension 2)은 설명력이 순차적으로 높은 차원 축으로 설명력(%)이 표기되어 있다.
2) 행좌표점 간의 거리는 제곱 카이제곱거리로 가중유클리드공간의 가중 유클리드거리에 해당한다. 따라서 이들이 가까이 있다면 동질의 유사한 범주로 고려되어 서로 연관성을 갖게 된다. 열좌표점에 대해서도 행좌표점과 같이 동일하게 해석된다.
3) 행좌표점과 열좌표점 사이의 거리는 별 의미가 없고 원점에 대해 다만 방향성만 가진다. 따라서 특정한 열좌표점 방향에 놓인 행범주는 서로 연관성을 맺으며 대응한다고 말한다. 행좌표점에 대해서도 이와 같이 열좌표점과의 연관성인 대응관계를 보여준다.
4) 원점을 중심으로 서로 반대편에 놓인 행좌표점과 열좌표점은 서로 연관성이 없는 독립적인 범주를 나타낸다.

따라서 단순 대응분석은 (2.1.13)의 좌표로부터 얻은 단순 대응분석 그림을 통하여 행좌표점과 열좌표점의 거리로서 그들의 연관성인 동질성과 독립성을 시각적으로 보여준다. 행좌표점 간의 거리나 열좌표점 간의 거리는 각각 유클리드거리를 의미하나 행좌표점과 열좌표점 사이의 거리는 별 의미가 없고 다만 방향성만 가질 뿐이다. [표 2.1.2]에는 2차원 단순 대응분석 그림에 대한 기하적 해석을 요약해 두었다. 특히, 2)와 4) 그리고 3)은 각각 동질성과 독립성 가정에 대한 기하적인 정보를 제공한다고 볼 수 있으며 이에 대해선 2.3절에서 카이제곱검정과 연계하여 자세히 설명한다. 지금까지 정리한 $s(\geq 2)$차원 단순 대응분석 그림을 얻기 위한 대수적인 과정을 (2.1.13)의 주좌표를 바탕으로 [표 2.1.3]에 단순 대응분석 알고리즘으로 요약하고 있으니 참고하기 바란다.

[표 2.1.3] 단순 대응분석 알고리즘

[1단계] $n\times p$ 이원분할표 자료행렬 : $O=(o_{ij}),\ o_{ij}\geq 0,\ i=1,...,n\ ;j=1,...,p$

[2단계] 대응행렬 : $F=(f_{ij}),\ f_{ij}=\dfrac{o_{ij}}{o_{..}},\ \ i=1,...,n\ ;j=1,...,p$

- $o_{..}=\sum_{i=1}^{n}\sum_{j=1}^{p}o_{ij}$: O의 모든 원소들의 총합

- 행과 열 프로파일의 중심 : $\boldsymbol{c}=F^T\mathbf{1}_n$, $\boldsymbol{r}=F\mathbf{1}_p$

  $\Rightarrow$ 중심화 대응행렬 : $\widetilde{F}=F-\boldsymbol{r}\boldsymbol{c}^T$

[3단계] 잔차행렬의 비정칙값분해 : $Y=D_r^{-1/2}\widetilde{F}D_c^{-1/2}=U\Lambda V^T$

- $D_r=diag(f_{1.},\ldots,f_{n.})$, 행주변비율의 합 $f_{i.}=\Sigma_{j=1}^{p}f_{ij}$, $i=1,\ldots,n$
- $D_c=diag(f_{.1},\ldots,f_{.p})$, 열주변비율의 합 $f_{.j}=\Sigma_{i=1}^{n}f_{ij}$, $j=1,\ldots,p$
- $\Lambda=diag(\lambda_1,\ldots,\lambda_p)$: Y의 비정칙값 $\lambda_1,\ldots,\lambda_p$에 의한 대각행렬
- U와 V는 각각 $U^TU=I_p$와 $V^TV=I_p$를 만족한다.

[4단계] 단순 대응분석 그림의 행과 열의 주좌표점 :

$$\widetilde{C_R}=D_r^{-1/2}U\Lambda,\ \ \widetilde{C_C}=D_c^{-1/2}V\Lambda$$

$\Rightarrow$ s차원의 단순 대응분석 그림의 행과 열의 주좌표점 :

$$\widetilde{C_{R_{(s)}}}=D_{r(s)}^{-1/2}U_{(s)}\Lambda_{(s)},\ \ \widetilde{C_{C_{(s)}}}=D_{c(s)}^{-1/2}V_{(s)}\Lambda_{(s)}$$

[5단계] $s(\geq 2)$차원의 단순 대응분석 그림의 설명력 :

$$fit_O=\frac{\sum_{k=1}^{s}l_k}{\sum_{k=1}^{q}l_k}\times 100\%,\quad l_k=\lambda_k^2,\ q=\min(n-1,p-1).$$

[보기 2.1.1]에서는 n개의 행프로파일 $\boldsymbol{r}_1,\ldots,\boldsymbol{r}_n$과 p개의 열프로파일 $\boldsymbol{c}_1,\ldots,\boldsymbol{c}_p$에 의해서 구성되는 중심 (2.1.8)을 3차원 열프로파일 공간에 나타내고 이로부터 2차원 삼각형 평면 공간에 나타낼 수 있는 삼각형 좌표시스템(triangular coordinate system)에 대해서 알아보고자 한다. 이는 차원축소를 통하여 평면 삼각형에 위치한 프로파일의 대응관계를 시각적으로 쉽게 볼 수 있게 한다. [보기 2.1.2]에서는 [표 2.1.3]의 알고리즘을 이해하기 위해서 이에 따른 수행 결과를 요약하며 2.2절에서 R에서 library(ca)의 함수 ca()를 활용한 결과와 비교하려 한다.

보기 2.1.1 날의 유형에 따른 외국 여행의 이원분할표에 대한 프로파일과 프로파일 공간

이원분할표 [자료 2.1.1]은 외국 여행 86일 중 날(day)의 세 가지 유형 holidays, half days, full days에 따른 여행 국가 Norway, Canada, Greece, France/Germany에 대한 것이다(Greenacre, 2007, Exhibit 1.3). [R-코드 2.1.1](travel.R)은 [결과 2.1.1]과 [그림 2.1.1]을 제공한다.

[자료 2.1.1] 날의 유형에 따른 외국 여행의 이원분할표

여행 국가	holidays	half days	full days
Norway	6	1	11
Canada	1	3	11
Greece	4	25	0
France/Germany	2	2	20

[그림 2.1.1]에는 4가지 그림이 제공되는데 (a)는 R 패키지 rgl의 함수 plot3d()를 활용하여 여행 날의 3가지 종류를 축으로 하는 3차원에 4개 여행 국가인 행프로파일과 이들의 중심(centroid)을 점으로 하는 산점도(scatter plot)이다. 이와 같은 3차원 그림은 시각적으로 확인 가능한 최대한의 차원의 수이다. 여기서 3차원을 나타내는 축은 각각 [자료 2.1.1]의 열범주를 나타내는 holidays, half days와 full days이며 이들 축의 좌표는 성질상 0에서 1로 보정된다.

예를 들자면 [결과 2.1.1]의 $R에서는 (2.1.4)의 행프로파일의 행렬 R을 제공하는데 Norway, Canada, Greece, France/Germany의 프로파일 각각은 다음과 같다.

$$\text{Norway 프로파일: } r_1 = (0.333, 0.056, 0.611)^T$$

$$\text{Canada 프로파일: } r_2 = (0.067, 0.200, 0.733)^T$$

$$\text{Greece 프로파일: } r_3 = (0.138, 0.862, 0.000)^T$$

$$\text{France/Germany 프로파일: } r_4 = (0.083, 0.083, 0.833)^T$$

이들의 중심 $c = (0.1511628, 0.3604651, 0.4883721)^T$는 [결과 2.1.1]의 $c에서 제공되며 프로파일들과 함께 [그림 2.1.1]-(b)에 나타내었다.

Norway 행프로파일 $r_1 = (0.333, 0.056, 0.611)^T$은 [그림 2.1.1]-(a)에서 축 holidays의 좌표점 0.333, 축 half days의 좌표점 0.056과 축 full days의 좌표점 0.611을 구성하고 있다. 특히 행프로파일들이 (b)와 (c)의 열프로파일 공간을 형성하는 각각의 세 축 위의 극단

점 (1, 0, 0), (0, 1, 0), (0, 0, 1)을 이어서 만든 2차원 평면 삼각형에 놓인다. 이들 극단점은 삼각형의 꼭짓점(vertex points 또는 vertices)에 해당한다. 따라서 3차원 공간의 프로파일 점들이 실질적으로 2차원 평면의 삼각형에 정확하게 놓이게 되며 이는 3차원 공간의 프로파일들의 위치를 생각하기보다는 삼각형 평면공간에서 이들 점들을 살펴보는 것이 훨씬 낫다는 것이다. 특히, 이런 유형의 기하적 그림을 삼각형 좌표시스템이라 하며 일반적인 지질학과 화학에서 행프로파일의 성질과 같이 무게나 부피에 의한 세 원소의 합이 1이 되는 자료를 타나내는 데 많이 활용된다.

(d)는 3차원 공간에 의한 (a)~(c)를 대신해 2차원 삼각형에 프로파일 좌표점을 어떻게 나타내는지를 보여주고 있다. 일반적으로 삼각형 좌표시스템에서는 삼각형의 세 변은 길이가 0에서 1로 보정된 세 축을 정의한다. 삼각형 평면에 프로파일 좌표점을 위치시키기 위해서는 이들 각각의 축에 프로파일의 세 값은 삼각형의 각 변에 평행한 이들 값들로부터

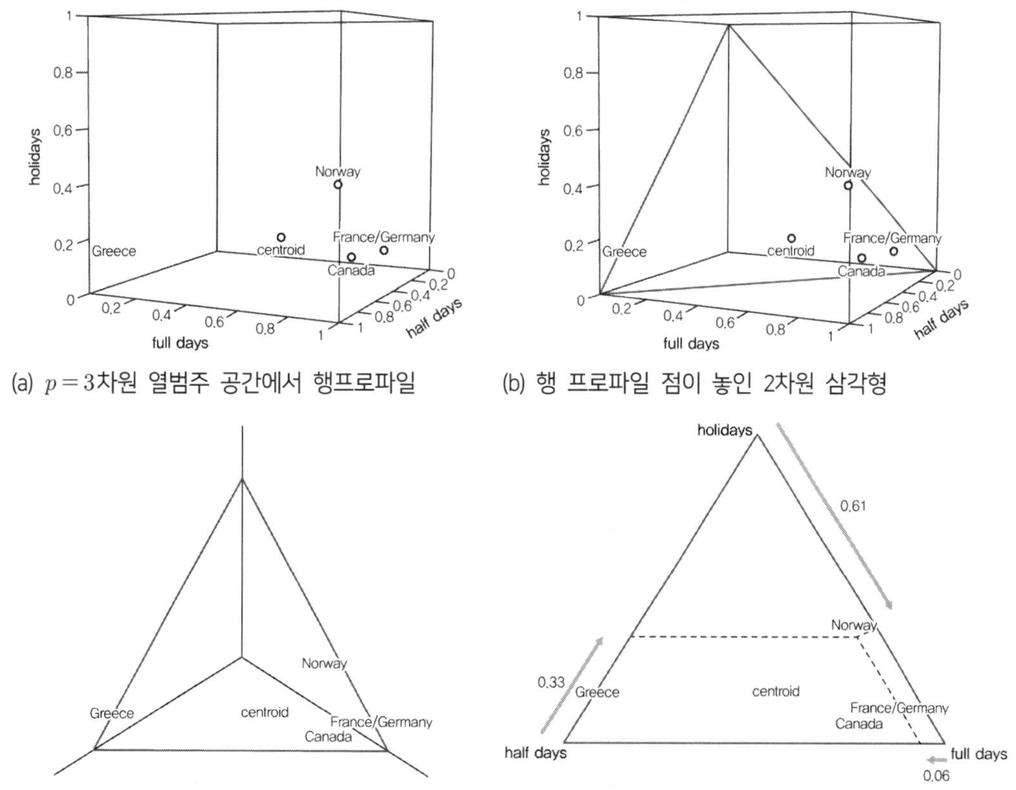

(a) $p=3$차원 열범주 공간에서 행프로파일

(b) 행 프로파일 점이 놓인 2차원 삼각형

(c) 변의 길이가 같고 열프로파일 공간을 형성하는 축에서 세 꼭짓점을 연결한 2차원 삼각형에 나타낸 행프로파일 좌표점

(d) 삼각형 좌표에 의한 Norway 프로파일 $r_1=(0.333, 0.056, 0.611)^T$ 나타내기

[그림 2.1.1] 날의 유형에 따른 외국 여행의 이원분할표에 대한 프로파일과 프로파일 공간

그려진 세 개의 선(점선)을 제공한다. 예를 들자면 (d)에서 Norway 행프로파일 $r_1 = (0.333, 0.056, 0.611)^T$을 삼각형 평면에 위치시키기 위해서 먼저 축 holidays의 좌표점 0.333, 축 half days의 좌표점 0.056과 축 full days의 좌표점 0.611을 고려한다. 삼각형의 변에 평행하게 그려진 이들 좌표점으로부터 그려진 선(점선)은 모두 Norway를 타나내는 좌표점에서 만나게 된다. 실제로 이 방법은 삼각형 좌표시스템에서 세 개의 행프로파일 좌표점 중 두 개에 의해서 충분히 행프로파일의 위치를 나타낼 수 있다. 다만 삼각형 좌표시스템은 프로파일이 세 개인 경우에만 사용 가능하며 그 이상의 경우인 다차원 프로파일에 대해선 대응분석을 통한 시각화를 제공하게 된다.

결과 2.1.1 [R-코드 2.1.1] (travel.R)의 결과

```
> list(O=O, sum(O), F=F, r=r, c=c, R=R)
$O
              holidays halfdays fulldays
Norway               6        1       11
Canada               1        3       11
Greece               4       25        0
France/Germany       2        2       20

[[2]]
[1] 86

$F
                 holidays   halfdays   fulldays
Norway         0.06976744 0.01162791 0.1279070
Canada         0.01162791 0.03488372 0.1279070
Greece         0.04651163 0.29069767 0.0000000
France/Germany 0.02325581 0.02325581 0.2325581

$r
     Norway      Canada      Greece  France/Germany
  0.2093023   0.1744186   0.3372093       0.2790698

$c
 holidays  halfdays  fulldays
0.1511628 0.3604651 0.4883721

$R
     holidays halfdays fulldays
[1,]    0.333    0.056    0.611
[2,]    0.067    0.200    0.733
[3,]    0.138    0.862    0.000
```

```
[4,]    0.083    0.083    0.833
```

[그림 2.1.1] 날의 유형에 따른 외국 여행 관한 이원분할표에 대한 프로파일과 프로파일 공간

[R-코드 2.1.1] 삼각형 좌표 시스템의 여행 국가 프로파일의 좌표점 공간(travel.R)

```
# 삼각형 좌표 시스템에 해외 여행의 날수 형태에 따른 여행 국가 프로파일 나타내기
# 이원분할표 자료행렬
O<-matrix(c(6,    1,    11,
            1,    3,    11,
            4,   25,     0,
            2,    2,    20), byrow=T, nrow=4)
rownames(O) <- c("Norway", "Canada", "Greece", "France/Germany")
colnames(O) <- c("holidays", "halfdays", "fulldays")
O
# 대응행렬, 중심, 행프로파일 행렬
F <- O/sum(O)
        r <- apply(F,1,sum)
        c <- apply(F,2,sum)
        Dr<- diag(1/sqrt(r))
        Dc<- diag(1/sqrt(c))
R= round(Dr^2%*%F, 3)
list(O=O, sum(O), F=F, r=r, c=c, R=R)

# Geometric Representation of Row Profiles
library(rgl)
Rc=rbind(R, c)
rownames=c("Norway", "Canada", "Greece", "France/Germany", "centroid")
c3=Rc[,3];c1=Rc[,1];c2=Rc[,2]
r3=R[3,];r1=R[1,];r2=R[2,]

# Geometric view of the country row profiles in 3-dimensional days space
lim=c(0,1.0)
plot3d(c3,c1,c2, xlim=lim, ylim=lim, zlim=lim,
xlab="full days", ylab="holidays", zlab="half days",)
text3d(c3,c1,c2, rownames)

# 3-dimensional view of the country row profiles
rgl.lines(c(0,1.2), c(0,0), c(0,0))
rgl.lines(c(0,0), c(0,1.2), c(0,0))
rgl.lines(c(0,0), c(0,0), c(0,1.2))
```

```
rgl.lines(c(0,0), c(0,1), c(1,0), size=2)
rgl.lines(c(0,1), c(1,0), c(0,0), size=2)
rgl.lines(c(0,1), c(0,0), c(1,0), size=2)
rgl.points(c3, c1, c2, size=4)
rgl.texts(c3, c1, c2, text=rownames)

# the country row profiles in Triangular coordinate system
rgl.lines(c(0,0), c(0,1), c(1,0), size=2)
rgl.lines(c(0,1), c(1,0), c(0,0), size=2)
rgl.lines(c(0,1), c(0,0), c(1,0), size=2)
rgl.points(c3, c1, c2, size=4)
rgl.texts(c3, c1, c2, text=rownames)
```

보기 2.1.2 지위에 따른 흡연습관의 이원분할표에 대한 단순대응분석

[보기 1.1.1]의 이원분할표 [자료 1.1.1]은 R에서 data(smoke)로 제공되는데 어느 회사에서 지위에 따라 개인의 흡연습관을 나타낸 것이다. 행범주로 상위 경영직(SM), 하위 경영직(JM), 상위 고용직(SE), 하위 고용직(JE), 비서직(SC)에 따라 5범주로 나누고 각 그룹으로부터 흡연습관에 응답할 사람을 남녀 구분 없이 임의로 10% 선정하였다. 그리고 이들 각자에게 4가지 경우의 흡연습관 none(담배를 전혀 피우지 않는다), light(하루에 담배를 1-10개비 피운다), medium(하루에 담배를 11-20개비 피운다) 그리고 heavy(하루에 담배를 1갑 이상 피운다)에 따라 응답하도록 하였다. [표 2.1.3]의 알고리즘에 따른 [R-코드 2.1.2](smoke-SCRA-algorithm.R)의 수행 결과를 요약한 [결과 2.1.2]는 단순 대응분석 [그림 2.1.2]를 얻기까지의 계산 과정을 보여주고 있다. [그림 2.1.2]의 단순 대응분석 그림은 [그림 1.1.1]과 동일하며 이에 대한 설명은 [해석 1.1.1]을 참고하기 바란다.

결과 2.1.2 [R-코드 2.1.2] (smoke-SCRA-algorithm.R)의 결과

(1) [1단계] ~ [2단계]

```
> list(O=O, sum(O), F=F, r=r, c=c, Dr=Dr, Dc=Dc, cF=cF)
$O
   none light medium heavy
SM    4     2      3     2
JM    4     3      7     4
SE   25    10     12     4
JE   18    24     33    13
SC   10     6      7     2
```

(2) [3단계] ~ [5단계]

```
> list(Y=Y, U=U, V=V, Cr=Cr, Cc=Cc,gof=gof)
$Y
            [,1]         [,2]        [,3]        [,4]
[1,]  0.02020239 -0.025384382 -0.02043562  0.03468162
[2,] -0.05097522 -0.042054470  0.03644840  0.07864884
[3,]  0.15922216 -0.039477006 -0.07795287 -0.07298869
[4,] -0.13394189  0.055330472  0.06404368  0.03413421
[5,]  0.05373569  0.005097772 -0.02618966 -0.04953368
```

```
[[2]]
[1] 193

$F
         none       light      medium      heavy
SM 0.02072539 0.01036269 0.01554404 0.01036269
JM 0.02072539 0.01554404 0.03626943 0.02072539
SE 0.12953368 0.05181347 0.06217617 0.02072539
JE 0.09326425 0.12435233 0.17098446 0.06735751
SC 0.05181347 0.03108808 0.03626943 0.01036269

$r
        SM         JM         SE         JE         SC
0.05699482 0.09326425 0.26424870 0.45595855 0.12953368

$c
     none     light    medium     heavy
0.3160622 0.2331606 0.3212435 0.1295337

$Dr
           [,1]       [,2]      [,3]      [,4]      [,5]
[1,] 0.05699482 0.00000000 0.0000000 0.0000000 0.0000000
[2,] 0.00000000 0.09326425 0.0000000 0.0000000 0.0000000
[3,] 0.00000000 0.00000000 0.2642487 0.0000000 0.0000000
[4,] 0.00000000 0.00000000 0.0000000 0.4559585 0.0000000
[5,] 0.00000000 0.00000000 0.0000000 0.0000000 0.1295337

$Dc
          [,1]      [,2]      [,3]      [,4]
[1,] 0.3160622 0.0000000 0.0000000 0.0000000
[2,] 0.0000000 0.2331606 0.0000000 0.0000000
[3,] 0.0000000 0.0000000 0.3212435 0.0000000
[4,] 0.0000000 0.0000000 0.0000000 0.1295337

$cF
           none         light       medium        heavy
SM  0.002711482 -0.0029262531 -0.002765175  0.002979946
JM -0.008751913 -0.0062015088  0.006308894  0.008644527
SE  0.046014658 -0.0097989208 -0.022712019 -0.013503718
JE -0.050847003  0.0180407528  0.024510725  0.008295525
SC  0.010872775  0.0008859298 -0.005342425 -0.006416280
```

```
$U
            [,1]        [,2]       [,3]        [,4]
[1,] -0.05742524 -0.46212293  0.8332653 -0.08273461
[2,]  0.28923816 -0.74239515 -0.5061482 -0.16781906
[3,] -0.71554563 -0.05475038 -0.1303234 -0.68230206
[4,]  0.57530335  0.38957951  0.1097504 -0.67236949
[5,] -0.26469630  0.28376408 -0.1430158  0.21765779

$V
           [,1]        [,2]       [,3]      [,4]
[1,] -0.8087001 -0.17127755 -0.0246170 0.5621941
[2,]  0.1756411  0.68056865  0.5223178 0.4828671
[3,]  0.4069601  0.04167443 -0.7151246 0.5667835
[4,]  0.3867013 -0.71116353  0.4638695 0.3599079

$Cr
          [,1]        [,2]
SM -0.06576838 -0.19373700
JM  0.25895842 -0.24330457
SE -0.38059489 -0.01065991
JE  0.23295191  0.05774391
SC -0.20108912  0.07891123

$Cc
              [,1]         [,2]
none   -0.39330845 -0.030492071
light   0.09945592  0.141064289
medium  0.19632096  0.007359109
heavy   0.29377599 -0.197765656

$gof
       [,1]   [,2]  [,3] [,4]
[1,]  0.075  0.010 0.000    0
[2,] 87.756 11.759 0.485    0
```

[그림 2.1.2]

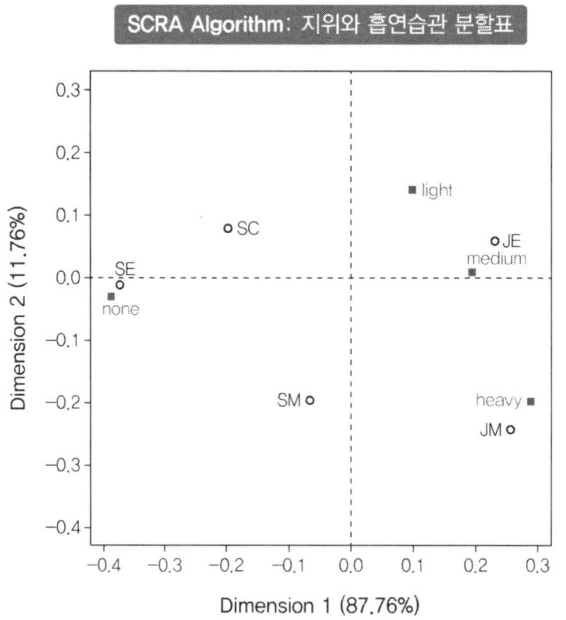

[그림 2.1.2] 지위에 따른 흡연습관의 이원분할표에 대한 단순 대응분석 그림

[R-코드 2.1.2] 지위에 따른 흡연습관의 이원분할표에 대한 단순 대응분석의 알고리즘 (smoke-SCRA-algorithm.R)

```
# Simple CRA : Two-Way Table
#[1단계] 이원분할표 자료행렬
O<-matrix(c(4,    2,    3,    2,
            4,    3,    7,    4,
           25,   10,   12,    4,
           18,   24,   33,   13,
           10,    6,    7,    2), byrow=T, nrow=5)
rownames(O) <- c("SM", "JM", "SE", "JE", "SC")
colnames(O) <- c("none", "light",  "medium", "heavy")

#[2단계] 대응행렬, 중심화 대응행렬중심화, 대응행렬
F <- O/sum(O)
        r <- apply(F,1,sum)
        c <- apply(F,2,sum)
        Dr<- diag(r)
        Dc<- diag(c)
cF<- F-r%*%t(c)
list(O=O, sum(O), F=F, r=r, c=c, Dr=Dr, Dc=Dc, cF=cF)
```

```
#[3단계] 잔차행렬의 비정칙값분해
Dr<- diag(1/sqrt(r))
Dc<- diag(1/sqrt(c))
Y <- Dr%*%(cF)%*%Dc
svd.Y <- svd(Y)
        U <- svd.Y$u
        V <- svd.Y$v
        D <- diag(svd.Y$d)

#[4단계] 단순 대응분석 그림의 행과 열의 주좌표점
Cr <- (Dr%*%U%*%D)[,1:2]
Cc <- (Dc%*%V%*%D)[,1:2]
        rownames(Cr) <- rownames(O)
        rownames(Cc) <- colnames(O)

#[5단계] 단순 대응분석 그림의 설명력
eig <- (svd.Y$d)^2
        per <- eig/sum(eig)*100
        gof=rbind(round(eig, 3),round(per, 3))
list(Y=Y, U=U, V=V, Cr=Cr, Cc=Cc,gof=gof)

#단순 대응분석 그림
par(pty="s")
      lim <-range(pretty(Cr))
      plot(Cc[, 1:2], xlab="Dimension 1(87.76%)",ylab="Dimension 2 (11.76%)",xlim=lim,
      ylim=lim, pch=15, col=2, main="SCRA Algorithm : 지위와 흡연습관 분할표")
      text(Cc[, 1:2],rownames(Cc),cex=0.8,col=2,pos=3)
      points(Cr[, 1:2],pch=16, col=4)
      text(Cr[, 1:2],rownames(Cr),cex=0.8,pos=3, col=4)
      abline(v=0,h=0)
```

2.2 단순 대응분석의 응용

[보기 2.1.2]에서 지위에 따른 흡연습관의 이원분할표를 입력자료로 하여 단순 대응분석 알고리즘 [표 2.1.3]을 적용한 [R-코드 2.1.2]의 [결과 2.1.2]를 살펴보았다. 이 결과와 [보기 2.2.1]에서 알고리즘 대신 R에서 패키지 ca의 함수 ca()를 활용한 [R-코드 2.2.1]의 [결과 2.2.1]을 비교하려 한다. 특히, [결과 2.2.1] 중 [그림 1.1.1]은 이미 [보기 1.1.1]에서 단순 대응분석 그림만 응용 사례를 소개하는 차원에서 먼저 보여 주었다.

보기 2.2.1 **지위에 따른 흡연습관의 이원분할표에 대한 단순 대응분석**

[보기 1.1.1]에서 R의 패키지 ca의 함수 ca()를 활용한 [R-코드 1.1.1]의 수행 결과 중 [그림 1.1.1]만 먼저 보여 주었다. 나머지 결과는 [결과 2.2.1]에 제공하여 단순 대응분석 알고리즘을 적용한 [보기 2.1.2]의 [결과 2.1.2]와 비교하려 한다. 참고로 [R-코드 1.1.1]을 [R-코드 2.2.1]로 다시 인용하였다.

[결과 2.2.1]-(1)은 설명력에 대한 것으로 [결과 2.1.2]-(2) [3단계]~[5단계]의 맨 마지막 $gof의 결과와 일치한다. [결과 2.2.1]-(2)와 (3)은 행범주와 열범주에 관한 정보로 Mass는 각각 열프로파일와 행프로파일의 중심으로 [결과 2.1.2]-(1) [1단계]~[2단계]의 $r과 $c에 해당한다. (2)와 (3)의 ChiDist와 Inertia는 2.3절에서 자세히 다루겠지만 여기서는 결과를 이용하여 수치적으로 설명하고자 한다. 먼저 ChiDist는 중심까지 프로파일의 카이제곱거리로 2.3절의 (2.3.2)와 (2.3.3)에 정의되어 있다. 예를 들자면 행범주 SM의 프로파일의 카이제곱거리는 0.216559로 [결과 2.1.2]의 대응행렬 $F와 $Dc로부터 다음과 같이 계산된다.

대응행렬		none	light	medium	heavy
$F =$	SM	**0.02072539**	**0.01036269**	**0.01554404**	**0.01036269**
	JM	0.02072539	0.01554404	0.03626943	0.02072539
	SE	0.12953368	0.05181347	0.06217617	0.02072539
	JE	0.09326425	0.12435233	0.17098446	0.06735751
	SC	0.05181347	0.03108808	0.03626943	0.01036269

SM 프로파일 주변합 : $f_{1.} = (0.02072539 + 0.01036269 + 0.01554404 + 0.01036269)$

$= 0.05699481$

SM 프로파일 : $r_1 = (0.02072539,\ 0.01036269,\ 0.01554404,\ 0.01036269)^T / 0.05699481$

$= (0.3636364,\ 0.1818182,\ 0.2727273,\ 0.18181818)^T$

행 프로파일의 중심 : $c = (0.316062,\ 0.233161,\ 0.321244,\ 0.129534)^T$

$$D_c = diag(c) = \begin{matrix} 0.3160622 & 0.0000000 & 0.0000000 & 0.0000000 \\ 0.0000000 & 0.2331606 & 0.0000000 & 0.0000000 \\ 0.0000000 & 0.0000000 & 0.3212435 & 0.0000000 \\ 0.0000000 & 0.0000000 & 0.0000000 & 0.1295337 \end{matrix}$$

제곱 카이제곱거리 : $d_p^2(r_1, c) = (r_1 - c)^T D_c^{-1} (r_1 - c)$

$$= \frac{(0.3636364 - 0.3160622)^2}{0.3160622} + \frac{(0.1818182 - 0.2331606)^2}{0.2331606} + \frac{(0.2727273 - 0.3212435)^2}{0.3212435} + \frac{(0.1818182 - 0.1295337)^2}{0.1295337}$$

$= 0.04689781$

카이제곱거리 : $\sqrt{0.04689781} = 0.216559$

결과 2.2.1 [R-코드 2.2.1] (smoke-SCRA.R)의 결과

```
> sca
(1) 설명력
Principal inertias (eigenvalues):
             1         2         3
Value        0.074759  0.010017  0.000414
Percentage   87.76%    11.76%    0.49%

(2) 행범주에 관한 정보
  Rows:
            SM         JM         SE         JE         SC
Mass      0.056995   0.093264   0.264249   0.455959   0.129534
ChiDist   0.216559   0.356921   0.380779   0.240025   0.216169
Inertia   0.002673   0.011881   0.038314   0.026269   0.006053
```

```
Dim. 1   -0.240539    0.947105   -1.391973    0.851989   -0.735456
Dim. 2   -1.935708   -2.430958   -0.106508    0.576944    0.788435

(3) 열범주에 관한 정보
 Columns:
              none      light     medium       heavy
Mass      0.316062   0.233161   0.321244    0.129534
ChiDist   0.394490   0.173996   0.198127    0.355109
Inertia   0.049186   0.007059   0.012610    0.016335
Dim. 1   -1.438471   0.363746   0.718017    1.074445
Dim. 2   -0.304659   1.409433   0.073528   -1.975960

(4) [그림 1.1.1] 지위에 따른 흡연습관의 이원분할표에 대한 단순 대응분석 그림
```

다음으로 Dim 1.과 Dim 2.는 R의 패키지 ca에서 디폴트 좌표로 제공되는 (2.1.17)의 표준좌표 $\widetilde{C_R} = D_r^{-1/2} U$과 $\widetilde{C_C} = D_c^{-1/2} V$로 (4)의 [그림 1.1.1]을 제공한다. 반면에 [결과 2.1.2]-(2) [3단계]~[5단계]의 $Cr과 $Cc는 (2.1.13)인 행과 열의 주좌표이다.

[R-코드 2.2.1] 지위에 따른 흡연습관의 이원분할표에 대한 단순 대응분석(smoke-SCRA.R)

```
# 단순 대응분석 : smoker data
library(ca)
data(smoke)
O=smoke
sca=ca(O)
sca
win.graph()
par(pty="s")
plot(sca, main="SCRA : 지위와 흡연습관 분할표")
```

2.3 범주의 독립성과 동질성

일반적으로 범주형 자료분석에서 [표 2.1.1]과 같은 이원분할표의 자료행렬

$$O = (o_{ij}),\ o_{ij} \ge 0,\quad i = 1, \ldots, n\ ;\ j = 1, \ldots, p$$

를 고려하자. 여기서 이원분할표의 각 셀이 확률 $\{\pi_{ij}\}$를 가질 때 주변 확률의 합 $\pi_{i.} = \sum_{j=1}^{p} \pi_{ij}$와 $\pi_{.j} = \sum_{i=1}^{n} \pi_{ij}$에 대해 다음과 같이 행과 열범주의 독립성 문제에 대한 귀무가설을 고려하게 된다.

$$H_0 : \pi_{ij} = \pi_{i.} \times \pi_{.j}$$

이를 검정하기 위해서는 귀무가설 H_0에서 자유도 $(n-1)(p-1)$인 피어슨의 카이제곱 검정통계량 (2.3.1)이 사용된다.

$$X^2 = \sum_{i=1}^{n} \sum_{j=1}^{p} \left(\frac{o_{ij} - e_{ij}}{\sqrt{e_{ij}}} \right)^2 \tag{2.3.1}$$

여기서 $e_{ij} = o_{i.} o_{.j} / o_{..}$는 셀의 기댓값이고 $o_{i.}$, $o_{.j}$와 $o_{..}$는 각각 다음과 같다.

$$o_{i.} = \sum_{j=1}^{p} o_{ij},\ o_{.j} = \sum_{i=1}^{n} o_{ij},\ o_{..} = \sum_{i=1}^{n} \sum_{j=1}^{p} o_{ij}$$

단순 대응분석에서는 (2.1.2)로부터 먼저 다음과 같이 대응행렬을 정의한다.

$$F = (f_{ij}),\ f_{ij} = \frac{o_{ij}}{o_{..}},\quad i = 1, \ldots, n\ ;\ j = 1, \ldots, p$$

여기서 크기 $f_{i.} = \sum_{j=1}^{p} f_{ij}$와 $f_{.j} = \sum_{i=1}^{n} f_{ij}$는 각각 i번째 행과 j번째 열의 주변 비율의 합으로 (2.1.4)와 (2.1.6)으로부터 n개의 행프로파일과 p개의 열프로파일을

$$\boldsymbol{r}_i = \frac{1}{f_{i.}} (f_{i1}, \ldots, f_{ip})^T,\quad i = 1, \ldots, n$$

$$c_j = \frac{1}{f_{.j}}(f_{1j}, \ldots, f_{nj})^T, \ \ j = 1, \ldots, p$$

와 각각의 가중합인 중심 (2.1.8)의 $c = \sum f_{i.} r_i$와 (2.1.9)의 $r = \sum f_{.j} c_j$을 고려한다.

따라서 이들 중심으로부터 i번째 행프로파일 r_i와 j번째 열프로파일 c_j 각각의 제곱 카이제곱거리를 다음과 같이 계산할 수 있다.

$$d_p^2(r_i, c) = (r_i - c)^T D_c^{-1}(r_i - c) = \frac{1}{f_{i.}} \sum_{j=1}^{p} \frac{1}{f_{i.} f_{.j}} (f_{ij} - f_{i.} f_{.j})^2 \tag{2.3.2}$$

$$d_n^2(c_j, r) = (c_j - r)^T D_r^{-1}(c_j - r) = \frac{1}{f_{.j}} \sum_{i=1}^{n} \frac{1}{f_{i.} f_{.j}} (f_{ij} - f_{i.} f_{.j})^2 \tag{2.3.3}$$

여기서 $D_r = diag(r) = diag(f_{1.}, \ldots, f_{n.})$과 $D_c = diag(c) = diag(f_{.1}, \ldots, f_{.p})$는 $f_{i.} = \sum_{j=1}^{p} f_{ij}$과 $f_{.j} = \sum_{i=1}^{n} f_{ij}$는 가중치이고 이들을 대각원소로 가지는 대각행렬이다.

그러면 Greenacre와 Hastie(1987) 또는 Izenman(2008, 17장)에 따르면 대응행렬 F에 대하여 (2.3.1)의 X^2-검정통계량은 각각 (2.3.2)와 (2.3.3)의 가중합으로 다음을 만족한다.

$$X^2 = o_{..} \sum_{i=1}^{n} f_{i.} d_p^2(r_i, c) = o_{..} \sum_{i=1}^{n} f_{i.} (r_i - c)^T D_c^{-1} (r_i - c) \tag{2.3.4}$$

$$= o_{..} \sum_{j=1}^{p} f_{.j} d_n^2(c_j, r) = o_{..} \sum_{j=1}^{p} f_{.j} (c_j - r)^T D_r^{-1} (c_j - r) \tag{2.3.5}$$

따라서 (2.3.4)로부터 $X^2/o_{..}$은 기하적으로 중심 c로부터 행좌표점인 행프로파일 $r_1, \ldots, r_n$의 제곱 카이제곱거리의 가중평균을 의미한다. 마찬가지로 (2.3.5)는 중심 r로부터 열범주를 나타내는 열좌표점인 열프로파일 $c_1, \ldots, c_p$의 제곱 카이제곱거리의 가중평균이 된다. 만약에 $X^2/o_{..}$이 작다면 행과 열 범주의 독립성이 만족하게 되며 (2.3.4)와 (2.3.5)에서 $X^2/o_{..}$를 구성하는 성분(component)인 $\{f_{i.} d_p^2(r_i, c)\}$ 또는 $\{f_{.j} d_n^2(c_j, r)\}$의 크기가 작다는 것이다. 반면에 $\{f_{i.} d_p^2(r_i, c)\}$, $i = 1, \ldots, n$ 의 최소한 하나 또는 $\{f_{.j} d_n^2(c_j, r)\}$, $j = 1, \ldots, p$의 최소한 하나의 성분이 크기 때문에 $X^2/o_{..}$가 크게 된다.

일반적으로 단순 대응분석에서는 중심으로부터 행좌표점(또는 열좌표점)의 제곱 카이제곱거리의 가중평균인 $X^2/o_{..}$이 (2.1.20)의 총결여성(total inertia)과 다음과 같은 관계를 가진다(Greenacre, 1984, pp. 86-87).

$$\frac{X^2}{o_{..}} = \sum_{k=1}^{q} \lambda_k^2 = \sum_{k=1}^{q} l_k = \text{총결여성} \tag{2.3.6}$$

총결여성은 p차원과 n차원의 가중유클리드공간에서의 행프로파일인 행좌표점 $\boldsymbol{r}_1, \ldots, \boldsymbol{r}_n$과 열프로파일인 열좌표점 $\boldsymbol{c}_1, \ldots, \boldsymbol{c}_p$의 각각의 전체 공간적 변화량을 측정한 것이다. 이는 (2.3.4)와 (2.3.5)로부터 각각의 중심에 대해 가중 제곱거리의 합으로 총결여성 (2.3.7)과 (2.3.8)로 정의된다.

$$inertia(n) = \sum_{i=1}^{n} f_{i.} (\boldsymbol{r}_i - \boldsymbol{c})^T D_c^{-1} (\boldsymbol{r}_i - \boldsymbol{c}) \tag{2.3.7}$$

$$inertia(p) = \sum_{j=1}^{p} f_{.j} (\boldsymbol{c}_j - \boldsymbol{r})^T D_r^{-1} (\boldsymbol{c}_j - \boldsymbol{r}) \tag{2.3.8}$$

여기서 $inertia(n)$과 $inertia(p)$는 행과 열의 총결여성을 각각 나타내기로 하자. 특히, (2.3.7)과 (2.3.8)은 (2.1.4) 행프로파일의 행렬 $R = D_r^{-1} F = (\boldsymbol{r}_1, \ldots, \boldsymbol{r}_n)^T$과 (2.1.6) 열프로파일의 행렬 $C = D_c^{-1} F^T = (\boldsymbol{c}_1, \ldots, \boldsymbol{c}_p)^T$에 의해서 (2.3.9)와 (2.3.10)의 행렬로 각각 표현된다.

$$inertia(n) = tr\left[D_r (R - 1_n \boldsymbol{c}^T) D_c^{-1} (R - 1_n \boldsymbol{c}^T)^T \right] \tag{2.3.9}$$

$$inertia(p) = tr\left[D_c (C - 1_p \boldsymbol{r}^T) D_r^{-1} (C - 1_p \boldsymbol{r}^T)^T \right] \tag{2.3.10}$$

실제로 중심으로부터 행좌표점(또는 열좌표점)의 제곱 카이제곱거리의 가중평균인 $X^2 / o_{..}$이 대응행렬 F에 대하여

$$\frac{X^2}{o_{..}} = \sum_{i=1}^{n} \sum_{j=1}^{p} \left(\frac{f_{ij} - r_i c_j}{\sqrt{r_i c_j}} \right)^2 = tr\left[D_r^{-1} (F - \boldsymbol{r}\boldsymbol{c}^T) D_c^{-1} (F - \boldsymbol{r}\boldsymbol{c}^T)^T \right] \tag{2.3.11}$$

여기서 $r_i = f_{i.}$이고 $c_j = f_{.j}$이다. 따라서 (2.3.6)의 총결여성은 (2.3.12)를 만족한다.

$$\text{총결여성} = inertia(n) = inertia(p) = \frac{X^2}{o_{..}} \tag{2.3.12}$$

특히, (2.1.10)의 비정칙값분해 $D_r^{-1/2} \widetilde{F} D_c^{-1/2} = U \Lambda V^T$로부터 중심화 대응행렬 $\widetilde{F} =$

$F - rc^T$는 다음을 만족한다.

$$\widetilde{F} = D_r^{1/2} U \Lambda V^T D_c^{1/2} \tag{2.3.13}$$

따라서 (2.3.13)에 의해서 (2.3.11)은 (2.3.14)와 같이 총결여성이 대수적으로 계산된다.

$$\begin{aligned} \frac{X^2}{o_{..}} &= tr\left[D_r^{-1} \widetilde{F} D_c^{-1} \widetilde{F}^T \right] \\ &= tr\left[D_r^{-1} (D_r^{1/2} U \Lambda V^T D_c^{1/2}) D_c^{-1} (D_r^{1/2} U \Lambda V^T D_c^{1/2})^T \right] \\ &= tr(U \Lambda^2 U^T) = tr(\Lambda^2) = \sum_{k=1}^{q} \lambda_k^2 = \sum_{k=1}^{q} l_k \end{aligned} \tag{2.3.14}$$

참고로 행과 열의 독립성 가정인 $\pi_{ij} = \pi_{i.} \times \pi_{.j}$ 가 만족되면 다음과 같이 동질성 가정도 만족하게 된다.

$$\text{행범주의 동질성 가정} : \frac{\pi_{1j}}{\pi_{1.}} = \cdots = \frac{\pi_{nj}}{\pi_{n.}}, \ j = 1, \cdots, p$$

$$\text{열범주의 동질성 가정} : \frac{\pi_{i1}}{\pi_{.1}} = \cdots = \frac{\pi_{ip}}{\pi_{.p}}, \ i = 1, \cdots, n$$

따라서 (2.3.1)의 카이제곱통계량이 유의하여 독립성과 동질성 가정이 기각된다면 (2.3.4)와 (2.3.5)로부터 기하적으로 단순 대응분석 그림에서는 행범주나 열범주를 나타내는 좌표점들이 중심으로부터 멀리 떨어져 있음을 보여준다. 이런 경우 좌표점들이 어느 특정한 좌표축을 기준으로 서로 반대쪽에 위치하여 서로의 연관성인 대응관계를 잘 보여주게 된다. 이는 2차원 대응분석 그림의 기하적 해석 [표 2.1.2]에서 요약하고 있는 것처럼 행좌표점 간에 원점에 대하여 서로 떨어져 있다면 행범주의 동질성 가정이 기각되어 서로 행범주 간에 차이를 보여주며 열좌표점에 대해서도 같은 성질이 성립한다는 것이다. 그리고 특정한 열좌표점에 대하여 행좌표점들이 놓여 있다면 이들 간에 독립성 가정이 기각될 가능성이 높아 서로 연관성이 있음을 기하적으로 보여준다. 행좌표점에 대해 열좌표점들이 위치해 있는 경우도 동일하게 해석 가능하다. 실제 (2.3.1)의 카이제곱검정통계량에서 독립성과 동질성이 기각되면 범주들 간에 대응관계를 가장 잘 보여준다.

그러나 잔차 제곱의 합에 의한 카이제곱검정통계량이 통합적으로 귀무가설을 기각하지 못해 행범주와 열범주 간에 연관성이 없다고 하더라고 단순 대응분석 그림은 개별 잔차들의 경향을 고려해서 행범주와 열범주 간의 대응관계를 시각적으로 보여주는 장점이 있다.

보기 2.3.1 결혼 전 성관계에 대한 반응과 피임허용의 독립성과 동질성 검정

[자료 2.3.1](presex.txt)은 결혼 전 성관계에 대해 4점 척도(매우 나쁘다, 거의 나쁘다, 조금 나쁘다, 전혀 나쁘지 않다)로 조사했고, 동시에 14세~16세의 10대들의 임신조절을 위한 피임에 대해 4점 척도(매우 반대, 반대, 찬성, 매우 찬성)로 조사한 결과로부터 얻은 이원분할표 자료이다. 이 자료에 대해 [R-코드 2.3.1](presex-SCRA.R)에 의해서 단순 대응분석을 하여 [그림 2.3.1]을 제공하고 있다.

[자료 2.3.1] 결혼 전 성관계에 대한 반응과 피임허용의 이원분할표(presex.txt)

혼전 성관계	10대 임신조절			
	매우 반대	반 대	찬 성	매우 찬성
매우 나쁘다	81	68	60	38
거의 나쁘다	24	26	29	14
조금 나쁘다	18	41	74	42
전혀 나쁘지 않다	36	57	161	157

```
 Principal inertias (eigenvalues):
           1          2          3
Value      0.127926   0.011036   5e-06
Percentage 92.05%     7.94%      0%

 Rows:
          매우나쁨   거의나쁨   조금나쁨   전혀안나쁨
Mass      0.266739  0.100432  0.188985  0.443844
ChiDist   0.497810  0.355416  0.223343  0.338151
Inertia   0.066102  0.012687  0.009427  0.050752
Dim. 1   -1.380320 -0.968706  0.283067  0.928204
Dim. 2    0.607768 -0.751709 -1.894986  0.611710

 Columns:
          매반       반대       찬성       매찬
Mass      0.171706  0.207343  0.349892  0.271058
ChiDist   0.618968  0.304466  0.201710  0.382831
Inertia   0.065784  0.019221  0.014236  0.039726
Dim. 1   -1.697656 -0.794131  0.513237  1.020365
```

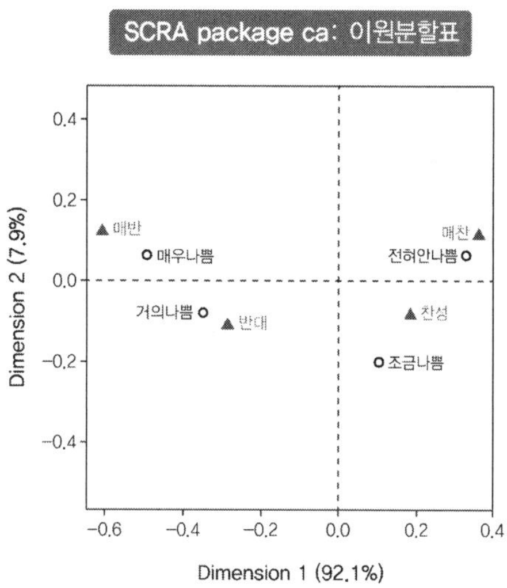

[그림 2.3.1] 결혼 전 성관계에 대한 반응과 피임허용의 이원분할표의 단순 대응분석

[그림 2.3.1]의 왼편에는 대응분석의 기본 결과가, 오른편에는 2차원 대응분석 그림이 요약되어 있다. 기본 결과의 구성에 대한 설명은 [보기 2.2.1]-[결과 2.2.1]을 참고하기 바란다. 실제 대응분석 그림의 설명력은 99.99(92.05+7.94)%로 완벽하게 이원분할표의 행과 열범주의 연관성을 시각적으로 보여주게 된다. 그림의 좌표점 (매우나쁨, 거의나쁨, 조금나쁨, 전혀안나쁨)은 행범주인 결혼 전 성관계에 대한 4점 척도를 나타내는 행좌표점이며, (매반, 반대, 찬성, 매찬)은 열범주로 피임허용에 대한 4점 척도를 나타내는 열좌표점이다.

먼저 수평축인 제1축(Dimension 1)에 대하여 왼편의 행범주 (매우나쁨, 거의나쁨)은 열범주 (매반, 반대)의 방향으로 위치해 있어 서로 대응하고 있다. 이는 혼전 성관계가 나쁘다고 여기는 사람들은 10대의 피임을 반대하는 입장에 있음을 나타낸다. 오른편의 행범주 (조금나쁨, 전혀안나쁨)은 열범주 (찬성, 매찬) 방향으로 위치해 있어 혼전 성관계에 대해 부정적이지 않은 사람들은 10대의 피임을 찬성하고 있음을 보여준다. 따라서 혼전 성경험에 대해서도 관대한 사람들은 10대에게 피임을 허용해야 한다고 좀 더 강하게 주장하는 입장을 보이고 있다.

이번에는 전통적으로 [자료 2.3.1]과 같은 이원분할표에 대하여 행범주와 열범주의 연관성이 없다는 독립성 문제를 다루기 위하여 다음과 같은 귀무가설을 고려할 수 있다.

H_0 : 혼전 성관계에 대한 반응과 10대들의 피임에 대한 생각은 서로 연관성이 없다.

이 귀무가설에 대해 카이제곱검정을 실시한 결과와 단순 대응분석 그림을 통해 시각적으로 행범주와 열범주의 독립성과 동질성 검토를 비교 요약하기로 하자. 카이제곱검정을 위해서 [R-코드 2.3.1](presex-SCRA.R)에서 이원분할표 자료행렬 O에 대해서 함수 chisq.test(O)를 추가하여 수행하면 다음과 같은 결과를 얻게 된다.

```
Pearson's Chi-squared test

data:  O
X-squared = 128.68, df = 9, p-value < 2.2e-16
```

이는 카이제곱통계량과 총결여성의 대수적인 관계 (2.3.14)에 의해서 [그림 2.3.1]의 왼편 결과의 Rows: Inertia와 Columns: Inertia로부터 카이제곱검정통계량은 다음과 같이 각각 계산됨을 보여준다.

$$X^2 = o_{..} \times (0.066102 + 0.012687 + 0.009427 + 0.050752) = 128.6836$$

$$X^2 = o_{..} \times (0.065784 + 0.019221 + 0.014236 + 0.039726) = 128.6836$$

여기서 카이제곱통계량 $X^2 = 128.684(\ df = 9 = (4-1)(4-1))$는 귀무가설을 기각하기에 충분히 큰 값으로 혼전 성관계와 10대 피임허용 각각의 동질성 가정도 기각한다. 실제 유의 확률 p-값 $< 2.2 \times 10^{-16}$이다.

이러한 사실은 앞서 행범주와 열범주 간의 연관성인 독립성을 해석한 단순 대응분석 [그림 2.3.1]의 기하적 정보로도 알 수 있다. [그림 2.3.1]의 수평축(제1축, Dimension 1)의 원점에 대해 왼편 음(−)의 같은 방향에 있어 한 군집을 이루는 행범주 (매우나쁨, 거의나쁨) 간에는 동질하고, 오른편 양(+)의 방향에 같이 위치한 또 다른 군집인 행범주 (조금나쁨, 전혀안나쁨) 간에도 동질성이 있다. 그러나 이들 양편의 두 군집 간에는 동질성이 없다. 이와 유사한 해석을 제1축에 대하여 10대 피험 허용에 관한 열범주 중 음(−)의 방향에 있는 (매반, 반대)는 다른 방향에 위치한 열범주 (찬성, 매찬) 간에도 적용할 수 있다.

[R-코드 2.3.1] 결혼 전 성관계에 대한 반응과 피임허용의 이원분할표의 단순 대응분석(presex-SCRA.R)

```
# Simple CRA ca() : Matrix for Two-Way Table
O<-matrix(c(81, 68,  60,  38,
            24, 26,  29,  14,
            18, 41,  74,  42,
            36, 57, 161, 157), byrow=T, nrow=4)
rownames(O)<-c("매우나쁨", "거의나쁨", "조금나쁨", "전혀안나쁨")
colnames(O)<-c("매반", "반대", "찬성", "매찬")
library(ca)
sca=ca(O)
sca
par(pty="s")
plot(sca, main="SCRA package ca : 이원분할표")
```

보기 2.3.2 지위에 따른 흡연습관의 독립성과 동질성 검정

[보기 1.1.1]에서 지위(SM, JM, SE, JE, SC)에 따른 개인의 흡연습관(none, light, medium, heavy)의 [자료 1.1.1](data(smoke))에 대하여 단순 대응분석을 살펴보았다. 이 자료에 대하여 행범주 지위와 열범주 흡연습관 간에 연관성이 없다는 독립성 문제를 다루기 위하여 다음과 같은 귀무가설을 고려할 수 있다.

$$H_0: \text{ 지위와 흡연습관은 서로 연관성이 없다.}$$

귀무가설에 대한 카이제곱 검정을 위해 [R-코드 1.1.1](smoke-SCRA.R)에 함수 chisq.test(O)를 추가하면 다음의 결과를 얻는다.

```
Pearson's Chi-squared test

data:  O
X-squared = 16.442, df = 12, p-value = 0.1718
```

여기서 카이제곱통계량 $X^2 = 16.442$ $(df = 12 = (5-1)(4-1))$은 p-값$= 0.1718$을 가져 유의수준 5%에서 귀무가설을 기각하지 못한다. 따라서 지위와 흡연습관은 연관성 없게 되어 독립성이 유지된다. 또한 이 독립성 검정의 결과로 인하여 행범주 간과 열범주 간의 각각의 동질성도 만족되지 않게 된다.

그러나 이러한 검정의 결과와 다르게 행범주와 열범주의 연관성을 단순 대응분석 [그림 1.1.1]에서는 대응관계로 보여 준다. 우선 제1축(Dimension 1)의 원점에 대해 왼편 음(−)의 방향에 지위로 SE(상위 고용직), SC(비서직), SM(상위 경영직)이 한 군집을 이루고, 오른편 양(+)의 방향에는 JM(하위 경영직), JE(하위 고용직)가 한 그룹을 이루어 전체적으로 행범주 간에는 동질성은 없어 보인다. 열범주의 경우에도 제1축에 대해 음(−)의 방향에 놓인 none(담배를 전혀 피우지 않는다)과는 나머지 흡연을 하는 열범주들은 다른 방향인 양(+)에 놓여 있어 전체적으로 열범주 간의 동질성은 없다. 따라서 단순 대응분석 그림은 행범주와 열범주의 연관성을 잘 보여준다.

2.4 수정 단순 대응분석

지금까지는 행과 열범주를 나타내는 범주변수가 둘뿐이고 크기가 $n \times p$인 이원분할표 자료행렬 $O = (o_{ij}),\ o_{ij} \geq 0,\ \ i = 1,...,n\ ;\ j = 1,...,p$에 적용하는 단순 대응분석을 살펴보았다. 여기서 크기가 $n \times p$인 이원분할표를 직사각형(rectangular) 분할표라 하고 만약에 이원분할표의 행과 열 범주의 수가 n으로 동일하며 같은 범주를 가지면 이 분할표를 크기가 $n \times n$인 정방형(square) 이원분할표라 하고 다음과 같이 나타내자.

$$N = (n_{ij}),\ n_{ij} \geq 0,\ i = 1,...,n\ ;\ j = 1,...,n$$

특히, $N^T = N$를 만족하는 대칭(symmetric)인 경우의 단순 대응분석은 행과 열이 일치하는 쌍 좌표를 보여주게 된다. 만약 $N^T \neq N$인 비대칭(asymmetric) 이원분할표의 경우 단순 대응분석 알고리즘을 적용하기 위해서는 다음과 같이 두 부분의 변환을 고려하자.

$$\begin{aligned} N &= \frac{1}{2}(N + N^T) + \frac{1}{2}(N - N^T) \\ &= S + K \end{aligned} \tag{2.4.1}$$

여기서 $S = (s_{ij}),\ i = 1,...,n\ ;\ j = 1,...,n$는 대칭(symmetric) 부분으로 $s_{ij} = (n_{ij} + n_{ji})/2$이고 $K = (k_{ij}),\ i = 1,...,n\ ;\ j = 1,...,n$는 반대칭(skew-symmetric) 부분으로 $k_{ij} = (n_{ij} - n_{ji})/2$이다. 그리고 S의 대각 원소는 원 분할표 N의 대각원소와 동일하며 대칭행렬의 성질을 가진다. 반면에 K는 대각원소가 모두 0이고 비대각원소는 절댓값이 같고 부호는 양과 음으로 다르다.

따라서 (2.4.1)의 대칭 부분과 반대칭 부분의 대응분석을 각각 실시하면 되나 반대칭 부분의 문제로 대응분석의 알고리즘을 적용하기 위해서는 원자료 분할표 N의 크기가 4배인 $2n \times 2n$인 블록행렬

$$N^* = \begin{bmatrix} N & N^T \\ N^T & N \end{bmatrix} \tag{2.4.2}$$

를 고려하고 이에 대한 대응분석을 실시하면 된다. Lee와 Choi(2014)에 따르면 (2.4.1)을

만족하는 비대칭행렬 N의 대응행렬

$$F=(f_{ij}),\ f_{ij}=\frac{n_{ij}}{n_{..}},\ \ i=1,...,n\ ;\ j=1,...,n$$

로부터 N^*의 대응행렬 (2.4.3)을 고려할 수 있다.

$$F^*=\frac{1}{4}\begin{bmatrix} F & F^T \\ F^T & F \end{bmatrix} \tag{2.4.3}$$

다음으로 행과 열의 합을 다음과 같이 두자.

$$w^*=\frac{1}{2}\begin{bmatrix} w \\ w \end{bmatrix} \tag{2.4.4}$$

여기서 $w=(r+c)/2$이고 $r=F1_p$과 $c=F^T1_n$는 대응행렬 F에서 중심에 해당한다.

(2.4.3)과 (2.4.4)로부터 중심화 대응행렬

$$\widetilde{F^*}=F^*-w^*w^{*T}=\frac{1}{4}\begin{bmatrix} F-ww^T & F^T-ww^T \\ F^T-ww^T & F-ww^T \end{bmatrix} \tag{2.4.5}$$

를 고려하자. (2.4.5)의 $\widetilde{F^*}$의 일반화 비정칙값분해는 $\widetilde{F}=F-ww^T$의 잔차행렬 Y에 대한 비정칙값분해 (2.4.6)을 활용하면 된다.

$$Y=D_w^{-1}\widetilde{F}D_w^{-1}=U\Lambda V^T \tag{2.4.6}$$

여기서 U와 V는 $U^TU=I_n=V^TV$을 만족하며 Λ는 비정칙값 $\lambda_1,...,\lambda_n$의 대각행렬이고 $D_w=diag(w)$이다.

특히, $\widetilde{F}=F-ww^T$도

$$\widetilde{F}=F-ww^T=\hat{S}-ww^T+\hat{K} \tag{2.4.7}$$

로 정의되는데 (2.4.1)로부터 $\hat{S}=S/n_{..}$과 $\hat{K}=K/n_{..}$는 대응행렬 F의 대칭과 반대칭 부분을 나타낸다.

따라서 (2.4.6)의 비정칙값분해는 (2.4.7)의 관계에 의해서 대칭 부분과 반대칭 부분

$$D_w^{-1}(\hat{S}-ww^T)D_w^{-1}\text{와 } D_w^{-1}\hat{K}D_w^{-1} \tag{2.4.8}$$

의 비정칙값분해를 통해 표준좌표를 얻게 된다. (2.4.8)의 비정칙값분해를 다음과 같이 각각 고려하자.

$$D_w^{-1}(\hat{S} - ww^T)D_w^{-1} = U_S \Lambda_S V_S^T \tag{2.4.9}$$

$$D_w^{-1}\hat{K}D_w^{-1} = U_K \Lambda_K V_K^T \tag{2.4.10}$$

여기서 Λ_S와 Λ_K는 각각 $(n-1)$개와 n개의 비정칙값에 의한 대각행렬이고 U_S와 V_S, U_K와 V_K는 각각 직교 비정칙행렬이다.

따라서 (2.4.9)와 (2.4.10)으로부터 대칭과 반대칭 단순 대응분석 그림을 위한 행과 열범주의 표준좌표로 각각

$$\widetilde{C_{R_S}} = D_w^{-1/2} U_S,\ \widetilde{C_{C_S}} = \widetilde{C_{R_S}} \tag{2.4.11}$$

$$\widetilde{C_{R_K}} = D_w^{-1/2} U_K,\ \widetilde{C_{C_K}} = -\widetilde{C_{R_K}} \tag{2.4.12}$$

을 고려할 수 있다. 실제로 (2.4.11)의 대칭 부분의 표준좌표는 행과 열범주의 좌표가 동일하므로 대응분석 그림에서 이를 구분하기 위하여 열 좌표는 주좌표 $\widetilde{C_{R_S}} = D_w^{-1/2} U_S \Lambda_S$를 사용하면 된다.

s-차원의 수정 단순 대응분석 그림의 설명력은 다음과 같이 정의되는데

$$fit_S \text{ 또는 } fit_K = \frac{\sum_{k=1}^{s} l_k}{\sum_{k=1}^{q} l_k} \times 100\% \tag{2.4.13}$$

여기서 $l_k = \lambda_k^2$ 이고 λ_k는 비정칙값분해 (2.4.9)와 (2.4.10)의 Λ_S와 Λ_K의 $(n-1)$개 혹은 n개의 비정칙값이며 $q = n-1$ 또는 n이다.

[표 2.4.1]에서 지금까지 설명한 수정 단순 대응분석의 알고리즘을 정리하였다. 특히, [보기 2.4.2]의 [R-코드 2.4.3](usmigration-modifiedSCRAalgorithm.R)은 이 알고리즘에 바탕을 둔 것으로 [그림 2.4.3]의 수정 단순 대응분석 그림을 제공한다.

[표 2.4.1] 수정 단순 대응분석 알고리즘

[1단계] $n \times n$ 비대칭 이원분할표 자료행렬 : $N = (n_{ij}),\ n_{ij} \geq 0,\ i = 1, \ldots, n\ ; j = 1, \ldots, n$

$$n_{ij} \neq n_{ji},\ i \neq j$$

[2단계] 대응행렬 : $F = (f_{ij}),\ f_{ij} = \dfrac{n_{ij}}{n_{..}},\ i = 1, \ldots, n\ ; j = 1, \ldots, p$

- $n_{..} = \sum_{i=1}^{n} \sum_{j=1}^{p} n_{ij}$: N의 모든 원소들의 총합
- 행과 열 프로파일의 중심 : $\boldsymbol{c} = F^T \mathbf{1}_n,\ \boldsymbol{r} = F \mathbf{1}_p$

[3단계] 대칭과 반대칭 행렬 : $F = \dfrac{1}{2}(F + F^T) + \dfrac{1}{2}(F - F^T) = \hat{S} + \hat{K}$

- 대칭 행렬 : $\hat{S} = (\hat{s}_{ij}),\ \hat{s}_{ij} = (n_{ij} + n_{ji})/(2n_{..})$
- 반대칭 행렬 : $\hat{K} = (\hat{k}_{ij}),\ \hat{k}_{ij} = (n_{ij} + n_{ji})/(2n_{..})$

[4단계] 중심화 대응행렬 : $\tilde{F} = F - \boldsymbol{w}\boldsymbol{w}^T = \hat{S} - \boldsymbol{w}\boldsymbol{w}^T + \hat{K}$

- $\boldsymbol{w} = (\boldsymbol{r} + \boldsymbol{c})/2$: 대칭행렬의 중심

[5단계] 비정칙값분해 : $D_w^{-1}(\hat{S} - \boldsymbol{w}\boldsymbol{w}^T) D_w^{-1} = U_S \Lambda_S V_S^T$

$$D_w^{-1} \hat{K} D_w^{-1} = U_K \Lambda_K V_K^T$$

- $D_w = diag(\boldsymbol{w})$
- Λ_S와 Λ_K: 각각 $(n-1)$개와 n개의 비정칙값에 의한 대각행렬
- U_S와 V_S, U_K와 V_K는 각각 직교 비정칙행렬이다.

[6단계] 수정 단순 대응분석 그림의 행과 열 표준좌표점 :

- 대칭 부분 : $\widetilde{C_{R_S}} = D_w^{-1/2} U_S,\ \widetilde{C_{C_S}} = \widetilde{C_{R_S}}$
- 반대칭 부분 : $\widetilde{C_{R_K}} = D_w^{-1/2} U_K,\ \widetilde{C_{C_K}} = -\widetilde{C_{R_K}}$

[7단계] s-차원의 수정 단순 대응분석 그림의 설명력 :

$$fit_S \text{ 또는 } fit_K = \frac{\sum_{k=1}^{s} l_k}{\sum_{k=1}^{q} l_k} \times 100\%,\ l_k = \lambda_k^2,\ q = n-1 \text{ 또는 } n$$

- λ_k: Λ_S와 Λ_K의 각각 $(n-1)$개 혹은 n개의 비정칙값

특히, (2.4.2)의 N^*의 차원은 $2n-1$로 $n-1$이 대칭 부분 S의 차원이 되면 나머지 n은 반대칭 부분 K의 차원이다. S의 대칭 부분 단순 대응분석은 동일한 행과 열범주 좌표 쌍을 제공하므로 이에 행범주 좌표는 (2.4.11)과 같은 표준좌표를 활용하고 열범주 좌표는 주좌표를 사용하여 대칭 단순 대응분석 그림을 얻는 것이 시각적 해석에 도움이 된다. 대칭 단순 대응분석 그림의 해석은 일반적인 단순 대응분석 그림과 해석이 동일하나 반대칭 부분의 단순 대응분석 그림에서는 임의로 두 개의 좌표점과 원점으로 이루어지는 삼각형에 의해서 대칭성으로부터 편차(deviation)의 정도를 해석한다. 즉, 삼각형의 면적이 클수록 그 편차가 크다고 여기고 만약에 두 점이 원점에 근접해 있다면 그들 간의 편차가 작음을 나타낸다.

보기 2.4.1 영국의 직업 이동에 관한 비대칭 분할표 자료의 수정 단순 대응분석

[자료 2.4.1](occupation.txt)은 영국에서 775명의 남자와 그의 아버지 14가지 직업 이동에 관한 14×14 비대칭 분할표 자료이다(Greenacre, 2007, Chapter 22; Izenman, 2008,

[자료 2.4.1] 영국의 직업 이동에 관한 비대칭 분할표(occupation.txt)

아버지 직업	아들 직업														
	a	b	c	d	e	f	g	h	i	j	k	l	m	n	총합
A	28	0	4	0	0	0	1	3	3	0	3	1	5	2	50
B	2	51	1	1	2	0	0	1	2	0	0	0	1	1	62
C	6	5	7	0	9	1	3	6	4	2	1	1	2	7	54
D	0	12	0	6	5	0	0	1	7	1	2	0	0	10	44
E	5	5	2	1	54	0	0	6	9	4	12	3	1	13	115
F	0	2	3	0	3	0	0	1	4	1	4	2	1	5	26
G	17	1	4	0	14	0	6	11	4	1	3	3	17	7	88
H	3	5	6	0	6	0	2	18	13	1	1	1	8	5	69
I	0	1	1	0	4	0	0	1	4	0	2	1	1	4	19
J	12	16	4	1	15	0	0	5	13	11	6	1	7	15	106
K	0	4	2	0	1	0	0	0	3	0	20	0	5	6	41
L	1	3	1	0	0	0	1	0	1	1	1	6	2	1	18
M	5	0	2	0	3	0	1	8	1	2	2	3	23	1	51
N	5	3	0	2	6	0	1	3	1	0	0	1	1	9	32
총합	84	108	37	11	122	1	15	64	69	24	57	23	74	86	775

Table 17.7). 특히, 직업 범주는 A(army), B(art), C(teaching, clerical work, civil service), D(crafts), E(divinity), F(agriculture), G(landownership), H(law), I(literature), J(commerce), K(medicine), L(navy), M(politics and court), N(scholarship and science)으로 아버지는 알파벳 대문자로 아들은 소문자로 나타내었다.

이 자료의 대각을 보면 아들은 대부분이 아버지의 직업을 따르고 있음을 보여주나 일부 비대칭적인 면을 가지고 있다. 예를 들자면 첫 번째 행 A(army)에는 50명의 아버지가 있지만 첫 번째 열 a(army)에는 84명의 아들이 있다. 이는 아버지의 직업 중 G(landownership)과 J(commerce)에서 army로 바뀐 경우이다. 특히, J(commerce) 직업을 가진 106명의 아버지로부터 단지 24명의 아들만 이 직업을 선택하고 주로 다른 직업인 b(art), e(divinity), n(scholarship and science), i(literature) 그리고 a(army) 순으로 선택하였다.

[결과 2.4.1]의 (1) 설명력을 개별, 대칭 그리고 반대칭 설명력으로 추가하여 요약한 [표 2.4.2]를 살펴보자. 먼저 27개 주결여성(principal inertias)에서 13개가 대칭 단순 대응분석에 대한 것이고 진하게 표시된 14개(7개 쌍으로 구성)가 반대칭 단순 대응분석에 대한 것이다. 따라서 수정 단순 대응분석 알고리즘 [표 2.4.1]-[7단계]에 따른 대칭과 반대칭 단순 대응분석을 위한 총결여성은 각각 다음과 같이 계산된다.

$$\text{대칭 총결여성: } 1.1485(0.388679 + 0.232042 + 0.143915 + \cdots + 0.000147)$$
$$\text{반대칭 총결여성: } 0.4506(2 \times (0.158364 + 0.041841 + \cdots + 0.000381))$$

따라서 27개 주결여성의 합인 총결여성은 1.5991로 대칭과 반대칭 총결여성에 대한 설명력은 각각 $fit_S = 71.82(1.1485/1.5991)\%$와 $fit_K = 28.18(0.4506/1.5991)\%$을 차지한다.

다음으로 개별 설명력(%)은 총결여성의 합 1.5991에 대한 주결여성이 차지하는 비율이다. 예를 들자면 24.31%는 주결여성 0.388679에 대한 총결여성 1.5991에 대한 비율이며 9.9%는 주결여성 0.158364에 대한 총결여성 1.5991에 대한 비율이다.

대칭 설명력(%)과 반대칭 설명력(%)은 대칭과 반대칭 총결여성의 합에 대한 것 대신에 대칭과 반대칭 부분을 나누어 각각의 총결여성에 대한 각각의 주결여성에 대한 비율을 나타낸다. 예를 들자면 대칭 부분의 주결여성 0.388679에 대한 대칭 총결여성 1.1485에 대한 비율은 33.85%이고 반대칭 주결여성 0.158363에 대한 반대칭 총결여성 0.4506에 대한 비율은 35.15%가 된다. 이들에 대한 계산 결과의 요약은 [그림 2.4.1]의 좌표 하단에 대칭 부분과 반대칭 부분 그림 각각의 축에 다음과 같이 주어져 있다.

Dimension 1(24.3%/33.8%), Dimension 2(14.5%/20.2%)
Dimension 3(9.9%/35.1%), Dimension 4(9.9%/35.1%)

[표 2.4.2] 개별, 대칭, 반대칭 설명력

주축	주결여성	개별 설명력(%)	대칭 설명력(%)	반대칭 설명력(%)
1	0.388679	24.31	33.85	
2	0.232042	14.51	20.20	
3	**0.158364**	9.90		**35.15**
4	**0.158364**	9.90		**35.15**
5	0.143915	9.00	12.53	
6	0.123757	7.74	10.78	
7	0.081838	5.12	7.12	
8	0.070740	4.42	6.16	
9	0.049838	3.12	4.34	
10	**0.041841**	2.62		9.28
11	**0.041841**	2.62		9.28
12	0.022867	1.43	1.99	
13	0.022045	1.38	1.92	
14	**0.012873**	0.81		2.86
15	**0.012873**	0.81		2.86
16	0.010360	0.65	0.91	
17	**0.007590**	0.47		1.69
18	**0.007590**	0.47		1.69
19	**0.003090**	0.19		0.69
20	**0.003090**	0.19		0.69
21	0.001658	0.10	0.15	
22	**0.001148**	0.07		0.24
23	**0.001148**	0.07		0.24
24	0.000620	0.04	0.00	
25	**0.000381**	0.02		0.00
26	**0.000381**	0.02		0.00
27	0.000147	0.01	0.00	
총결여성	1.5991			
대칭 총결여성	1.1485	fit_S=71.82(1.1485/1.5991)%		
반대칭 총결여성	0.4506	fit_K=28.18(0.4506/1.5991)%		

더불어 [그림 2.4.1] 왼편에 주결여성에 대한 비율이 Dim1과 Dim2에 주어져 있으며 대칭과 반대칭 총결여성은 각각 tot_sym와 tot_skew에 있으며 fits와 fitk에는 총결여성에 대한 설명력 fit_S와 fit_K를 요약하고 있다. [결과 2.4.1]과 [그림 2.4.1]을 위해 [R-코드 2.4.1] (occupation-modifiedSCRA.R)을 참고하기 바란다.

(1) 대칭 단순 대응분석 좌표 및 그림

```
         Dim1        Dim2
A  -1.01374055  1.39357048
B   2.44013983  1.07894169
C  -0.31213189  0.15089429
D   1.39099119 -0.61782557
         ...

a  -0.63200734  0.67129302
b   1.52128303  0.51973405
c  -0.19459580  0.07268688
d   0.86720084 -0.29761107
         ...

          Dim1      Dim2   tot_sym      fits
[1,] 0.3384214 0.2020383  1.148505 0.7182285
```

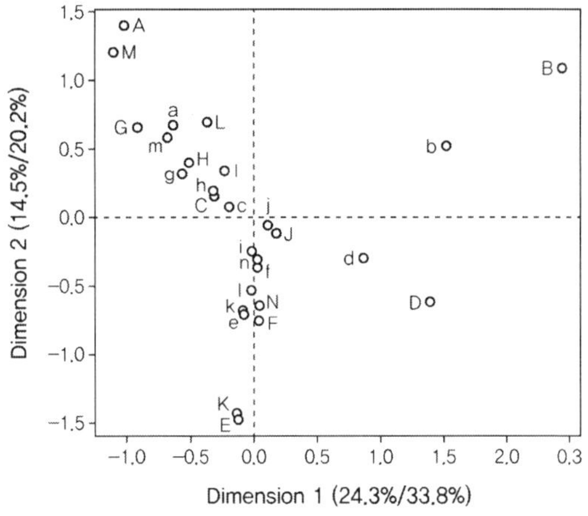

(2) 반대칭 단순 대응분석 좌표 및 그림

```
         Dim3        Dim4
A  -0.07159946  1.04414403
B   0.17834748  1.07189064
C  -0.84510624  0.31992697
D  -2.13696251  0.14269282
         ...

a   0.07159946 -1.04414403
b  -0.17834748 -1.07189064
c   0.84510624 -0.31992697
d   2.13696251 -0.14269282
         ...

          Dim1      Dim2  tot_skew      fitk
[1,] 0.3514712 0.3514712 0.4505751 0.2817715
```

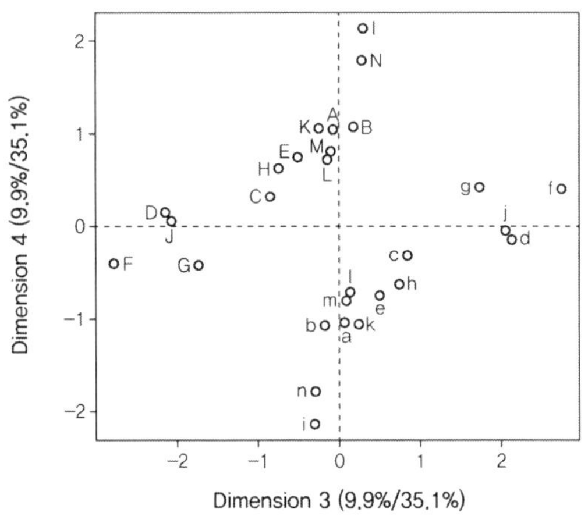

[그림 2.4.1] 영국의 직업 이동에 관한 비대칭 분할표의 수정 단순 대응분석 그림

[결과 2.4.1]의 (2) 행범주에 관한 정보에서 진하게 처리한 Dim.1과 Dim.2에 대한 좌표는 대칭 부분의 단순 대응분석 그림을 위한 표준좌표를 보여 준다. 이는 행범주와 열범주가 동일한 좌표 쌍을 이루고 있어 서로 구분을 위하여 행 범주(A~N)는 표준좌표를 사용하고 열범주(a~z)는 주좌표를 결합하여 [그림 2.4.1]-(1)의 비대칭 단순 대응분석 그림을 보여주고 있다. 이 그림에서 행범주에 대한 것만 고려하면 대칭 부분의 단순 대응분석 그림이 된다.

이번에는 진하게 처리한 Dim.3과 Dim.4에 대한 표준좌표는 [그림 2.4.1]-(2)의 대칭 부분의 단순 대응분석 그림을 위한 것으로 행 범주(A~N)와 열범주(a~z)의 좌표의 부호가 반대임을 알 수 있다.

결과 2.4.1 [R-코드 2.4.1] (occupation-modifiedSCRA.R)의 결과

(1) 설명력

Principal inertias (eigenvalues):

	1	2	3	4	5	6	7	8	9	10	11
Value	0.388679	0.232042	**0.158364**	**0.158364**	0.143915	0.123757	0.081838	0.07074	0.049838	**0.041841**	**0.041841**
Percentage	24.31%	14.51%	9.9%	9.9%	9%	7.74%	5.12%	4.42%	3.12%	2.62%	2.62%

	12	13	14	15	16	17	18	19	20	21
Value	0.022867	0.022045	**0.012873**	**0.012873**	0.01036	**0.00759**	**0.00759**	**0.00309**	**0.00309**	0.001658
Percentage	1.43%	1.38%	0.81%	0.81%	0.65%	0.47%	0.47%	0.19%	0.19%	0.1%

	22	23	24	25	26	27
Value	**0.001148**	**0.001148**	0.00062	**0.000381**	**0.000381**	0.000147
Percentage	0.07%	0.07%	0.04%	0.02%	0.02%	0.01%

(2) 행범주에 관한 정보

Rows:

	A	B	C	D		a	b	c	d	
Mass	0.043226	0.054839	0.029355	0.017742		0.043226	0.054839	0.029355	0.017742	
ChiDist	1.412527	1.708320	0.720263	1.693278		1.412527	1.708320	0.720263	1.693278	
Inertia	0.086245	0.160039	0.015229	0.050870		0.086245	0.160039	0.015229	0.050870	
Dim. 1	**-1.013741**	**2.440140**	**-0.312132**	**1.390991**	…	**-1.013741**	**2.440140**	**-0.312132**	**1.390991**	…
Dim. 2	**1.393570**	**1.078942**	**0.150894**	**-0.617826**		**1.393570**	**1.078942**	**0.150894**	**-0.617826**	
Dim. 3	**-0.071599**	**0.178347**	**-0.845106**	**-2.136963**		**0.071599**	**-0.178347**	**0.845106**	**2.136963**	
Dim. 4	**1.044144**	**1.071891**	**0.319927**	**0.142693**		**-1.044144**	**-1.071891**	**-0.319927**	**-0.142693**	
		⋮					⋮			
Dim. 25	0.000000	1.010945	1.391472	1.742560		-0.885750	-0.017165	0.352111	1.886230	
Dim. 26	1.748036	-0.236178	0.682872	0.326285	…	-0.064396	0.679042	-0.068978	0.165307	…
Dim. 27	0.248659	-0.275791	1.254585	1.324271		-1.992774	0.888835	-1.984568	0.482151	

(3) 열범주에 관한 정보

Columns:

	a	b	c	d		A	B	C	D	
Mass	0.043226	0.054839	0.029355	0.017742		0.043226	0.054839	0.029355	0.017742	
ChiDist	1.412527	1.708320	0.720263	1.693278		1.412527	1.708320	0.720263	1.693278	
Inertia	0.086245	0.160039	0.015229	0.050870		0.086245	0.160039	0.015229	0.050870	
Dim. 1	-1.013741	2.440140	-0.312132	1.390991	…	-1.013741	2.440140	-0.312132	1.390991	…
Dim. 2	1.393570	1.078942	0.150894	-0.617826		1.393570	1.078942	0.150894	-0.617826	
Dim. 3	-1.044144	-1.071891	-0.319927	-0.142693		1.044144	1.071891	0.319927	0.142693	
Dim. 4	-0.071599	0.178347	-0.845106	-2.136963		0.071599	-0.178347	0.845106	2.136963	
		⋮					⋮			
Dim. 25	-1.748036	0.236178	-0.682872	-0.326285		1.748036	-0.236178	0.682872	0.326285	
Dim. 26	0.000000	1.010945	1.391472	1.742560	…	0.000000	-1.010945	-1.391472	-1.742560	…
Dim. 27	-0.248659	0.275791	-1.254585	-1.324271		-0.248659	0.275791	-1.254585	-1.324271	

(4) [그림 2.4.1] (1) 대칭 단순 대응분석 좌표 및 그림
(2) 반대칭 단순 대응분석 좌표 및 그림

해석 2.4.1 [그림 2.4.1]에 대한 기하적 해석

(1) [그림 2.4.1]-(1)은 대칭 단순 대응분석 그림에 대한 것으로 제1축(Dimension 1)과 제2축(Dimension 2)의 설명력(24.3%/33.8%, 14.5%/20.2%)을 보면 24.31%와 14.51%는 대칭과 반대칭 구분 없이 총결여성에 대한 개별 설명력으로 [결과 2.4.1]-(1) 설명력으로부터 알 수 있으며 이는 총 38.82(24.31+14.51)%에 해당한다. 만약 대칭 부분을 고려한다면 대칭 총결여성 1.1485에 대한 대칭 설명력은 제1축과 제2축이 33.85%와 20.20%로 총 54.05%이다. [그림 2.4.1]-(2) 반대칭 단순 대응분석 그림에서는 제3축(Dimension 3)과 제4축(Dimension 4)의 설명력(9.9%/35.1%, 9.9%/35.1%)를 보면 먼저 대칭과 반대칭 구분 없이는 19.8(9.9 + 9.9)%를 설명하고 있으며 반대칭 부분만 고려한 반대칭 총결여성 0.4506에 대한 설명력은 35.15%와 35.15%로 총 70.3%이다.

(2) [그림 2.4.1]-(1) 비대칭 단순 대응분석 그림은 행범주(A~N)는 표준좌표를, 열범주(a~z)는 주좌표를 사용하여 결합한 것이다.

- 그림의 제1축 왼편은 위에서부터 아래로 행범주 A에서 E로 열범주 a에서 k로 일관성 있게 펼쳐져 있다. 반면에 제1축 오른편의 arts인 B(b)와 crafts인 D(d)는 다른 좌표점과는 완전히 떨어져 위치하고 있다.
- 행범주의 경우 제1축의 원점에 대해 왼편의 다른 좌표점과는 완전히 떨어져 있는 B(arts)와 D(crafts)가 서로 가까이 있지는 않다. 이들과 반대에 위치한 2사분면과 3사분면의 범주는 위에서부터 다음과 같은 몇 개의 군집을 생각할 수 있다. 열범주(a~z)에 대해서도 f(agriculture)만 제외하고 동일한 군집을 고려하게 된다.
- A(army), M(politics and court)
- C(teaching, clerical work, civil service), G(landownership), H(law), L(navy)
- F(agriculture), I(literature), J(commerce), N(scholarship and science)
- E(divinity), K(medicine)
- 이들 군집 내에서만 아버지로부터 아들의 직업 이동이 전형적으로 국한되어 있다는 점이다. 군집 간에는 F(agriculture)를 제외하면 이동이 거의 없다.

(3) 반대칭 부분의 대응분석 그림의 해석은 대칭 부분의 것과는 달리 거리 대신 삼각형에 대한 기하적인 해석에 바탕을 두며 이는 대칭 부분으로부터의 편차(deviation)를 보여준다. 제3축(Dimension 3)의 왼편에 있는 J(commerce)와 제4축(Dimension 4)의 위쪽의 N(scholarship and science)과 원점 간에 큰 삼각형이 이루어지게 된다. 이는 이들 두 직업 간에 대칭성에 큰 편차를 보이며 이는 직업 이동 간에 강한 차이를 보이는 것을 의미한다.

(4) 이 삼각형을 시계 방향으로 돌리면 아들의 직업인 제3축(Dimension 3)의 오른편 j(commerce)와 제4축(Dimension 4)의 아래쪽의 n(scholarship and science)으로 이동한다. 특히 아버지 직업 J(commerce)에서 아들의 직업 n(scholarship and science)으로 상대적으로 많이 이동해 가는 것을 볼 수 있다. 실제로 [자료 2.4.1]을 보면 그 빈도가 15로 상대적으로 높다.

(5) 큰 삼각형을 형성했던 J(commerce) 근처의 아버지 직업인 G(landownership), F(agriculture)와 D(crafts)는 J(commerce)를 포함하여 특히, 아들의 직업 i(literature)와 n(scholarship and science)으로 이동됨을 알 수 있다. 즉, 이들 아버지 직업은 다른 아버지에 비해 아들의 직업이 i(literature)와 n(scholarship and science)으로 이동함을 [자료 2.4.1]로 확인하면 상대적으로 높은 빈도(7, 4, 4, 13과 10, 5, 7, 15)를 보여주고 있다.

(6) 제4축(Dimension 4)의 위쪽 중간 정도에 있는 A(army), M(politics and court), L(navy)은 원점과 아주 작은 삼각형을 형성하므로 서로 눈에 띄는 이동이 없다는 점을 나타낸다. 실제로 이들 간의 이동 빈도도 상대적으로 높지 않다.

[R-코드 2.4.1] 영국의 직업 이동에 관한 수정 단순 대응분석(occupation-modifiedSCRA.R)

```
# Modified SCRA for occupation data
library(ca)
occupation=read.table("occupation.txt", head=T)
N=as.matrix(occupation) # N = S + K
S=(N + t(N))/2 # symmetric
K=(N-t(N))/2   # skew-symmetric
B=rbind(cbind(N, t(N)), cbind(t(N), N)) # Block Matrix

# SCRA of B
ca(B, nd=27)

# Standard  and  Principal Coordinates
rows=ca(B, nd=27)$rowcoord # standard coordinate
sc_far=rows[1:14, 1:2] # standard coordinates for father
pc_rows=cacoord(ca(B, nd=27), type=c("principal")) # principal coordinate
#pc_rows$rows[, 3:4]# skew-symmetric part with a change of sign
pc_son=pc_rows$rows[15:28, 1:2] # principal coordinates for son
join=rbind(sc_far, pc_son) # Combined Coordinates for Asymmetric SCRA

## 설명력 : 대칭 부분과 반대칭 부분
inertia=ca(B, nd=27)$sv^2
tot_inertia=sum(inertia) # 대칭 부분과 반대칭 부분 총결여성의 합
```

```
# 대칭 부분
tot_sym=(inertia[1] + inertia[2] + inertia[5] +inertia[6] + inertia[7] + inertia[8]
+ inertia[9] + inertia[12] + inertia[13] +inertia[16] + inertia[21] + inertia[24]
+ inertia[27])
fits=tot_sym/tot_inertia # 대칭 총결여성
Dim1=inertia[1]/tot_sym;Dim2= inertia[2]/tot_sym
gof_s=cbind(Dim1, Dim2, tot_sym,fits) # 대칭 설명력

#반대칭 부분
tot_skew= (2 *(inertia[3] + inertia[10] + inertia[14] +inertia[17] +
            inertia[19] + inertia[22]+ inertia[25]))
fitk=tot_skew/tot_inertia #반대칭 총결여성
Dim1=inertia[3]/tot_skew; Dim2=inertia[3]/tot_skew
gof_k=cbind(Dim1, Dim2, tot_skew, fitk) # 반대칭 설명력

# SCRA Map of Symmetric Part
join # 대칭 부분 단순 대응분석 좌표
gof_s # 설명력
plot(join,  xlab="Dimension 1(24.31%/33.85%)", ylab="Dimension 2(14.51/20.20%)")
text(join, rownames(join), pos=2, col=1)
abline(v=0, h=0)

# SCRA Map of Skew-symmetric Part
rows[,3:4] # Skew-symmetric standard coordinates with a change of sign
gof_k # 설명력
plot(rows[,3:4], xlab="Dimension 3(9.90%/35.15%)", ylab="Dimension 4(9.90%/35.15%)")
              # xlim=c(-2.0, 1.2), ylim=c(-1.5, 1.2))
text(rows[,3:4], rownames(rows), pos=2, col=4)
abline(v=0, h=0)
```

보기 2.4.2 미국의 거주지 이주에 관한 비대칭 분할표 자료의 수정 단순 대응분석

[보기 1.1.7]에는 1980년에서 살던 지역에서 1985년에 다른 지역으로 이주한 경우를 정리한 비대칭 4×4 분할표 [자료 1.1.7](usmigration.txt)에 대해 [R-코드 1.1.7](usmigration-modifiedSCRA.R)을 적용한 수정 단순 대응분석 그림과 해석을 보여주고 있다. 여기서는 대칭 단순 대응분석 그림의 행과 열 좌표점이 동일하여 구분하기 위하여 [보기 2.4.1]과 같이 행좌표점은 표준좌표로 열좌표점은 주좌표로 하여 [결과 2.4.2]와 [그림 2.4.2]를 제공하는 [R-코드 2.4.2](usmigration-modifiedSCRA-join.R)를 참고하자. [보기 1.1.7]에서 보여준 수정 단순 대응분석 그림과는 차이가 없으니 [해석 1.1.7]을 참고하기 바란다.

(1) 비대칭 단순 대응분석 좌표 및 그림

```
                   Dim1         Dim2
Northest80  -1.8377218  0.007746188
Midwest80    0.8411630  1.047044571
South80      0.1604131  0.282170331
West80       0.6528499 -1.893645101
Northest85  -1.7530959  0.007183675
Midwest85    0.8024280  0.971010265
South85      0.1530262  0.261679679
West85       0.6227866 -1.756132340

          Dim1      Dim2  tot_sym      fits
[1,] 0.3466328 0.3275934 2.625319 0.9998961
```

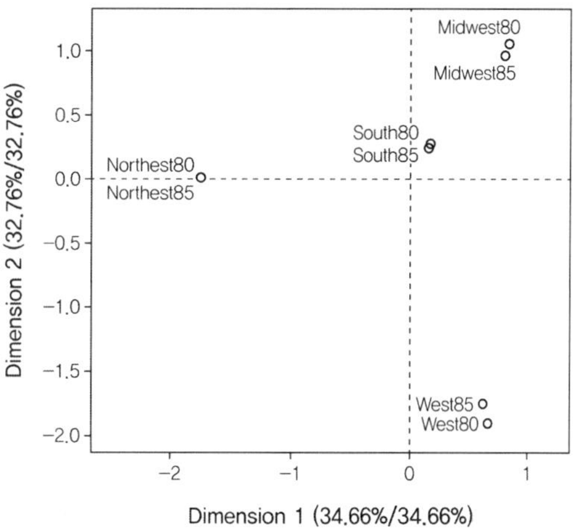

(2) 반대칭 단순 대응분석 좌표 및 그림

```
                   Dim4         Dim5
Northest80  -0.7958099   -1.0057558
Midwest80   -1.0797640   -1.1596222
South80     -1.1096059    1.0257768
West80      -0.8871648    0.6611494
Northest85   0.7958099    1.0057558
Midwest85    1.0797640    1.1596222
South85      1.1096059   -1.0257768
West85       0.8871648   -0.6611494

          Dim1     Dim2    tot_skew         fitk
[1,] 0.496337 0.496337 0.000274866 0.0001046872
```

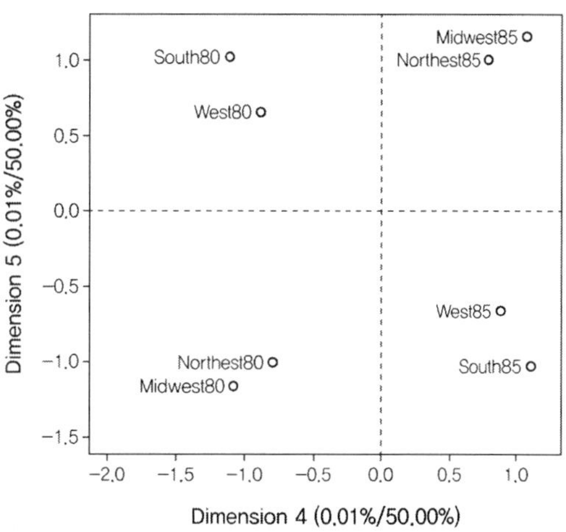

[그림 2.4.2] 미국의 거주지 이주에 관한 비대칭 분할표의 수정 단순 대응분석 그림

결과 2.4.2 [R-코드 2.4.2] (usmigration-modifiedSCRA-join.R)의 결과

(1) 설명력

Principal inertias (eigenvalues):

	1	2	3	4	5	6	7
Value	0.910022	0.860037	0.855258	**0.000136**	**0.000136**	1e-06	1e-06
Percentage	34.66%	32.76%	32.57%	0.01%	0.01%	0%	0%

(2) 행범주에 관한 정보

Rows:

	Northest80	Midwest80	South80	West80	Northest85	Midwest85	South85	West85
Mass	0.107684	0.128497	0.167387	0.096432	0.107684	0.128497	0.167387	0.096432
ChiDist	1.816882	1.586506	1.304446	1.902606	1.816882	1.586506	1.304446	1.902606
Inertia	0.355472	0.323427	0.284822	0.349075	0.355472	0.323427	0.284822	0.349075
Dim. 1	-1.837722	0.841163	0.160413	0.652850	-1.837722	0.841163	0.160413	0.652850
Dim. 2	0.007746	1.047045	0.282170	-1.893645	0.007746	1.047045	0.282170	-1.893645
Dim. 3	-0.515679	-1.042728	1.371766	-0.415811	-0.515679	-1.042728	1.371766	-0.415811
Dim. 4	-0.795810	-1.079764	-1.109606	-0.887165	0.795810	1.079764	1.109606	0.887165
Dim. 5	-1.005756	-1.159622	1.025777	0.661149	1.005756	1.159622	-1.025777	-0.661149
Dim. 6	-0.338487	0.336588	0.801556	-1.947013	0.338487	-0.336588	-0.801556	1.947013

(3) 열범주에 관한 정보

Columns:

	Northest85	Midwest85	South85	West85	Northest80	Midwest80	South80	West80
Mass	0.107684	0.128497	0.167387	0.096432	0.107684	0.128497	0.167387	0.096432
ChiDist	1.816882	1.586506	1.304446	1.902606	1.816882	1.586506	1.304446	1.902606
Inertia	0.355472	0.323427	0.284822	0.349075	0.355472	0.323427	0.284822	0.349075
Dim. 1	-1.837722	0.841163	0.160413	0.652850	-1.837722	0.841163	0.160413	0.652850
Dim. 2	0.007746	1.047045	0.282170	-1.893645	0.007746	1.047045	0.282170	-1.893645
Dim. 3	-0.515679	-1.042728	1.371766	-0.415811	-0.515679	-1.042728	1.371766	-0.415811
Dim. 4	1.005756	1.159622	-1.025777	-0.661149	-1.005756	-1.159622	1.025777	0.661149
Dim. 5	-0.795810	-1.079764	-1.109606	-0.887165	0.795810	1.079764	1.109606	0.887165
Dim. 6	-1.698168	1.125715	-0.247303	0.412267	1.698168	-1.125715	0.247303	-0.412267

(4) [그림 2.4.1] (1) 비대칭 단순 대응분석 좌표 및 그림
(2) 반대칭 단순 대응분석 좌표 및 그림

[표 2.4.3] 개별, 대칭, 반대칭 설명력

주축	주결여성	개별 설명력(%)	대칭 설명력(%)	반대칭 설명력(%)
1	0.910022	34.66	34.66	
2	0.860037	32.76	32.76	
3	0.855258	32.57		
4	**0.000136**	0.01		50.00
5	**0.000136**	0.01		50.00
6	**0.000001**	0.00	0.00	
7	**0.000001**	0.00	0.00	
총 결여성	2.6256			
대칭 총결여성	2.6253	fit_S=99.99(2.6253/2.6256)%		
반대칭 총결여성	0.0003	fit_K=0.01(0.0003/2.6256)%		

[결과 2.4.2]의 (1) 설명력을 바탕으로 대칭과 반대칭 설명력을 추가 요약한 [표 2.4.3]에서 7개 주결여성에서 3개가 대칭 단순 대응분석에 대한 것이고 진하게 표시된 4개(2개 쌍)가 반대칭 단순 대응분석에 대한 것이다. 따라서 대칭과 반대칭 단순 대응분석을 위한 총결여성은 각각 다음과 같이 계산된다.

대칭 총결여성: 2.6256(0.910022+0.860037+0.855258)

반대칭 총결여성: 0.0003(2×(0.000136 + 0.00001))

따라서 7개 주결여성의 합인 총결여성은 2.6256으로 대칭과 반대칭 총결여성에 대한 설명력은 각각 fit_S =99.99(2.6253/2.6256)%와 fit_K =0.01(0.0003/2.6256)%를 차지한다.

다음으로 [표 2.4.3]의 개별 설명력은 총결여성의 합 2.6256에 대한 주결여성이 차지하는 비율이다. 그다음에 대칭과 반대칭 설명력(%)은 대칭과 반대칭 부분을 나누어 각각의 총결여성에 대한 각각의 주결여성에 대한 비율이다. [표 2.4.3]의 구성은 이미 [보기 2.4.1]의 [표 2.4.2]에서 자세히 설명한 바 있으니 참고하기 바란다. 추가적으로 이들에 대한 계산 결과의 요약은 [그림 2.4.2]의 좌표 하단에 대칭 부분과 반대칭 부분 각각에 대한 주결여성에 대한 비율을 Dim1과 Dim2에, 총결여성을 tot_sym와 tot_skew에 나타내었고 fits과 fitk에 대칭과 반대칭 총결여성에 대한 설명력 fit_S와 fit_K를 요약하고 있다.

[R-코드 2.4.2] 미국의 거주지 이주에 관한 수정 단순 대응분석(usmigration-modifiedSCRA-join.R)

```
# Modified SCRA for US migration data
library(ca)
us=read.table("usmigration.txt", head=T)
N=as.matrix(us) # N = S + K
S=(N + t(N))/2 # symmetric
K=(N-t(N))/2   # skew-symmetric
B=rbind(cbind(N, t(N)), cbind(t(N), N)) # Block Matrix

# CRA of B
ca(B, nd=7)

# Standard and Principal Coordinates
rows=ca(B, nd=7)$rowcoord #standard coordinates
sc_80=rows[1:4, 1:2] # standard coordinates for 1980
pc_rows=cacoord(ca(B, nd=7), type=c("principal")) # principal coordinate
#pc_rows$rows[, 4:5]# skew-symmetric part with a change of sign
pc_85=pc_rows$rows[5:8, 1:2] # principal coordinates for 1985
join=rbind(sc_80, pc_85) # Combined Coordinates for Asymmetric SCRA

## 설명력 : 대칭 부분과 반대칭 부분
inertia=ca(B, nd=7)$sv^2
tot_inertia=sum(inertia) # 대칭 부분과 반대칭 부분 총결여성의 합

# 대칭 부분
tot_sym=(inertia[1] + inertia[2] + inertia[3] +inertia[6] + inertia[7])
fits=tot_sym/tot_inertia # 대칭 총결여성
Dim1=inertia[1]/tot_sym;Dim2= inertia[2]/tot_sym
gof_s=cbind(Dim1, Dim2, tot_sym,fits) # 대칭 설명력

#반대칭 부분
tot_skew= (2 *(inertia[4] + inertia[6]))
fitk=tot_skew/tot_inertia #반대칭 총결여성
Dim1=inertia[4]/tot_skew; Dim2=inertia[5]/tot_skew
gof_k=cbind(Dim1, Dim2, tot_skew, fitk) # 반대칭 설명력

# SCRA Map of Symmetric Part
join # 대칭 부분 단순 대응분석 좌표
join
gof_s # 설명력
plot(join,  xlab="Dimension 1(34.66%/34.66%)", ylab="Dimension 2(32.76/32.76%)",
            xlim=c(-2.5, 1.2), ylim=c(-2.0, 1.2))
```

```
text(join, rownames(join), pos=2, col=1)
abline(v=0, h=0)

# SCRA Map of Skew-symmetric Part
rows[,4:5] # Skew-symmetric standard coordinates with a change of sign
gof_k # 설명력
plot(rows[,4:5], xlab="Dimension 4(0.01%/50.00%)", ylab="Dimension 5(0.01%/50.00%)",
 xlim=c(-2.0, 1.2), ylim=c(-1.5, 1.2))
text(rows[,4:5], rownames(rows), pos=2, col=4)
abline(v=0, h=0)
```

[R-코드 2.4.3](usmigration-modifiedSCRAalgorithm.R)은 수정 단순 대응분석의 알고리즘 [표 2.4.1]에 바탕을 두었고 (a) 대칭 부분의 대응분석 그림은 행좌표는 표준좌표를, 열좌표는 표준좌표를 사용하여 원래 동일한 좌표로 겹치는 부분을 구분하였다. [그림 2.4.3]-(b)는 [그림 2.4.2]-(2)의 제1축(Dimension 1)과 제2축(Dimension 2)을 시계 반대 방향으로 회전시킨 형태로 [그림 2.4.2]와 범주들의 대응관계는 동일하다. 그리고 [R-코드 2.4.3]의 수행 결과에서 rbind(eigS, perS)와 rbind(eigK, perK)에서 [그림 2.4.3]의 왼편에 좌표점과 같이 제시된 대칭과 반대칭 단순 대응분석 그림의 설명력과 동일한 결과를 얻게 된다.

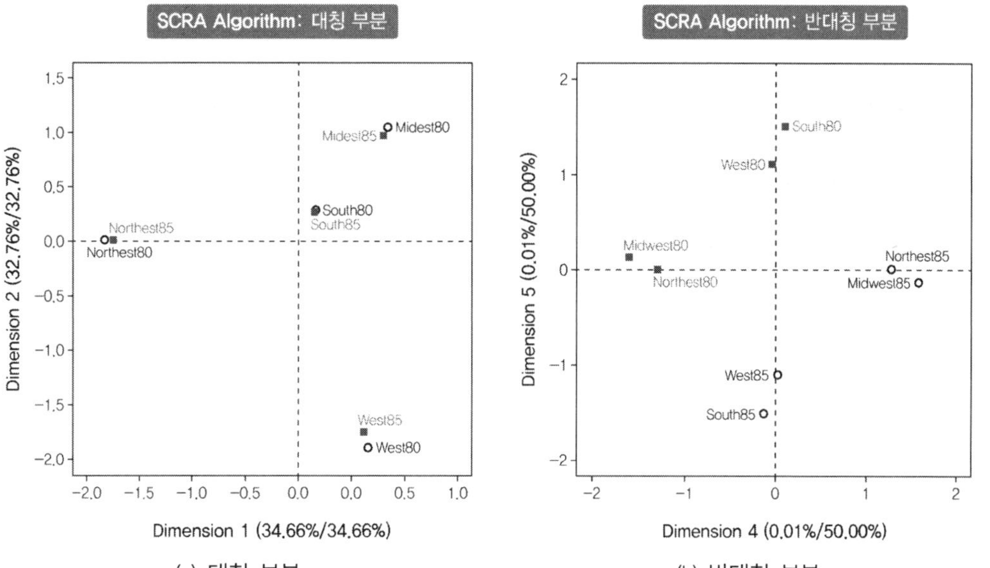

(a) 대칭 부분 (b) 반대칭 부분

[그림 2.4.3] 미국의 거주지 이주에 관한 비대칭 분할표의 수정 단순 대응분석 알고리즘에 바탕을 둔 그림

[R-코드 2.4.3] 미국의 거주지 이주에 관한 수정 단순 대응분석의 알고리즘 (usmigration-modifiedSCRAalgorithm.R)

```
# Modified SCRA based on the Algorithm
#[1단계] 비대칭 이원분할표 자료행렬
us=read.table("usmigration.txt", head=T)
N=as.matrix(us) # N = S + K
O=N

#[2단계] 대응행렬
F <- O/sum(O)
        r <- apply(F,1,sum)
        c <- apply(F,2,sum)

#[3단계] 대칭과 반대칭행렬
S=(F + t(F))/2
K=(F-t(F))/2

#[4단계]중심화 대응행렬
w=(r+c)/2
Dw=diag(1/sqrt(w))
cS = S-w%*%t(w)
Y=Dw%*%cS%*%Dw
Z=Dw%*%K%*%Dw

#[5단계] 비정칙값분해 + [6단계] 행과 열 좌표점
# SVD for SCRA of Symmetric part
svd.Y <- svd(Y)
        Us <- svd.Y$u
        Vs <- svd.Y$v
        Ds <- diag(svd.Y$d)
Crs_pc<- (Dw%*%Us) # standard coordinates
Ccc <- (Dw%*%Us%*%Ds) # pc coordinates
rownames(Crs_pc)=rownames(O)
rownames(Ccc)=colnames(O)
Crs_pc;Ccc

# SVD for SCRA of Skew-symmetric part
svd.Z <- svd(Z)
        Uk <- svd.Z$u
        Vk <- svd.Z$v
        Dk <- diag(svd.Z$d)
#Crk <- (Dw%*%Uk%*%Dt)# pc coordinates
```

```
Crk <- (Dw%*%Uk)# standard coordinates
Cck <- -Crk
rownames(Crk)=rownames(O)
rownames(Cck)=colnames(O)
Crk;Cck

#[7단계] 수정 단순 대응분석 그림의 설명력
# Goodness-of-fit of Symmetric part
eigS <- (svd.Y$d)^2
         perS <- eigS/sum(eigS)*100
         gofS <- sum(perS)
rbind(eigS,perS)

# Goodness-of-fit of Skew-symmetric part
eigK <- (svd.Z$d)^2
         perK <- eigK/sum(eigK)*100
         gofK <- sum(perK)
rbind(eigK, perK)

# SCRA Map of Symmetric Part
par(pty="s")
lim <-range(pretty(Crs_pc))
plot(Ccc[, 1:2], xlab="Dimension 1(34.66%/34.66%)", ylab="Dimension 2(32.76/32.76%)",
xlim=lim,ylim=lim,pch=15,col=2, main="SCRA Algorithm : 대칭 부분")
text(Ccc[, 1:2],rownames(Ccc),cex=0.8,col=2,pos=3)
points(Crs_pc[, 1:2],pch=16, col=4)
text(Crs_pc[, 1:2],rownames(Crs_pc),cex=0.8,pos=3, col=4)
abline(v=0,h=0)

# SCRA Map of Skew-symmetric Part
par(pty="s")
lim <-range(pretty(Crk))
plot(Crk[, 1:2], xlab="Dimension 4(0.01%/50.00%)", ylab="Dimension 5(0.01%/50.00%)",
xlim=lim,ylim=lim,pch=15,col=2, main="SCRA Algorithm : 반대칭 부분")
text(Crk[, 1:2],rownames(Crk),cex=0.8,col=2,pos=3)
points(Cck[, 1:2],pch=16, col=4)
text(Cck[, 1:2],rownames(Cck),cex=0.8,pos=3, col=4)
abline(v=0,h=0)
```

2.5 SAS 실습

이 절에서는 단순 대응분석의 [보기 2.2.1]과 수정 단순 대응분석의 [보기 2.4.2]에 대하여 SAS/PROC CORRESP를 활용하는 예를 보이기로 하자. 이미 1.3절의 SAS 실습에서 이들에 대한 [SAS-코드 1.3.1]과 [SAS-코드 1.3.7]로 대응분석 그림만 살펴보았다. 이들을 재인용하여 나머지 결과들에 대한 것을 R의 패키지 ca의 결과들과 비교해 보고자 한다.

먼저 2.1절에서 소개한 단순 대응분석의 응용으로 [보기 2.2.1]의 지위에 따른 흡연습관의 이원분할표에 대한 단순 대응분석을 R의 패키지 ca를 활용한 [R-코드 2.2.1](smoke-SCRA.R)의 [결과 2.2.1]과 [그림 1.1.1]을 제공하였다. 그러므로 [보기 2.5.1]에서 [보기 2.2.1]의 자료를 재인용하자. 이미 이 자료에 대해서는 앞서 언급했지만 1.3절에서 패키지로 SAS/PROC CORRESP를 활용한 [SAS-코드 1.3.1](smoke-SCRA.SAS)에 의한 수행 결과인 단순 대응분석 [그림 1.3.1]을 제공하였다. 이 SAS-코드를 인용의 차원에서 [SAS-코드 2.5.1](smoke-SCRA.SAS)로 하고 이를 실행하면 실제 [그림 1.3.1] 외에도 [결과 2.5.1]과 같이 단순 대응분석 결과를 여러 개 얻게 된다. 따라서 이들 SAS/PROC CORRESP의 [결과 2.5.1]과 R의 패키지 ca의 [결과 2.2.1]을 서로 비교할 수 있겠다. 다만, 행과 열좌표는 디폴트로 SAS는 주좌표를 R에서는 표준좌표를 제공한다. [결과 2.5.1]을 편의상 [결과 1]~[결과 3]으로 나누어 두었고 결과들의 제목을 보면 그 내용을 충분히 짐작할 수 있다.

다음으로 2.4절의 [보기 2.4.2]에서 1980년에서 살던 지역에서 1985년에 다른 지역으로 이주한 경우 비대칭 분할표 자료의 수정 단순 대응분석의 응용을 R의 패키지 ca를 활용한 [R-코드 1.1.7]과 [그림 1.1.7], [R-코드 2.4.2]와 [결과 2.4.2]-[그림 2.4.2]가 제공되었고 알고리즘을 활용한 [R-코드 2.4.3]과 [그림 2.4.3]도 제공되었다. [보기 2.4.2]의 동일한 거주지 이주 자료에 대하여 이미 [보기 1.3.7]에서 패키지로 SAS/PROC CORRESP를 활용한 [SAS-코드 1.3.7](usmigration-modifiedSCRA.SAS)에 의한 수행 결과인 [그림 1.1.7]을 제공하였다. 이 절에서는 이를 [보기 2.5.2]에서 인용의 차원에서 [SAS-코드 2.5.2]로 하고 실제 [그림 1.1.7] 외에도 단순 대응분석의 여러 결과를 R의 패키지 ca의 [결과 2.4.2]와 비교 차원에서 [결과 2.5.2]에서 [결과 1]~[결과 3]으로 정리하고 설명하고자 한다.

보기 2.5.1 지위에 따른 흡연습관의 이원분할표에 대한 단순 대응분석

[SAS-코드 2.5.1]에서 proc corresp 문에서 옵션 all에 의해 6가지 결과를 출력하므로 [결과 2.5.1]-[결과 1]에는 카이제곱검정과 관련된 결과가 3가지 더 있는데 Chi-Square Statistic, Expected Values와 Observed Minus Expected Values는 제외하였다. 옵션 short에 의해서 [결과 2]를 제공한다. 그리고 ods graphics on에 의해서 [결과 2]의 Row Coordinates와 Column Coordinates에 의한 [결과 3]의 단순 대응분석 그림을 자동으로 제공하게 된다.

[결과 1]에서 중요한 것은 2.3절의 행범주와 열범주의 독립성 문제를 검정하게 하는 Contributions to the Total Chi-Square Statistic의 합(Sum) 16.4416으로 이는 (2.3.1)의 카이제곱 검정통계량 X^2이다. 이 값은 [결과 2]의 Chi-Square에도 자유도(Degrees of Freedom = 12)와 함께 나와 있다. 실제로 [보기 2.3.2]에서 이 검정 통계량의 값은 귀무가설 ⟨H_0 : 지위와 흡연습관은 서로 연관성이 없다⟩를 기각하지 못해 독립성이 유지되었고 행범주와 열범주 간의 각각의 동질성도 만족되었다. 참고로 카이제곱통계량 $X^2 = 16.442$ $(df = 12 = (5-1)(4-1))$은 p-값 $= 0.1718$을 제공한다.

[결과 2]에서는 비정칙값(singular value)과, 이들의 제곱값에 해당하는 주결여성(principal inertia)과 총결여성에서 이들이 차지하는 비율(percent)이 나와 있다. 이는 단순 대응분석에서 대응분석 그림의 차원의 수를 결정하기 위한 설명력을 제공하며 2장 1절의 (2.1.19)~(2.1.21)을 참고하기 바란다. 실제 처음 두 개의 큰 주결여성 0.07476과 0.01002는 총결여성 0.08519의 87.76%와 11.76%를 각각 차지하고 이들의 합인 99.52%가 설명력에 해당함을 알 수 있다. 이는 [결과 3]의 2차원 단순 대응분석 [그림 1.3.1]이 원자료 지위에 따른 흡연습관의 이원분할표의 행범주과 열범주의 대응관계를 충분히 보여주게 됨을 의미하며 [그림 1.3.1]에 대한 보다 자세한 설명은 [해석 1.1.1]을 참고하기 바란다.

[SAS-코드 2.5.1] 지위에 따른 흡연습관의 이원분할표에 대한 단순 대응분석(smoke-SCRA.SAS)

```
data smoker;
     input  group $ none light medium heavy;
cards;
 SM   4  2  3  2
 JM   4  3  7  4
 SE  25 10 12  4
 JE  18 24 33 13
 SC  10  6  7  2
 ;
```

```
ods graphics on;
proc corresp data = smoker all short;
      var none light medium heavy;
      id group;
run;
```

결과 2.5.1 [SAS-코드 2.5.1] (smoke-SCRA.SAS)의 결과

[결과 1] 옵션 all에 의한 결과

Contingency Table

	none	light	medium	heavy	Sum
SM	4	2	3	2	11
JM	4	3	7	4	18
SE	25	10	12	4	51
JE	18	24	33	13	88
SC	10	6	7	2	25
Sum	61	45	62	25	193

Contributions to the Total Chi-Square Statistic

	none	light	medium	heavy	Sum
SM	0.0788	0.1244	0.0806	0.2321	0.5159
JM	0.5015	0.3413	0.2564	1.1938	2.2931
SE	4.8929	0.3008	1.1728	1.0282	7.3946
JE	3.4625	0.5909	0.7916	0.2249	5.0698
SC	0.5573	0.0050	0.1324	0.4735	1.1682
Sum	9.4929	1.3624	2.4338	3.1526	16.4416

Row Profiles

	none	light	medium	heavy
SM	0.363636	0.181818	0.272727	0.181818
JM	0.222222	0.166667	0.388889	0.222222
SE	0.490196	0.196078	0.235294	0.078431
JE	0.204545	0.272727	0.375000	0.147727
SC	0.400000	0.240000	0.280000	0.080000

Column Profiles

	none	light	medium	heavy
SM	0.065574	0.044444	0.048387	0.080000
JM	0.065574	0.066667	0.112903	0.160000
SE	0.409836	0.222222	0.193548	0.160000
JE	0.295082	0.533333	0.532258	0.520000
SC	0.163934	0.133333	0.112903	0.080000

[결과 2] 옵션 short에 의한 결과

Inertia and Chi-Square Decomposition

Singular Value	Principal Inertia	Chi-Square	Percent	Cumulative Percent	0 20 40 60 80
0.27342	0.07476	14.4285	87.76	87.76	
0.10000	0.01002	1.9333	11.76	99.51	
0.02034	0.00041	0.0798	0.49	100.0	
	0.08519	16.4416	100.00		Degrees of Freedom = 12

Row Coordinates

	Dim1	Dim2
SM	-0.0658	0.1937
JM	0.2590	0.2433
SE	-0.3806	0.0107
JE	0.2330	-0.0577
SC	-0.2011	-0.0789

Column Coordinates

	Dim1	Dim2
none	-0.3933	0.0305
light	0.0995	-0.1411
medium	0.1963	-0.0074
heavy	0.2938	0.1978

[결과 3] ods graphics on;에 의한 결과

[그림 1.3.1] 지위에 따른 흡연습관의 이원분할표에 대한 단순 대응분석 그림

보기 2.5.2 미국의 거주지 이주에 관한 비대칭 분할표 자료의 수정 단순 대응분석

[SAS-코드 2.5.2]에서 proc corresp 문에서 옵션 all과 옵션 short에 의한 주요 결과를 [결과 2.5.2]의 [결과 1]과 [결과 2]로 요약하였다. 그리고 ods graphics on;에 의해서 제공되는 수정 단순 대응분석 그림인 [결과 3]의 [그림 1.1.7]은 (a) 대칭 부분과 (b) 반대칭 부분으로 구성되어 있다.

특히, [결과 2]의 Row Coordinates와 Column Coordinates에 의한 차원별 조합으로 제공되는 수정 단순 대응분석 [그림 1.1.17]-(a)와 (b) 중에 (a)는 1차원(Dimension 1)과 2차원(Dimension 2)의 좌표에 의한 그림이고 (b)는 4차원(Dimension 4)과 5차원(Dimension 5)의 좌표에 의한 것이다. 더군다나 이는 [결과 2]의 Principal Inertia(주결여성)를 보면 7개 주결여성에서 차례로 3개가 대칭 단순 대응분석에 대한 것이고 나머지 4개가(2개씩 쌍)가 반대칭 단순 대응분석에 대한 것으로 이들 합인 총결여성은 2.62552이다. 이들에 대한 개별 설명력은 Percent에 나타나 있는데 총결여성의 합에 대한 주결여성이 차지하는 비율로 대칭 설명력이 34.66%, 32.75%, 32.57%를 차지하고 반대칭 설명력은 0.01%, 0.01%, 0.00%, 0.00%를 차지한다. [결과 3]의 그림에 이들 설명력이 각 차원에 반영되어 있다. 이들 설명력에 대한 보다 자세한 내용은 [표 2.4.3]을 참고하기 바라며 [결과 3]의 [그림 1.1.7]에 대한 해석은 [보기 1.1.7]의 [해석 1.1.7]을 참고하면 된다.

결과 2.5.2 [SAS-코드 2.5.2] (usmigration-modifiedCRA.SAS)의 결과

[결과 1] 옵션 all에 의한 결과

Contingency Table

	Northest85	Midwest85	South85	West85	Northest80	Midwest80	South80	West80	Sum
Northest80	11607	100	366	124	11607	87	172	63	24126
Midwest80	87	13677	515	302	100	13677	255	176	28789
South80	172	255	17819	270	366	515	17819	286	37502
West80	63	176	286	10192	124	302	270	10192	21605
Northest85	11607	87	172	63	11607	100	366	124	24126
Midwest85	100	13677	255	176	87	13677	515	304	28791
South85	366	515	17819	286	172	255	17819	270	37502
West85	124	302	270	10192	63	176	286	10192	21605
Sum	24126	28789	37502	21605	24126	28789	37502	21607	224046

[결과 2] 옵션 short에 의한 결과

Inertia and Chi-Square Decomposition

Singular Value	Principal Inertia	Chi-Square	Percent	Cumulative Percent
0.95395	0.91002	203887	34.66	34.66
0.92734	0.85997	192673	32.75	67.41
0.92480	0.85526	191617	32.57	99.99
0.01170	0.00014	31	0.01	99.99
0.01168	0.00014	31	0.01	100.00
0.00102	0.00000	0	0.00	100.00
0.00100	0.00000	0	0.00	100.00
	2.62552	588238	100.00	

Degrees of Freedom = 49

Row Coordinates

	Dim1	Dim2	Dim3	Dim4	Dim5	Dim6	Dim7
Northest80	1.7531	-0.0055	0.4769	0.0150	0.0004	-0.0018	-0.0001
Midwest80	-0.8023	-0.9680	0.9674	0.0185	-0.0010	0.0012	-0.0000
South80	-0.1530	-0.2657	-1.2678	-0.0009	-0.0176	-0.0000	-0.0008
West80	-0.6229	1.7572	0.3789	0.0007	-0.0129	-0.0001	0.0020
Northest85	1.7531	-0.0055	0.4769	-0.0150	-0.0004	0.0018	0.0001
Midwest85	-0.8023	-0.9678	0.9674	-0.0185	0.0010	-0.0012	0.0000
South85	-0.1530	-0.2657	-1.2678	0.0009	0.0176	0.0000	0.0008
West85	-0.6229	1.7572	0.3789	-0.0007	0.0129	0.0001	-0.0020

Column Coordinates

	Dim1	Dim2	Dim3	Dim4	Dim5	Dim6	Dim7
Northest85	1.7531	-0.0055	0.4769	-0.0004	0.0150	-0.0001	0.0017
Midwest85	-0.8023	-0.9680	0.9674	0.0010	0.0185	-0.0000	-0.0012
South85	-0.1530	-0.2657	-1.2678	0.0176	-0.0009	-0.0009	0.0000
West85	-0.6229	1.7573	0.3789	0.0130	0.0007	0.0020	0.0001
Northest80	1.7531	-0.0055	0.4769	0.0004	-0.0150	0.0001	-0.0017
Midwest80	-0.8023	-0.9680	0.9674	-0.0010	-0.0185	0.0000	0.0012
South80	-0.1530	-0.2657	-1.2678	-0.0176	0.0009	0.0009	-0.0000
West80	-0.6230	1.7571	0.3790	-0.0130	-0.0007	-0.0020	-0.0001

[결과 3] ods graphics on;에 의한 결과

[그림 1.1.7] 미국의 거주지 이주에 관한 비대칭 분할표의 수정 단순 대응분석 그림

[SAS-코드 2.5.2] 미국의 거주지 이주에 관한 비대칭 분할표의 수정 단순 대응분석 (usmigration-modifiedCRA.SAS)

```
data usmigration;
     input  area $1-12  Northest85 Midwest85 South85 West85 Northest80 Midwest80 South80 West80;
cards;
Northest80      11607       100       366       124     11607        87       172        63
Midwest80          87     13677       515       302       100     13677       255       176
South80           172       255     17819       270       366       515     17819       286
West80             63       176       286     10192       124       302       270     10192
Northest85      11607        87       172        63     11607       100       366       124
Midwest85         100     13677       255       176        87     13677       515       304
South85           366       515     17819       286       172       255     17819       270
West85            124       302       270     10192        63       176       286     10192
;
run;

ods graphics on;
proc corresp data = usmigration dim=7 all short;
     var Northest85 Midwest85 South85 West85 Northest80 Midwest80 South80 West80;
         id area;
run;
```

Note: SAS 입력 자료는 [보기 1.1.7]의 [R-코드 1.1.7]의 블록행렬 B로부터 제공되었다.

2.6 SPSS 실습

[보기 2.2.1]의 지위에 따른 흡연습관의 이원분할표에 대한 단순 대응분석을 R의 패키지 ca를 활용한 [R-코드 2.2.1]과 SAS 실습을 위해 이를 다시 인용한 [보기 2.5.1]의 [SAS-코드 2.5.1]의 수행 결과를 자세히 살펴보았다. 이 절에서는 동일한 자료에 대해 SPSS 실습을 위해 [보기 2.6.1]에서 [SPSS-메뉴 2.6.1]에 의한 결과를 [결과 2.6.1]에 정리하고 편의상 [결과 1]~[결과 3]으로 나누어 살펴보려 한다. SPSS에서 단순 대응분석은 **분석(A) ▶ 차원 축소(D) ▶ 대응일치분석(C)** 메뉴에서 제공한다.

2.4절의 [보기 2.4.2]에서 1980년에 살던 지역에서 거주자들이 1985년에 다른 지역으로 이주한 경우 비대칭 분할표 자료의 수정 단순 대응분석의 응용을 R의 패키지 ca와 알고리즘을 활용하였다. 또한 [보기 2.5.2]에서는 SAS/PROC CORRESP를 활용하여 수정 단순 대응분석을 보여주었다. 이 절에서는 [SPSS-메뉴 1.4.6]을 재인용한 [SPSS-메뉴 2.6.2]에 의해서 [그림 1.4.6] 외에도 수정 단순 대응분석의 여러 결과를 [결과 2.6.2]에서 [결과 1]~[결과 3]으로 정리하고 설명하고자 한다.

보기 2.6.1 **지위에 따른 흡연습관의 이원분할표에 대한 단순 대응분석**

[SPSS-메뉴 1.4.1]을 [SPSS-메뉴 2.6.1]로 재인용하고 이에 대한 [결과 2.6.1]을 살펴보자. [결과 1]은 이원분할표를 보여주며 [결과 2]에는 비정칙값과 이들의 제곱값에 해당하는 주결여성이 요약 관성으로 제공된다. 관성비율에 각 차원의 설명력과 누적 설명력이 제시되어 있다. 현재 차원 1과 차원 2의 설명력의 누적이 99.5(87.8+11.8)%이다. 카이제곱의 16.442가 카이제곱통계량이고 자유도 12임을 보여 주고 있다. 행과 열 포인트 개요의 매스는 각각 상대적으로 열과 행 프로파일의 중심을 나타낸다. 차원의 점수가 단순 대응분석 [그림 1.4.1]을 위한 행과 열 좌표점에 해당하며 자세한 해석은 [해석 1.1.1]을 참고하기 바란다. 기여도에서 차원의 관성에 대한 포인트와 포인트의 관성에 대한 차원에 대한 설명은 6장 좌표점의 정보통계량에서 자세히 다루겠다.

[SPSS-메뉴 2.6.1] 지위에 따른 흡연습관의 이원분할표에 대한 단순 대응분석(smoke.sav)

분석(A) ▶ 차원 축소(D) ▶ 대응일치분석(C)

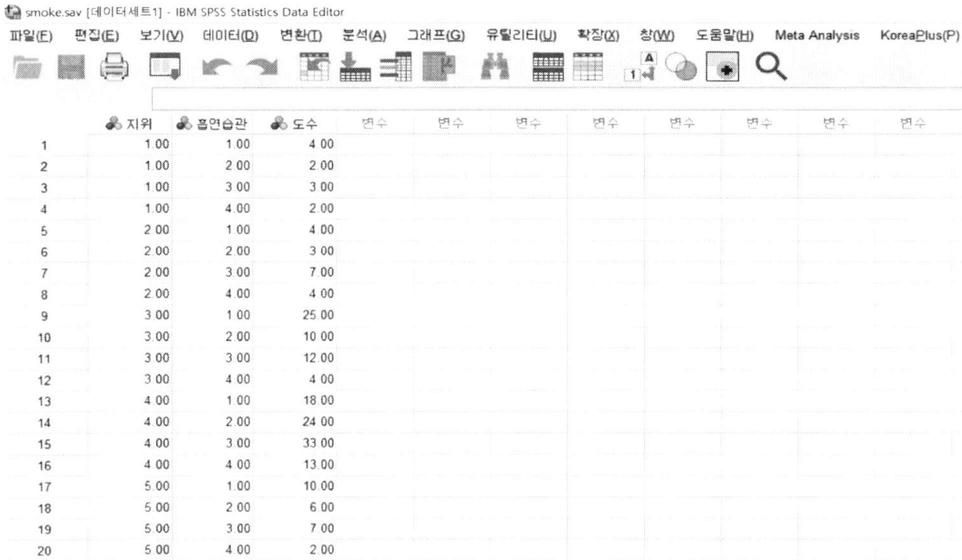

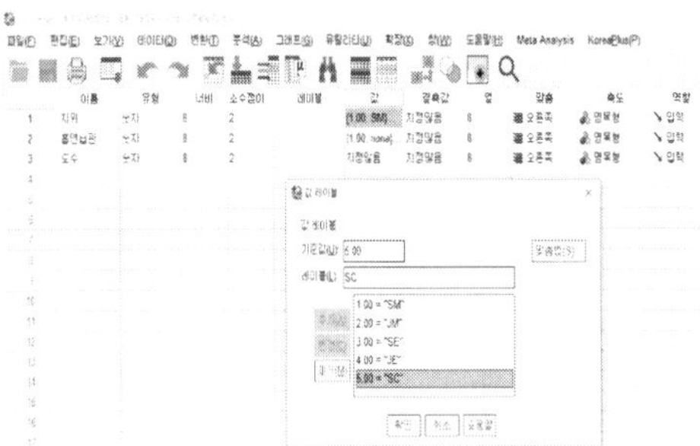

결과 2.6.1 [SPSS-메뉴 2.6.1]의 결과

[결과 1] 이원분할표

대응일치표

지위	흡연습관 none	light	medium	heavy	주변 합
SM	4	2	3	2	11
JM	4	3	7	4	18
SE	25	10	12	4	51
JE	18	24	33	13	88
SC	10	6	7	2	25
주변 합	61	45	62	25	193

[결과 2] 설명력

요약

차원	비정칙값	요약 관성	카이제곱	유의확률	관성비율: 설명됨	관성비율: 누적	신뢰 비정칙값: 표준편차	신뢰 비정칙값: 상관관계 2
1	.273	.075			.878	.878	.070	.020
2	.100	.010			.118	.995	.076	
3	.020	.000			.005	1.000		
전체		.085	16.442	.172[a]	1.000	1.000		

a. 자유도 12

행 포인트 개요[a]

지위	매스	차원의 점수 1	차원의 점수 2	요약 관성	기여도: 차원의 관성에 대한 포인트 1	기여도: 차원의 관성에 대한 포인트 2	기여도: 포인트의 관성에 대한 차원 1	기여도: 포인트의 관성에 대한 차원 2	전체
SM	.057	-.126	.612	.003	.003	.214	.092	.800	.893
JM	.093	.495	.769	.012	.084	.551	.526	.465	.991
SE	.264	-.728	.034	.038	.512	.003	.999	.001	1.000
JE	.456	.446	-.183	.026	.331	.152	.942	.058	1.000
SC	.130	-.385	-.249	.006	.070	.081	.865	.133	.999
전체 합	1.000			.085	1.000	1.000			

a. 대칭적 정규화

열 포인트 개요[a]

흡연습관	매스	차원의 점수 1	차원의 점수 2	요약 관성	기여도: 차원의 관성에 대한 포인트 1	기여도: 차원의 관성에 대한 포인트 2	기여도: 포인트의 관성에 대한 차원 1	기여도: 포인트의 관성에 대한 차원 2	전체
none	.316	-.752	.096	.049	.654	.029	.994	.006	1.000
light	.233	.190	-.446	.007	.031	.463	.327	.657	.984
medium	.321	.375	-.023	.013	.166	.002	.982	.001	.983
heavy	.130	.562	.625	.016	.150	.506	.684	.310	.995
전체 합	1.000			.085	1.000	1.000			

a. 대칭적 정규화

[결과 3] 단순 대응분석 그림

[그림 1.4.1] 지위에 따른 흡연습관의 이원분할표에 대한 단순 대응분석 그림

보기 2.6.2 미국의 거주지 이주에 관한 비대칭 분할표 자료의 수정 단순 대응분석

[SPSS-메뉴 2.6.2]에서 **대응일치분석 : 모형과 도표**의 결과에서 주요한 것을 [결과 1]과 [결과 2]로 요약하였다. 모형에서 해법차원을 7(= 4×2 −1)로 해주고 차원 4와 차원 5의 그림을 얻기 위해 도표의 도표차원에서 최저와 최고 차원을 4와 5로 지정해 주어야 한다. [결과 1]은 입력 자료로 블록행렬을 이용하고 있다. [결과 2]의 행 포인트와 열 포인트에 의한 차원별 조합에 의한 대응분석 그림들 중에 차원 1과 차원 2에 의한 그림과 차원 4와 차원 5에 의한 그림이 대칭부분과 반대칭 부분에 대한 대응분석 그림인 [결과 3]을 제공한다. 이는 [결과 2]의 주결여성인 요약관성을 보면 7개 중에서 차례로 3개가 대칭 단순 대응분석에 대한 것이고 나머지 4개가(2개씩 쌍)가 반대칭 단순 대응분석에 대한 것으로 이들 합인 총결여성인 총요약관성이 2.626이다. 이들에 대한 개별 설명력은 설명됨에 나타나 있는데 이는 총요약관성의 합에 대한 요약관성이 차지하는 비율로 대칭 설명력이 34.7%, 32.8%, 32.6%를 차지하고 반대칭 설명력은 0.0%, 0.0%, 0.00%, 0.00%를 차지한다. 수정 단순 대응분석 [그림 1.4.6]에 대한 해석은 [보기 1.4.6]을 참고하기 바란다.

결과 2.6.2 [SPSS-메뉴 2.6.2]의 결과

[결과 1] 블록행렬 분할표

지역1	지역2 Northest85	Midwest85	South85	West85	Northest80	Midwest80	South80	West80	주변 합
Northest80	11607	100	366	124	11607	87	172	63	24126
Midwest80	87	13677	515	302	100	13677	255	176	28789
South80	172	255	17819	270	366	515	17819	286	37502
West80	63	176	286	10192	124	302	270	10192	21605
Northest85	11607	87	172	63	11607	100	366	124	24126
Midwest85	100	13677	255	176	87	13677	515	304	28791
South85	366	515	17819	286	172	255	17819	270	37502
West85	124	302	270	10192	63	176	286	10192	21605
주변 합	24126	28789	37502	21605	24126	28789	37502	21607	224046

[결과 2] 설명력

차원	비정칙값	요약 관성	카이제곱	유의확률	관성비율 설명됨	누적
1	.954	.910			.347	.347
2	.927	.860			.328	.674
3	.925	.855			.326	1.000
4	.012	.000			.000	1.000
5	.012	.000			.000	1.000
6	.001	.000			.000	1.000
7	.001	.000			.000	1.000
전체		2.626	588237.596	.000[a]	1.000	1.000

a. 자유도 49

지역1	매스	차원의 점수 1	2	3	4	5	6	7
Northest80	.108	-1.795	.006	.496	.138	-.004	-.055	.003
Midwest80	.128	.821	1.005	1.006	.171	.009	.038	.002
South80	.167	.157	.276	-1.318	-.008	.163	-.001	.027
West80	.096	.638	-1.825	.394	.007	.119	-.003	-.063
Northest85	.108	-1.795	.006	.496	-.138	.004	.055	-.003
Midwest85	.129	.821	1.005	1.006	-.171	-.009	-.038	-.002
South85	.167	.157	.276	-1.318	.008	-.163	.001	-.027
West85	.096	.638	-1.825	.394	-.006	-.119	.003	.063
전체 합	1.000							

지역2	매스	차원의 점수 1	2	3	4	5	6	7
Northest85	.108	-1.795	.006	.496	-.004	-.139	-.003	-.055
Midwest85	.128	.821	1.005	1.006	.009	-.171	-.002	.037
South85	.167	.157	.276	-1.318	.163	.008	-.027	-.001
West85	.096	.638	-1.825	.394	.120	-.006	.064	-.003
Northest80	.108	-1.795	.006	.496	.004	.139	.003	.055
Midwest80	.128	.821	1.005	1.006	-.009	.171	.002	-.037
South80	.167	.157	.276	-1.318	-.163	-.008	.027	.001
West80	.096	.638	-1.825	.394	-.120	.006	-.064	.003
전체 합	1.000							

[결과 3] 대응일치분석 : 모형과 도표의 결과

[그림 1.4.7] 미국의 거주지 이주에 관한 비대칭 분할표의 수정 단순 대응분석 그림

[SPSS-메뉴 2.6.2] 미국의 거주지 이주에 관한 비대칭 분할표의 수정 단순 대응분석(usmigration.sav)

분석(A) ▶ 차원 축소(D) ▶ 대응일치분석(C)

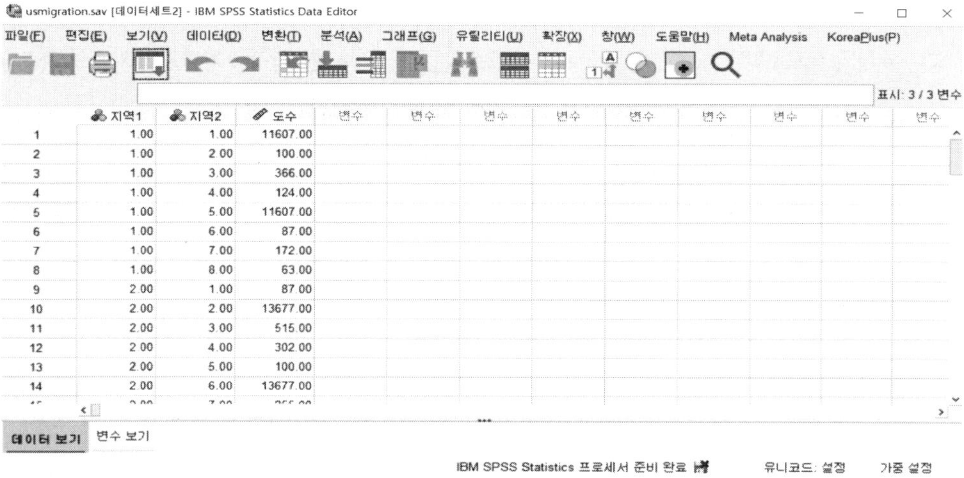

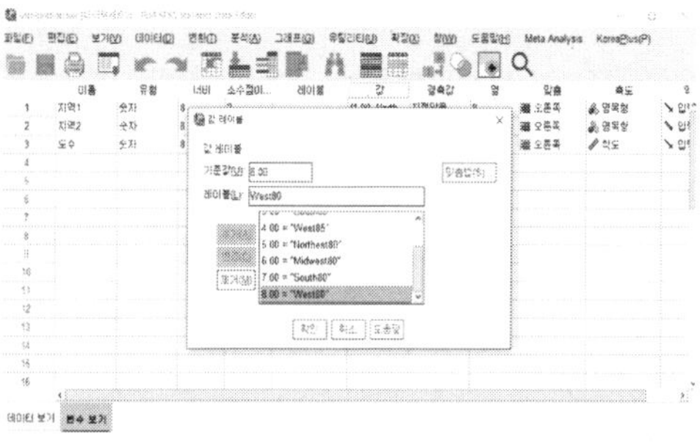

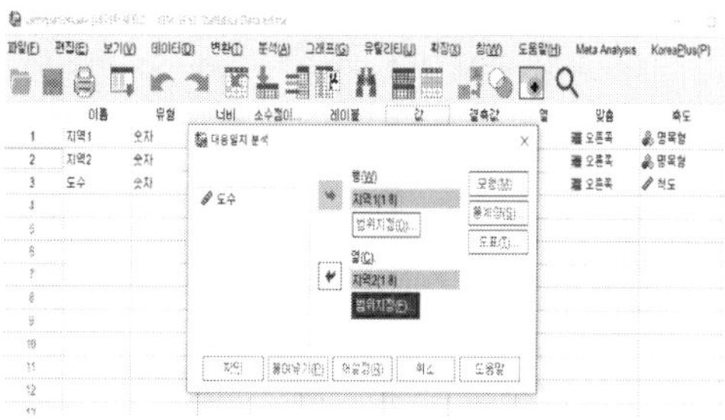

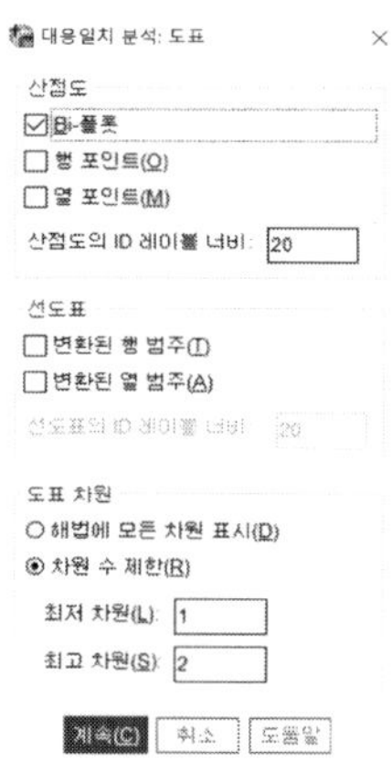

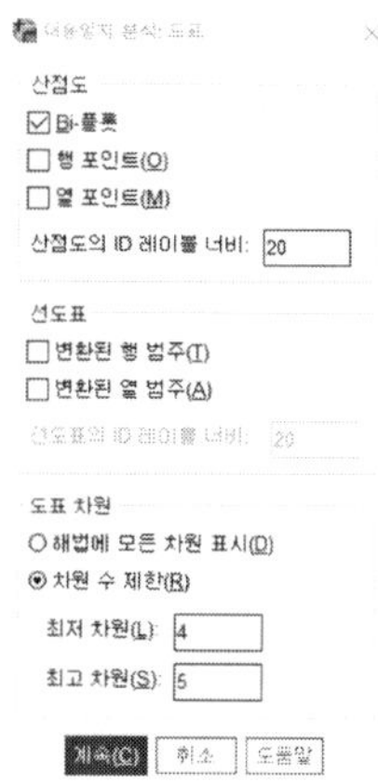

2장 요약

01 n개의 행프로파일 $\boldsymbol{r}_1,...,\boldsymbol{r}_n$과 p개의 열프로파일 $\boldsymbol{c}_1,...,\boldsymbol{c}_p$는 각각 p 차원과 n차원의 가중유클리드공간(weighted Euclidean space)에서 벡터인 행좌표점과 열좌표점이 된다.

02 단순 대응분석은 주성분분석과 같은 많은 다변량분석에 적용되는 차원축소기법을 통해 p차원과 n차원의 가중유클리드공간에서의 행좌표점 $\boldsymbol{r}_1,...,\boldsymbol{r}_n$과 열좌표점 $\boldsymbol{c}_1,...,\boldsymbol{c}_p$를 하나의 그림으로 동시에 나타내어 이들의 관계를 시각적으로 탐구하는 것이 목적이다. 이런 그림이 바로 단순 대응분석 그림이다.

03 n개의 행프로파일 $\boldsymbol{r}_1,...,\boldsymbol{r}_n$과 p개 열프로파일 $\boldsymbol{c}_1,...,\boldsymbol{c}_p$의 중심(centroid)은 각각 크기가 $p\times 1$과 $n\times 1$인 $\boldsymbol{c}=F^T\boldsymbol{1}_n$와 $\boldsymbol{r}=F\boldsymbol{1}_p$로 프로파일 벡터의 가중평균으로 계산된다.

04 $n\times p$인 이원분할표 $O=(o_{ij})$로부터 대응행렬 $F=(f_{ij})$, $f_{ij}=o_{ij}/o_{..}$, $o_{..}=\boldsymbol{1}_n^T O\boldsymbol{1}_p$라 하면 중심화 대응행렬 $\widetilde{F}=F-\boldsymbol{r}\boldsymbol{c}^T$의 변환된 잔차행렬의 비정칙값분해는 다음과 같다.

$$D_r^{-1/2}\widetilde{F}D_c^{-1/2}=U\Lambda V^T$$

이로부터 저차원의 대응분석 그림을 위한 행과 열좌표행렬은

$$\widetilde{C}_R=D_r^{-1/2}U\Lambda,\ \ \widetilde{C}_C=D_c^{-1/2}V\Lambda$$

이다. 여기서 $D_r=diag(f_{1.},...,f_{n.})$와 $D_c=diag(f_{.1},...,f_{.p})$이다.

05 설명력을 구성하는 비정칙값의 제곱은 고윳값(eigenvalue)이 되고 이를 주결여성(principal inertia)이라 하며, 이들의 합을 총결여성(total inertia)이라 부른다.

06 행좌표점 간의 거리는 제곱 카이제곱거리로 가중유클리드공간의 가중 유클리드거리이다. 따라서 이들이 가까이 있다면 동질의 유사한 범주로 고려되어 서로 연관성을 갖게 된다. 열좌표점에 대해서도 행좌표점과 같이 동일하게 해석된다.

07 행좌표점과 열좌표점 사이의 거리는 별 의미가 없고 다만 원점에 대해 방향성만 가진다. 따라서 특정한 열좌표점 방향에 놓인 행범주는 서로 연관성을 맺으며 대응한다고 말한다. 행좌표점에 대해서도 이와 같이 열좌표점과의 연관성인 대응관계를 보여준다.

08 원점을 중심으로 서로 반대편에 놓인 행좌표점과 열좌표점은 서로 연관성이 없는 독립적인 범주를 나타낸다.

09 이원분할표의 X^2-검정통계량에 전체합을 나눈 $X^2/o_{..}$은 중심으로부터 행좌표점인 행프로파일 $\boldsymbol{r}_1,...,\boldsymbol{r}_n$ 또는 열좌표점인 열프로파일 $\boldsymbol{c}_1,...,\boldsymbol{c}_p$의 제곱 카이제곱거리의 가중평균이다. 그리고 $X^2/o_{..}$은 총결여성(total inertia)이다.

10 $n\times n$ 비대칭 이원분할표 자료행렬 $N=(n_{ij})$, $n_{ij}\neq n_{ji}$, $i\neq j$의 경우 알고리즘 [표 2.4.1]에 의해 수정 단순 대응분석을 적용한다.

11 단순 대응분석은 R 패키지 ca의 함수 ca(), SAS/PROC CORRESP와 SPSS에서는 메뉴 **분석(A) ▶ 차원 축소(D) ▶ 대응일치분석(C)**에 의해서 응용된다.

3 장

다중 대응분석

data coding... a systematic way by which to condense extensive data sets into smaller analysable units through the creation of categories derived from the data.
Bourque, L.B.(2004)

데이터 코딩... 데이터에서 파생된 범주의 생성을 통해 광범위한 데이터 세트를 더 작은 분석 가능한 단위로 압축하는 체계적인 방법.

삼원 이상 다원의 분할표 내지는 분류변수가 3개 이상인 범주형 자료에 대해 다중 대응분석(multiple correspondence analysis)을 고려할 수 있다. 자료의 형태는 분할표, 분류변수가 포함된 자료, 표시행렬과 버트표이다. 표시행렬을 이해하기 위해 분류변수가 둘인 이원 분할표를 활용한 이변량 대응분석의 대수적 알고리즘을 알아보고 이를 확장한 다중 대응분석에 대해서 살펴보려 한다. 이를 위해 R 패키지 ca의 mjca() 함수를 활용하며 SAS/PROC CORRESP에서는 mca 옵션을 사용한다. 또한 SPSS에서는 메뉴 **분석(A) ▶ 차원 축소(D) ▶ 최적화 척도법(O)**에서 가능하다.

3.1 이변량 대응분석

이변량 대응분석(bivariate correspondence analysis)은 범주변수가 둘인 경우 행범주와 열범주에 의한 이원분할표를 0과 1로 나타내어 만든 이변량 표시행렬(bivariate indicator matrix)에 대한 단순 대응분석 알고리즘을 적용한 것이다. 이는 범주변수가 여러 개인 다원분할표에 대한 다중 대응분석을 이해하는 데 도움이 된다. 이변량 대응분석을 간단한 예를 통해서 설명하기 위하여 임의로 15명의 사람들을 대상으로 행범주 r_1, r_2, r_3과 열범주 c_1, c_2, c_3의 항목에 대해 설문조사하여 만든 3×3 이원분할표 [표 3.1.1]을 고려하자. 이를 자료행렬 $O = (o_{ij})$, $i = 1, 2, 3$; $j = 1, 2, 3$라 하자.

[표 3.1.1] 3×3 이원분할표

	c_1	c_2	c_3	총합
r_1	2	2	1	5
r_2	1	3	1	5
r_3	3	1	1	5
총합	6	6	3	15

[표 3.1.1]의 이원분할표를 행범주 r_1, r_2, r_3와 열범주 c_1, c_2, c_3에 따라 0과 1로만 나타내어 만든 [표 3.1.2]를 표시행렬이라 하고 이를 행렬 Z로 나타내기로 하자. 이 표시행렬 Z는 각 행이 4개의 0과 2개의 1로 총 6개의 열로 되어 있고 이 열은 행범주 3개와 열범주 3개를 의미한다. Z의 각 행에서 1이 표시된 열은 각 개인이 어떤 행범주와 열범주에 속하는지를 나타낸다. 따라서 표시행렬 Z의 크기는 설문조사에 응한 모든 사람 15명이 분류변수 6개의 열에 0과 1로 표시되므로 15×6이 된다.

[표 3.1.2] 15×6 표시행렬 Z

행	행범주			열범주			총 합
	r_1	r_2	r_3	c_1	c_2	c_3	
1	1	0	0	1	0	0	2
2	1	0	0	1	0	0	2
3	1	0	0	0	1	0	2
4	1	0	0	0	1	0	2
5	1	0	0	0	0	1	2
6	0	1	0	1	0	0	2
7	0	1	0	0	1	0	2
8	0	1	0	0	1	0	2
9	0	1	0	0	1	0	2
10	0	1	0	0	0	1	2
11	0	0	1	1	0	0	2
12	0	0	1	1	0	0	2
13	0	0	1	1	0	0	2
14	0	0	1	0	1	0	2
15	0	0	1	0	0	1	2
총 합	5	5	5	6	6	3	30

표시행렬 Z에 대해 조금 더 이해를 돕기 위해 예를 하나 들어보자. [표 3.1.2]의 표시행렬 Z의 15개 행들 중에서 처음 2개의 (1 0 0 1 0 0)을 원소로 갖는 행은 [표 3.1.1]의 분할표에서 첫 번째 행범주 r_1과 첫 번째 열범주 c_1에 속한 경우의 빈도 수 2개만큼 표시된 것이다. [표 3.1.2]의 표시행렬의 나머지 행도 이와 같이 이루어지며 총 행의 수는 [표 3.1.1]의 분할표의 총합 15가 되며 각 행의 주변합은 항상 2가 된다. 따라서 표시행렬 Z의 총합은 $15 \times 2 = 30$이 됨을 알 수 있다.

이제 표시행렬 Z의 처음 3개의 열은 행범주 r_1, r_2, r_3를 나타내며 크기가 15×3 행렬 Z_1과 나중 3개의 열은 열범주 c_1, c_2, c_3를 나타내어 크기가 15×3인 행렬 Z_2로 구성하면 (3.1.1)과 같이 표시행렬 Z의 분할을 고려할 수 있다.

$$Z = [Z_1 \mid Z_2] \tag{3.1.1}$$

여기서 Z_1과 Z_2를 분할계획행렬(partition design matrix)이라 한다.

특히, (3.1.1)의 표시행렬 Z가 두 개의 범주변수의 개수만큼 분할계획행렬 Z_1과 Z_2가 구성되며 전체적으로 Z를 이변량 표시행렬이라 한다. 따라서 범주변수가 셋 이상인 표시행렬 Z를 다변량 표시행렬(multivariate indicator matrix)이라 한다.

다음으로 (3.1.1)의 표시행렬 Z의 내적곱(inner product)

$$B = Z^T Z = \begin{pmatrix} Z_1^T Z_1 & Z_1^T Z_2 \\ Z_2^T Z_1 & Z_2^T Z_2 \end{pmatrix} \tag{3.1.2}$$

을 생각해 보자. (3.1.2)의 B를 Greenacre(1984, p. 140)와 R의 패키지 ca에서는 버트행렬(Burt matrix)로 부르고 있고 SAS/PROC CORRESP에서는 버트표(Burt table), Lebart 외(1984, p. 84)는 버트의 분할표(Burt's contingency table)로 부르고 있다. 특히, (3.1.2)의 행렬 B에서 $Z_1^T Z_2$는 이원분할표 O와 같다. 즉, $O = Z_1^T Z_2$이다. 따라서 표시행렬 Z의 내적인 $B = Z^T Z$를 버트행렬 또는 버트표로 부르기로 하자.

Greenacre(1984, Chapter 5)와 Lebart 외(1984, Chapter 4)는 범주변수가 둘인 경우 $Z = [Z_1 \mid Z_2]$, $B = Z^T Z$와 $O = Z_1^T Z_2$의 대응분석을 서로 비교하고 있다. [보기 3.1.1]은 [표 3.1.1]과 [표 3.1.2]를 이용하여 대응분석한 결과의 비교를 제공한다. 여기서 Z와 B의 대응분석을 다중 대응분석에서 범주변수가 둘인 경우인 이변량 대응분석이라 하고 O의 대응분석은 엄밀히 말해 이원분할표의 단순 대응분석이다.

결론적으로 이들의 분석은 대동소이한 결과를 제공한다. 실제 Z와 B의 대응분석의 알고리즘은 $O = Z_1^T Z_2$의 것을 따르고 있다. 이들은 3.2절의 [표 3.2.1]과 3.3절의 [표 3.3.1]의 알고리즘을 참고하면 된다.

보기 3.1.1 이원분할표 O, 표시행렬 Z와 버트표 B의 이변량 대응분석 비교

범주변수가 둘인 경우 이원분할표 [표 3.1.1]로부터 변환된 표시행렬 [표 3.1.2]를 통해서 구성한 표시행렬 $Z = [Z_1 \mid Z_2]$, 버트표 $B = Z^T Z$와 이원분할표에 해당하는 $O = Z_1^T Z_2$의 대응분석을 서로 비교하고자 한다. 이를 위해 R 패키지 ca를 활용한 [R-코드 3.1.1](bivariateCRA-ca-Z-B-O.R)의 수행 결과들 중 설명력과 좌표 그리고 대응분석 그림을 [결과 3.1.1]의 (1)~(3)에 요약해 두었다. 패키지 ca의 디폴트 좌표는 표준좌표를 제공한다. [R-코드 3.1.1]에서 # (1) CRA of Z의 경우 이변량 대응분석그림을 위해 Cc=ca(Z)$colcoord를 통해 열좌표만 활용하고 있다. 행좌표를 추가로 활용하는 방법에 대해선 [보기 3.2.2]에서 다루고 있다. 그리고 #(2) CRA of B와 #(3) CRA of O에서는 행좌표와 열좌표를 디폴트로 모두 고려하여 이변량 대응분석 그림을 제공하고 있다.

특히, 설명력에서 이들의 주결여성을 각각 l^O, l^Z, l^B라고 하면 이들 사이에는 다음과 같은 수리적인 관계가 성립한다.

$$l^Z = \sqrt{l^B}, \tag{3.1.3}$$

$$l^O = (2l^Z - 1)^2 = (2\sqrt{l^B} - 1)^2 \tag{3.1.4}$$

예를 들자면 [결과 3.1.1]-(1) 표시행렬 Z의 이변량 대응분석으로부터 첫 번째 주결여성 $l^Z = 0.682574$와 (2) 버트표 B의 이변량 대응분석 첫 번째 주결여성 $l^B = 0.465908$로부터 (3.1.3)에 의해서 $l^Z = \sqrt{0.465908} = 0.682574$가 됨을 알 수 있다. l^O와 l^Z의 수리적 관계 (3.1.4)에 의해서 $l^O = (2 \times 0.682574 - 1)^2 = 0.1333331$로 이원분할표 O의 이변량 대응분석에서 첫 번째 주결여성이 된다.

특히, 버트표 B의 다중 대응분석의 설명력을 높이기 위해 Greenacre(2007, pp. 208-209)에 의한 수정된 주결여성(adjusted principal inertia)에 따른 설명력에 대해 3.3절의 (3.3.13)과 (3.3.14)에서 정의하고 있으니 참고하기 바란다.

세 종류의 대응분석 그림은 주결여성이 각각 다른 관계로 2차원의 설명력이 다르나 그림의 기하적인 해석은 일치한다. r_1과 c_3는 제1축(Dimension 1)의 중앙에 존재해서 나머지 것들과 대응관계를 말할 수 없으며 c_1과 r_3, c_2와 r_2가 서로 대응한다고 말할 수 있다. 특히 (3) 이원분할표 O에 대한 대응분석 그림에서는 설명력이 100%인 제1축만 고려해도 범주들 간의 대응관계를 충분히 보여 준다고 여겨진다.

결과 3.1.1 **[R-코드 3.1.1](bivariateCRA-ca-Z-B-O.R)의 결과**

(1) 표시행렬 Z의 이변량 대응분석

```
설명력:

Principal inertias (eigenvalues):
           1        2   3   4        5
Value      0.682574 0.5 0.5 0.317426 0
Percentage 34.13%   25% 25% 15.87%   0%

좌표:
 Columns:
              r1       r2        r3        c1        c2       c3
Mass    0.166667 0.166667  0.166667  0.200000  0.200000 0.100000
ChiDist 1.414214 1.414214  1.414214  1.224745  1.224745 2.000000
Inertia 0.333333 0.333333  0.333333  0.300000  0.300000 0.400000
Dim. 1  0.000000 1.224745 -1.224745 -1.118034  1.118034 0.000000
Dim. 2  0.000000 0.000000  0.000000 -0.707107 -0.707107 2.828427
```

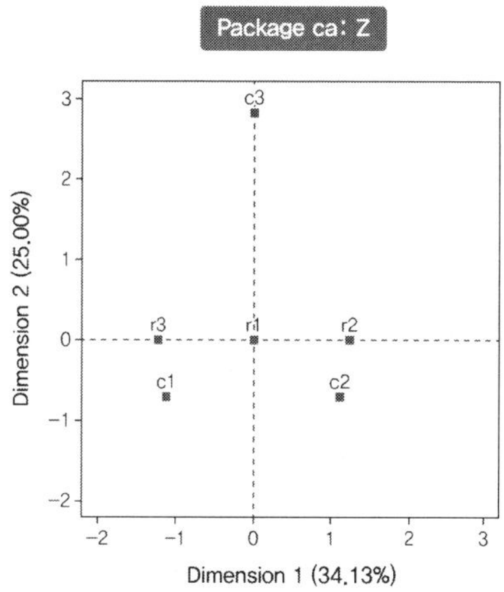

(2) 버트표 B의 이변량 대응분석

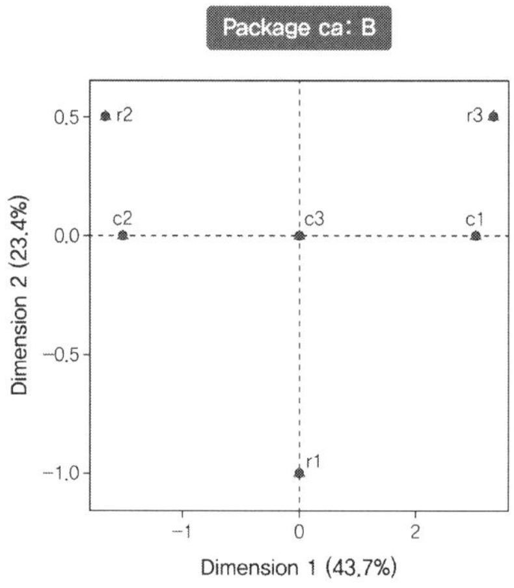

설명력:

Principal inertias (eigenvalues):

	1	2	3	4	5
Value	0.465908	0.25	0.25	0.100759	0
Percentage	43.68%	23.44%	23.44%	9.45%	0%

좌표:

Columns:

	r1	r2	r3	c1	c2	c3
Mass	0.166667	0.166667	0.166667	0.200000	0.200000	0.100000
ChiDist	1.000000	1.048809	1.048809	0.912871	0.912871	1.414214
Inertia	0.166667	0.183333	0.183333	0.166667	0.166667	0.200000
Dim. 1	0.000000	−1.224745	1.224745	1.118034	1.118034	0.000000
Dim. 2	−2.000000	1.000000	1.000000	0.000000	0.000000	0.000000

(3) 이원분할표 O의 이변량 대응분석

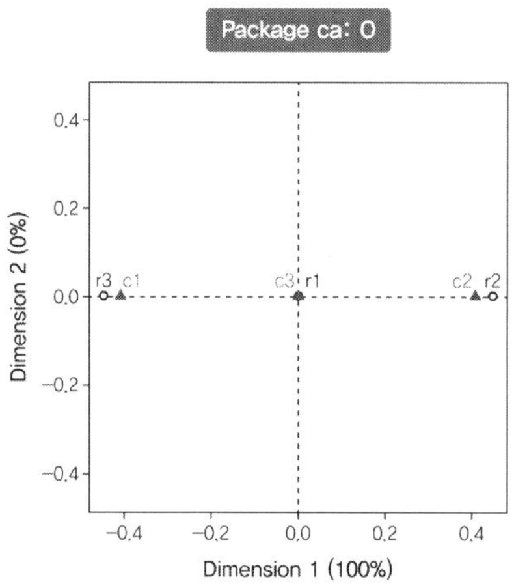

설명력:

Principal inertias (eigenvalues):

	1	2
Value	0.133333	0
Percentage	100%	0%

좌표:

Rows:

	r1	r2	r3
Mass	0.333333	0.333333	0.333333
ChiDist	0.000000	0.447214	0.447214
Inertia	0.000000	0.066667	0.066667
Dim. 1	0.000000	1.224745	−1.224745
Dim. 2	−0.521694	−1.167869	−1.167869

Columns:

	c1	c2	c3
Mass	0.400000	0.400000	0.200000
ChiDist	0.408248	0.408248	0.000000
Inertia	0.066667	0.066667	0.000000
Dim. 1	−1.118034	1.118034	0.000000
Dim. 2	1.005456	1.005456	0.977871

[R-코드 3.1.1] 이원분할표 O, 표시행렬 Z와 버트표 B의 이변량 대응분석(bivariateCRA-ca-Z-B-O.R)

```
# CRA of O, Z and B using the Package ca
Z<-matrix(c(1,  0,  0,  1,   0,  0,
            1,  0,  0,  1,   0,  0,
            1,  0,  0,  0,   1,  0,
            1,  0,  0,  0,   1,  0,
            1,  0,  0,  0,   0,  1,
```

```
          0, 1, 0, 1, 0, 0,
          0, 1, 0, 0, 1, 0,
          0, 1, 0, 0, 1, 0,
          0, 1, 0, 0, 1, 0,
          0, 1, 0, 0, 0, 1,
          0, 0, 1, 1, 0, 0,
          0, 0, 1, 1, 0, 0,
          0, 0, 1, 1, 0, 0,
          0, 0, 1, 0, 1, 0,
          0, 0, 1, 0, 0, 1), byrow=T, nrow=15)
colnames(Z)<-c("r1", "r2", "r3", "c1", "c2", "c3")

#(1) CRA of Z
ca(Z)
Cc=ca(Z)$colcoord;Cc
rownames(Cc) <- colnames(Z)

win.graph()
par(pty="s")
      lim <-range(pretty(Cc))
      plot(Cc[, 1:2], xlab="Dimension 1(34.13%)",ylab="Dimension 2(25.00%)",
                  xlim=lim,ylim=lim,pch=15,col=2, main="Package ca : Z")
      text(Cc[, 1:2],rownames(Cc),cex=0.8,col=2,pos=3)
      abline(v=0,h=0)

#(2) CRA of B
B=t(Z)%*%Z
ca(B)
plot(ca(B), main="Package ca : B")

#(3) CRA of O
O=B[1:3, 4:6]
ca(O)
plot(ca(O), main="Package ca : O")

# Contingency Table
O<-matrix(c(2, 2, 1,
            1, 3, 1,
            3, 1, 1), byrow=T, nrow=3)
rownames(O)<-c("r1", "r2", "r3")
colnames(O)<-c("c1", "c2", "c3")
```

일반적으로 $Z = [Z_1 \mid Z_2]$의 이변량 대응분석에 대한 알고리즘은 Greenacre(1984, pp. 130-133)를 따르는데 3.2절에서 다루며 3.3절의 본격적인 다중 대응분석은 버트표 B에 대한 알고리즘을 제공한다.

[보기 3.1.1]에서 본 바와 같이 이변량 대응분석을 위한 R 패키지 ca에서 입력될 자료형태는 [R-코드 3.1.1]에 따르면 표시행렬 $Z = [Z_1 \mid Z_2]$로부터 버트표 $B = Z^T Z$ 그리고 분할표 O를 포함하고 있다. 또한 이원분할표 이상 다원분할표의 빈도를 분류변수의 의해서 입력한 자료에 대해 함수 xtabs() 활용하여 분할표를 만들어 주면 된다. 이에 대한 이해를 돕기 위하여 [표 3.1.1]의 이원분할표에 대해 R에서 이변량 대응분석을 적용하기 위한 버트표와 분할표 두 종류의 자료를 입력하는 예를 [표 3.1.3]에 마련해 두었다. 참고로 이런 형식은 자연스럽게 다중 대응분석에서도 이용된다.

[표 3.1.3] R의 입력 자료 형태와 R-코드

(1) 버트표 입력자료

Burt.txt	R-코드
r1 r2 r3 c1 c2 c3 5 0 0 2 2 1 0 5 0 1 3 1 0 0 5 3 1 1 2 1 3 6 0 0 2 3 1 0 6 0 1 1 1 0 0 3	B=read.table("Burt.txt", head=T) B=as.matrix(B) rowname(B)=colnames(B) library(ca) ca(B) plot(ca(B))

(2) 범주변수의 범주인 분류변수를 활용한 분할표 입력자료

table.txt	R-코드
r c freq r1 c1 2 r1 c2 2 r1 c3 1 r2 c1 1 r2 c2 3 r2 c3 1 r3 c1 3 r3 c2 1 r3 c3 1	table=read.table("table.txt", head=T) table=xtabs(freq~r+c, data=table) library(ca) ca(table) plot(ca(table))

일반적으로 통계조사를 위한 설문자료에는 대개 범주변수의 범주인 분류변수가 포함되어 있다. 이럴 경우 이 자료를 대응분석에서 그대로 사용할 수도 있지만 대개는 통계분석의 절차상 관심이 있는 범주에 대한 분할표를 구하여 전통적으로 범주들의 연관성을 카이제곱검정을 통하여 알아보고 시각적 방법으로 대응분석을 실시하게 된다. 물론 통계조사의

결과 각 대상을 0과 1로만 나타낸 표시행렬을 이용하여 버트표를 구하고 이에 대한 대응분석을 실시할 수도 있지만 다분히 계산과정이 복잡해진다. 따라서 대응분석에서 가장 보편적으로 사용되는 자료입력 방법은 분할표 크기에 상관없이 [표 3.1.3]-(2) 범주변수의 범주인 분류변수를 활용한 분할표 입력자료의 형식을 따르는 것이 좋다.

일반적으로 이원분할표의 경우 단순 대응분석을 적용해야 하나 2×2 분할표인 경우에는 주결여성이 하나만 고려되고 이에 따라 최대 차원이 1차원이 되며 따라서 2차원의 단순 대응분석 그림을 제공받을 수 없음은 당연하다. 이럴 경우 표시행렬이나 버트표를 활용하여 2차원의 대응분석 그림을 제공받을 수 있고 수리적으로 일치하여 기하적으로 해석이 더 용이한 이변량 대응분석의 시도도 바람직하다고 여겨진다.

3.2 이변량 대응분석의 알고리즘

이 절에서는 R의 패키지 ca에서 이변량 대응분석의 알고리즘으로 채택하고 있는 Greenacre (1984, pp. 130-133)의 대수적 알고리즘을 설명하기로 한다. 먼저 [표 3.1.1]에서 정의한 $n \times p$ 이원분할표 O에 대응하는 $Z = [Z_1 \mid Z_2]$는 $\sum\sum o_{ij} = o_{..}$개의 행과 $(n+p)$개의 열로 분할된 이변량 표시행렬이다. 여기서 편의상 $m = o_{..}$, $q_1 = n$, $q_2 = p$, $q = q_1 + q_2$라 하자. 따라서 크기가 $q_1 \times q_2$인 O의 행과 열범주에 대한 정보를 전부 열로 표현한 것이 Z이므로 Z의 크기는 $m \times q$가 되며

$$O = Z_1^T Z_2 \tag{3.2.1}$$

를 만족한다. 크기가 $m \times q$인 Z의 열에 대한 이변량 대응분석의 알고리즘은 대수와 기하적으로 2.1절의 O의 단순 대응분석의 알고리즘을 따르게 된다. 따라서 이 알고리즘에서 사용한 행렬표시를 사용하고 대신에 윗첨자 Z를 덧붙여 표시행렬 Z에 대한 이변량 대응분석 알고리즘임을 구분하려 한다.

표시행렬 $Z = [Z_1 \mid Z_2] = (z_{ij})$, $i = 1, \ldots, m.. \,; j = 1, \ldots, q$를 총합 $z_{..} = 2m$으로 나눈

$$F_Z = (f_{ij}^Z), \; f_{ij}^Z = \frac{z_{ij}}{z_{..}}, \; i = 1, \ldots, m.. \,; j = 1, \ldots, q \tag{3.2.2}$$

를 이변량 대응행렬이라 하자. 크기가 $f_{i.}^Z = \sum_{j=1}^{q} f_{ij}{}^Z$인 i번째 행프로파일벡터

$$\mathbf{r}_i^Z = \frac{1}{f_{i.}^Z}(f_{i1}^Z, \ldots, f_{iq}^Z)^T = \frac{1}{z_{i.}}(z_{i1}, \ldots, z_{iq})^T, \; i = 1, \ldots, m \tag{3.2.3}$$

와 크기가 $f_{.j}^Z = \sum_{i=1}^{m} f_{ij}^Z$인 j번째 열프로파일벡터는

$$\mathbf{c}_j^Z = \frac{1}{f_{.j}}(f_{1j}^Z, \ldots, f_{mj}^Z)^T = \frac{1}{z_{.j}}(z_{1j}, \ldots, z_{mj})^T, \; j = 1, \ldots, q \tag{3.2.4}$$

이다. 여기서 (3.2.3)과 (3.2.4)로부터 이들의 중심은 각각 크기가 $q \times 1$과 $m \times 1$로 이들 프로파일벡터의 가중평균으로 계산된다.

$$\boldsymbol{c}^Z = \sum_{i=1}^{m} f_{i.}^Z \boldsymbol{r}_i^Z = \sum_{i=1}^{m} \left(f_{i1}^Z, \ldots, f_{iq}^Z\right)^T = F_Z^T \mathbf{1}_m = \frac{1}{2}\begin{bmatrix} \boldsymbol{r} \\ \boldsymbol{c} \end{bmatrix} \tag{3.2.5}$$

$$\boldsymbol{r}^Z = \sum_{j=1}^{q} f_{.j}^Z \boldsymbol{c}_j^Z = \sum_{j=1}^{q} \left(f_{1j}^Z, \ldots, f_{mj}^Z\right)^T = F_Z \mathbf{1}_q = \frac{1}{m}\mathbf{1}_m \tag{3.2.6}$$

여기서 $\boldsymbol{r}$과 $\boldsymbol{c}$는 이원분할표 (3.2.1)의 단순 대응분석의 열프로파일과 행프로파일의 중심으로 $q_1 \times q_2$인 대응행렬이 $F = Z_1^T Z_2 / m$이므로 각각 $\boldsymbol{r} = F\mathbf{1}_{q_2}$과 $\boldsymbol{c} = F^T \mathbf{1}_{q_1}$이다.

따라서 (3.2.5)와 (3.2.6)의 벡터를 대각원소로 하는 대각행렬은 크기가 각각 $m \times m$과 $q \times q$인 대각행렬 (3.2.7)과 (3.2.8)을 이룬다.

$$D_{rZ} = diag(\boldsymbol{r}^Z) = diag(f_{1.}^Z, \ldots, f_{m.}^Z) = \frac{1}{m} I_m, \tag{3.2.7}$$

$$D_{cZ} = diag(\boldsymbol{c}^Z) = diag(f_{.1}^Z, \ldots, f_{.q}^Z) = \frac{1}{2}\begin{bmatrix} D_r & 0 \\ 0 & D_c \end{bmatrix} \tag{3.2.8}$$

여기서 $D_r = diag(\boldsymbol{r})$과 $D_c = diag(\boldsymbol{c})$는 이원분할표의 열프로파일과 행프로파일의 중심 $\boldsymbol{r}$과 $\boldsymbol{c}$의 대각행렬이다.

실제 (3.2.7)과 (3.2.8)의 대각원소는 이변량 대응행렬 F_Z의 각각 행과 열의 주변합으로 다음과 같다.

$$f_{i.}^Z = \sum_{j=1}^{q} f_{ij}^Z = \frac{1}{2m}\sum_{j=1}^{q} z_{ij} = \frac{1}{2m} z_{i.} = \frac{1}{m}, \ i = 1, \ldots, m \tag{3.2.9}$$

$$f_{.j}^Z = \sum_{i=1}^{m} f_{ij}^Z = \frac{1}{2m}\sum_{i=1}^{m} z_{ij} = \frac{1}{2m} z_{.j}, \ j = 1, \ldots, q \tag{3.2.10}$$

이젠 저차원에서 표시행렬 Z의 $q(= q_1 + q_2)$개의 열에 대한 이변량 대응분석그림의 좌표를 얻기 위해서 2장 1절의 이원분할표 O의 단순 대응분석의 알고리즘을 다시 고려해 보자.

대응행렬 F의 일반화비정칙값분해 (2.1.11)로부터 $C_R = D_r^{-1} A D_\lambda$과 $C_C = D_c^{-1} B D_\lambda$인 주좌표인 행좌표와 열좌표가 각각 제공되었다. 여기서 우리의 관심을 열좌표 $C_C = D_c^{-1} B D_\lambda$에 두기로 하자. 대응행렬 F의 일반화비정칙값분해 (2.1.11)로부터 양변에 $D_r^{-1/2}$과 $D_c^{-1/2}$을 곱하면 다음과 같다.

$$D_r^{-1/2} F D_c^{-1/2} = D_r^{-1/2} A D_\lambda B^T D_c^{-1/2} \tag{3.2.11}$$

(3.2.11)의 양변의 내적은 (3.2.12)가 되며

$$\begin{aligned} & \left(D_r^{-1/2} F D_c^{-1/2}\right)^T D_r^{-1/2} F D_c^{-1/2} \\ = & \left(D_r^{-1/2} A D_\lambda B^T D_c^{-1/2}\right)^T D_r^{-1/2} A D_\lambda B^T D_c^{-1/2} \end{aligned} \tag{3.2.12}$$

$A^T D_r^{-1} A = I$에 의해서 (3.2.13)을 만족한다.

$$D_c^{-1/2} F^T D_r^{-1} F D_c^{-1/2} \;=\; D_c^{-1/2} B D_\lambda^2 B^T D_c^{-1/2} \tag{3.2.13}$$

(3.2.13)의 양변의 오른쪽에 $D_c^{-1/2} B$를 곱하면 $B^T D_c^{-1} B = I$에 의해서 다음을 만족한다.

$$\left(D_c^{-1/2} F^T D_r^{-1} F D_c^{-1/2}\right) D_c^{-1/2} B \;=\; D_c^{-1/2} B D_\lambda^2 \tag{3.2.14}$$

(3.2.14)의 양변의 왼쪽에 $D_c^{-1/2}$을 곱하고 $\Gamma = D_c^{-1} B$라 두면 다음과 같은 고윳값-고유벡터 (고유)방정식을 얻게 된다.

$$\left(D_c^{-1} F^T D_r^{-1} F\right) \Gamma \;=\; \Gamma D_\lambda^2 \tag{3.2.15}$$

여기서 $\Gamma = D_c^{-1} B$는 대응행렬 F의 일반화비정칙값분해 (2.1.11)로부터 제공되는 열좌표 $C_C = D_c^{-1} B D_\lambda$에 D_λ^{-1}를 오른쪽에 곱한 것과 일치하며 $\Gamma^T D_c \Gamma \;=\; I$인 표준화조건을 만족하므로 Γ를 표준열좌표라 한다.

따라서 표시행렬 $Z = [Z_1 \mid Z_2]$의 $q (= q_1 + q_2)$개의 열범주는 표준열좌표 Γ_Z에 의해서 나타낸다면 (3.2.15)와 유사하게 다음과 같은 고유방정식을 만족할 것이다.

$$\left(D_{cZ}^{-1} F_Z^T D_{rZ}^{-1} F_Z\right) \Gamma_Z \;=\; \Gamma_Z D_{\lambda Z}^2 \tag{3.2.16}$$

이는 (3.2.2) F_Z , (3.2.7) D_{rZ}와 (3.2.8) D_{cZ}에 의해서 다음과 같이 정리된다.

$$\left\{ 2 \begin{bmatrix} D_r^{-1} & 0 \\ 0 & D_c^{-1} \end{bmatrix} \frac{1}{2m} Z^T m I_m \frac{1}{2m} Z \right\} \Gamma_Z = \Gamma_Z D_{\lambda Z}^2 \tag{3.2.17}$$

표시행렬 Z의 내적 (3.1.2)에 의해서

$$\frac{1}{2m}\begin{bmatrix} D_r^{-1} & 0 \\ 0 & D_c^{-1}\end{bmatrix}\begin{bmatrix} Z_1^TZ_1 & Z_1^TZ_2 \\ Z_2^TZ_1 & Z_2^TZ_2\end{bmatrix}\begin{pmatrix}\Gamma_{Z1} \\ \Gamma_{Z2}\end{pmatrix} = \begin{pmatrix}\Gamma_{Z1} \\ \Gamma_{Z2}\end{pmatrix}D_{\lambda Z}^2 \tag{3.2.18}$$

여기서 Γ_Z를 각각 $q_1(=n)$과 $q_2(=p)$개의 행을 갖는 Γ_{Z1}과 Γ_{Z2}로 분할시켰다.

이원분할표 O, 표시행렬 Z와 버트표 $B=Z^TZ$의 관계로부터 편의상 $m=o_{..}$로 두었으므로 대응행렬은 $F=O/m=Z_1^TZ_2/m$이고 $Z_1^TZ_1 = mD_r$이며 $Z_2^TZ_2 = mD_c$이므로, (3.2.18)은 다음의 (3.2.19)와 (3.2.20)의 두 방정식으로 이루어진다.

$$\Gamma_{Z1} + D_r^{-1}F\,\Gamma_{Z2} = 2\,\Gamma_{Z1}D_{\lambda Z}^2 \tag{3.2.19}$$

$$D_c^{-1}F^T\Gamma_{Z1} + \Gamma_{Z2} = 2\,\Gamma_{Z2}D_{\lambda Z}^2 \tag{3.2.20}$$

먼저 (3.2.19) 양변의 왼편에 $D_c^{-1}F^T$를 곱하고 (3.2.20)을 이용하면

$$D_c^{-1}F^TD_r^{-1}F\Gamma_{Z2} = \Gamma_{Z2}(2D_{\lambda Z}^2 - I)(2D_{\lambda Z}^2 - I) \tag{3.2.21}$$

이 된다. 여기서 (3.2.21)의 고유방정식은 이원분할표 O의 단순 대응분석에서 표준 열좌표 Γ가 만족한 고유방정식 (3.2.15)와 같은 행렬들을 포함하고 있다. 따라서 O의 단순대응분석에서의 표준 열좌표 $\Gamma = D_c^{-1}B$에 대한 해와 (3.2.21)의 Γ_{Z2}에 대한 해는 동일하다. 유사하게 (3.2.21)의 양변의 왼편에 $D_r^{-1}F$를 곱하고 (3.2.19)를 이용하면

$$D_r^{-1}F\,D_c^{-1}F^T\Gamma_{Z1} = \Gamma_{Z1}(2D_{\lambda Z}^2 - I)(2D_{\lambda Z}^2 - I)$$

가 된다. 이는 이원분할표 O의 단순대응분석의 표준 행좌표 $D_r^{-1}A$에 대한 해와 동일한 해를 제공하게 된다. 표준 행좌표에 대해선 Greenacre(1984, pp. 92-94)를 참고하기 바란다.

그리고 (3.2.15)와 (3.2.21)에서 고윳값을 비교해 보기 위해서는 수리적으로 비정칙값을 비교하면 된다. 즉, $D_\lambda = 2D_{\lambda Z}^2 - I$를 만족하고 이들 각각의 고윳값은 대응분석에서 주결여성으로 l^O와 l^Z라 하면 $l^O = (2l^Z - 1)^2$의 관계를 가지며 (3.1.4)에서 언급한 바 있다.

이번에는 (3.2.16)의 고유방정식으로 좌표에 대한 해를 구하는 대신에 (3.2.5)와 (3.2.6)의 두 벡터와 (3.2.7)과 (3.2.8)의 대각행렬을 고려한 중심화 대응행렬 $\tilde{F}_Z = F_Z - \mathbf{r}^Z\mathbf{c}^{Z^T}$의 변환된 잔차행렬 Y_Z의 비정칙값분해

$$Y_Z = D_{rZ}^{-1/2} \widetilde{F}_Z D_{cZ}^{-1/2} = U_Z \Lambda_Z {V_Z}^T \tag{3.2.22}$$

를 이용하면 대칭적 방법의 행좌표점과 열좌표점을 쉽게 얻을 수 있다. 여기서, $D_{rZ} = diag(\boldsymbol{r}^Z) = diag(f_{1.}^Z, ..., f_{m.}^Z)$과 $D_{cZ} = diag(\boldsymbol{c}^Z) = diag(f_{.1}^Z, ..., f_{.q}^Z)$는 각각 행과 열의 주변비율 $f_{i.}^Z = \sum_{j=1}^q {f_{ij}}^Z$, $i = 1, ..., m$과 $f_{.j}^Z = \sum_{i=1}^n f_{ij}^Z$, $j = 1, ..., q$를 대각원소로 하는 크기가 각각 $m \times m$과 $q \times q$인 대각행렬이다. 그리고 $\Lambda_Z = diag(\lambda_1^Z, ..., \lambda_q^Z)$는 비정칙값 $\lambda_1^Z, ..., \lambda_q^Z$를 대각원소로 갖는 크기가 $q \times q$인 대각행렬이며, 행렬 U_Z와 V_Z는 각각 ${U_Z}^T U_Z = I_q$와 ${V_Z}^T V_Z = I_q$를 만족한다.

따라서 (3.2.22)의 비정칙값분해로부터 이변량 대응분석 그림의 열 좌표점으로 주좌표인 (3.2.23)만 고려하면 된다.

$$\widetilde{C}_C^Z = D_{cZ}^{-1/2} V_Z \Lambda_Z \tag{3.2.23}$$

특히, (3.2.16)의 고유방정식의 고윳값 행렬 $D_{\lambda Z}^2$과 (3.2.22)의 비정칙값분해로부터 비정칙값 행렬 Λ_Z 사이에는 대수적으로 $D_{\lambda Z} = \Lambda_Z$의 관계가 존재한다. 주좌표인 열좌표행렬 (3.2.23)으로부터 s차원의 이변량 대응분석 그림의 열좌표점은 주좌표점으로 부행렬에 의해 (3.2.24)와 같다.

$$\widetilde{C}_{C(s)}^Z = D_{cZ(s)}^{-1/2} V_{Z(s)} \Lambda_{Z(s)} \tag{3.2.24}$$

이변량 대응분석 그림의 설명력은 잔차행렬 Y_Z의 비정칙값분해 (3.2.22)의 비정칙값 λ_k^Z의 제곱인 고윳값에 해당하는 주결여성 $l_k^Z = \lambda_k^{Z2}$에 의해서 다음과 같이 정의된다.

$$fit_Z = \frac{\sum_{k=1}^{s} l_k^Z}{\sum_{k=1}^{q} l_k^Z} \times 100\% \tag{3.2.25}$$

지금까지의 내용을 요약하여 [표 3.2.1]의 이변량 대응분석의 알고리즘으로 정리해 두었고 이는 Lebart 외(1984, pp. 86-87)에서도 상세히 설명하고 있으니 참고하기 바란다. 일반적으로 이원분할표 O의 행과 열범주에 대한 표준좌표의 저차원상의 단순 대응분석 그림과 표시행렬 Z의 열범주에 대한 것과는 기하적 해석에는 차이점이 없다. 그러나 주결여성인 고윳값에는 실질적으로 (3.1.4)와 같이 차이가 있다. 일반적으로 Z의 이변량 대응분석에서 이들 주결여성이 총 주결여성의 합에서 차지하는 비율이 매우 낮고 점차적으로 주결여성들의 차이가 극적으로 적어진다. 이는 이변량 대응분석을 포함하여 이것의 확장인 다중 대응분석의 특징이다.

[표 3.2.1] 이변량 대응분석 알고리즘

[1단계] $n \times p$ 이원분할표 자료행렬 : $O=(o_{ij}),\ o_{ij} \geq 0,\ i=1,\dots,n\ ;\ j=1,\dots,p$

$\Rightarrow$ $m \times q$ 표시행렬 : $Z=[Z_1 \mid Z_2]=(z_{ij}),\ i=1,\dots,m\ ;\ j=1,\dots,q$

- $m = o_{..} = \sum_{i=1}^{n}\sum_{j=1}^{p} o_{ij}$
- $Z_j\ :\ m \times q_j,\ j=1,2$
- $q = q_1 + q_2 = n + p$

[2단계] 대응행렬 : $F_Z = (f_{ij}^Z),\ f_{ij}^Z = \dfrac{z_{ij}}{z_{..}},\ i=1,\dots,m..\ ;\ j=1,\dots,q$

- $z_{..} = \sum_{i=1}^{m}\sum_{j=1}^{q} z_{ij} = 2m$: Z의 모든 원소들의 총합
- 행과 열 프로파일의 중심 : $\boldsymbol{c}^Z = F_Z{}^T \mathbf{1}_m,\ \boldsymbol{r}^Z = F_Z \mathbf{1}_q$

  $\Rightarrow$ 중심화 대응행렬 : $\widetilde{F}_Z = F_Z - \boldsymbol{r}^Z \boldsymbol{c}^{Z^T}$

[3단계] 잔차행렬의 비정칙값분해 : $Y_Z = D_{rZ}^{-1/2} \widetilde{F}_Z D_{cZ}^{-1/2} = U_Z \Lambda_Z V_Z{}^T$

- $D_{rZ} = diag(\boldsymbol{r}^Z) = diag(f_{1.}^Z,\dots,f_{m.}^Z)$
- $D_{cZ} = diag(\boldsymbol{c}^Z) = diag(f_{.1}^Z,\dots,f_{.q}^Z)$
- $\Lambda_Z = diag(\lambda_1^Z,\dots,\lambda_q^Z)$: Y의 비정칙값 $\lambda_1^Z,\dots,\lambda_q^Z$에 의한 대각행렬
- U_Z와 V_Z는 각각 $U_Z{}^T U_Z = I_q$와 $V_Z{}^T V_Z = I_q$를 만족

[4단계] 이변량 대응분석 그림의 열 주좌표점 : $\widetilde{C}_C^Z = D_{cZ}^{-1/2} V_Z \Lambda_Z$

$\Rightarrow$ s차원의 이변량 대응분석 그림의 열 주좌표점 : $\widetilde{C}_{C(s)}^Z = D_{cZ(s)}^{-1/2} V_{Z(s)} \Lambda_{Z(s)}$

[5단계] $s(\geq 2)$차원의 이변량 대응분석 그림의 설명력 :

$$fit_Z = \frac{\sum_{k=1}^{s} l_k^Z}{\sum_{k=1}^{q} l_k^Z} \times 100\%,\ l_k^Z = \lambda_k^{Z2}$$

보기 3.2.1 **표시행렬 Z의 이변량 대응분석**

[보기 3.1.1]에서 범주변수가 둘인 경우 이원분할표 [표 3.1.1]과 이것의 표시행렬 [표 3.1.2]를 통해서 구성한 $Z = [Z_1 \mid Z_2]$, $B = Z^T Z$와 $O = Z_1^T Z_2$의 대응분석을 서로 비교하였다. 여기서 [표 3.1.2]의 크기가 $m \times q = 15 \times 6$인 $Z = [Z_1 \mid Z_2]$에 대한 이변량 알고리즘의 단계를 따른 [R-코드 3.2.1]로써 [결과 3.2.1]을 얻고 표시행렬 Z의 R에서 패키지 ca를 이용한 [결과 3.1.1]의 것과 비교해 보기로 하자. [결과 3.2.1]과 [결과 3.1.1]-(1)의 차이점은 좌표로 각각 주좌표와 표준좌표를 제공하고 있으나 이변량 대응분석 그림의 경향은 동일하다.

참고로 이변량 대응행렬 F_Z의 행프로파일과 열프로파일의 중심은 (3.2.5)와 (3.2.6)으로부터 각각 크기가 $q \times 1 = 6 \times 1$과 $m \times 1 = 15 \times 1$으로 이들 프로파일 벡터의 가중평균으로 계산된다.

$$\boldsymbol{c}^Z = \sum_{i=1}^{15} \left(f_{i1}^Z, \cdots, f_{i6}^Z \right)^T = \frac{1}{2} \begin{bmatrix} \boldsymbol{r} \\ \boldsymbol{c} \end{bmatrix} = (0.167, 0.167, 0.167, 0.200, 0.200, 0.100)^T$$

$$\boldsymbol{r}^Z = \sum_{j=1}^{6} \left(f_{1j}^Z, \cdots, f_{15j}^Z \right)^T = \frac{1}{15} \mathbf{1}_{15} = (0.067, ..., 0.067)^T$$

여기서 $\boldsymbol{r} = (5/15, 5/15, 5/15)^T$과 $\boldsymbol{c} = (6/15, 6/15, 3/15)^T$는 이원분할표 [표 3.1.1]의 단순 대응분석의 열프로파일과 행프로파일의 중심이다.

이들 벡터 $\boldsymbol{r}^Z$와 $\boldsymbol{c}^Z$를 이용하여 중심화 대응행렬 $\widetilde{F}_Z = F_Z - \boldsymbol{r}^Z \boldsymbol{c}^{Z^T}$과 이들 벡터 $\boldsymbol{r}^Z$와 $\boldsymbol{c}^Z$를 대각원소로 하는 대각행렬은 크기가 각각 $m \times m = 15 \times 15$와 $q \times q = 6 \times 6$인 대각행렬 $D_{rZ} = diag(\boldsymbol{r}^Z)$과 $D_{cZ} = diag(\boldsymbol{c}^Z)$를 이룬다.

이들 대각행렬과 중심화 대응행렬에 의해서 다음과 같은 잔차행렬의 비정칙값분해

$$Y_Z = D_{rZ}^{-1/2} \widetilde{F}_Z D_{cZ}^{-1/2} = U_Z \Lambda_Z V_Z{}^T$$

를 이용하고 2차원 이변량 대응분석 그림의 주좌표인 열 좌표점

$$\widetilde{C}_{C(2)}^Z = D_{cZ(2)}^{-1/2} V_{Z(2)} \Lambda_{Z(2)}$$

가 [결과 3.2.1]의 좌표를 제공한다. 2차원의 이변량 대응분석 그림의 설명력은 (3.2.25)에 의해서 [결과 3.2.1]의 설명력으로부터 다음과 같이 계산되며

$$fit_Z = \frac{0.683+0.5}{0.683+0.5+0.5+0.317+0+0} \times 100\% = 59.15\%$$

이는 반올림에 따른 약간의 차이가 있지만 [결과 3.2.1]의 단순 대응분석 그림에서 제1축과 제2축의 설명력의 합인 34.13%+25.00%=59.13%와 같음을 알 수 있다.

결과 3.2.1 [R-코드 3.2.1](bivariateCRA-Algorithm-Z.R)의 결과

```
설명력:
       [,1]   [,2]   [,3]   [,4]  [,5]  [,6]
[1,]   0.683  0.5    0.5    0.317  0     0
[2,]  34.129  25.0   25.0  15.871  0     0


좌표:
              [,1]            [,2]
r1   6.100291e-16   -1.414489e-15
r2   1.011860e+00   -1.801545e-15
r3  -1.011860e+00   -1.382517e-15
c1  -9.236979e-01   -5.000000e-01
c2   9.236979e-01   -5.000000e-01
c3  -9.371666e-16    2.000000e+00
```

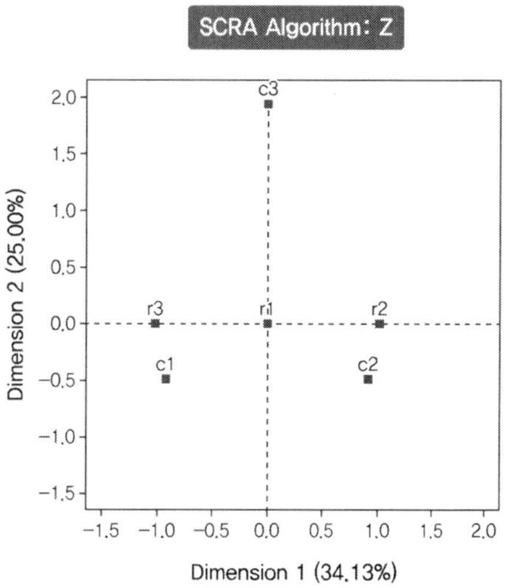

[R-코드 3.2.1] 표시행렬 Z의 이변량 대응분석(bivariateCRA-Algorithm-Z.R)

```
# CRA based on the Algorithm of Indicator matrix Z
#[1단계] 표시행렬 : Z
Z<-matrix(c(1, 0, 0, 1, 0, 0,
            1, 0, 0, 1, 0, 0,
            1, 0, 0, 0, 1, 0,
            1, 0, 0, 0, 1, 0,
            1, 0, 0, 0, 0, 1,
            0, 1, 0, 1, 0, 0,
            0, 1, 0, 0, 1, 0,
            0, 1, 0, 0, 1, 0,
            0, 1, 0, 0, 1, 0,
            0, 1, 0, 0, 0, 1,
            0, 0, 1, 1, 0, 0,
```

```
            0,  0,  1,  1,  0,  0,
            0,  0,  1,  1,  0,  0,
            0,  0,  1,  0,  1,  0,
            0,  0,  1,  0,  0,  1), byrow=T, nrow=15)
colnames(Z)<-c("r1", "r2", "r3", "c1", "c2", "c3")
Z

#[2단계] 대응행렬 : Fz
F <- Z/sum(Z)
       r <- apply(F,1,sum)
       c <- apply(F,2,sum)
       Dr<- diag(1/sqrt(r))
       Dc<- diag(1/sqrt(c))
cF<- F-r%*%t(c)

#[3단계] 잔차행렬 Yz의 비정칙값분해
Y <- Dr%*%(cF)%*%Dc
svd.Y <- svd(Y)
       U <- svd.Y$u
       V <- svd.Y$v
       D <- diag(svd.Y$d)

#[4단계] 이변량 대응분석 그림의 열 좌표점
Cc <- (Dc%*%V%*%D)[,1:2];rownames(Cc) <- colnames(Z);Cc # principal coordiantes
#Ccs=(Dc%*%V)[,1:2];rownames(Ccs) <- colnames(Z);Ccs #standard coordinates

#[5단계] 2차원 이변량 대응분석 그림의 설명력
eig <- (svd.Y$d)^2
       per <- eig/sum(eig)*100
       gof <- sum(per[1:2])
rbind(round(eig, 3),round(per, 3))

par(pty="s")
lim <-range(pretty(Cc))
plot(Cc[, 1:2], xlab="Dimension 1(34.13%)",ylab="Dimension 2(25.00%)",
xlim=lim,ylim=lim,pch=15,col=2, main="SCRA Algorithm : Z")
text(Cc[, 1:2],rownames(Cc),cex=0.8,col=2,pos=3)
abline(v=0,h=0)
```

보기 3.2.2 표시행렬 Z의 행좌표를 포함하는 이변량 대응분석 그림

[보기 3.1.1]에서 $Z = [Z_1 \mid Z_2]$, $B = Z^T Z$와 $O = Z_1^T Z_2$의 대응분석의 [결과 3.2.1]에서 표시행렬 Z의 경우 열좌표만으로 이변량 대응분석 그림을 제공하였다. 실제로 이원분할표 O의 좌표인 행좌표와 열좌표와 같이 표시행렬 Z와 버트표 B의 좌표도 행좌표도 포함되어 있다. 그러나 버트표의 경우에는 행과 열이 대칭인 행렬이므로 행과 열좌표가 일치한다. 다만 표시행렬 Z의 경우는 행이 분할표의 모든 칸(cell)의 위치를 나타내므로 패키지 ca의 분석 결과 이를 구분하여 행좌표를 제공하고 있다. 실제 [표 3.1.2]의 15개 행의 칸의 위치 정보를 활용하기 위하여 [R-코드 3.2.2](bivariateCRA-ca-Z-withRows.R)와 같이 행좌표에 다음을 추가하여 [결과 3.2.2]를 제공하였다.

```
rownames(Z) <- c("1_1", "1_1", "1_2", "1_2", "1_3", "2_1", "2_2", "2_2", "2_2", "2_3",
                 "3_1", "3_1", "3_1", "3_2", "3_3")
```

여기서 "1_1"은 칸 (1, 1)을 나타내며 "3_2"는 칸 (3, 2)를 나타낸다.

[결과 3.2.2]의 칸 정보를 추가한 행좌표를 같이 그린 이변량 대응분석 그림의 해석은 제1축의 왼편의 3_1, 3_2, 3_3은 3개의 열범주에서 왼편의 행범주 r3와의 대응관계를 보여주며 오른편의 2_1, 2_2, 2_3은 3개의 열범주와 행범주 r2와의 대응관계를 보여주고 있다. 특히 행범주 r3와 밀접한 대응관계에 있는 표시행렬 3_1의 두 행(칸 (3, 1)의 빈도가 2)은 서로 동일한 좌표를 가지며 이는 열범주 c1과 밀접하게 대응하고 있음을 나타낸다. 제1축 오른편 r2와 높은 대응관계를 가지는 2_2의 세 행(칸 (2, 2)의 빈도가 3)도 서로 동일한 좌표를 가지며 열범주 c2와 밀접한 대응관계를 가짐을 알 수 있다.

결과 3.2.2 [R-코드 3.2.2](bivariateCRA-ca-Z-withRows.R)의 결과

설명력:

Principal inertias (eigenvalues):

	1	2	3	4	5
Value	0.682574	0.5	0.5	0.317426	0
Percentage	34.13%	25%	25%	15.87%	0%

좌표:

Rows:

	1_1	1_1	1_2	1_2	1_3	2_1	2_2
Mass	0.066667	0.066667	0.066667	0.066667	0.066667	0.066667	0.066667
ChiDist	1.322876	1.322876	1.322876	1.322876	1.732051	1.322876	1.322876
Inertia	0.116667	0.116667	0.116667	0.116667	0.200000	0.116667	0.116667
Dim. 1	-0.676628	-0.676628	0.676628	0.676628	0.000000	0.064581	1.417837
Dim. 2	-0.500000	-0.500000	-0.500000	-0.500000	2.000000	-0.500000	-0.500000

	2_2	2_2	2_3	3_1	3_1	3_1	3_2
Mass	0.066667	0.066667	0.066667	0.066667	0.066667	0.066667	0.066667
ChiDist	1.322876	1.322876	1.732051	1.322876	1.322876	1.322876	1.322876
Inertia	0.116667	0.116667	0.200000	0.116667	0.116667	0.116667	0.116667
Dim. 1	1.417837	1.417837	0.741209	-1.417837	-1.417837	-1.417837	-0.064581
Dim. 2	-0.500000	-0.500000	2.000000	-0.500000	-0.500000	-0.500000	-0.500000

	3_3
Mass	0.066667
ChiDist	1.732051
Inertia	0.200000
Dim. 1	-0.741209
Dim. 2	2.000000

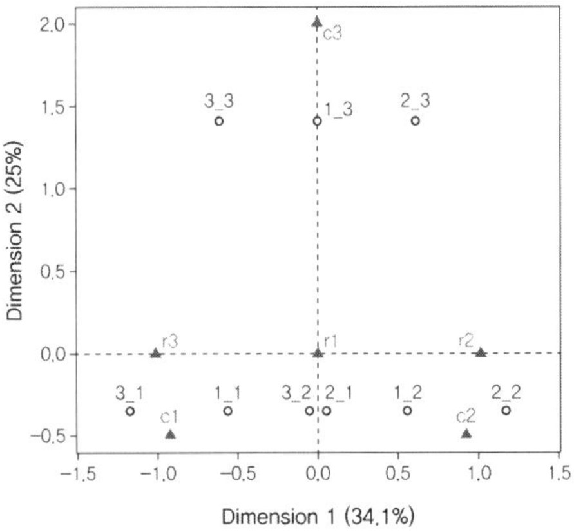

Columns:

	r1	r2	r3	c1	c2	c3
Mass	0.166667	0.166667	0.166667	0.200000	0.200000	0.100000
ChiDist	1.414214	1.414214	1.414214	1.224745	1.224745	2.000000
Inertia	0.333333	0.333333	0.333333	0.300000	0.300000	0.400000
Dim. 1	0.000000	1.224745	-1.224745	-1.118034	1.118034	0.000000
Dim. 2	0.000000	0.000000	0.000000	-0.707107	-0.707107	2.828427

[R-코드 3.2.2] 표시행렬 Z의 행좌표를 포함하는 이변량 대응분석 그림(bivariateCRA-ca-Z-withRows.R)

```
# CRA of Z with Rows coordinates using the Package ca
Z<-matrix(c(1, 0, 0, 1, 0, 0,
            1, 0, 0, 1, 0, 0,
            1, 0, 0, 0, 1, 0,
            1, 0, 0, 0, 1, 0,
            1, 0, 0, 0, 0, 1,
            0, 1, 0, 1, 0, 0,
            0, 1, 0, 0, 1, 0,
            0, 1, 0, 0, 1, 0,
            0, 1, 0, 0, 1, 0,
```

```
          0, 1, 0, 0, 0, 1,
          0, 0, 1, 1, 0, 0,
          0, 0, 1, 1, 0, 0,
          0, 0, 1, 1, 0, 0,
          0, 0, 1, 0, 1, 0,
          0, 0, 1, 0, 0, 1), byrow=T, nrow=15)
colnames(Z)<-c("r1", "r2", "r3", "c1", "c2", "c3")
rownames(Z)<-c("1_1", "1_1", "1_2", "1_2", "1_3", "2_1", "2_2", "2_2", "2_2", "2_3",
               "3_1", "3_1", "3_1", "3_2", "3_3")
library(ca)
ca(Z)
plot(ca(Z))
```

[보기 3.2.2]와 같이 표시행렬의 행좌표에 대한 기하적인 해석은 Greenacre(1984, 5.1절)에서 어느 회사의 5가지 지위에 따른 4가지 흡연습관에 대한 이변량 대응분석에서 자세히 다루고 있으니 참고하기 바란다.

3.3 다중 대응분석의 알고리즘

3장 1절과 2절에서 2개의 범주변수를 가진 이원분할표를 0과 1만을 원소로 하여 변형된 표시행렬 $Z=[Z_1 \mid Z_2]$의 이변량 대응분석의 알고리즘을 단순 대응분석 관점에서 고려하였다. 표시행렬 Z가 Z_1과 Z_2로 분할된 이유는 행과 열의 2개의 범주변수를 가진 이원분할표에 대한 것이기 때문이다.

일반적으로 범주변수의 수가 $p(\geq 3)$인 경우 m개의 행과 $q=q_1+q_2+\cdots+q_p$개의 열을 갖는 크기가 $m\times q$인 표시행렬을 $Z=[Z_1 \mid \cdots \mid Z_p]$라 하자. 여기서 j번째 분할계획행렬 Z_j는 j번째 범주변수가 q_j개 열범주를 가져 크기가 $m\times q_j$가 된다.

이 표시행렬 Z의 다중 대응분석의 알고리즘은 Lebart 외(1984, pp. 88-92)에는 정준분석(canonical analysis)과의 관계로 정리하였다. Greenacre(1984, p. 161)는 버트행렬 $B=$ $=Z^TZ$와 표시행렬 Z의 대응분석이 일치한다는 사실을 이용하여 표시행렬 Z의 대응분석에 대한 알고리즘을 유도하였다. 다중 대응분석의 특수한 경우로 범주변수 수가 $p=2$일 때 이원분할표와 관련된 표시행렬 $Z=[Z_1 \mid Z_2]$의 이변량 알고리즘은 이미 3장 2절의 [표 3.2.1]에서 정리하고 있다. 실제로 이변량 알고리즘을 크기가 $m\times q$인 표시행렬 $Z=[Z_1 \mid \cdots \mid Z_p]$로 확장하면 다중 대응분석을 위한 알고리즘이 된다. 이는 [표 3.2.1]의 [1단계]에서 이원분할표 자료행렬 대신에 삼원 이상 다원의 분할표와 대응하는 표시행렬로부터 시작하면 대수적으로 문제가 없다. 이것의 활용은 [보기 3.3.4]에서 성별, 나이, 키에 관한 고객의 특성의 삼원분할표의 다중 대응분석에서 살펴볼 수 있다.

여기서는 표시행렬 대신에 버트행렬 $B = Z^TZ$를 활용한 다중 대응분석의 알고리즘을 정리하도록 하자. 먼저 크기가 $m\times q$인 표시행렬을 $Z=[Z_1 \mid \cdots \mid Z_p]$에 의해서 크기가 $q\times q$인 버트행렬

$$B = Z^TZ = \begin{bmatrix} Z_1^TZ_1 & Z_1^TZ_1 & \cdots & Z_1^TZ_p \\ Z_2^TZ_1 & Z_2^TZ_2 & \cdots & Z_2^TZ_p \\ \vdots & \vdots & \ddots & \vdots \\ Z_p^TZ_1 & Z_p^TZ_2 & \cdots & Z_p^TZ_p \end{bmatrix} \tag{3.3.1}$$

을 생각해 보자. (3.3.1)에서 비대각상의 행렬 $Z_j^T Z_k$ $(j \neq k)$는 j번째와 k번째 두 범주변수가 각각 q_j와 q_k개 열범주를 가지므로 크기가 $q_j \times q_k$인 이원분할표가 되며 대각상의 $Z_j^T Z_j$는 Z_j의 열의 합으로 이루어진 대각행렬이다. 더군다나 버트행렬은 대칭행렬로 만약에 $p=2$인 경우 버트표는 다음과 같다.

$$Z^T Z = \begin{bmatrix} Z_1^T Z_1 & Z_1^T Z_2 \\ Z_2^T Z_1 & Z_2^T Z_2 \end{bmatrix} = \begin{bmatrix} ID_r & O \\ O^T & ID_c \end{bmatrix}$$

(3.3.1)의 버트행렬에 3.2절의 이변량 대응분석의 알고리즘을 접목시켜 다중 대응분석 알고리즘을 유도하기로 하자. 근본적으로는 이변량과 다중 대응분석의 알고리즘은 단순 대응분석 알고리즘을 접목하는 것이다.

크기가 $q \times q$인 버트행렬 $B = (b_{ij})$, $i=1,\ldots,q..$; $j=1,\ldots,q$를 총합 $\sum_{i=1}^q \sum_{j=1}^q b_{ij} = b_{..}$로 나눈

$$F_B = (f_{ij}^B), \ f_{ij}^B = \frac{b_{ij}}{b_{..}}, \ i=1,\ldots,q.. \ ; j=1,\ldots,q \tag{3.3.2}$$

를 다중 대응행렬이라 하자. 여기서 대칭인 버트행렬의 성질에 의해서 $b_{ij} = b_{ji}$, $i \neq j$이므로 $f_{ij}^B = f_{ji}^B$, $i \neq j$이다.

다음으로 크기가 $f_{i.}^B = \sum_{j=1}^q f_{ij}{}^B$인 i번째 행프로파일벡터

$$\boldsymbol{r}_i^B = \frac{1}{f_{i.}^B}(f_{i1}^B,\ldots,f_{iq}^B)^T = \frac{1}{b_{i.}}(b_{i1},\ldots,b_{iq})^T, \ i=1,\ldots,q \tag{3.3.3}$$

와 크기가 $f_{.j}^B = \sum_{i=1}^q f_{ij}^B$인 j번째 열프로파일벡터는

$$\boldsymbol{c}_j^B = (f_{1j}^B,\ldots,f_{qj}^B)^T / f_{.j} = \frac{1}{b_{.j}}(b_{1j},\ldots,b_{qj})^T, \ j=1,\ldots,q \tag{3.3.4}$$

이다. 여기서 (3.3.3)과 (3.3.4)로부터 이들의 중심은 각각 크기가 $q \times 1$과 $q \times 1$로 이들 프로파일 벡터의 가중평균으로 계산된다.

$$\boldsymbol{c}^B = \sum_{i=1}^q f_{i.}^B \boldsymbol{r}_i^B = \sum_{i=1}^q \left(f_{i1}^B,\cdots,f_{iq}^B\right)^T = F_B^T \boldsymbol{1}_q \tag{3.3.5}$$

$$\boldsymbol{r}^B = \sum_{j=1}^{q} f_{.j}^B \boldsymbol{c}_j^B = \sum_{j=1}^{q} \left(f_{1j}^B, \cdots, f_{qj}^B\right)^T = F_B \mathbf{1}_q \qquad (3.3.6)$$

실제 이들은 버트행렬이 대칭이므로 대수적으로 서로 일치하며 이를 $\boldsymbol{c} = \boldsymbol{c}^B = \boldsymbol{r}^B$라 하자. 따라서 이들 벡터를 대각원소로 하는 대각행렬은 크기가 각각 $q \times q$와 $q \times q$인 대각행렬 (3.3.7)과 (3.3.8)을 이루며 이들 또한 $D = D_{cB} = D_{rB}$로 일치한다.

$$D_{rB} = diag(\boldsymbol{r}^B) = diag(f_{1.}^B, \ldots, f_{q.}^B), \qquad (3.3.7)$$

$$D_{cB} = diag(\boldsymbol{c}^B) = diag(f_{.1}^B, \ldots, f_{.q}^B) \qquad (3.3.8)$$

이젠 저차원에서 버트행렬 B의 q개의 열에 대한 다중 대응분석 그림의 좌표는 이변량 대응분석과 마찬가지로 열좌표를 구하면 된다. 이를 위하여 중심인 벡터 $\boldsymbol{c}$를 고려한 중심화 대응행렬 $\widetilde{F}_B = F_B - \boldsymbol{c}\boldsymbol{c}^T$의 변환된 잔차행렬 Y_B의 비정칙값분해

$$Y_B = \frac{\widetilde{F}_B}{\sqrt{\boldsymbol{c}\boldsymbol{c}^T}} = U_B \Lambda_B V_B^{\ T} \qquad (3.3.9)$$

를 이용하면 된다. 여기서 $\Lambda_B = diag(\lambda_1^B, \ldots, \lambda_q^B)$는 비정칙값 $\lambda_1^B, \ldots, \lambda_q^B$를 대각원소로 갖는 크기가 $q \times q$인 대각행렬이며, 행렬 U_B와 V_B는 각각 $U_B^{\ T} U_B = I_q$와 $V_B^{\ T} V_B = I_q$를 만족한다.

따라서 (3.3.9)의 비정칙값분해로부터 다중 대응분석 그림은 열좌표점으로 주좌표인 (3.3.10)만 고려하면 된다.

$$\widetilde{C}_C^{\ B} = D^{-1/2} V_B \Lambda_B \qquad (3.3.10)$$

(3.3.10)으로부터 s 차원의 다중 대응분석 그림의 열좌표점은 부행렬에 의해 다음이 얻어진다.

$$\widetilde{C}_{C(s)}^B = D_{(s)}^{-1/2} V_{B(s)} \Lambda_{B(s)} \qquad (3.3.11)$$

실제 버트행렬 B의 다중 대응분석에서는 행좌표점과 열좌표점은 수리적으로 동일한 좌표를 제공하게 된다.

다중 대응분석 그림의 설명력은 잔차행렬 Y_B의 비정칙값분해 (3.3.9)의 비정칙값 λ_k^B의 제곱인 고윳값인 주결여성 $l_k^B = \lambda_k^{B2}$에 의해서 다음과 같이 정의된다.

$$fit_B = \frac{\sum_{k=1}^{s} l_k^B}{\sum_{k=1}^{q} l_k^B} \times 100\% \tag{3.3.12}$$

특히, 버트행렬 B에 대한 다중 대응분석 그림의 설명력에서 주결여성은 비정칙값의 제곱으로 $l^B = \lambda^{B2}$라고 하면 표시행렬 Z의 주결여성 l^Z와의 수리적인 관계는 $l^B = (l^Z)^2$임을 알고 있다. 일반적으로 표시행렬 Z의 다중 대응분석에서 이들 주결여성이 전체 주결여성에서 차지하는 비율이 매우 낮고 점차적으로 주결여성들의 차이가 극적으로 적은 것처럼 버트행렬 B에 대한 것도 유사하다.

이를 보정하여 설명력이 높아지도록 수정된 주결여성과 총결여성 다음과 같다(Greenacre, 2007, pp. 208-209).

$$l_k^{Adj} = \left(\frac{q}{q-1}\right)^2 \times \left(\sqrt{l_k^B} - \frac{1}{q}\right)^2, \ k = 1, 2, \ldots \tag{3.3.13}$$

$$\text{수정된 총결여성} = \left(\frac{q}{q-1}\right) \times \left(\sum_{k=1}^{q} l_k^B - \frac{q-p}{q^2}\right)^2 \tag{3.3.14}$$

여기서 수정된 차원은 $\sqrt{l_k^B} > 1/q$을 만족하는 데까지만 이루어진다.

실제, 다중 대응분석은 R의 패키지 ca의 함수 mjca()에 의해서 이루어지는데 옵션으로 디폴트(lambda="adjusted")인 경우 (3.3.13)과 (3.3.14)의 수정된 주결여성과 총결여성에 의해서 설명력이 계산된다. 옵션 lambda="Burt"와 lambda="indicator"는 버트행렬 B와 표시행렬 Z의 다중 대응분석 알고리즘에 의해서 설명력이 계산된다.

지금까지의 내용을 요약하여 [표 3.3.1]의 다중 대응분석의 알고리즘으로 정리해 두었다. Greenacre(1984, pp. 140-143)에서 프로파일행렬에 대한 고유방정식을 활용한 알고리즘을 소개하고 있으니 참고하기 바란다.

[표 3.3.1] 다중 대응분석 알고리즘 : 버트행렬

[1단계] $m \times q$ 표시행렬 : $Z = [\, Z_1 \mid Z_2 \mid \cdots \mid Z_p \,]$

- Z_j : $m \times q_j$, $j = 1, \ldots, p$
- $q = q_1 + q_2 + \cdots + q_p$

  $\Rightarrow$ $q \times q$ 버트행렬 : $B = Z^T Z = (b_{ij})$, $i, j = 1, \ldots, q$

[2단계] 대응행렬 : $F_B = (\, f_{ij}^B \,)$, $f_{ij}^B = \dfrac{b_{ij}}{b_{..}}$, $i, j = 1, \ldots, q$

- $b_{..} = \sum_{i=1}^{q} \sum_{j=1}^{q} b_{ij}$: B의 모든 원소들의 총합
- 행과 열 프로파일의 중심 : $\mathbf{c} = F_B{}^T \mathbf{1}_q$

  $\Rightarrow$ 중심화 대응행렬 : $\widetilde{F}_B = F_B - \mathbf{c}\mathbf{c}^T$

[3단계] 잔차행렬의 비정칙값분해 : $Y_B = \widetilde{F}_B / \sqrt{\mathbf{c}\mathbf{c}^T} = U_B \Lambda_B V_B^T$

- $D = diag(\mathbf{c}) = diag(\, f_{.1}^B, \ldots, f_{.q}^B \,)$
- $\Lambda_B = diag(\, \lambda_1^B, \ldots, \lambda_q^B \,)$: 비정칙값 $\lambda_1^B, \ldots, \lambda_q^B$에 의한 대각행렬
- U_B와 V_B는 각각 $U_B{}^T U_B = I_q$와 $V_B{}^T V_B = I_q$를 만족

[4단계] 다중 대응분석 그림의 열의 주좌표점 : $\widetilde{C}_C^{\,B} = D^{-1/2} V_B \Lambda_B$

$\Rightarrow$ s 차원의 다중 대응분석 그림의 열의 주좌표점 : $\widetilde{C}_{C(s)}^{B} = D_{(s)}^{-1/2} V_{B(s)} \Lambda_{B(s)}$

[5단계] $s(\geq 2)$차원의 다중 대응분석 그림의 설명력 :

$$fit_B = \frac{\sum_{k=1}^{s} l_k^B}{\sum_{k=1}^{q} l_k^B} \times 100\%, \quad l_k^B = \lambda_k^{B2}$$

보기 3.3.1 표시행렬 Z의 이변량 대응분석과 버트표 $B = Z^T Z$의 다중 대응분석

[보기 3.1.1]에서 범주변수가 둘인 경우 표시행렬 [표 3.1.2]를 통해서 구성한 $Z = [\, Z_1 \mid Z_2 \,]$, $B = Z^T Z$와 $O = Z_1^T Z_2$의 대응분석을 서로 비교하였다. [보기 3.2.1]에서는 [표 3.1.2]의 크기가 $m \times q = 15 \times 6$인 $Z = [\, Z_1 \mid Z_2 \,]$에 대한 이변량 대응분석 알고리즘을 적용한 [결과 3.2.1]을 R에서 패키지 ca를 이용한 [결과 3.1.1]의 것과 비교하였다. 여

기서는 버트표 $B = Z^T Z$에 대한 다중 알고리즘 [표 3.3.1]을 적용한 [결과 3.3.1]을 R에서 패키지 ca를 이용한 [결과 3.1.1]-(2)의 것과 비교하고 [결과 3.1.1]-(1)의 표시행렬 Z의 결과와 최종적으로 비교하고자 한다. [결과 3.3.1]과 [결과 3.1.1]-(2)의 차이점은 좌표로 각각 주좌표와 표준좌표를 제공하고 있고 다중 대응분석 그림에서 제1축에 대하여 오른편과 왼편 좌표점이 반대인 것이다. 하지만 그들의 대응 경향 (r2, c2), (r3, c1) (r1, c3)는 동일하다. 설명력은 67.12(43.68+23.44)%로 [결과 3.1.1]-(1)의 표시행렬 Z에 의한 설명력 59.13%보다는 약간 높다.

결과 3.3.1 [R-코드 3.1.1](MCRA-Algorithm-B.R)의 결과

```
설명력:

       [,1]   [,2]   [,3]  [,4] [,5] [,6]
[1,]  0.466  0.250  0.250 0.101    0    0
[2,] 43.679 23.437 23.437 9.446    0    0


좌표:
              [,1]          [,2]
r1   3.755002e-17 -1.000000e+00
r2   8.359792e-01  5.000000e-01
r3  -8.359792e-01  5.000000e-01
c1  -7.631411e-01  1.409223e-17
c2   7.631411e-01  1.409223e-17
c3  -7.189213e-16  0.000000e+00
```

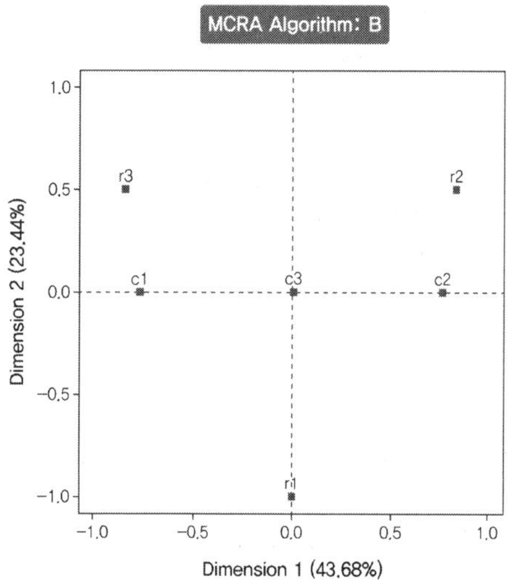

[R-코드 3.3.1] 표시행렬 Z의 이변량 대응분석과 버트표 B의 다중 대응분석(MCRA-Algorithm-B.R)

```
# MCRA based on the Algorithm of Burt Table B
#[1단계] 표시행렬
Z<-matrix(c(1, 0, 0, 1, 0, 0,
            1, 0, 0, 1, 0, 0,
            1, 0, 0, 0, 1, 0,
            1, 0, 0, 0, 1, 0,
            1, 0, 0, 0, 0, 1,
            0, 1, 0, 1, 0, 0,
            0, 1, 0, 0, 1, 0,
            0, 1, 0, 0, 1, 0,
```

```
          0,  1,  0,  0,  1,  0,
          0,  1,  0,  0,  0,  1,
          0,  0,  1,  1,  0,  0,
          0,  0,  1,  1,  0,  0,
          0,  0,  1,  1,  0,  0,
          0,  0,  1,  0,  1,  0,
          0,  0,  1,  0,  0,  1), byrow=T, nrow=15)
colnames(Z)<-c("r1", "r2", "r3", "c1", "c2", "c3")
B=t(Z)%*%Z # Burt Table
colnames(B)<- colnames(Z)

#[2단계] 대응행렬
F <- B/sum(B)
      c <- apply(F,2,sum)
      Dc<- diag(1/sqrt(c))
cF<- F-c%*%t(c)

#[3단계] 잔차행렬의 비정칙값분해
Y <- cF/sqrt(c%*%t(c))
svd.Y <- svd(Y)
      U <- svd.Y$u
      V <- svd.Y$v
      D <- diag(svd.Y$d)

#[4단계] 다중 대응분석 그림의 열 주좌표점
Cc <- (Dc%*%V%*%D)[,1:2];rownames(Cc) <- colnames(B);Cc # principal coordiantes
#Ccs=(Dc%*%V)[,1:2];rownames(Ccs) <- colnames(B);Ccs #standard coordinates

#[5단계] 2차원 다중 대응분석 그림의 설명력
eig <- (svd.Y$d)^2
      per <- eig/sum(eig)*100
      gof <- sum(per[1:2])
rbind(round(eig, 3),round(per, 3))

par(pty="s")
lim <-range(pretty(Cc))
plot(Cc[,  1:2],  xlab="Dimension  1(43.68%)",ylab="Dimension  2(23.44%)",xlim=lim,
ylim=lim,pch=15,col=2, main="MCRA Algorithm : B")
text(Cc[, 1:2],rownames(Cc),cex=0.8,col=2,pos=3)
abline(v=0,h=0)
```

보기 3.3.2 사고운전자의 부상정도에 따른 삼원분할표의 버트표의 다중 대응분석

[자료 1.1.2]의 운전상태(정상, 음주)와 안전벨트사용(착용, 미착용)에 따른 사고운전자의 부상정도(없음, 경상, 중경상, 중상)를 고려한 삼원분할표를 변환한 [자료 1.1.2](accidenttable.txt)을 활용하여 R의 패키지 ca의 함수 mjca()를 활용한 다중 대응분석을 위한 [R-코드 1.1.2](accidenttable-MCRA.R)를 활용하였다. 여기서는 삼원분할표로부터 만들어진 표시행렬 $Z = [\,Z_1 \mid Z_2 \mid Z_3\,]$는 행의 수가 삼원분할표의 빈도의 총합인 86769이고 열의 수가 범주변수(운전상태, 안전띠 사용, 운전자의 부상정도)의 범주 수인 8(2+2+4)이다. 따라서 크기가 86769×8이며 다음과 같다.

$Z = [\,Z_1 \mid Z_2 \mid Z_3\,] =$

정상	음주	착용	미착용	없음	경상	중경상	중상
1	0	1	0	1	0	0	0
1	0	1	0	1	0	0	0
1	0	1	0	1	0	0	0
1	0	1	0	1	0	0	0
⋮		⋮			⋮		
0	1	0	1	0	0	0	1

참고로 표시행렬 Z의 첫 번째 행 (1 0 1 0 1 0 0 0)은 삼원분할표 칸 (정상, 착용, 없음)의 빈도 12500 중 한 명을 나타내고 있으며 이런 행이 12500개가 구성되어 있다. 마지막 행은 (0 1 0 1 0 0 0 1)로 이는 칸 (음주, 미착용, 중상)의 빈도 66명 중 마지막 한 명을 나타내고 있다.

다음으로 $Z = [\,Z_1 \mid Z_2 \mid Z_3\,]$의 내적은 다음과 같은 버트행렬이 된다.

$$B = Z^T Z = \begin{pmatrix} Z_1^T Z_1 & Z_1^T Z_2 & Z_1^T Z_3 \\ Z_2^T Z_1 & Z_2^T Z_2 & Z_2^T Z_3 \\ Z_3^T Z_1 & Z_3^T Z_2 & Z_3^T Z_3 \end{pmatrix}$$

버트행렬은 버트표로 불리며 실제로 다음과 같다.

$B =$

	음주	정상	미착용	착용	중상	중경상	경상	없음
음주	5284	0	4909	375	70	524	385	4305
정상	0	81485	67999	13486	275	4123	2616	74471
미착용	4909	67999	72908	0	303	4000	2642	65963
착용	375	13486	0	13861	42	647	359	12813
중상	70	275	303	42	345	0	0	0
중경상	524	4123	4000	647	0	4647	0	0
경상	385	2616	2642	359	0	0	3001	0
없음	4305	74471	65963	12813	0	0	0	78776

버트행렬 $B=Z^TZ$로부터 $Z_1^TZ_2$는 버트표의 범주변수 운전상태(정상, 음주)와 안전띠 사용(착용, 미착용)에 따른 이원분할표가 되며 $Z_1^TZ_1$은 범주변수 운전상태(정상, 음주)의 음주와 정상의 주변합을 대각원소로 하는 대각행렬 구조를 가지고 있다. 나머지도 두 범주 변수 간의 이원분할표와 대각행렬 같은 구조를 보여 주고 있으며 대각행렬에 대하여 대칭인 형태임을 알 수 있다. 이는 (3.3.1)의 버트행렬에서 설명한 바 있다.

[R-코드 3.3.2](accident-B-Algorithm.R)를 활용하여 버트표에 대하여 다중 대응분석하여 [결과 3.3.2]를 제공하였다. 그림에 대한 해석과 설명력은 [그림 1.1.2]의 [해석 1.1.2]와 일치하며 수평축인 제1축에 대하여 왼편의 음주를 했을 경우 안전벨트를 미착용하며 따라서 사고가 나면 운전자의 부상 정도가 중상, 중경상, 경상에 대응한다. 오른편은 이와 반대로 운전자가 음주를 하지 않은 정상상태라면 안전벨트를 착용하게 되고 사고가 나도 부상자가 없음을 보여주고 있다.

결과 3.3.2 [R-코드 3.3.2](accident-B-Algorithm.R)의 결과

설명력:

	[,1]	[,2]	[,3]	[,4]	[,5]	[,6]	[,7]	[,8]
[1,]	0.139	0.111	0.111	0.106	0.091	0	0	0
[2,]	24.895	19.956	19.906	18.921	16.322	0	0	0

좌표:

	[,1]	[,2]
음주	-1.6838448	0.121685511
정상	0.1091911	-0.007890854
미착용	-0.1327167	-0.044193813
착용	0.6980818	0.232456715
중상	-2.4190590	6.341152524
중경상	-0.9301152	0.839893086
경상	-1.3031410	-1.902998144
없음	0.1151055	-0.004821054

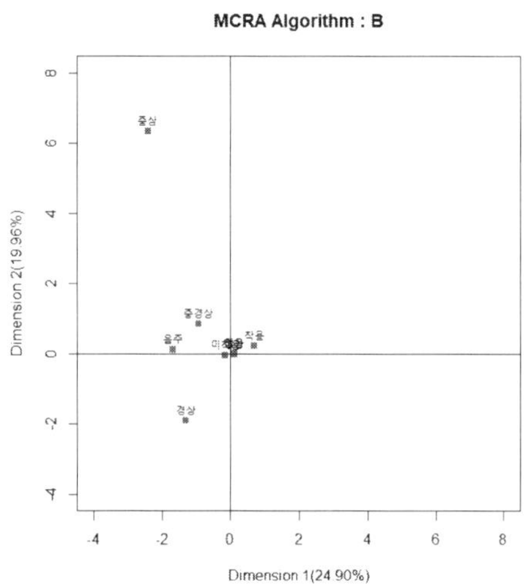

[R-코드 3.3.2] 사고운전자의 부상정도에 따른 삼원분할표의 버트표의 다중 대응분석(accident-B-Algorithm.R)

```
## MCRA based on the Algorithm of Burt Table B for accident data
#[1단계] 버트행렬
B=read.table("accident_B.txt", head=T)

#[2단계] 대응행렬
F <- B/sum(B)
        c <- apply(F,2,sum)
        Dc<- diag(1/sqrt(c))
cF<- F-c%*%t(c)

#[3단계] 잔차행렬의 비정칙값분해
Y <- cF/sqrt(c%*%t(c))
svd.Y <- svd(Y)
        U <- svd.Y$u
        V <- svd.Y$v
        D <- diag(svd.Y$d)

#[4단계] 다중 대응분석 그림의 열 주좌표점
Cc <- (Dc%*%V%*%D)[,1:2];rownames(Cc) <- colnames(B);Cc # principal coordiantes
#Ccs=(Dc%*%V)[,1:2];rownames(Ccs) <- colnames(B);Ccs #standard coordinates

#[5단계] 2차원 다중 대응분석 그림과 설명력
eig <- (svd.Y$d)^2
        per <- eig/sum(eig)*100
        gof <- sum(per[1:2])
rbind(round(eig, 3),round(per, 3))

par(pty="s")
lim <-range(pretty(Cc))
plot(Cc[,  1:2],  xlab="Dimension  1(24.90%)",ylab="Dimension  2(19.96%)",xlim=lim,
ylim=lim,pch=15,col=2, main="MCRA Algorithm : B")
text(Cc[, 1:2],rownames(Cc),cex=0.8,col=1,pos=3)
abline(v=0,h=0)
```

보기 3.3.3 인구통계적 변인과 사회경제적 변인에 의한 버트표의 다중 대응분석

[보기 1.1.6]에서는 교육수준, 나이, 거주지역의 규모 등 인구통계적 변인과 사회경제적 변인 간의 관계를 통해 얻어진 버트표 [자료 1.1.6](sociecono_B.txt)를 활용하여 R의 패키지 ca의 [R-코드 1.1.6](sociecono-MCRA-ca-B.R)에 의해서 다중 대응분석 [그림 1.1.6]을

제공하고 있다. 여기서는 이 그림을 재인용하고 설명력과 좌표를 추가하여 [결과 3.3.3]-(1)에서 제공한다. R의 패키지 ca에서 디폴트로 제공하는 좌표는 표준좌표이다. [결과 3.3.3]-(2)는 다중 대응분석의 알고리즘 [표 3.3.1]에 바탕을 둔 [R-코드 3.3.3](socieconoMCRAalgorithm.R)에 의한 결과를 요약하고 있다. 여기서는 주좌표를 제공하고 있다. [결과 3.3.3]의 다중 대응분석 그림의 경향이 일치하며 설명력도 제1축과 제2축이 각각 15.54%와 11.86%로 동일하다. 다만 (1)의 그림에서는 반올림된 설명력을 보여주고 있다.

수평축인 제1축에 대하여 나이(age1-age5)와 거주지역규모(siz1-siz5) 사이의 대응관계를 보여준다. 주식소유는 제1축의 왼편 남성(sexm)들이 sto1(소유)과 대응하여 주식을 소유하는 경향이 있으며 나이가 적은(age1-age3) 젊은 사람들의 교육수준(edu3-edu5)이 높다는 점이다. 주거상태의 경우는 제1축에 대하여 왼편의 남성(sexm)들이 lod2(소유)와 대응하고 있어 주거를 주로 소유하고 있으며 이들은 동산도 소유(hou1)하고 연령이 높고(age4, age5), 거주지규모도 작은 지역(siz1-siz3)에 살며 교육수준은 전반적으로 낮다(edu1, edu2). 보다 자세한 해석은 [해석 1.1.6]을 참고할 수 있겠다.

결과 3.3.3 **[R-코드 1.1.6]과 [R-코드 3.3.3]의 결과**

(1) R의 패키지 ca에 의한 다중 대응분석

설명력 :

Principal inertias (eigenvalues):

	1	2
Value	0.06251	0.047683
Percentage	15.54%	11.86%

좌표 :

Columns:

	sexm	sexf	edu1	edu2	edu3	edu4	edu5
Mass	0.067000	0.075857	0.028000	0.046714	0.022857	0.023857	0.021429
ChiDist	0.406581	0.359108	0.789634	0.570071	0.879778	0.876596	0.944724
Inertia	0.011076	0.009782	0.017459	0.015181	0.017692	0.018332	0.019125
Dim. 1	-0.283347	0.250263	-0.529727	-0.867312	0.795065	1.092143	0.518929
Dim. 2	0.349934	-0.309075	0.730400	1.283061	0.002296	-0.975885	-2.667427

	lod1	lod2	lod3	lod4	sto1	sto2	hou1
Mass	0.017143	0.041857	0.075143	0.008714	0.017286	0.125571	0.011714
ChiDist	1.058480	0.665885	0.395462	1.498069	1.119262	0.154074	1.365312
Inertia	0.019207	0.018560	0.011752	0.019557	0.021655	0.002981	0.021836
Dim. 1	0.221119	-2.312378	1.159780	0.671283	-1.961236	0.269977	-2.752804
Dim. 2	1.515006	-0.144110	-0.240487	-0.214427	-3.789672	0.521673	-3.579234

	hou2	age1	age2	age3	age4	age5	siz1
Mass	0.131143	0.005714	0.035286	0.050857	0.026857	0.024143	0.011857
ChiDist	0.121956	1.898583	0.708853	0.519921	0.810826	0.895312	1.330620
Inertia	0.001951	0.020598	0.017730	0.013748	0.017657	0.019353	0.020994
Dim. 1	0.245893	1.441527	1.845683	0.146981	-1.299297	-1.902971	-2.558296
Dim. 2	0.319714	-0.031803	-0.563876	0.436099	0.732942	-0.902337	2.227421

	siz2	siz3	siz4	siz5
Mass	0.012429	0.025000	0.047000	0.046571
ChiDist	1.242329	0.831577	0.548527	0.573248
Inertia	0.019182	0.017288	0.014141	0.015304
Dim. 1	-0.976175	-0.531084	0.519115	0.673057
Dim. 2	0.723732	0.622202	0.309585	-1.406686

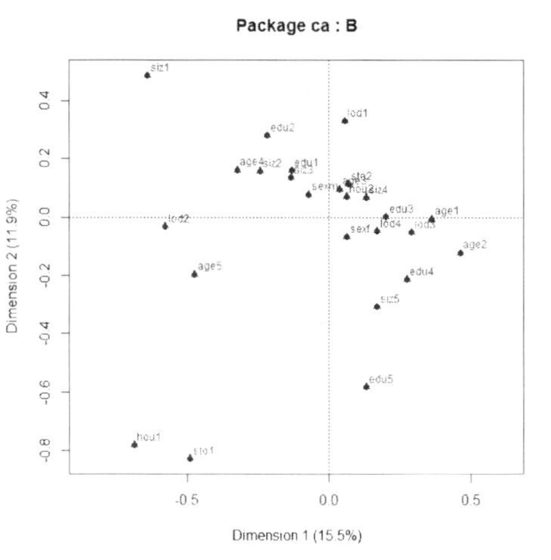

(2) 알고리즘에 의한 다중 대응분석

설명력 :

	[,1]	[,2]
[1,]	0.063	0.048
[2,]	15.544	11.857

좌표 :

	[,1]	[,2]
sexm	−0.07084213	0.0764129297
sexf	0.06257054	−0.0674908927
edu1	−0.13244204	0.1594930794
edu2	−0.21684477	0.2801742356
edu3	0.19878166	0.0005014551
edu4	0.27305673	−0.2130979846
edu5	0.12974226	−0.5824699200
lod1	0.05528393	0.3308225781
lod2	−0.57813907	−0.0314684507
lod3	0.28996732	−0.0525137619
lod4	0.16783381	−0.0468231896
sto1	−0.49034690	−0.8275276897
sto2	0.06749940	0.1139145056
hou1	−0.68825403	−0.7815755758
hou2	0.06147803	0.0698139403
age1	0.36040958	−0.0069447260
age2	0.46145636	−0.1231301862
age3	0.03674800	0.0952283038
age4	−0.32484932	0.1600481328
age5	−0.47577939	−0.1970377520
siz1	−0.63962333	0.4863883117
siz2	−0.24406263	0.1580369536
siz3	−0.13278128	0.1358665708
siz4	0.12978883	0.0676022844
siz5	0.16827725	−0.3071694671

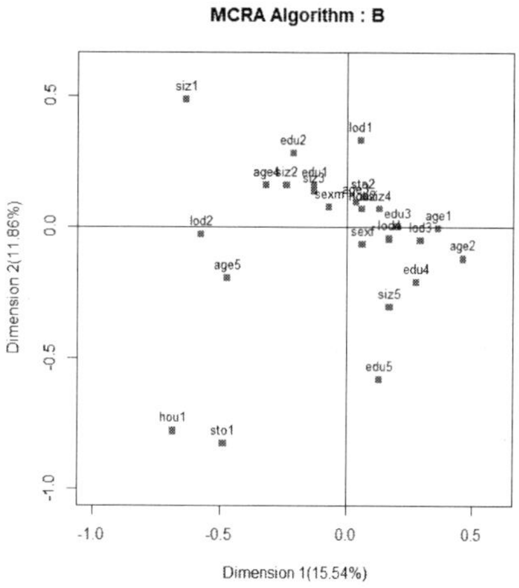

[R-코드 3.3.3] 인구통계적 변인과 사회경제적 변인에 의한 버트행렬에 대한 다중 대응분석 알고리즘 (sociecono-MCRAalgorithm.R)

```
## MCRA based on the Algorithm of Burt Table B for social-economic data
#[1단계] 버트행렬
B=read.table("sociecono_B.txt", head=T)

#[2단계] 대응행렬
F <- B/sum(B)
      c <- apply(F,2,sum)
      Dc<- diag(1/sqrt(c))
cF<- F-c%*%t(c)

#[3단계] 잔차행렬의 비정칙값분해
Y <- cF/sqrt(c%*%t(c))
svd.Y <- svd(Y)
      U <- svd.Y$u
      V <- svd.Y$v
      D <- diag(svd.Y$d)
```

```
#[4단계] 다중 대응분석 그림의 열 주좌표점
Cc <- (Dc%*%V%*%D)[,1:2];rownames(Cc) <- colnames(B);Cc # principal coordiantes
#Ccs=(Dc%*%V)[,1:2];rownames(Ccs) <- colnames(B);Ccs #standard coordinates

#[5단계] 2차원 다중 대응분석 그림과 설명력
eig <- (svd.Y$d)^2
      per <- eig/sum(eig)*100
      gof <- sum(per[1:2])
rbind(round(eig, 3),round(per, 3))

par(pty="s")
lim <-range(pretty(Cc))
plot(Cc[,  1:2],  xlab="Dimension  1(15.54%)",ylab="Dimension  2(11.86%)",xlim=lim,
ylim=lim,pch=15,col=2, main="MCRA Algorithm : B")
text(Cc[, 1:2],rownames(Cc),cex=0.8,col=1,pos=3)
abline(v=0,h=0)
```

보기 3.3.4 고객 특성에 대한 표시행렬의 다중 대응분석

최용석(2021)에는 고객 12명을 대상으로 세 범주변수(성별, 나이, 키)에 따른 삼원분할표 [자료 3.3.1]에 대하여 버트행렬을 이용한 다중 대응분석을 소개하고 있다. 여기서는 버트행렬 대신 삼원분할표로부터 구성한 (3.3.15)의 크기가 12×6인 표시행렬 $Z = [Z_1 \mid Z_2 \mid Z_3]$에 대한 다중 대응분석을 소개하고자 한다. 이는 [표 3.2.1]의 이변량 대응분석 알고리즘의 확장이라고 했다. 이를 위한 [R-코드 3.3.4](customer-MCRAalgorithm-Z.R)과 [결과 3.3.4]를 참고하기 바란다.

[자료 3.3.1] 세 범주변수(성별, 나이, 키)에 따른 삼원분할표

성별	나이	키	
		크다	작다
남	중장년	1	3
	청소년	2	1
여	중장년	1	2
	청소년	1	1

$$Z = [\, Z_1 \mid Z_2 \mid Z_3 \,] = \qquad (3.3.15)$$

남	여	중장년	청소년	키큼	키작음
1	0	1	0	1	0
1	0	1	0	0	1
1	0	1	0	0	1
1	0	1	0	0	1
1	0	0	1	1	0
1	0	0	1	1	0
1	0	0	1	0	1
0	1	1	0	1	0
0	1	1	0	0	1
0	1	1	0	0	1
0	1	0	1	1	0
0	1	0	1	0	1

[결과 3.3.4]를 보면 (1) 설명력은 제1축이 43.98%이고 제2축이 33.16%로 총 77.14%이다. (2) 좌표는 표준좌표가 아닌 주좌표를 제공하고 있다. 이를 활용한 다중 대응분석 그림을 보면 좌표가 겹쳐 있어 결과의 좌표를 참고한다면 수평축인 제1축에 대하여 왼편의 청소년 고객은 키가 크며 오른편의 중장년 고객은 키가 작음에 대응하고 있다. 제2축에서는 남과 여가 서로 반대쪽에 놓여 있어 기하적으로 이들 범주의 이질성을 나타내고 있다. 따라서 고객들의 성향은 남자 고객은 주로 청소년이고 키가 크며 여자 고객은 그 반대의 경향과 대응하고 있다.

결과 3.3.4 [R-코드 3.3.4](customer-MCRAalgorithm-Z.R)의 결과

```
(1) 설명력 :
       [,1]   [,2]   [,3] [,4] [,5] [,6]
[1,]   0.44  0.332  0.229    0    0    0
[2,]  43.98 33.163 22.857    0    0    0

(2) 좌표 :
             [,1]        [,2]
남     -0.1218405  0.83632566
여      0.1705767 -1.17085592
중장년  0.6810219  0.07481282
청소년 -0.9534306 -0.10473795
키큼   -0.9534306 -0.10473795
키작음  0.6810219  0.07481282
```

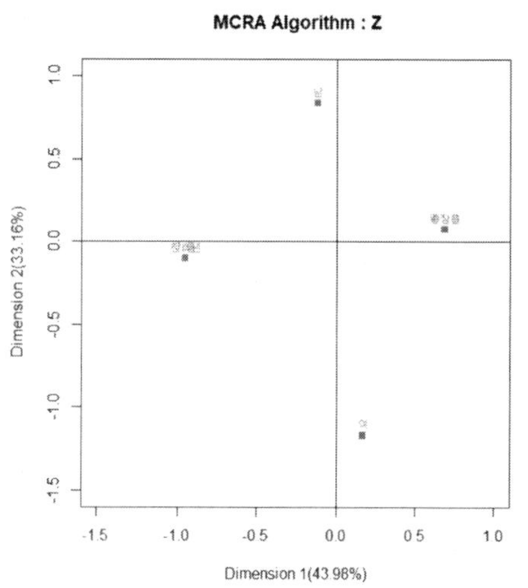

[R-코드 3.3.4] 고객 특성에 대한 표시행렬의 다중 대응분석 다중 대응분석 알고리즘 (customer-MCRAalgorithm-Z.R)

```
# MCRA : Indicator Matrix Z for Characteritic of Customers
#[1단계] 표시행렬
Z<-matrix(c(1, 0, 1, 0, 1, 0,
            1, 0, 1, 0, 0, 1,
            1, 0, 1, 0, 0, 1,
            1, 0, 1, 0, 0, 1,
            1, 0, 0, 1, 1, 0,
            1, 0, 0, 1, 1, 0,
            1, 0, 0, 1, 0, 1,
            0, 1, 1, 0, 1, 0,
            0, 1, 1, 0, 0, 1,
            0, 1, 1, 0, 0, 1,
            0, 1, 0, 1, 1, 0,
            0, 1, 0, 1, 0, 1), byrow=T, nrow=12)
colnames(Z)<-c("남", "여", "중장년", "청소년", "키큼", "키작음")

#[2단계] 대응행렬
F <- Z/sum(Z)
    r <- apply(F,1,sum)
    c <- apply(F,2,sum)
    Dr<- diag(1/sqrt(r))
    Dc<- diag(1/sqrt(c))
cF<- F-r%*%t(c)

#[3단계] 잔차행렬의 비정칙값분해
Y <- Dr%*%(cF)%*%Dc
svd.Y <- svd(Y)
    U <- svd.Y$u
    V <- svd.Y$v
    D <- diag(svd.Y$d)

#[4단계] 이변량 대응분석 그림의 열 주좌표점
Cc <- (Dc%*%V%*%D)[,1:2];rownames(Cc) <- colnames(Z);Cc # principal coordiantes
#Ccs=(Dc%*%V)[,1:2];rownames(Ccs) <- colnames(Z);Ccs #standard coordinates

#[5단계] 2차원 이변량 대응분석 그림의 설명력
eig <- (svd.Y$d)^2
    per <- eig/sum(eig)*100
    gof <- sum(per[1:2])
rbind(round(eig, 3),round(per, 3))
```

```
par(pty="s")
lim <-range(pretty(Cc))
plot(Cc[,  1:2],  xlab="Dimension  1(34.13%)",ylab="Dimension  2(25.00%)",xlim=lim,
ylim=lim,pch=15,col=2, main="SCRA Algorithm : Z")
text(Cc[, 1:2],rownames(Cc),cex=0.8,col=2,pos=3)
abline(v=0,h=0)
```

3.4 분류변수 자료의 다중 대응분석

3.3절에서 본 바와 같이 일반적으로 다중 대응분석을 위해서 입력자료로 다원분할표를 구성하는 범주변수의 각각에 범주인 분류변수와 빈도를 이용한다. 그리고 분류변수에 의한 표시행렬 Z와 이로부터 얻어지는 버트행렬 $B = Z^T Z$에 의한 두 종류의 다중 대응분석의 알고리즘과 그 응용을 살펴보았다. 일반적으로 범주형 자료는 처음부터 분할표, 표시행렬, 버트행렬로 구성되어 있지 않고 범주변수 각각에 범주가 분류변수로 입력되어 있는 경우가 많다. 또한 입력의 편의성과 분석의 수월성을 위해 분류변수 대신 명목상 수치를 부여하기도 한다.

보기 3.4.1 경제전망과 경제정책선호도 조사의 분류변수 자료의 다중 대응분석

[자료 1.1.5](view.txt)는 120명의 성인 남녀를 대상으로 범주변수인 성별(sex), 나이(age), 수입(income)에 따른 경제전망(view)과 경제정책선호도(policy)를 알아보기 위한 5가지 질문을 통하여 수집된 가상의 자료이다. [보기 1.1.5]에서는 이를 활용한 다중 대응분석을 보여주고 있다. 그리고 실제 [자료 1.1.5]는 5개 범주변수로 크기가 $2 \times 2 \times 2 \times 2 \times 2$인 복잡한 오원분할표를 구성하는 것 대신에 자료의 행으로 120명에 대한 각각의 범주변수가 가지는 범주로 이루어진 분류변수 (1) sex(성별): 1(남), 2(여) / (2) age(나이): 1(30세 이하), 2(30세 이상) / (3) income(연 수입): 1(1000만원 이하), 2(1000만원 이상) / (4) view(경제전망): 1(낙관), 2(비관) / (5) policy(정부의 경제정책): 1(찬성), 2(반대)를 입력 자료로 고려한다. 에를 들자면 첫 번째 행은 첫 번째 응답자에 대한 것으로 (1, 2, 2, 2, 2)이며 이는 (sex, age income, view, policy)가 (남, 30세 이상, 1000만원 이상, 비관, 반대)임을 나타낸다. 이와 같은 자료에 대하여 R의 패키지 ca에서 제공되는 함수 mjca()를 활용하여 [R-코드 1.1.5](view-MCRA.R)에 의해 다중 대응분석을 적용하였다. 여기서 함수 mjca()의 디폴트 옵션(lambda="adjusted")을 사용하여 원래 버트행렬에 의한 주결여성과 총결여성을 보정하여 설명력을 높인 결과를 제공한다. 제공된 [그림 1.1.2] 외 나머지는 [결과 3.4.1]에 정리하였다. 다중 대응분석 그림의 제1축인 1차원 설명력은 수정되어 85.18%에 이른다. 따라서 제1축의 오른편에는 연령(age:2)과 수입(income:2)이 높은 남성(sex:1)들이 경제전망을 비관(view:2)하고 경제정책을 반대(policy:2)하고 있음을 보여주고 있다.

결과 3.4.1 [R-코드 1.1.5]의 추가 결과

```
설명력:

Eigenvalues:
                1         2
Value       0.178447  0.001018
Percentage 85.18%     0.49%

좌표:
 Columns:
            sex:1     sex:2     age:1      age:2  income:1  income:2    view:1
Mass     0.126667  0.073333  0.120000  0.080000  0.153333  0.046667  0.053333
ChiDist  0.465567  0.804162  0.528152  0.792229  0.341826  1.123143  0.998656
Inertia  0.027455  0.047423  0.033473  0.050210  0.017916  0.058868  0.053190
Dim. 1   0.815374 -1.408374 -0.888077  1.332115 -0.591738  1.944283 -1.701435
Dim. 2   0.230783 -0.398625 -0.984092  1.476138 -0.068827  0.226146  0.906130
           view:2  policy:1  policy:2
Mass     0.146667  0.073333  0.126667
ChiDist  0.363147  0.718208  0.415804
Inertia  0.019342  0.037827  0.021900
Dim. 1   0.618704 -0.896624  0.519098
Dim. 2 -0.329502  2.329320 -1.348553
```

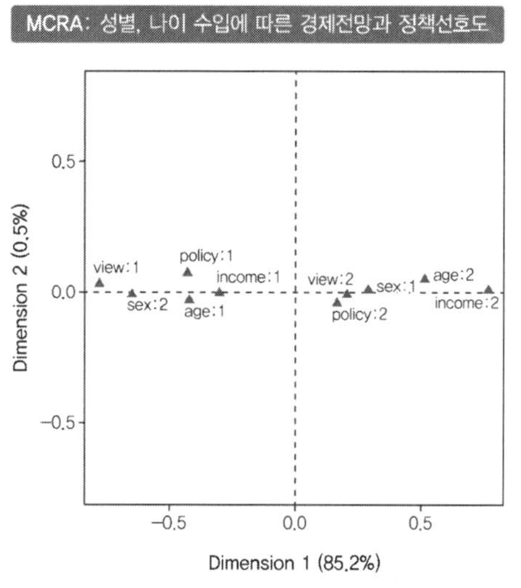

보기 3.4.2 사고운전자의 부상정도에 따른 삼원분할표의 분류변수 자료와 버트표의 다중 대응분석 비교

[보기 1.1.2]에서는 [자료 1.1.2]의 범주변수인 운전상태(정상, 음주)와 안전벨트사용(착용, 미착용)에 따른 사고운전자의 부상정도(없음, 경상, 중경상, 중상)를 고려한 크기가 $2\times2\times4$인 삼원분할표로 범주변수의 분류변수를 이용한 입력자료인 accidenttable.txt를 활용하고 있다. 이 자료는 범주변수와 빈도에 대해 분류변수의 조합에 의해서 삼원분할표의 크기에 따른 16개로 칸을 지정하고 칸의 빈도를 입력자료로 한다. 예를 들자면 accidenttable.txt의 첫 번째 행에서 분류변수의 조합 (정상, 착용, 없음)은 삼원분할표의 칸 (1, 1, 1)을 의미하며 빈도는 12500이다. 맨 마지막 행 (음주, 미착용, 중상)은 빈도 66을 가지는 삼원분할표의 마지막 칸 (2, 2, 4)를 나타낸다.

이에 대하여 함수 mjca()를 활용한 다중 대응분석을 위한 [R-코드 1.1.2](accidenttable-MCRA.R)를 적용하였다. 이를 나머지 결과인 설명력과 좌표를 추가하여 [결과 3.4.2]-(2)에 정리하였다. 실제 함수 mjca()에서 디폴트 옵션(lambda="adjusted")을 사용하여 설명력을 높인 결과를 제공한다.

[보기 3.3.2]에서는 버트행렬 B에 대해 알고리즘을 적용한 [R-코드 3.3.2](accident-B-Algorithm.R)를 활용한 다중 대응분석을 제공했는데 그것을 [결과 3.4.2]-(1)에 재인용하였다.

결과 3.4.2 [R-코드 3.3.2]와 [R-코드 1.1.2]의 결과 비교

(1) 버트행렬에 대한 알고리즘에 의한 다중 대응분석

설명력:

```
        [,1]   [,2]   [,3]   [,4]   [,5] [,6] [,7] [,8]
[1,]  0.139  0.111  0.111  0.106  0.091    0    0    0
[2,] 24.895 19.956 19.906 18.921 16.322    0    0    0
```

좌표:

```
             [,1]         [,2]
음주   -1.6838448  0.121685511
정상    0.1091911 -0.007890854
미착용 -0.1327167 -0.044193813
착용    0.6980818  0.232456715
중상   -2.4190590  6.341152524
중경상 -0.9301152  0.839893086
경상   -1.3031410 -1.902998144
없음    0.1151055 -0.004821054
```

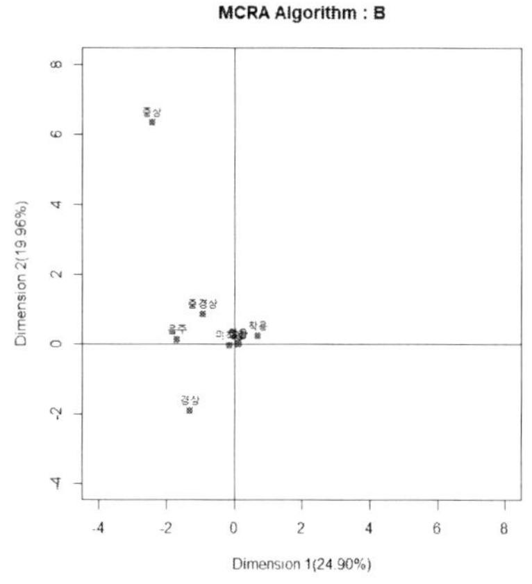

(2) 분류변수를 활용한 삼원분할표에 대한 R 패키지 ca의 다중 대응분석

설명력:

```
 Eigenvalues:
           1        2     3
Value      0.003499 0     0
Percentage 89.13%   0.01% 0%
```

좌표:

```
   Columns:
        벨트:미착용 벨트:착용 부상:경상 부상:없음부상:중경상  부상:중상
Mass       0.280085  0.053249  0.017852  0.302627  0.011529   0.001325
ChiDist    0.252303  1.327097  2.430515  0.184581  3.055311   9.144538
Inertia    0.017829  0.093781  0.105459  0.010311  0.107619   0.110830
Dim. 1    -0.356030  1.872694 -2.495154  0.308785 -3.495844  -6.489437
Dim. 2     0.132417 -0.696504 -2.516550  0.014445  5.701904 -18.999831
          운전:음주 운전:정상
Mass       0.020299  0.313034
ChiDist    2.279779  0.147835
Inertia    0.105502  0.006841
Dim. 1    -4.517131  0.292919
Dim. 2    -0.364603  0.023643
```

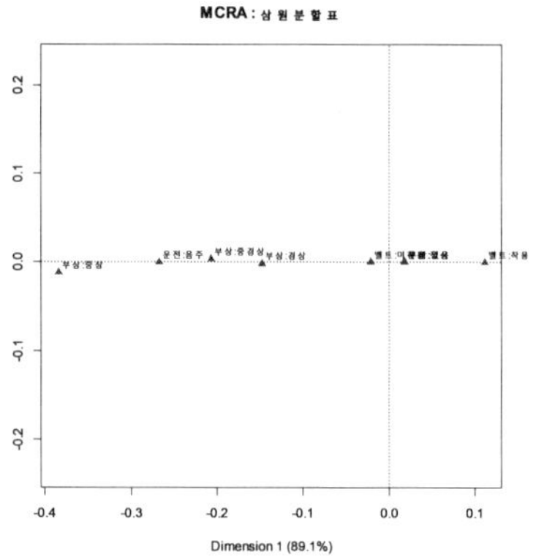

[결과 3.4.2]-(2)의 설명력에서 1차원에 대한 주결여성 $l_1^{Adj}=0.003499$로 89.13%의 설명력을 가진다. 앞서 언급했지만 이는 설명력을 높이기 위하여 보정 공식 (3.3.13)과 (3.3.14)에 의해서 (1)의 설명력에서 주결여성 $l_1^B=0.139$의 설명력 24.90%를 보정한 것이다. 좌표도 (1)은 주좌표를 (2)는 표준좌표를 제공하고 있으며 다중 대응분석 그림의 경향은 동일하여 수평축인 제1축에 대하여 왼편의 음주를 했을 경우 안전벨트를 미착용하며 따라서 사고가 나면 운전자의 부상 정도가 중상, 중경상, 경상에 대응한다.

3.5 SAS 실습

3.4절에서 소개한 다중 대응분석의 응용으로 [보기 3.4.2]에서 사고운전자의 부상정도에 따른 삼원분할표의 입력형태로 분류변수를 활용하여 R 패키지 ca에서 다중 대응분석을 위한 mjca()의 결과와 알고리즘을 적용한 버트표에 대한 결과를 비교하고 있다.

이 절의 [보기 3.5.1]에서는 [보기 3.4.2]를 인용하여 두 종류의 입력자료에 대한 SAS/PROC CORRESP의 수정 설명력 추가를 포함한 다중 대응분석을 요약하기로 하자. 이는 이미 1.3절의 SAS 실습에서 [보기 1.3.2]로 엿보기를 한 바 있다. 그리고 [보기 1.3.5]에서의 경제전망과 경제정책선호도 조사자료의 분류변수 형태의 입력자료에 대한 SAS/PROC CORRESP의 다중 대응분석 그림 외의 결과는 [보기 3.5.2]에서 요약하고 있다. 끝으로 [보기 3.5.3]에서는 [보기 1.3.6]의 인구통계적 변인과 사회경제적 변인에 의한 버트표에 대한 SAS/PROC CORRESP의 다중대응분석 그림 외의 결과를 보여준다.

보기 3.5.1 **사고 운전자의 부상정도에 따른 삼원분할표의 다중 대응분석의 수정 설명력 추가**

[보기 1.3.2]에서 사고 운전자의 부상정도에 따른 삼원분할표의 분류변수를 활용한 입력자료에 대해 옵션 mca를 적용한 [SAS-코드 1.3.2](accident-MCRA.SAS)를 활용하여 [그림 1.3.2]만 제공하였다. 여기에 수정된 설명력을 위해 옵션 greenacre unadjusted(수정 전과 후 모두를 제공)를 추가하여 [SAS-코드 3.5.1](accident-MCRA-Adjusted.SAS)를 활용하기로 하자. 따라서 다중 대응분석 그림 외에 나머지를 [결과 3.5.1]에 [결과 1]~[결과 3]으로 정리하였다.

[결과 3.5.1]-[결과 1]에서는 버트표를 제공하는데 실제로 [결과 2]의 설명력을 보면 처음 Inertia and Chi-Square Decomposition의 주결여성 Principal Inertias는 표시행렬 Z에 의한 범주변수가 두 개인 이변량 알고리즘을 세 개로 확장한 주결여성 I^Z에 해당한다. 이는 [R-코드 1.1.2]에서 수정된 설명력을 제공하는 디폴트 옵션(lambda="adjusted")을 사용하는 mjca(table) 대신에 mjca(table, lambda ="indicator")을 사용하면 확인 가능하다. 다음으로 [결과 2]의 Greenacre Adjusted Inertia Decomposition은 설명력을 높이기 위하여 버트행렬 B의 다중 대응분석에 대한 Greenacre의 보정 공식 (3.3.13)과 (3.3.14)를 적용한 수정 주결여성과 설명력을 보여주고 있으며 이는 R의 패키지 ca의 디폴트 옵션

(lambda= "adjusted")을 사용하는 mjca(table)의 [결과 3.4.2]-(2)와 같다. 즉, 여기서는 1차원에 대하여 $l_1^Z = 0.37277$이고 $l_1^B = (0.37277)^2$에 의해서 수정된 $l_1^{Adj} = 0.00350$가 되며 1차원의 수정된 설명력이 89.13%로 수정 전의 22.37%보다 훨씬 높아졌다.

실제로 버트표에 대한 다중 대응분석의 결과로부터 주결여성을 l^B라 하면 이들 간에는 $l^Z = \sqrt{l^B}$이 성립함을 잘 알고 있다. [R-코드 1.1.2]와 [SAS-코드 1.3.2]가 제공하는 다중 대응분석 그림인 [그림 1.1.2]와 [그림 1.3.2]의 경향은 동일하나 달라 보이는 것은 [그림 1.1.2]의 좌표는 보정한 주결여성을 반영한 주좌표이기 때문이다.

결과 3.5.1 [SAS-코드 3.5.1] (accident-MCRA-Adjusted.SAS)의 결과

[결과 1] 옵션 mca에 의한 결과

Burt Table

	음주	정상	미착용	착용	경상	없음	중경상	중상
음주	5284	0	4909	375	524	4305	385	70
정상	0	81485	67999	13486	4123	74471	2616	275
미착용	4909	67999	72908	0	4000	65963	2642	303
착용	375	13486	0	13861	647	12813	359	42
경상	524	4123	4000	647	4647	0	0	0
없음	4305	74471	65963	12813	0	78776	0	0
중경상	385	2616	2642	359	0	0	3001	0
중상	70	275	303	42	0	0	0	345

Column Coordinates

	Dim1	Dim2
음주	2.7579	0.2106
정상	-0.1788	-0.0137
미착용	0.2174	-0.0765
착용	-1.1434	0.4024
경상	1.5234	1.4538
없음	-0.1685	-0.0083
중경상	2.1344	-3.2940
중상	3.9621	10.9764

[결과 2] 옵션 short greenacre unadjusted에 의한 결과

Inertia and Chi-Square Decomposition

Singular Value	Principal Inertia	Chi-Square	Percent	Cumulative Percent	0 5 10 15 20
0.61055	0.37277	97491	22.37	22.37	
0.57771	0.33375	87286	20.02	42.39	
0.57735	0.33333	87178	20.00	62.39	
0.57007	0.32498	84994	19.50	81.89	
0.54939	0.30183	78940	18.11	100.00	
	1.66667	435889	100.00		Degrees of Freedom = 49

Greenacre Adjusted Inertia Decomposition

Principal Inertia	Adjusted Inertia	Percent	Cumulative Percent	0 20 40 60 80
0.37277	0.00350	89.13	89.13	
0.33375	0.00000	0.01	89.14	
	0.00350	89.14		

[결과 3] ods graphics on;에 의한 결과

[그림 1.3.2] 사고 운전자의 부상정도에 따른 삼원분할표의 다중 대응분석

[SAS-코드 3.5.1] 사고 운전자에 관한 삼원분할표의 다중 대응분석의 수정 설명력 추가 (accident-MCRA-Adjusted.SAS)

```
data accident;
     input condi $ belt $ injury $ count@@;
 cards;
 정상   착용     없음     12500   정상   착용     경상   604
 정상   착용     중경상   344     정상   착용     중상   38
 정상   미착용   없음     61971   정상   미착용   경상   3519
 정상   미착용   중경상   2272    정상   미착용   중상   237
 음주   착용     없음     313     음주   착용     경상   43
 음주   착용     중경상   15      음주   착용     중상   4
 음주   미착용   없음     3992    음주   미착용   경상   481
 음주   미착용   중경상   370     음주   미착용   중상   66
 ;
ods graphics on;
proc corresp data=accident mca greenacre unadjusted observed short;
     tables condi belt injury;
     weight count;
 run;
```

보기 3.5.2 **경제전망과 경제정책선호도 조사자료의 다중 대응분석의 수정 설명력 추가**

1.3절 SAS 실습의 [보기 1.3.5]에서 경제전망과 경제정책선호도 조사자료의 분류변수를 활용한 [자료 1.1.5]에 대해 옵션 mca를 적용한 [SAS-코드 1.3.5](accident-MCRA.SAS)의 결과인 [그림 1.3.5]를 살펴보았다. 그리고 이 코드에 옵션 greenacre unadjusted를 추가한 [SAS-코드 3.5.2](accident-MCRA-Adjusted.SAS)를 활용하여 [결과 3.5.2]에 [결과 1]~[결과 3]으로 정리하였다. [결과 2]에 따르자면 1차원에 대하여 $l_1^Z = 0.53794$이고 $l_1^B = (0.53794)^2$에 의해서 수정된 $l_1^{Adj} = 0.17845$가 된다. 1차원의 수정된 설명력이 85.18%로 수정 전의 53.79%보다 높아졌다. [결과 3]의 [그림 1.3.5]에 대한 해석은 [보기 1.3.5]를 살펴보면 된다.

결과 3.5.2 [SAS-코드 3.5.2](accident-MCRA-Adjusted.SAS)의 결과

[결과 1] 옵션 mca에 의한 결과

Burt Table

	sex1	sex2	age1	age2	income1	income2	view1	view2	policy1	policy2
sex1	76	0	28	48	48	28	8	68	20	56
sex2	0	44	44	0	44	0	24	20	24	20
age1	28	44	72	0	72	0	32	40	24	48
age2	48	0	0	48	20	28	0	48	20	28
income1	48	44	72	20	92	0	32	60	44	48
income2	28	0	0	28	0	28	0	28	0	28
view1	8	24	32	0	32	0	32	0	24	8
view2	68	20	40	48	60	28	0	88	20	68
policy1	20	24	24	20	44	0	24	20	44	0
policy2	56	20	48	28	48	28	8	68	0	76

Column Coordinates

	Dim1	Dim2
sex1	-0.5980	0.1096
sex2	1.0330	-0.1893
age1	0.6514	-0.4673
age2	-0.9770	0.7010
income1	0.4340	-0.0327
income2	-1.4260	0.1074
view1	1.2479	0.4303
view2	-0.4538	-0.1565
policy1	0.6576	1.1062
policy2	-0.3807	-0.6404

[결과 2] 옵션 short greenacre unadjusted에 의한 결과

Inertia and Chi-Square Decomposition

Singular Value	Principal Inertia	Chi-Square	Percent	Cumulative Percent
0.73345	0.53794	593.25	53.79	53.79
0.47490	0.22553	248.72	22.55	76.35
0.36861	0.13587	149.84	13.59	89.93
0.30674	0.09409	103.76	9.41	99.34
0.08101	0.00656	7.24	0.66	100.00
	1.00000	1102.81	100.00	

Degrees of Freedom = 81

Greenacre Adjusted Inertia Decomposition

Principal Inertia	Adjusted Inertia	Percent	Cumulative Percent
0.53794	0.17845	85.18	85.18
0.22553	0.00102	0.49	85.66
	0.17947	85.66	

[결과 3] ods graphics on;에 의한 결과

[그림 1.3.5] 경제전망과 경제정책선호도 조사자료의 다중 대응분석 그림

[SAS-코드 3.5.2] 경제전망과 경제정책선호 조사자료의 다중 대응분석의 수정 설명력 추가 (accident-MCRA-Adjusted.SAS)

```
data view;
infile 'D:view.txt';
input id sex age income view policy;
if sex=1 then x1="sex1"; else x1="sex2";
```

```
if age=1 then x2="age1"; else  x2="age2";
if income=1 then x3="income1"; else x3="income2";
if view=1 then x4="view1"; else x4="view2";
if policy=1 then x5="policy1"; else x5="policy2";

proc corresp data=view mca greenacre unadjusted observed short;
     tables x1-x5;
run;
```

보기 3.5.3 인구통계적 변인과 사회경제적 변인에 의한 버트표의 다중 대응분석의 수정 설명력 추가

[보기 1.3.6]에서 교육수준, 나이, 거주지역의 규모 등 인구통계적 변인과 사회경제적 변인 간의 관계를 통해 얻어진 버트표 [자료 1.1.6](sociecono_B.txt)에 대해 [SAS-코드 1.3.6](sociecono-MCRA.SAS)은 다중 대응분석 [그림 1.3.6]을 제공하고 있다. 전체적으로 범주변수가 7개이고 분류변수는 총 25개로 이루어진 버트표이며 수정된 설명력을 위해 옵션 greenacre unadjusted를 추가한 [SAS-코드 3.5.3](sociecono-MCRA-Adjusted.SAS)을 활용하여 [결과 3.5.3]에 [결과 1]과 [결과 2]로 정리하였다.

[결과 2]의 다중 대응분석 [그림 1.3.6]은 [R-코드 1.1.6]에 의해서 제공되는 다중 대응분석 [그림 1.1.6]과는 기하적으로 위아래, 왼편과 오른편이 바뀐 형태이나 대응관계와 해석은 동일하다. 여기서는 1차원에 대하여 $l_1^Z = 0.25002$이고 $l_1^B = (0.25002)^2$에 의해서 수정된 $l_1^{Adj} = 0.01563$이 된다. 1차원의 수정된 설명력이 38.51%로 수정 전의 9.72%보다 매우 높아졌다. 다중 대응분석 그림에 대한 해석은 [보기 1.3.6]을 참고하기 바란다.

간단히 요약하자면 주거상태(lod1(대출), lod2(소유), lod3(전세), lod4(기숙))의 경우는 제1축에 대하여 오른편의 남성(sexm)들이 lod2(소유)와 대응하고 있어 주거를 주로 소유하고 있으며 이들은 동산도 소유(hou1)하고 연령이 높고(age4, age5), 거주지규모도 작은 지역(siz1-siz3)에 살며 교육수준은 낮다(edu1, edu2). 나머지 보다 자세한 것은 [해석 1.1.6]을 참고하기 바란다.

[SAS-코드 3.5.3] 인구통계적 변인과 사회경제적 변인에 의한 버트표에 대한 다중 대응분석의 수정 설명력 추가(sociecono-MCR-Adjuted.SAS)

```
data sociecono;
infile 'D:sociecono_B.txt';
input  sexm sexf edu1 edu2 edu3 edu4 edu5 lod1 lod2 lod3 lod4
       sto1 sto2 hou1 hou2 age1 age2 age3 age4 age5 siz1 siz2 siz3 siz4 siz5;
```

```
proc corresp data=sociecono nvars=7  mca greenacre unadjusted short;
     var sexm sexf edu1 edu2 edu3 edu4 edu5 lod1 lod2 lod3 lod4
     sto1 sto2 hou1 hou2 age1 age2 age3 age4 age5 siz1 siz2 siz3 siz4 siz5;
run;
```

결과 3.5.3 [SAS-코드 3.5.3](sociecono-MCR-Adjuted.SAS)의 결과

[결과 1] 옵션 short greenacre unadjusted에 의한 결과

Inertia and Chi-Square Decomposition

Singular Value	Principal Inertia	Chi-Square	Percent	Cumulative Percent
0.50002	0.25002	1915.9	9.72	9.72
0.46729	0.21836	1673.3	8.49	18.21
0.42972	0.18466	1415.0	7.18	25.40
0.41786	0.17461	1338.0	6.79	32.19
0.40129	0.16104	1234.0	6.26	38.45
0.39753	0.15803	1211.0	6.15	44.59
0.39265	0.15418	1181.4	6.00	50.59
0.38172	0.14571	1116.6	5.67	56.26
0.37535	0.14089	1079.6	5.48	61.74
0.36662	0.13441	1030.0	5.23	66.96
0.35915	0.12899	988.4	5.02	71.98
0.35396	0.12529	960.1	4.87	76.85
0.34977	0.12234	937.5	4.76	81.61
0.34304	0.11176	901.7	4.58	86.18
0.32555	0.10598	812.1	4.12	90.31
0.30939	0.09572	733.5	3.72	94.03
0.29484	0.08639	666.2	3.38	97.41
0.25810	0.06661	510.5	2.59	100.00
	2.57143	19704.8	100.00	Degrees of Freedom = 576

Greenacre Adjusted Inertia Decomposition

Principal Inertia	Adjusted Inertia	Percent	Cumulative Percent
0.25002	0.01563	38.51	38.51
0.21836	0.00776	19.12	57.63
0.18466	0.00238	5.86	63.49
0.17461	0.00137	3.38	66.87
0.16104	0.00045	1.11	67.98
0.15803	0.00031	0.77	68.75
0.15418	0.00017	0.43	69.18
0.14571	0.00001	0.03	69.20
	0.02809	69.20	

[결과 2] ods graphics on;에 의한 결과

[그림 1.3.6] 인구통계적 변인과 사회경제적 변인에 의한 버트표의 다중 대응분석 그림

3.6 SPSS 실습

SPSS에서 다중 대응분석의 실행 절차는 **분석(A) ▶ 차원 축소(D) ▶ 최적화 척도법(O)** 메뉴를 통해 이루어짐을 1.4절에서 소개하였다. 3.5절의 SAS 실습의 보기와 동일하게 이 절에서는 SPSS 실습을 한다. [보기 3.6.1]에서는 사고운전자의 부상정도에 따른 삼원분할표의 다중 대응분석을, [보기 3.6.2]에서는 경제전망과 경제정책선호도 조사자료의 다중 대응분석을 실행하고 결과를 설명하고자 한다. 먼저 SPSS 실행 절차를 통한 이들 두 자료의 다중 대응분석 그림은 이미 각각 [보기 1.4.2]와 [보기 1.4.5]의 [그림 1.4.2]와 [그림 1.4.5]에서 소개하였다. 다만 대응분석 그림의 각 축의 설명력은 R과 SAS에서는 자동으로 제시되나 SPSS에서는 모형 요약에서 설명된 분산의 % 분산을 보면 된다.

보기 3.6.1 사고운전자의 부상정도에 따른 삼원분할표의 다중 대응분석

[보기 1.4.2]에서 사고 운전자의 부상정도에 따른 삼원분할표의 분류변수에 의한 입력자료에 대해 [SPSS-메뉴 1.4.2]는 다중 대응분석 [그림 1.4.2]만 제공하였다. 여기에 [SPSS-메뉴 3.6.1]로 재인용하고 좌표와 설명력을 추가하여 [결과 3.6.1]에 [결과 1]~[결과 3]으로 정리하였다.

[결과 3.6.1]-[결과 1]에서는 SAS와 달리 각 범주변수별로 2차원 좌표를 제공하고 있다. [결과 2]의 설명력은 2차원 다중 대응분석 [그림 1.4.2]에 대한 것으로 % 분산에서 69.81 (37.27+32.54)%를 보여 준다. [그림 1.4.2]의 해석은 [보기 1.4.2]를 참고하기 바란다.

결과 3.6.1 [SPSS-메뉴 3.6.1]의 결과

[결과 1] 다중 대응분석 그림의 좌표

운전상태[a]

			중심값 좌표		벡터 좌표	
			차원		차원	
범주	가중 빈도	수량화	1	2	1	2
정상	81485	−.255	−.179	.023	−.179	.023
음주	5284	3.927	2.760	−.357	2.760	−.357

변수 주 정규화

a. 최적화 척도 수준: 명목형.

안전벨트[a]

			중심값 좌표		벡터 좌표	
			차원		차원	
범주	가중 빈도	수량화	1	2	1	2
착용	13861	−2.293	−1.142	−1.863	−1.142	−1.863
미착용	72908	.436	.217	.354	.217	.354

변수 주 정규화

a. 최적화 척도 수준: 명목형.

부상정도[a]

			중심값 좌표		벡터 좌표	
			차원		차원	
범주	가중 빈도	수량화	1	2	1	2
없음	78776	−.304	−.187	.169	−.187	.169
경상	4647	2.465	1.511	−1.370	1.513	−1.368
중경상	3001	3.342	2.065	−1.839	2.051	−1.855
중상	345	7.168	4.347	−4.034	4.398	−3.977

변수 주 정규화

a. 최적화 척도 수준: 명목형.

[결과 2] 설명력

모형 요약

		설명된 분산	
차원	Cronbach의 알파	전체(고유값)	% 분산
1	.159	1.118	37.273
2	−.037	.976	32.540
전체	.784[a]	2.094	69.814

a. 전체 Cronbach의 알파는 전체 고유값에 기준합니다.

[결과 3] 다중 대응분석 그림

[그림 1.4.2] 사고 운전자의 부상정도에 따른 삼원분할표의 다중 대응분석

[SPSS-메뉴 3.6.1] 사고 운전자에 관한 삼원분할표의 다중 대응분석(accident.sav)

분석(A) ▶ 차원 축소(D) ▶ 최적화 척도법(O)

보기 3.6.2 경제전망과 경제정책선호도 조사자료의 다중 대응분석

[보기 1.4.5]의 [SPSS-메뉴 1.4.5]는 경제전망과 경제정책선호도 조사자료의 다중 대응분석 [그림 1.4.5]만 제공하였다. 여기서 [SPSS-메뉴 3.6.2]로 재인용하여 [결과 3.6.2]에 [결과 1]과 [결과 2]로 정리하였다.

[결과 3.6.2]-[결과 1]의 설명력은 % 분산에서 [결과 2]의 다중 대응분석 [그림 1.4.5]의 차원 1(제1축)과 차원 2(제2축)가 각각 53.79%와 22.55%로 총 76.35%임을 보여 준다. 차원 1의 오른편에 연령(age1)과 수입(income1)이 낮은 여성(sex2)들이 경제전망을 낙관(view1)하고 정부의 경제정책을 찬성(policy1)함을 보여 준다. 왼편에는 연령(age2)과 수입(income2)이 높은 남성(sex1)들이 경제전망을 비관(view2)하고 경제정책을 반대(policy2)하고 있음을 보여주고 있다.

그림에 대한 자세한 해석은 [그림 1.1.5]의 [해석 1.1.5]를 참고하기 바라며 다만 기하적으로 차원 1(제1축)에 대하여 좌표점의 위치가 [그림 1.1.5]와 반대의 경우이다.

결과 3.6.2 [SPSS-메뉴 3.6.2]의 결과

[결과 1] 설명력

모형 요약

차원	Cronbach의 알파	설명된 분산 전체(고유값)	설명된 분산 % 분산
1	.785	2.690	53.794
2	.141	1.128	22.553
전체	.923[a]	3.817	76.347

a. 전체 Cronbach의 알파는 전체 고유값에 기준합니다.

[결과 2] 다중 대응분석 그림

[그림 1.4.5] 경제전망과 경제정책선호도 조사자료의 다중 대응분석 그림

[SPSS-메뉴 3.6.2] 경제전망과 경제정책선호 조사자료의 다중 대응분석(view.sav)

분석(A) ▶ 차원 축소(D) ▶ 최적화 척도법(O)

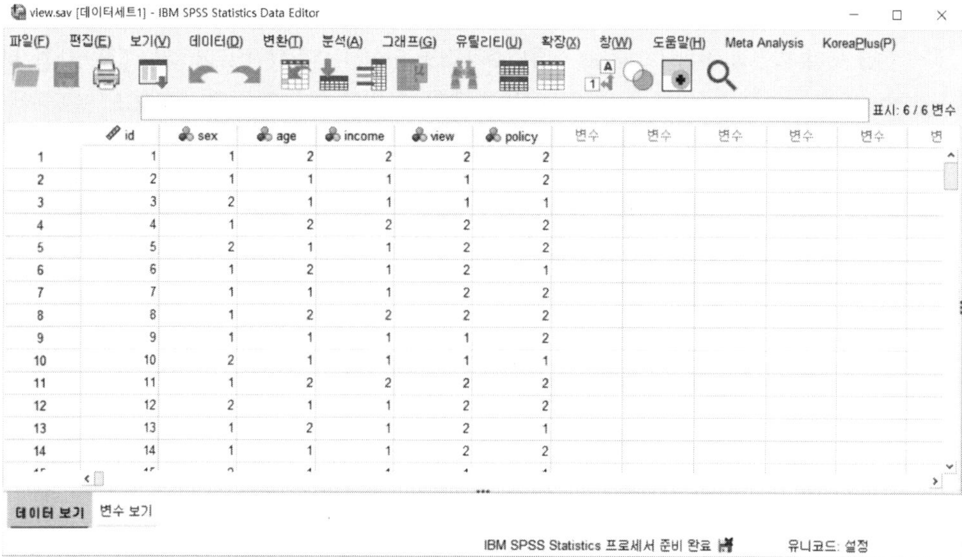

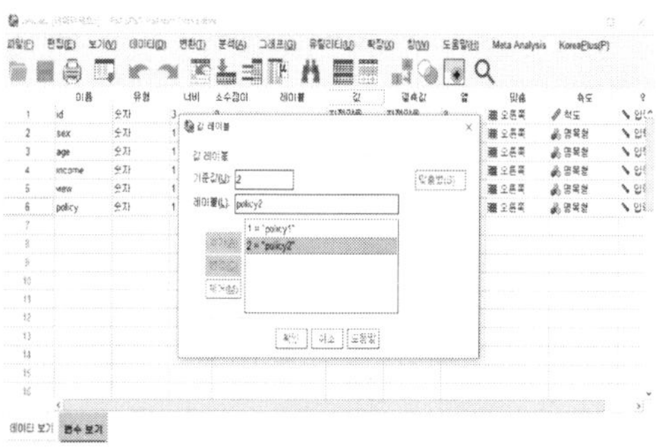

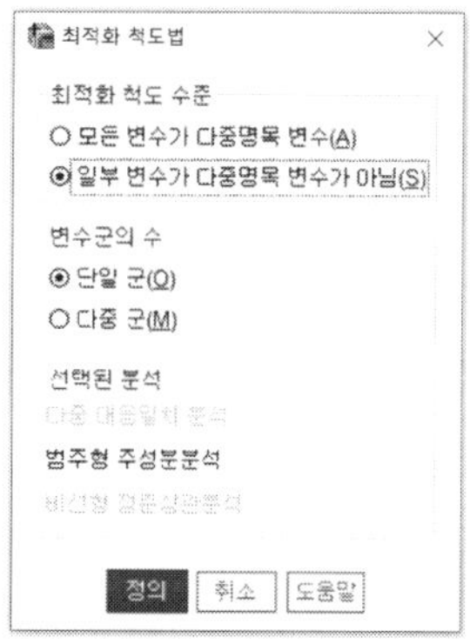

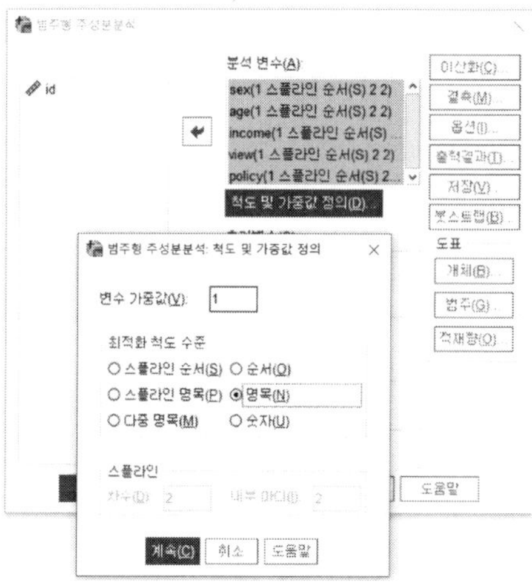

3장 요약

01 삼원 이상 다원의 분할표 내지는 분류변수가 3개 이상인 범주형 자료에 대해 다중 대응 분석(multiple correspondence analysis)을 고려할 수 있다. 자료의 형태는 분할표, 분류 변수가 포함된 자료, 표시행렬과 버트표이다.

02 $n \times p$ 이원분할표 자료행렬을 $O = (o_{ij}),\ o_{ij} \geq 0,\ i = 1,\ldots,n\ ;\ j = 1,\ldots,p$이라 하면 $m \times q$ 표시행렬은 $Z = [\,Z_1 \mid Z_2\,] = (z_{ij}),\ i = 1,\ldots,m\ ;\ j = 1,\ldots,q$이다. 여기서 $m = \sum_{i=1}^{n} \sum_{j=1}^{p} o_{ij}$이고 $q = q_1 + q_2 = n + p$이다.

03 범주변수가 둘인 경우 표시행렬은 $Z = [Z_1 \mid Z_2]$, 버트표는 $B = Z^T Z$이고 이원분할표 $O = Z_1^T Z_2$의 대응분석에서 이들의 주결여성을 각각 l^Z, l^O, l^B라 하면 이들 사이에는 $l^Z = \sqrt{l^B}$와 $l^O = (2l^Z - 1)^2 = (2\sqrt{l^B} - 1)^2$의 수리적인 관계가 성립한다.

04 범주변수의 수가 $p(\geq 3)$인 경우 m개의 행과 $q = q_1 + q_2 + \cdots + q_p$개의 열을 갖는 크기가 $m \times q$인 표시행렬을 $Z = [Z_1 \mid \cdots \mid Z_p]$라 하자. 여기서 j번째 분할계획행렬 Z_j는 j번째 범주 변수가 q_j개 열범주를 가져 크기가 $m \times q_j$가 된다.

05 $q \times q$ 버트행렬 $B = Z^T Z = (b_{ij})$로부터 대응행렬 $F_B = (f_{ij}^B)$, $f_{ij}^B = b_{ij}/b_{..}$을 구하고 이로부터 $\mathbf{c} = F_B{}^T \mathbf{1}_q$에 대해 중심화 대응행렬 $\widetilde{F}_B = F_B - \mathbf{c}\mathbf{c}^T$의 변환된 잔차행렬의 비정칙값분해 $Y_B = \widetilde{F}_B / \sqrt{\mathbf{c}\,\mathbf{c}^T} = U_B \Lambda_B V_B^T$를 고려한다. 이로부터 다중 대응분석 그림의 열의 주좌표점 행렬은 $\widetilde{C}_C^B = D^{-1/2} V_B \Lambda_B$이다.

06 다중 대응분석의 설명력이 높아지도록 수정된 주결여성과 총결여성은 다음과 같다.

$$l_k^{Adj} = \left(\frac{q}{q-1}\right)^2 \times \left(\sqrt{l_k^B} - \frac{1}{q}\right)^2,\ k = 1,2,\ldots$$

$$\text{수정된 총결여성} = \left(\frac{q}{q-1}\right) \times \left(\sum_{k=1}^{q} l_k^B - \frac{q-p}{q^2}\right)^2$$

07 다중 대응분석은 R 패키지 ca의 mjca() 함수를 활용하며 SAS/PROC CORRESP에서는 mca 옵션을 사용한다. 또한 SPSS에서는 메뉴 **분석(A)** ▶ **차원 축소(D)** ▶ **최적화 척도법(O)**에서 가능하다.

4장

텍스트 자료의 대응분석

data coding... the process of function by which verbal data are converted into variables and categories of variables using number.
Lockyer, S.(2004)

데이터 코딩... 언어 데이터를 숫자를 사용하여
변수와 변수 범주로 변환하는 함수의 과정이다.

최근 텍스트 마이닝에서 텍스트 자료의 처리와 TF-IDF 가중 함수를 활용한 정형화를 통해 문서-핵심어 행렬을 얻으며, 이 행렬에 의한 이원분할표를 얻을 수 있다. 이는 단순히 텍스트 자료의 자연어 처리에 의한 상위 빈도의 단어로 구성되는 것과는 다르게 문서에서 상대적 중요도를 고려한 문서-핵심어에 대한 이원분할표이다. 따라서 이원분할표에 대한 단순 대응분석을 통해 문서와 단어의 연관성을 시각적으로 해석하려 한다. 이를 위해 2장에서 소개한 단순 대응분석을 위한 R의 패키지 ca의 활용을 함께 곁들인다. SAS와 SPSS의 실습은 2.5절과 2.6절을 각각 참고하여 제공된다.

4.1 텍스트 자료

텍스트 자료(text data)는 일반적으로 문헌 및 문서자료를 말한다. 더 나아가 신문, 메일, 뉴스기사, 책, 잡지, 연구자료, 보고서 등과 웹 자료(트위터, 인스타그램, 영화댓글, 포털사이트)도 포함한다. 특히 신문과 뉴스기사의 경우에는 사회, 경제, 정치, 문화 등에 대한 상황적 특성을 잘 반영하고 있어, 이를 분석함으로써 시대적인 변화와 이슈, 특정 기업의 경영방침, 경영전략, 국가정책 등에 대한 유용한 정보를 추출해 낼 수 있다. 또한 급속도로 확산되고 있는 웹 자료와 SNS상에서의 댓글이나 메시지는 사용자의 감정이나 생각, 경험 등을 반영하고 있으며, 이를 분석함으로써 사회적인 동향 혹은 관심 대상의 평판에 대한 정보를 추출해 낼 수 있다. 이를 위해서 어떻게 의미 있는 단어들을 추출할 것인지 그리고 이러한 비정형 자료를 통계적 방법론에 적용하기 위하여 어떻게 정형화할 것인지를 생각해야 한다.

일반적으로 제일 먼저 고려해야 할 것은 텍스트 파일을 구성하고 있는 단어 또는 용어들의 빈도수이다. 예를 들어 대통령의 취임 연설문에서는 국민이라는 단어가 57번, 행복이라는 단어가 20번, 경제라는 단어가 19번 언급되었다. 이처럼 단순히 특정 단어들에 대한 빈도수만으로도 우리는 대통령의 정치적 행보가 국민행복과 경제에 많은 비중을 둘 것으로 예상할 수 있다. 이와 같이 그 맥락과 내용이 일관성이 있으며, 목적성이 뚜렷한 연설문과 같은 텍스트는 언급된 단어들의 빈도만을 고려하여도 충분히 의미 있는 정보를 추출해 낼 수 있다. 하지만 신문 기사와 같이 한 기사에 여러 목적을 나타내는 텍스트는 단순히 단어의 빈도만을 고려하여 유용한 정보를 추출해내기는 어렵다.

이에 앞서서 특정 문서나 웹 페이지에서 원하는 텍스트 자료를 얻기 위해서는 이를 추출하는 작업인 크롤링(crawling)이 필요하다. 일반적으로 PDF 파일 형태의 문서는 파이썬(Python) 프로그램을 이용하여 크롤링 작업이 이루어진다(Jung 외, 2019; Jeong 외, 2019; Lee 외, 2020). 경우에 따라 Choi와 Choi(2014)와 같이 Linux에서 잘 운용되는 하둡(Hadoop)의 맵리듀스(MapReduce)를 이용하기도 한다. 최근에는 하둡 플랫폼 위에서 R과 연동되는 RHadoop도 사용되고 있다. R에서 자세하고 친절한 웹 자료 크롤링(트위터, 영화댓글, 포털사이트)에 대해서는 강창완 외(2018, 7장)를 참고할 수 있다. 그리고 크롤링을 이용한 텍스트 수집을 할 때 대용량의 텍스트 집합이 생성되는데 이를 말뭉치(corpus)로 정의하였다. 말뭉치는 비정형 자료이기 때문에 정형화 자료로 변환시켜 주어야 한다. 말뭉치를 정형화하기 위해 개별 문서(document)에 대해서 각각의 용어(term)에 대해 빈도를 파악하여 구조화된 자료로 변환한다. 이러한 과정을 파싱(parsing)이라고 한다.

실제로 문서에 대한 용어들은 각각의 중요도가 다르기 때문에 용어 가중치(term weighting)를 이용해 수치화시켜야 한다. 용어 가중치는 정보 검색이나 텍스트 마이닝 분야에 이용되고 있으며 여러 문서로 이루어진 문서집단이 있을 때 어떤 용어가 특정 문서 내에서 얼마나 중요한지를 나타내는 통계적 수치이다. 하지만 모든 용어를 그대로 분석한다면 분석의 질을 저하하는 일이 생기기 때문에 불필요한 용어를 삭제하여 핵심어를 추출한다. 이를 필터링(filtering)이라 하며 4.2절에서 용어 가중치함수를 이용한 정형화를 통해 이루어짐을 살펴볼 것이다. 그 과정은 문서-용어 빈도행렬을 정의하고 용어의 중요도를 수치화하기 위한 가중치함수를 활용하여 불필요하게 많은 용어의 개수를 줄이고 중요한 핵심어(keyword)만 살리기 위해 문서-핵심어 가중행렬을 생성하는 것이다. 지금까지를 전처리 과정(preprocessing)이라 한다.

일반적으로 텍스트 자료를 비정형 자료(unstructured data)라 하며 이로부터 숨겨진 정보를 잘 얻어내기 위해서는 수치형 자료인 정형화 자료(structured data)로 변환해 줄 필요성이 있다. 예를 들자면 텍스트 자료인 문서로부터 단어들의 빈도를 활용하는 빈도분석과 단어들을 변수로 하여 이들과 연관이 있는 문서의 군집화(cluster) 내지는 판별화(discrimination)와 분류화(classification)에 최종 목적이 있을 수 있다. 군집화를 위해서는 전통적인 군집분석에서 K-평균 군집법과 와드법(Ward method)을 활용하거나 시각적으로 MDS(다차원 척도법)를 활용하기도 한다(Jung 외, 2019). 판별과 분류 분석을 위해서는 기계학습(machine leraning)으로 SVM(support vector machine)과 심층 신경망(deep neural network)을 활용하기도 한다(Jeong 외, 2019; Lee 외, 2020). 또한 단어들에 대한 분할표를 구성하여 대응분석을 통해 시각적으로 단어들의 군집화와 단어들의 대응관계를 보여주는 경향을 파악하게 한다(Kim 외, 2012; Choi와 Choi, 2014).

단어의 빈도분석을 위해 전통적으로 출현 빈도수에 대한 막대그림(bar plot)을 제공하거나 단어 출현의 빈도를 내림차순으로 하여 사용 빈도가 높을수록 단어를 크게 나타내어 시각적으로 비교하는 워드 클라우드(word cloud)가 있다.

[표 4.1.1] KoNLP 패키지 설치 및 확인

```
# 1. R 자바 설치
install.packages("rJava")
rJava::.jinit() # rJava 설치 확인

# 2. R에서 사용할 언어설치
install.packages("multilinguer")
multilinguer::install_jdk()

# 3. 의존성 패키지 설치하기
install.packages(c("hash", "tau", "Sejong", "RSQLite", "devtools"), type = "binary")
install.packages("remote")

# 4. KoNLP 설치하기
remotes::install_github('haven-jeon/KoNLP', upgrade = "never", ,INSTALL_opts=c("--no-multiarch"))
library(KoNLP)

# 5. 확인: 예시
extractNoun("제4장 텍스트 자료의 대응분석")
```

이 절에서는 비정형화된 텍스트 자료를 얻기 위한 크롤링 과정은 생략하고 R에서 텍스트 자료의 텍스트 마이닝에서 한글 자연어 처리(natural language processing, NLP) 과정을 위한 패키지 KoNLP(Korean NLP) 설치에 대해서 먼저 설명하기로 하자. 일반적으로 자연어 처리란 일상생활에서 사용되는 언어의 의미를 분석하여 컴퓨터에서 처리 가능하도록 하는 일이다.

목원대학교 스톡스대학 SW교양학부(2021)에 따르면 한글 텍스트 분석에서 중요한 KoNLP 패키지는 2020년 2월 R의 CRAN에서 삭제되어 [표 4.1.1]의 # 3. 의존성 패키지 설치하기와 # 4. KoNLP 설치하기와 같이 깃허브(github)와 연동해서 사용하도록 remotes 패키지를 설치해야 한다. 특히, 이 패키지에는 형태소 사전으로 잘 알려진 세종사전 SejongDic 대신에 단어가 더 풍부해진 사전 NIADic의 함수 useNIADic()와 명사를 추출하는 함수 extractNoun()이 내장되어 있다. 실제로 이 책에서는 NIADic을 사용하고 있다. 또한 # 2. R에서 사용할 언어설치와 # 1. R 자바 설치와 같이 R 사용자를 위한 언어 설치 multilinguer 패키지와 KoNLP가 자바(java)로 만든 형태소 분석기라 이를 설치해 주어야 한다. 끝으로 library(KoNLP)로 불러오면 된다.

[보기 4.1.1]에서는 삼성과 애플의 신문기사의 실제 텍스트 자료를 활용하여 단어 출현 빈도를 막대그림과 워드 클라우드로 보이고자 한다. [보기 4.1.2]에서는 [보기 4.1.1]과 같

은 과정을 통해 [보기 1.1.3]의 오즈의 마법사 세 종류 시리즈의 상위 빈도 5개 단어로 구성되는 이원 분할표 [자료 1.1.3]을 구성하는 과정을 보이고자 한다. 이는 [자료 4.1.2](oz_total.txt)로 재인용될 예정이다.

본격적으로 TF-IDF(term frequency-inverse document frequency)와 같은 용어 가중치 함수를 사용하여 단순한 용어-빈도만을 선보인 [보기 4.1.1]과 [보기 4.1.2]를 넘어서 텍스트 자료를 정형화하는 것은 4.2절에서 다룬다. 특히, 용어-빈도 추출 등을 위한 텍스트 자료의 정형화를 위한 [R-코드]는 목원대학교 스톡스대학 SW교양학부(2021) 10.1절과 강창완 외(2018) 8.1절을 참고하기 바란다.

보기 4.1.1 삼성과 애플의 한국경제신문기사의 텍스트 자료의 워드 클라우드와 막대그림

Choi와 Choi(2014)는 한국경제신문(2012. 01.~2012. 12.)의 기사를 통해서 삼성과 애플 두 기업의 분기별 동향과 이슈를 분석하기 위하여 분산처리시스템(distribution processing system)인 맵리듀스(MapReduce)를 활용하였고, 얻어진 분기별 빈도의 정형화 자료에 대한 대응분석을 선보이고 있다. 특히, Choi와 Choi(2014)에서 사용된 맵리듀스 처리 과정의 코딩파일(MapReduce.txt)과 예제 파일(Apple.txt)은 [자료 4.1.1]에 제공하였고 저자의 홈페이지(yschoi.pusan.ac.kr)의 메뉴(Researches > Systems)에서 받아갈 수 있다. [자료 4.1.1]에 대한 [R-코드 4.1.1] (SSApple-wordcloud-barplot.R)은 한글 자연어 처리 과정을 위한 패키지 KoNLP(Korean NLP) 설치와 실제 텍스트 자료를 활용하여 단어 출현빈도를 나타내는 과정인 [결과 4.1.1]의 (1) 텍스트 자료에서 줄 단위로 읽기~(4) 단어의 출현 빈도를 제공하며 또한 [그림 4.1.1]의 막대그림과 워드 클라우드 제공하고 있다.

[자료 4.1.1] 2012년 1월 ~ 2012년 12월의 한국경제신문 기사(Apple.txt)

팀 쿡 애플 최고경영자(CEO)가 미국 정보기술(IT) 기업 CEO 가운데 직원들로부터 가장 높은 평가를 받고 있는 것으로 나타났다.

미 경제전문지 포천은 미국 IT 기업 CEO의 직원 지지도 조사에서 쿡이 97%의 지지를 얻어 1위에 올랐다고 29일(현지시간) 발표했다. 해당 기업의 전·현직 직원들에게 '당신의 CEO가 회사를 이끌어나가는 방식에 찬성하느냐'고 질문해 응답자의 97%가 '그렇다'고 답했다. 쿡의 지지도 97%는 전임자인 스티브 잡스가 지난해 받았던 95%보다 높다.

'독불장군' 잡스와 달리 쿡은 소통을 중시하는 경영자로 평가받고 있다. 그는 직원들과 이메일을 자유롭게 주고받으며 대화를 시도하고 있는 것으로 알려졌다. 회사의 중대 사안을 비밀리에 처리했던 잡스와 달리 회사의 인사계획 등을 직원들에게 공개하는 것도 높은 점수를 받은 이유가 됐다. 특히 쿡은 미국 전 기업을 대상으로 한 지지도 조사에서도 1위를 기록했다.

지지도 2위는 퀄컴의 폴 제이컵스가 차지했다. 지난 11월 한국을 방문하기도 한 제이컵스는 지난해 88%보다 7%포인트 올라선 95%를 얻었다. 그는 퀄컴 설립 후 24년간 회사를 이끌어온 어윈 제이컵스의 아들이다.
구글의 래리 페이지가 3위에 올랐다. 페이지는 전임자인 에릭 슈미트(96%)보다 2%포인트 떨어진 94%의 지지를 얻었다. 침착한 리더십의 대명사인 페이지의 사내 평판은 좋은 편이지만 지난 1년간 펼쳐온 경영에 대해선 평이 엇갈리고 있다.

(이하 생략)

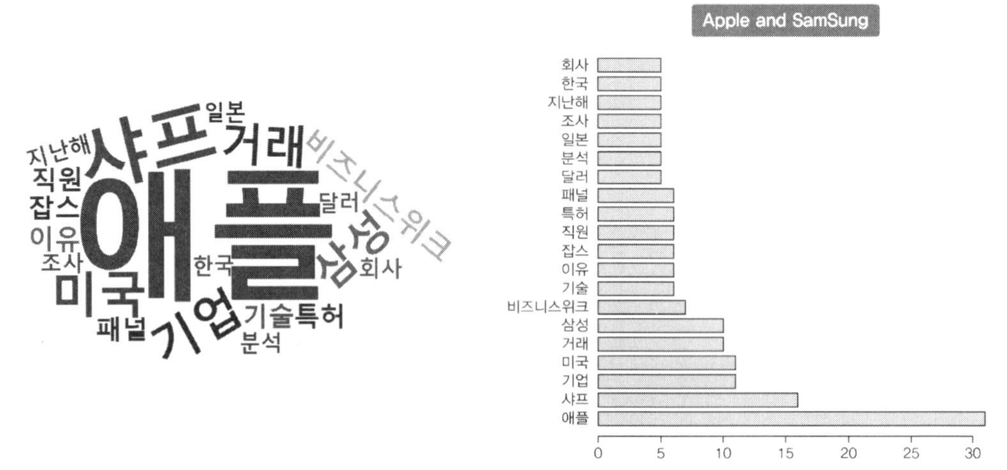

[그림 4.1.1] 삼성과 애플의 기사의 빈도에 대한 워드 클라우드와 막대그림

[R-코드 4.1.1] 삼성과 애플의 기사의 빈도에 대한 워드 클라우드와 막대그림(SSApple-wordcloud-barplot.R)

```
## 삼성과 애플의 한국경제신문의 기사 텍스트 자료의 워드 클라우드와 막대그림
library(KoNLP)
useNIADic()
library(wordcloud2)

# 텍스트 자료에서 줄 단위로 읽어오기
str = readLines("Apple.txt");str
str
# 명사 추출과 리스트 형태를 벡터화
class(str)
nouns = sapply(str, extractNoun, USE.NAMES = F);nouns
nouns = unlist(nouns)
nouns

# 자료 정제
library(stringr)
nouns <- nouns %>%
```

```
  str_replace_all("[^가-힣]"," ") %>% # 한글을 제외한 모든 것 공백으로 대체
  str_squish() # 공백 제거
nouns <- nouns[str_count(nouns) > 1] # 2글자 이상 단어 추출
ex = c("의","를","과","홍하이","아이","페이지","하기","있다")
nouns = nouns[!nouns %in% ex]

# 빈도 내림차순 상위 20개
wordF = sort(table(nouns), decreasing = T)[1:20];wordF
write.csv(wordF, "wordF_apple.csv")
write.table(wordF, "wordF_apple.txt", sep=",", row.names=F, col.names=F)

# 워드클라우드와 막대그림
wordcloud2(wordF, size = 1, fontFamily = '나눔바른고딕')
barplot(wordF, las = 2, horiz = T, col = "lightblue",  cex.names = 0.6, main = "Apple
and SamSung")
```

결과 4.1.1 [R-코드 4.2.1](SSApple-wordcloud-barplot.R)의 결과

(1) 텍스트 자료에서 줄 단위로 읽기

```
> str=readLines("Apple.txt");str
 [1] "팀 쿡 애플 최고경영자(CEO)가 미국 정보기술(IT) 기업 CEO 가운데 직원들로부터 가장 높은 평가를 받고 있는 것으로 나타났다. "
 [2] ""
 [3] "미 경제전문지 포천은 미국 IT 기업 CEO의 직원 지지도 조사에서 쿡이 97%의 지지를 얻어 1위에 올랐다고 29일(현지시간) 발표했다. 해당 기업의 전 · 현직 직원들에게 '당신의 CEO가 회사를 이끌어나가는 방식에 찬성하느냐'고 질문해 응답자의 97%가 '그렇다'고 답했다. 쿡의 지지도 97%는 전임자인 스티브 잡스가 지난해 받았던 95%보다 높다. "
 (이하 생략)
```

(2) 명사 추출

```
> nouns=sapply(str, extractNoun, USE.NAMES=F) ;noun
[[1]]
 [1] "팀"            "애플"           "최고경영자(CEO)가"
 [4] "미국"          "정보기술(IT)"   "기업"
 [7] "CEO"           "가운데"         "직원"
[10] "들"            "평가"           "것"

[[2]]
 [1] ""

(이하생략)
```

(3) 리스트 형태를 벡터화

```
> nouns=unlist(nouns);nouns
   [1] "팀"                 "애플"
   [3] "최고경영자(CEO)가"   "미국"
   [5] "정보기술(IT)"        "기업"
 (이하 생략)
```

(4) 단어의 출현빈도

```
> wordF=sort(table(nouns), decreasing=T)[1:50];wordF
nouns
      애플        샤프        기업        미국     거래
        31          16          11          11       10
      삼성  비즈니스위크        기술        이유     잡스
        10           7           6           6        6
      직원        특허        패널        달러     분석
         6           6           6           5        5
      일본        조사      지난해        한국     회사
         5           5           5           5        5
```

보기 4.1.2 오즈의 마법사 3종류 시리즈의 상위 빈도 5개 단어의 분할표

[보기 1.1.3]에서 오즈 마법사 3종류 시리즈의 상위 빈도 5개 단어로 구성되는 이원분할표 [자료 1.1.3]을 [자료 4.1.2]로 인용하고 이를 구성하는 과정은 [R-코드 4.1.2](oz-01.R)을 활용하면 된다. 이는 첫 번째 시리즈 문서인 01_woderfulOZ.txt를 이용한 것이다. 다음으로 두 번째와 세 번째 문서인 02_royal.txt와 03_OzoplaningwiththeWizardofOz.txt에 대한 [R-코드]는 oz-02.R와 oz-03.R을 각각 활용하면 된다. 이들 코드에는 실제 불필요한 것을 바꾸거나 제거하는 과정에서 지정한 불용어 처리과정만 포함하고 워드 클라우드와 막대그림에 관한 코드는 제외하였다.

[결과 4.1.2]의 (1)~(3)을 보면 3종류 문서에 대한 [R-코드](oz-01.R, oz-02.R, oz-03.R) 결과로부터 내림차순 상위 5개 단어에 대한 빈도를 보여주고 있다. 따라서 단순히 이 빈도를 가지고 시리즈별로 크기가 3×12인 이원분할표를 만든 것이 [자료 4.1.2]이다. [보기 1.1.3]에는 이 자료에 대한 단순 대응분석 결과를 보여주었다. 참고하기 바란다.

[자료 4.1.2] 오즈의 마법사 3종류 시리즈의 상위 빈도 5개 단어 (oz_total.txt)

시리즈	Dorothy	Scarecrow	Woodman	Lion	Witch	Hokus	Cowardly	Jellia	Wizard	Strut	Nick	Soldier
oz−1	353	214	175	173	117	0	0	0	0	0	0	0
oz−2	411	481	0	197	0	200	194	0	0	0	0	0
oz−3	137	0	0	0	0	0	0	328	250	143	142	105

[R-코드 4.1.2] 오즈의 마법사 시리즈 1의 상위 빈도 5개 단어(oz-01.R)

```
library(KoNLP)
str=readLines("01_woderfulOZ.txt")
class(str)

nouns=sapply(str, extractNoun, USE.NAMES=F) # 텍스트에서 명사 추출
nouns=unlist(nouns) #리스트 형태를 벡터화
nouns=nouns[nchar(nouns) >3] # 3 글자 이하 단어 제거
ex=c("that","this","which", "here","said", "they", "that",
     "with","have", "them","were", "their","have", "came",
     "were", "when","from", "will","asked", "would",
     "could", "back",  "little")
nouns=nouns [!nouns %in% ex] # 지정한 불용어 제거
library(stringr) # 문자열 앞뒤 공백 제거
nouns=str_trim(nouns)
```

```
wordF=sort(table(nouns), decreasing=T)[1:5];wordF
write.table(wordF, "oz_1_1.txt", row.names= F, col.names=F, sep=",")
```

결과 4.1.2 [R-코드](oz-01.R, oz-02.R, oz-03.R)의 결과

(1) 시리즈 1: 01_woderfulOZ.txt

Dorothy	Scarecrow	Woodman	Lion	Witch
353	214	175	173	117

(2) 시리즈 2: 02_royal.txt

Scarecrow	Dorothy	Hokus	Lion	Cowardly
481	411	200	197	194

(3) 시리즈 3: 03_OzoplaningwiththeWizardofOz.txt

Jellia	Wizard	Strut	Nick	Dorothy
328	250	143	142	137

4.2 텍스트 자료의 정형화

텍스트 자료의 정형화를 위해서는 문장부호, 특수문자, 불용어(stop words) 제거와 같이 여러 가지 정제화(cleaning) 작업과정을 거친다. 더 나아가 [보기 4.1.1]과 [보기 4.1.2]와 같이 기본적으로 각 문서의 용어나 단어들에 대한 빈도를 구한다. 그러나 여러 목적을 나타내는 텍스트 자료로부터 빈도만으로 유용한 정보를 추출해내기는 어렵다. 이 절에서는 Jeong 외(2019), Jung 외(2019) 그리고 Lee 외(2020)를 참고로 용어 가중치함수를 이용한 정형화를 살펴보려 한다. 이를 위해 먼저 문서-용어 빈도행렬을 설명하고자 한다.

[보기 4.1.2]에서 오즈의 마법사 3종류 시리즈의 텍스트 자료를 다루었는데 실제로 오즈의 마법사 시리즈 40권 중 저자인 바움(Baum, L.F., 1856-1919)의 작품은 14권이고 나머지 16권은 여러 저자가 관여한 작품으로 알려져 있다. 여기서 바움 작품을 기준으로 14권을 1기 작품이라 하고 나머지 16권을 2기 작품이라고 하면 이를 개체로 고려할 수 있고 각 개체별로 문서가 14개와 16개로 구성되었다고 생각할 수 있다. 특히, [보기 4.1.2]는 3개의 개체에 각 문서가 1개씩 있는 특수한 경우라 여길 수 있으며 [결과 4.1.2]에는 각 문서별 문서-용어 빈도가 주어져 있다. 이들을 조합하여 [자료 4.1.2]와 같이 꾸미면 3×12 문서-용어 빈도행렬을 얻게 된다.

일반적으로 만약에 g개의 개체들이 각각 n_r개의 문서를 가지고 있다면, 전체 문서 수는 $n = \sum_{r=1}^{g} n_r$이 된다. 따라서 n개 문서에 대한 p개의 용어로 이루어진 크기가 $n \times p$의 문서-용어 빈도행렬은 다음과 같다.

$$Y = \begin{bmatrix} Y_1 \\ Y_2 \\ \vdots \\ Y_g \end{bmatrix} = (y_{ij}^{r}),\ r = 1, \dots, g;\ i = 1, \dots, n_r;\ j = 1, \dots, p \tag{4.2.1}$$

여기서 y_{ij}^{r}은 r번째 개체의 i번째 문서에서 j번째 용어의 출현 빈도를 나타내며 Y_r은 크기가 $n_r \times p$로 Y의 r번째 부분행렬이다. 따라서 Y_r은 r번째 개체에 대한 문서-용어 빈도행렬이다.

(4.2.1)의 행렬은 텍스트 마이닝에서 보편적으로 사용하는 자료의 형태로 전체 구조가 [표 4.2.1]을 나타낸 것이다.

[표 4.2.1] 개체 정보가 존재하는 문서-용어 빈도행렬

		용어 1	용어 2	⋯	용어 p
개체 1	문서 1	1	3	⋯	5
	문서 2	2	0	⋯	1
	⋮	⋮	⋮	⋯	⋮
	문서 n_1	0	3	⋯	4
⋮	⋮	⋮	⋮	⋯	⋮
개체 r	문서 1	4	3	⋯	7
	문서 2	12	36	⋯	8
	⋮	⋮	⋮	⋯	⋮
	문서 n_r	6	0	⋯	0
⋮	⋮	⋮	⋮	⋯	⋮
개체 g	문서 1	10	9	⋯	9
	문서 2	5	7	⋯	0
	⋮	⋮	⋮	⋯	⋮
	문서 n_g	4	2	⋯	1

문서-용어 빈도행렬은 용어에 대한 대표성을 반영하지 못하기 때문에 용어의 중요도를 수치화할 필요가 있다. 문서와 용어의 상호관계를 설명하기 위해 용어 가중치함수를 이용하여 문서-용어 가중행렬을 생성한다. 용어 가중치함수는 지역 가중치함수(local weight function)와 전역 가중치함수(global weight function)로 구분된다. 지역 가중치함수는 i번째 문서에서 추출한 j번째 용어 발생빈도에 가중치를 부여하는 함수이다. 또한 특정 용어가 모든 문서에서 같이 나타난다면 지역적 가중치함수만으로는 각각의 개별 문서와 개체를 구별하지 못하는 한계점이 있다. 이러한 경우 전역 가중치함수를 이용하면 문서와 개체 전체에 대한 용어의 특징을 반영할 수 있다. 전역 가중치함수는 문서 또는 개체 전체에 대한 j번째 용어에 가중치를 부여하는 함수이다.

이 절에서는 용어의 정보를 양적으로 나타내는 대표적인 용어 가중치인 TF-IDF(term frequency-inverse document frequency)를 소개하고자 한다. Jeong 외(2019)에는 TF-IDF와 함께 개체의 대표성을 더 잘 나타내는 TF-IDF-ICSDF(inverse class density frequency)와 개체 내에서 문서 수가 균등하거나 차이가 클 때 개체 구분을 정확하게 계산하는 TF-IGM(inverse gravity moment)을 소개하고 활용하고 있다.

먼저 r번째 개체의 i번째 문서에서 추출한 j번째 용어의 출현빈도에 대한 지역적 가중치를 $L_r(i,j)$라 하고, 문서 또는 개체에 대한 j번째 용어에 대한 전역 가중치를 $G(j)$라고 하면, r번째 개체의 i번째 문서에서 추출한 j번째 용어에 대한 문서-용어 가중점수를 (4.2.2)와 같이 정의하자.

$$z_{ij}^r = L_r(i,j) \times G(j),\ r = 1, \dots, g;\ i = 1, \dots, n_r;\ j = 1, \dots, p \tag{4.2.2}$$

그리고 문서-용어 빈도행렬 Y에 대해 용어 가중치를 적용한 크기 $n \times p$인 문서-용어 가중행렬 $Z = (z_{ij}^r)$ 도출이 가능하다.

일반적으로 TF-IDF는 특정 용어의 중요도는 용어가 출현한 횟수에 비례하고 그 용어가 언급된 모든 문서의 총 수에 반비례하도록 정의된다. 따라서 TF-IDF에 의한 가중점수 z_{ij}^r를 산출하기 위한 지역과 전역 가중치함수는 (4.2.3)과 같이 각각 정의된다.

$$L_r(i,j) = y_{ij}^r,\ G(j) = \log\left(\frac{n}{DF(n,j)}\right) \tag{4.2.3}$$

여기서 y_{ij}^r는 i번째 문서에서 추출한 j번째 용어의 발생빈도(term frequency)이며, $G(j)$항을 IDF라고 부른다. $DF(n,j)$는 n개의 문서 중 j번째 용어가 포함된 문서의 수(document frequency)를 나타내고 n은 전체 문서의 수이다. (4.2.3)의 $G(j)$에서 로그값의 분모인 $DF(n,j)$가 0일 경우 n개의 문서에서 j번째 용어가 한 번도 나타나지 않은 상황이므로 y_{ij}^r값 또한 0이 되기 때문에 z_{ij}^r값은 0으로 간주한다. $DF(n,j)/n$은 전체 n개의 문서에 대한 j번째 용어가 포함된 문서의 수의 비율이다. 이 비율이 높을수록 여러 문서에 용어들이 많이 등장한다는 의미가 되고, 용어의 중요도는 낮아지므로 역수변환을 하고 이 영향을 줄이기 위해 로그변환을 고려한다.

TF-IDF는 특정한 문서에서 많이 등장하는 용어일수록 해당문서의 특성이 되는 용어이므로 높은 가중치를 얻는다. 그러나 모든 문서에서 등장하는 중요도가 낮은 용어는 $\log 1$의 값을 가져 가중치가 0이 된다. 예를 들어 어느 문서에서나 등장할 법한 일반적인 용어의 가중치는 상대적으로 작을 것이고 가중치가 0이 되면 용어 집합에서 제외할 수 있음을 의미한다.

[표 4.2.2] IDF 계산의 예

	용어 1	용어 2	용어 3	용어 4
문서 1	5	1	5	1
문서 2	0	0	5	3
문서 3	0	0	5	2
$DF(n,j)$	1	1	3	3
IDF = $G(j)$	log3	log3	log1	log1

예를 들어 [표 4.2.2]처럼 개체를 고려하지 않고 $3(=n)$개의 문서와 $4(=p)$개의 용어로 구성된 문서-용어 빈도행렬이 있다고 가정을 하자. 용어 1과 용어 2가 들어가 있는 문서는 문서 1로 문서 수는 1이므로 $DF(3,1)=DF(3,2)=1$이다. 용어 3과 용어 4는 3개의 모든 문서에 들어가 있어 문서의 수는 3이므로 $DF(3,3)=DF(3,4)=3$이다.

다음으로 IDF = $G(j) = \log(n/DF(n,j))$로부터 $G(1)=\log(3/1)=\log 3$, $G(2)=\log 3$, $G(3) = \log(3/3)=\log 1 = 0$이고 $G(4)=0$이다. 다시 말해서 문서 1을 구별하는 데 있어서 중요한 단어는 용어 1과 용어 2이다. 그러나 용어 3와 용어 4는 다른 문서 2와 문서 3에서도 나타났기 때문에 IDF 값이 0이 나타남을 알 수 있다. 즉 용어 3과 용어 4는 문서 1을 구별하는 데 있어서 정보를 가지지 않는다는 것을 알 수 있다. 따라서 문서 1에 대한 TF-IDF에 의한 가중점수는 $5\log 3$, $\log 3$, 0, 0으로 나타남을 알 수 있다. 이와 같은 방식으로 문서-용어 빈도행렬에 존재하는 모든 용어에 대해 TF-IDF 문서-용어 가중행렬을 계산할 수 있다.

(4.2.3)에 의해서 생성된 문서-용어 가중행렬들은 문서-용어 빈도행렬에서의 모든 용어를 포함하고 있기 때문에 차원 수가 크고 0의 값이 많은 희소(sparse)행렬이다. 일반적으로 문서의 수보다 용어의 수가 매우 크기 때문에($n \ll p$) 문서-용어 가중행렬을 그대로 분석하게 된다면 많은 시간이 소요되고 분석의 질을 저하시키는 일이 생긴다. 따라서 용어의 수를 줄이는 핵심어를 고르는 작업을 텍스트 마이닝에서는 의미정보추출(feature selection) 또는 용어 필터링(filtering)이라고 한다. Jung 외(2019)가 소개한 방법은 Satopaa 외(2011)의 Kneedle algorithm을 활용하여 팔꿈치 그림의 변곡점을 찾고 이 지점을 팔꿈치 지점으로 정의한다. 따라서 이 지점에서 평균 가중점수가 급격하게 변하고 핵심어를 선정하는 방법에 대한 객관성을 확보할 수 있다. 핵심어 선정을 위한 용어 필터링 방법은 먼저 문서-용어 가중행렬 Z에서 각 용어 평균 가중점수로 이루어진 평균 벡터 $\bar{z}$를 계산한다.

$$\bar{z} = (\bar{z}_1, \bar{z}_2, \ldots, \bar{z}_p)^T = n^{-1} \boldsymbol{Z}^T \boldsymbol{1}_n \tag{4.2.4}$$

$\bar{z}$의 원소를 크기순으로 내림차순하면 $\bar{z}_{(1)} \geq \bar{z}_{(2)} \geq \cdots \geq \bar{z}_{(p)}$와 같으며 이를 바탕으

로 그래프를 그린 후 그래프의 처음과 끝 지점인 $\bar{z}_{(1)}$과 $\bar{z}_{(p)}$를 관통하는 직선을 이어주면 [그림 4.2.1]과 같다.

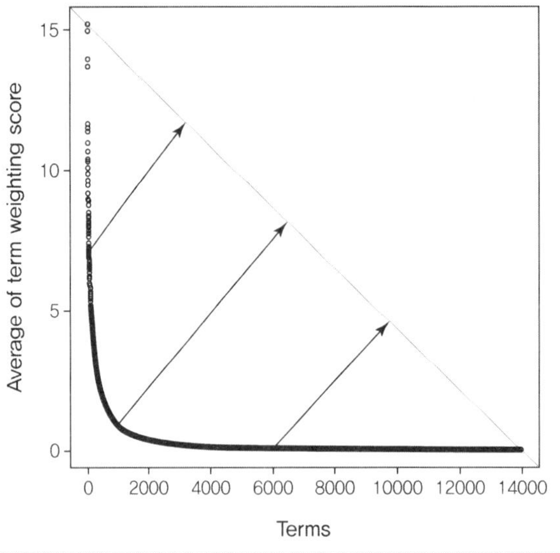

[그림 4.2.1] 팔꿈치 그림의 팔꿈치 지점을 찾는 과정

[그림 4.2.1]에서 화살표로 표시한 것과 같이 그래프에서 직선까지 이르는 거리가 최대가 되는 그림상의 지점이 변곡점인 팔꿈치 지점이 된다. 이것을 기준으로 평균 가중점수가 높은 상위 용어(Terms) q개를 핵심어로 선정한다. 이를 통해 행렬 Z로부터 문서-핵심어 가중행렬 $X = (x_{rit})$, $r = 1, ..., g$; $i = 1, ..., n_r$; $t = 1, ..., q$를 얻게 된다.

보기 4.2.1 오즈의 마법사 3종류 시리즈의 TF-IDF 적용 문서-핵심어 분할표

[보기 1.1.3]에서 오즈의 마법사 3종류 시리즈에 대하여 단순히 상위 빈도 5개 단어로 이원분할표 [자료 4.1.2]를 구성하는 과정을 보여주었다. 이번에는 각 시리즈별 상위 빈도 20개 단어를 선정하고 그 결과를 각각 개체명_문서명_개수.txt 형식으로 3가지 파일(oz_1_1.txt, oz_2_2. txt, oz_3_3.txt)로 저장한다. 이를 위한 각각의 [R-코드](oz-1-20.R, oz-2-20.R, oz-3-20.R)는 [R-코드](oz-1.R, oz-2.R, oz-3.R)를 수정한 것이다. 예를 들자면 시리즈 1에 대하여 코드 oz-1.R을 다음과 같이 수정하여 코드 oz-1-20.R로 저장하고 이를 수행하면 20개 용어와 빈도로 이루어진 oz_1_1.txt 파일이 생성된다.

```
wordF=sort(table(nouns), decreasing=T)[1:20];wordF
write.table(wordF, "oz_1_1.txt", row.names= F, col.names=F, sep=",")
```

다음으로 4.2절에서 언급한 TF-IDF 적용 문서-핵심어의 이원분할표를 얻는 과정을 설명하려고 한다. 이를 위해 [R-코드 4.2.1](oz-tfidf.R)은 디렉토리 oz_freq에 개체명_문서명_개수.txt 형식인 3가지 파일(oz_1_1.txt, oz_2_2. txt, oz_3_3.txt)을 저장한 후 setwd()에 지정하고 있다. [R-코드 4.2.1]을 수행한 [결과 4.2.1]에는 (1) 전체 문서에 쓰인 60(20+20+20)개 단어 중에 6개를 보여 주고 있다. (2) 문서-용어 빈도행렬은 크기를 제한하여 3×10을 보여 주고 있다. 이를 단순 대응분석에 활용할 수도 있겠으나 문서별로 많이 등장하는 단어에 대한 상대적 중요도를 고려하는 것이 바람직하다. 이에 TF-IDF에 의한 (3) 문서-용어 가중행렬과 팔꿈치 그림을 통한 (4) 팔꿈치 그림: 8개 핵심어 추출을 보여 주고 있으며 최종적으로 크기가 3×8인 (5) 문서-핵심어 행렬을 제공한다. 이를 분할표 입력 형태의 자료 파일(오즈시리즈_Keyword_TFIDF.txt)에 저장하여 이를 활용한 단순 대응분석은 4.3절에서 제공한다.

결과 4.2.1 [R-코드 4.2.1] (oz-tfidf.R)의 결과

(1) 전체 문서에 쓰인 단어

```
> head(unique_words)
[1] "Dorothy" "Scarecrow" "Woodman" "Lion" "Witch" "green"
```

(2) 문서-용어 빈도행렬 : 3×10

```
> document_term_matrix[,1:10]
     Dorothy Scarecrow Woodman Lion Witch green great Toto girl down
[1,]     353       214     175  173   117    98    97   92   91   89
[2,]     411       481       0  197     0     0     0    0    0  131
[3,]     137        93      57   64     0     0     0    0    0  104
```

(3) 문서-용어 가중행렬 : 3×10

```
> tfidf[,1:10]
     Dorothy Scarecrow Woodman Lion    Witch   green    great     Toto     girl down
[1,]       0         0 70.95639    0 128.5376 107.664 106.5654 101.0723 99.97372    0
[2,]       0         0  0.00000    0   0.0000   0.000   0.0000   0.0000  0.00000    0
[3,]       0         0 23.11151    0   0.0000   0.000   0.0000   0.0000  0.00000    0
```

(4) 팔꿈치 그림 : 8개 핵심어 추출

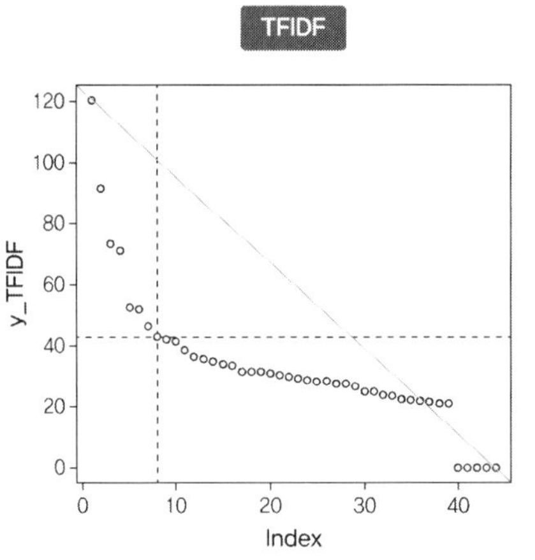

(5) 문서-핵심어 행렬 : 3×8

〉 Keyword.TFIDF_df

	Witch	Hokus	Cowardly	Chew	Jellia	Wizard	Strut	Nick
oz-1	128.5376	0.0000	0.0000	0.0000	0.0000	0.0000	0.0000	0.0000
oz-2	0.0000	219.7225	213.1308	138.4251	0.0000	0.0000	0.0000	0.0000
oz-3	0.0000	0.0000	0.0000	0.0000	360.3448	274.6531	157.1016	156.0029

[R-코드 4.2.1] 오즈 마법사 3종류 시리즈의 TF-IDF 적용 핵심어 추출(oz_tfidf.R)

```
setwd('D:/R-code-CRA/oz_freq')
library(KoNLP)
file_list<-list.files()
term_list <- list()
for( i in 1:length(file_list))
{
      term_list[[i]]<-read.table(file_list[i],sep=",")

}
names(term_list) <- sub("_.*", "", file_list)
unlist(term_list)

words <- c()
for( i in 1:length(file_list))
{
      temp<-read.table(file_list[i],sep=",")
      words <- c(words,as.character(temp[,1]))
}
```

```
# 전체 문서에서 쓰인 단어들
unique_words<-unique(words)
head(unique_words)

## document_term_freq_matrix: 문서용어-빈도행렬
document_term_matrix <- matrix(nrow=length(term_list),ncol=length(unique_words),data=0)
dimnames(document_term_matrix)[[2]] <- unique_words
for(i in 1:length(term_list))
{
       for(j in 1:nrow(term_list[[i]]))
       {
                document_term_matrix[i,which(term_list[[i]][j,1] ==
dimnames(document_term_matrix)[[2]])] <- term_list[[i]][j,2]
       }
}
document_term_matrix[,1:10]
dim(document_term_matrix)

# tfidf
tf <- document_term_matrix
idf <- log(nrow(document_term_matrix)/apply(document_term_matrix,2,function(x){length
(which(x!=0))}))

tfidf <- document_term_matrix

for(word in names(idf)){
  tfidf[,word] <- tf[,word] * idf[word]
}
tfidf
tfidf[,1:10]
dim(tfidf)

## document_keyword_weighted_matrix: 문서-핵심어 가중행렬
elbow_finder <- function(x_values, y_values) {   #팔꿈치 지점(elbow point) 찾는 함수
   # Max values to create line
   max_x_x <- max(x_values)
   max_x_y <- y_values[which.max(x_values)]
   max_y_y <- max(y_values)
   max_y_x <- x_values[which.max(y_values)]
   max_df <- data.frame(x = c(max_y_x, max_x_x), y = c(max_y_y, max_x_y))

   # Creating straight line between the max values
```

```
  fit <- lm(max_df$y ~ max_df$x)

  # Distance from point to line
  distances <- c()
  for(i in 1:length(x_values)) {
    distances <- c(distances, abs(coef(fit)[2]*x_values[i] - y_values[i] +
coef(fit)[1]) / sqrt(coef(fit)[2]^2 + 1^2))
  }

  # Max distance point
  x_max_dist <- x_values[which.max(distances)]
  y_max_dist <- y_values[which.max(distances)]
  return(c(x_max_dist, y_max_dist))
}
make.fit <- function(x_values, y_values){  #그래프의 처음과 끝 지점을 관통하는 직선을
긋는 함수
  max_x_x <- max(x_values)
  max_x_y <- y_values[which.max(x_values)]
  max_y_y <- max(y_values)
  max_y_x <- x_values[which.max(y_values)]
  max_df <- data.frame(x = c(max_y_x, max_x_x), y = c(max_y_y, max_x_y))
  # Creating straight line between the max values
  fit <- lm(max_df$y ~ max_df$x)
  return(fit)
}

makeElbowCut <- function(onedata){
  y <- sort(apply(onedata,2,mean),decreasing=T)  #평균 발생빈도/평균 가중점수가 높은
순으로 용어 나열
  x <- 1:dim(onedata)[2]
  res <- elbow_finder(x,y)
  keyword <- colnames(onedata)[!is.na(match(colnames(onedata),names(y[1:res[1]])))]
  final <- onedata[,!is.na(match(colnames(onedata),keyword))]
  list(keyword=keyword, final=final, n.term=length(x), n.keyword=length(keyword))
}

# 핵심어 - tfidf
x_TFIDF <- 1:dim(tfidf)[2]
y_TFIDF <- sort(apply(tfidf,2,mean),T)
res_TFIDF <- elbow_finder(x_TFIDF,y_TFIDF)

plot(y_TFIDF,main="TFIDF")
```

```
abline(v=res_TFIDF[1],lty = 3); abline(h=res_TFIDF[2],lty = 3)  #팔꿈치 지점의 위치 확인
abline(make.fit(x_TFIDF,y_TFIDF),col="darkgray")

##document_keyword_matrix: 문서-핵심어 행렬
Keyword.TFIDF<-makeElbowCut(tfidf)$final # TFIDF행렬에서 keyword만 뽑은 행렬
dim(Keyword.TFIDF)
Keyword.TFIDF_df <- as.data.frame(Keyword.TFIDF)
rownames(Keyword.TFIDF_df)<-c("oz-1", "oz-2", "oz-3")
Keyword.TFIDF_df
#write.csv(Keyword.TFIDF_df,"D:/R-code-CRA/오즈시리즈_Keyword_TFIDF.csv")
write.table(Keyword.TFIDF_df,"D:/R-code-CRA/오즈시리즈_Keyword_TFIDF.txt")
```

보기 4.2.2 정부출연기관 보고서의 핵심어 추출을 통한 이원 분할표

Jeong 외(2019), Jung 외(2019) 그리고 Lee 외(2020)의 세 편의 연구는 정부출연 연구기관 51개 중 경제 인문사회관련 26개 연구기관의 보고서를 통해 텍스트 자료의 분류를 시도하였다. 이들 기관은 우리나라 경제 및 사회 현상 상황을 분석하여 국가 정책의 바탕이 되는 연구 결과를 제시한다. 이들 기관이 발행하는 정기 간행물 수는 다양하여 기관별 대표되는 2016년 정기간행물을 선정하였다. 특히, [보기 4.2.2]에서는 여러 기관의 대표 문서로부터 핵심어 추출을 하는 과정을 보이고자 한다.

[R-코드 4.2.2]와 [결과 4.2.2]를 살펴보자. 먼저 [R-코드 4.2.2]에서 사용하는 입력자료는 정부출연기관 연구원 6개 과학기술정책연구원(과기원), 대외경제정책연구원(대경원), 산업연구원(산업원), 한국개발연구원(한개원), 한국교육개발연구원(한교원), 한국보건사회연구원(한보원)의 대표적 보고서 한 개씩을 자연어 처리 과정을 통해 중요한 단어와 빈도로 이루어진 개체명_문서명_개수.txt 형식의 자료로 디렉토리 <정부지원연구원>에 저장해서 사용하기로 한다. 예를 들자면 과학기술정책연구원_과학기술정책_01.txt 또는 한국보건사회연구원_보건복지포럼_06.txt이다. 자연어 처리 과정을 통해 얻어진 최종 단어와 빈도에 관한 자료는 Jung 외(2019)의 것을 참고하였다. 특히, [R-코드 4.2.2]에서는 [R-코드 4.2.1]과 동일한 과정은 모두 생략하였고 다만 setwd()에 디렉토리 <정부지원연구원>을 지정하면 된다.

[결과 4.2.2]에는 (1) 전체 문서에 쓰인 단어 중에 6개(기술, 혁신, 테크, 과학, 핀, 연구)를 보여주고 있다. (2) 문서-용어 빈도행렬은 크기를 제한하여 6×10을 보여 주고 있다. 이에 TF-IDF에 의한 (3) 문서-용어 가중행렬과 팔꿈치 그림을 통한 (4) 팔꿈치 그림: 196개 핵심어 추출을 보여 주고 있으며 최종적으로 크기가 6×196인 (5) 문서-핵심어 행렬

을 제공한다. 이를 분할표 입력 형태로 저장한 자료파일(정부출연연구원_Keyword_TFIDF.txt)에 대해 단순 대응분석을 4.3절에서 제공한다.

결과 4.2.2 [R-코드 4.2.2](gov-institutes-tfidf.R)의 결과

(1) 전체 문서에 쓰인 단어

```
> head(unique_words)
[1] "기술" "혁신" "테크" "과학" "핀" "연구"
```

(2) 문서-용어 빈도행렬 : 6×10

```
> document_term_matrix[,1:10]
     기술 혁신 테크 과학  핀 연구 기업 금융  월 서비스
[1,]  170  166  109  107 106   93   88   82  80     68
[2,]   13    9    0    0   0   24   27   11   0     12
[3,]   18    0    0   14   0    9   16   24 227     65
[4,]    0    0    0    0   0    0    1   16  59      7
[5,]   12   11    0   16   0   24    7    0  12      0
[6,]    2    1    0    0   0    3    0    0   1     11
```

(3) 문서-용어 가중행렬 : 6×10

```
> tfidf[,1:10]
           기술       혁신     테크      과학      핀       연구       기업      금융         월    서비스
[1,] 30.9946647 67.3072079 195.3018 74.166748 189.9265 16.9559048 16.0442970 33.248139 14.5857245 12.397866
[2,]  2.3701802  3.6491860   0.0000  0.000000   0.0000  4.3757174  4.9226820  4.460116  0.0000000  2.187859
[3,]  3.2817880  0.0000000   0.0000  9.704061   0.0000  1.6408940  2.9171449  9.731163 41.3869934 11.850901
[4,]  0.0000000  0.0000000   0.0000  0.000000   0.0000  0.0000000  0.1823216  6.487442 10.7569719  1.276251
[5,]  2.1878587  4.4601162   0.0000 11.090355   0.0000  4.3757174  1.2762509  0.000000  2.1878587  0.000000
[6,]  0.3646431  0.4054651   0.0000  0.000000   0.0000  0.5469647  0.0000000  0.000000  0.1823216  2.005537
```

(4) 팔꿈치 그림 : 196개 핵심어 추출

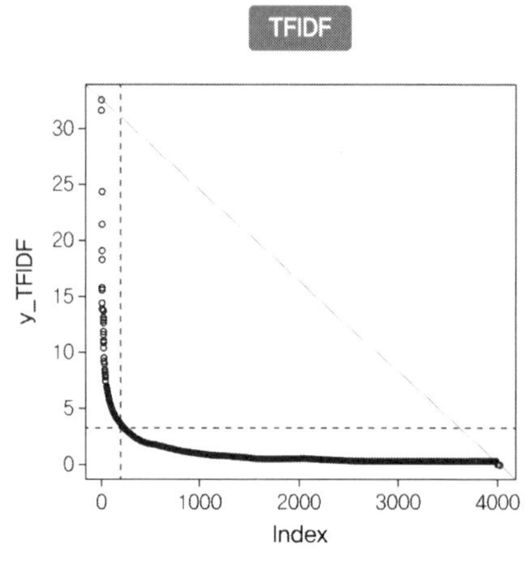

(5) 문서-핵심어 행렬 : 6×196

〉 Keyword.TFIDF_df

	기술	혁신	테크	과학	핀	연구		교실	원주민
과기원	30.9946647	67.3072079	195.3018	74.166748	189.9265	16.9559048		0.00000	0.00000
대경원	2.3701802	3.6491860	0.0000	0.000000	0.0000	4.3757174		0.00000	0.00000
산업원	3.2817880	0.0000000	0.0000	9.704061	0.0000	1.6408940		0.00000	0.00000
한개원	0.0000000	0.0000000	0.0000	0.000000	0.0000	0.0000000	-- 생략 --	0.00000	0.00000
한교원	2.1878587	4.4601162	0.0000	11.090355	0.0000	4.3757174		23.29287	23.29287
한보원	0.3646431	0.4054651	0.0000	0.000000	0.0000	0.5469647		0.00000	0.00000

[R-코드 4.2.2] 정부출연기관 보고서의 TF-IDF 적용 핵심어추출(gov-institutes-tfidf.R)

```
setwd('D:/R-code-CRA/정부지원연구원')
library(KoNLP)
file_list<-list.files()
term_list <- list()
for( i in 1:length(file_list))
{
      term_list[[i]]<-read.table(file_list[i],sep=",")

}
names(term_list) <- sub("_.*", "", file_list)
unlist(term_list)

(중간 생략)

##document_keyword_matrix: 문서-핵심어 행렬
Keyword.TFIDF<-makeElbowCut(tfidf)$final # TFIDF행렬에서 keyword만 뽑은 행렬
dim(Keyword.TFIDF)
Keyword.TFIDF_df <- as.data.frame(Keyword.TFIDF)
rownames(Keyword.TFIDF_df)<-c("과기원", "대경원", "산업원", "한개원", "한교원", "한
보원")
Keyword.TFIDF_df
#write.csv(Keyword.TFIDF_df,"D:/R-code-CRA/정부출연연구원_Keyword_TFIDF.csv")
write.table(Keyword.TFIDF_df,"D:/R-code-CRA/정부출연연구원_Keyword_TFIDF.txt")
```

4.3 텍스트 자료의 단순 대응분석

최근 빅데이터(Big data)의 비정형 자료에 대한 분석인 텍스트 마이닝에서 문서와 중요 단어들의 연관성을 시각적으로 해석하는 데 대응분석의 활용이 높아지고 있다. 특히, Choi와 Choi(2014)는 맵리듀스를 활용하여 비정형 빅데이터를 분석하는 데 대응분석을 활용하였고 Kim 외(2012)는 논문저자와 용어 연관성의 사회네트워크분석의 시각적 보완기법으로 대응분석을 활용하였다.

4.1절에서 텍스트 자료의 자연어 처리 과정과 4.2절의 정형화 과정을 통해 만들어진 개체 또는 문서와 용어의 이원분할표에 대해서 단순 대응분석을 시도한 사례를 [보기 4.3.1]과 [보기 4.3.2]에서 요약하기로 하자. 이를 위한 [R-코드 4.3.1]과 [R-코드 4.3.2]에서는 대응분석 그림을 제공하는 함수 plot()의 옵션 map = "colgab"은 디폴트인 map = "symmetric"이 제공하는 주좌표에 의한 행과 열좌표점들이 겹쳐 나오는 단점을 보완해주는 좌표를 제공한다. 즉, 행좌표는 대응하는 좌표점들의 중심이 곱해진 표준좌표와 열좌표는 주좌표에 의해서 대응분석 그림이 그려진다.

특히, [보기 4.2.1]의 오즈의 마법사 3종류 시리즈에 대한 텍스트 정형화를 통해 얻어진 핵심어 8개에 대한 크기가 3×8인 이원분할표와 [보기 4.2.2]의 6개 정부출연연구원의 보고서에 대한 핵심어 196개에 대한 크기가 6×196 이원분할표는 TF-IDF 용어 가중함수를 적용한 팔꿈치 그림을 통해 얻어진 문서-핵심어 행렬로 이루어진다는 것을 이미 4.2절에서 살펴본 바 있다. 이 절에서는 문서-핵심어 행렬로 이루어진 이원분할표에 대한 단순 대응분석을 통해 문서와 단어의 연관성을 시각적으로 살펴보자.

보기 4.3.1 오즈의 마법사 텍스트 자료의 단순 대응분석

[자료 1.1.3](oz_total.txt)은 강창완 외(2018, 8.4절)에서 제공하는 오즈의 마법사 시리즈 중에서 세 편(wonderfulOZ, royal, OzoplaningwiththeWizardofOz)의 문서로부터 텍스트 마이닝을 적용하여 불용어를 제외하고 각각 상위 빈도 5개 단어와 빈도를 요약한 것이다. 물론 각 문서로부터 상위 5개 빈도에 Dorothy와 같이 중복된 단어도 있지만 Woodman과 같이 첫 번째 시리즈 문서에만 나타난 단어도 있고 Lion과 같이 두 시리즈 문서에서만 중

복되는 단어도 있었다. 이들 단어들을 통합하여 총 12개 중요 단어별 빈도가 구성되었다. 이를 위한 [R-코드 1.1.3]을 참고하자. 여기서는 텍스트 마이닝을 위한 R의 KoNLP 패키지를 활용한 결과를 활용하며 실제 문서-용어 행렬과 용어의 중요도인 가중치를 측정하는 TF-IDF를 활용한 [보기 4.2.1]의 문서-핵심어에 의한 이원분할표의 단순대응분석을 위한 [R-코드 4.3.1](oz-tfidf-SCRA.R)를 활용하자. 이에 대한 [결과 4.3.1]을 참고로 (4) 단순대응분석 [그림 4.3.1]의 설명력과 오즈 시리즈와 단어의 연관성을 요약한 [해석 4.3.1]을 참고하기 바란다.

단순히 상위 빈도 5개 단어로 구성한 이원분할표 [자료 1.1.3]에 대한 [그림 1.1.3]과 TF-IDF 함수를 적용한 문서-핵심어로 구성한 이원분할표에 대한 [그림 4.3.1]은 서로 다른 경향을 보여준다. 따라서 각 단어가 문서에서 차지하는 상대적 중요도를 고려한 문서-핵심어를 구성하는 것이 바람직하다. 이들에 대한 대응 결과가 강창완 외(2018, 8.4절)에서 제공하는 메뉴 방식인 패키지 RcmdrPlugin.temis를 사용한 결과와 유사하므로 참고하기 바란다.

해석 4.3.1 **[그림 4.3.1]에 대한 기하적 해석**

(1) 단순 대응분석 그림의 제1축(Dimension 1)과 제2축(Dimension 2)은 각각 50.00%와 50.00%를 설명하며 2차원의 단순 대응분석 그림의 설명력은 총 100%이다.

(2) 제2축의 아래 쪽 Witch 단어는 oz-1인 시리즈 문서 wonderfulOZ에 대응한다. 제1사분면에는 Jellia, Wizard, Strut, Nick 단어가 oz-3인 시리즈 문서 royal에 대응한다. 제2사분면에는 좌표점 위치가 동일해서 겹쳐서 보이는 단어인 Hokus, Chew, Cowardly가 oz-2인 시리즈 문서 OzoplaningwiththeWizardofOz에 대응한다.

(3) 앞서 (2)의 해석은 TF-IDF을 적용한 [결과 4.2.1]의 (5) 문서-핵심어 행렬을 잘 반영한 결과로 여겨진다. 실제 시리즈 oz-1은 Witch 단어만 128.5367이고 나머지 단어는 0.0000이다. 시리즈 oz-2는 Hokus, Chew, Cowardly 단어 외에 전부 0.0000이며 시리즈 oz-3는 Jellia, Wizard, Strut, Nick 단어 외에 전부 0.0000이다.

[R-코드 4.3.1] 오즈의 마법사 3종류 시리즈의 TF-IDF 적용 핵심어 추출(oz-tfidf-SCRA.R)

```
# SCRA for keywords
library(ca)
oz=read.table("D:/R-code-CRA/오즈시리즈_Keyword_TFIDF.txt", head=T)
oz
ca(oz)
par(pty="s")
plot(ca(oz),  map = "colgab",  main="오즈의 마법사 핵심어: 단순 대응분석")
```

결과 4.3.1 오즈의 마법사 시리즈 TF-IDF 적용 핵심어 이원분할표의 단순 대응분석

> ca(oz)

(1) 설명력

Principal inertias (eigenvalues):

	1	2
Value	1	1
Percentage	50%	50%

(2) 행범주에 관한 정보

Rows:

	oz-1	oz-2	oz-3
Mass	0.078000	0.346667	0.575333
ChiDist	3.438097	1.372813	0.859141
Inertia	0.922000	0.653333	0.424667
Dim. 1	0.000000	-1.341647	0.808408
Dim. 2	-3.438097	0.290859	0.290859

(3) 열범주에 관한 정보

Columns:

	Witch	Hokus	Cowardly	Chew	Jellia	Wizard	Strut	Nick
Mass	0.078000	0.133333	0.129333	0.084000	0.218667	0.166667	0.095333	0.094667
ChiDist	3.438097	1.372813	1.372813	1.372813	0.859141	0.859141	0.859141	0.859141
Inertia	0.922000	0.251282	0.243744	0.158308	0.161403	0.123020	0.070368	0.069876
Dim. 1	0.000000	-1.341647	-1.341647	-1.341647	0.808408	0.808408	0.808408	0.808408
Dim. 2	-3.438097	0.290859	0.290859	0.290859	0.290859	0.290859	0.290859	0.290859

(4) [그림 4.3.1] 오즈의 마법사 시리즈 TF-IDF 적용 핵심어 이원분할표의 단순 대응분석 그림

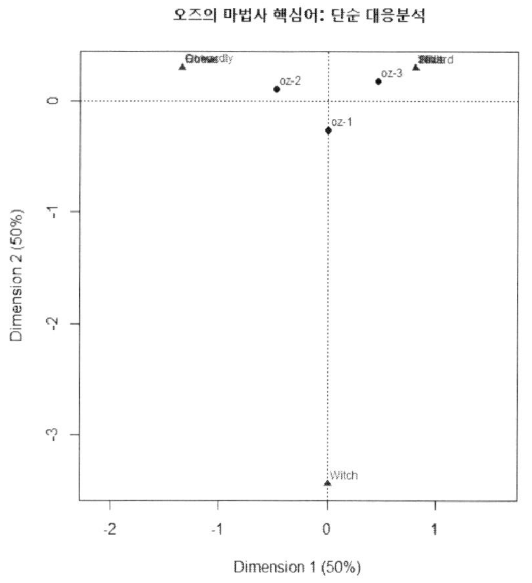

[그림 4.3.1] 오즈의 마법사 시리즈 TF-IDF 적용 핵심어 이원분할표의 단순 대응분석 그림

보기 4.3.2 정부출연기관의 텍스트 자료의 단순 대응분석

[보기 4.2.2]에서 정부출연기관 연구원 6개 과학기술정책연구원(과기원), 대외경제정책연구원(대경원), 산업연구원(산업원), 한국개발연구원(한개원), 한국교육개발연구원(한교원), 한국보건사회연구원(한보원)의 대표적 보고서 한 개씩의 자연어 처리 과정을 통해 최종적으로 크기가 6×196인 문서-핵심어 행렬을 제공하였다. 이 크기가 6×196인 이원분할표 입력 형태의 자료 파일(정부출연연구원_Keyword_TFIDF.txt)에 대하여 단순 대응분석을 보이고자 한다. 이를 위한 [R-코드 4.3.2](gov-institutes-tfidf-SCRA.R)와 [결과 4.3.2]를 참고하자. 특히, [결과 4.3.2]-(4)의 [그림 4.3.2]에 대한 [해석 4.3.2]를 통해 단순 대응분석 그림에서 연구원과 단어들의 대응관계를 요약하고 있다. 특히, [그림 4.3.2]의 해석을 위해 (a)에서 단어가 196개로 많아 겹쳐 보이는 경우 이에 관한 그림의 영역을 확대한 (b)를 참고할 수 있겠다.

해석 4.3.2 **[그림 4.3.2]에 대한 기하적 해석**

(1) 단순 대응분석 그림의 제1축(Dimension 1)과 제2축(Dimension 2)은 각각 31.35%와 27.21%를 설명하며 2차원의 단순 대응분석 그림의 설명력은 총 58.56%로 다소 부족해 보인다. (a)의 그림에서 겹쳐 보이는 영역을 더 잘 살펴보기 위하여 축의 영역을 확대한 (b) 그림을 추가로 참고 가능하다.

(2) 제1사분면의 경제특구, 비즈니스, 무역, 산업, 금융, 서비스, 시장 제조업, 스마트, 성공 등은 경제관련 주요 단어들로 대경원(대외경제정책연구원)과 대응하고 있다. 제4사분면의 지표, 자동차, 화학, 수출, 부진, 동향, 연간 등의 개발과 혁신 산업과 관련된 단어는 산업원(산업연구원)과 한개원(한국개발연구원)과 대응하고 있다. 제3사분면의 한교원(한국교육개발연구원)은 우리나라, 적용, 프로그램, 방법, 융합, 재정, 감축 등 교육개발과 관련된 단어로 대응하고 있다. 제2사분면의 과기원(과학기술정책연구원)은 과학, 정부, 성과, 추진, 연구 등 과학기술 관련 단어로 대응하고 있다. 전반적으로 단어들이 연구원의 특성과 연관되어 있음을 시각적으로 보여주고 있다.

(3) 제1축 가운데 한보원(한국보건사회연구원)의 경우 뚜렷하게 대응하는 단어가 없음을 보여주고 있다.

[R-코드 4.3.2] 정부출연연구원 핵심어 이원분할표의 단순 대응분석(gov-institutes-tfidf-SCRA.R)

```
#SCRA for keywords of Institutes
library(ca)
inst=read.table("D:/R-code-CRA/정부출연연구원_Keyword_TFIDF.txt", head=T)
ca(inst)
plot(ca(inst),  map = "colgab",  main="정부출연연구원 보고서 핵심어: 단순 대응분석")
plot(ca(inst), map = "colgab", xlim=c(-1.5, 1.7), ylim=c(-0.7, 1), main="2&3사분면 영역 확대")
```

결과 4.3.2 정부출연연구원 핵심어 이원분할표의 단순 대응분석

```
> ca(inst)
```

(1) 설명력

Principal inertias (eigenvalues):

	1	2	3	4	5
Value	0.862026	0.748171	0.705765	0.228996	0.204584
Percentage	31.35%	27.21%	25.67%	8.33%	7.44%

(2) 행범주에 관한 정보

Rows:

	과기원	대경원	산업원	한개원	한교원	한보원
Mass	0.315777	0.070740	0.210129	0.082460	0.314753	0.006141
ChiDist	1.236332	3.118533	1.488696	2.022983	1.323427	6.046050
Inertia	0.482671	0.687967	0.465691	0.337464	0.551276	0.224473
Dim. 1	-0.200065	0.106802	1.375642	1.500071	-1.131855	-0.143865
Dim. 2	0.364830	3.271550	-0.506781	-0.590471	-0.612008	0.191397

(3) 열범주에 관한 정보

Columns:

	기술	혁신	테크	과학	핀	연구	기업
Mass	0.005102	0.009868	0.025418	0.012359	0.024718	0.003630	0.003298
ChiDist	1.043510	1.242523	1.472002	1.012303	1.472002	0.821663	0.935086
Inertia	0.005555	0.015235	0.055074	0.012665	0.053559	0.002451	0.002884
Dim. 1	-0.108863	-0.258286	-0.215482	-0.159260	-0.215482	-0.220045	0.006705
Dim. 2	0.475714	0.516015	0.421783	0.186916	0.421783	0.708562	0.893730

(중간 생략)

	소양	교원	교실	원주민
Mass	0.003265	0.003265	0.003031	0.003031
ChiDist	1.475500	1.475500	1.475500	1.475500
Inertia	0.007107	0.007107	0.006600	0.006600
Dim. 1	-1.219075	-1.219075	-1.219075	-1.219075
Dim. 2	-0.707549	-0.707549	-0.707549	-0.707549

(4) [그림 4.3.2] 정부출연연구원 핵심어 이원분할표의 단순 대응분석 그림

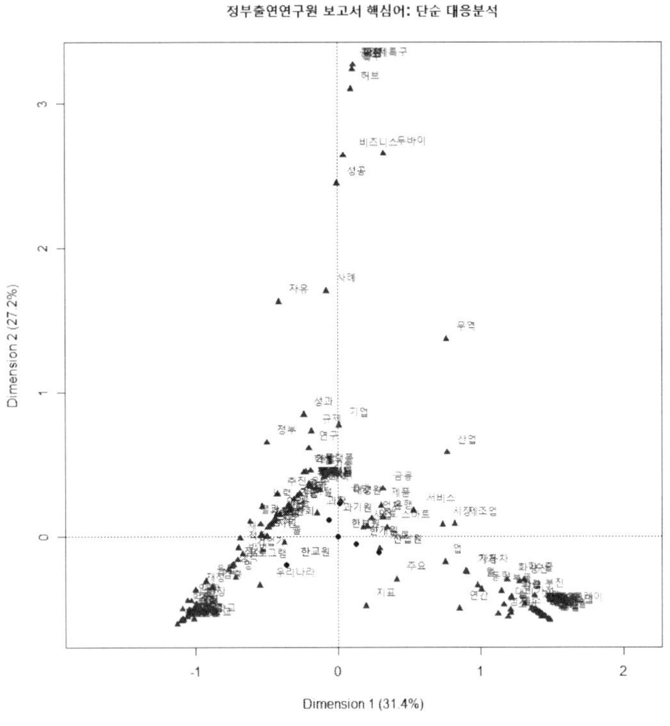

(a) 정부출연연구원 핵심어의 단순 대응분석 그림

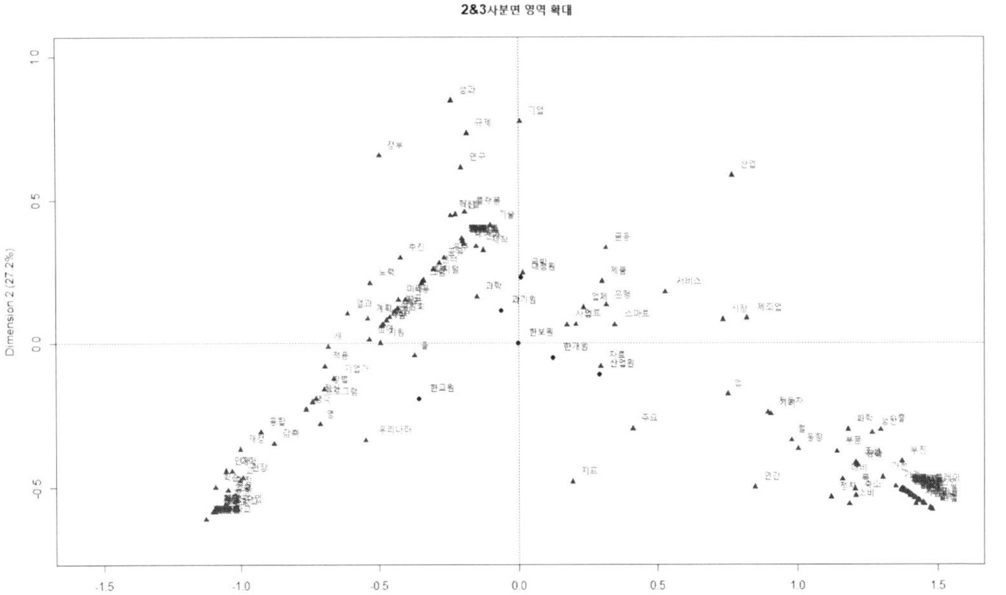

(b) 단순 대응분석 그림 (a)의 확대

[그림 4.3.2] 정부출연연구원 보고서 핵심어 이원분할표의 단순 대응분석 그림

4.4 SAS 실습

앞에서 [보기 4.3.1]의 오즈마법사 시리즈 세 편의 문서와 [보기 4.3.2]의 정부출연기관 연구원 6개 과학기술정책연구원(과기원), 대외경제정책연구원(대경원), 산업연구원(산업원), 한국개발연구원(한개원), 한국교육개발연구원(한교원), 한국보건사회연구원(한보원)의 대표적 보고서 한 개씩의 텍스트 자료를 위한 자연어 처리를 시도하였다. 그리고 문서-용어 행렬과 용어의 중요도인 가중치를 측정하는 TF-IDF를 활용한 문서-핵심어의 이원분할표에 대한 단순 대응분석을 시도하였다. 이 절에서는 두 종류의 이원분할표에 대하여 각각 [보기 4.4.1]과 [보기 4.4.2]에서 SAS/PROC CORRESP를 활용한 단순 대응분석을 제공하려 한다.

보기 4.4.1 TF-IDF 적용한 오즈 마법사 텍스트 자료의 단순 대응분석

[보기 4.3.1]은 오즈의 마법사 시리즈 3편(wonderfulOZ, royal, OzoplaningwiththeWizardofOz)의 문서로부터 TF-IDF를 활용한 문서-핵심어에 의한 핵심어 8개에 대한 크기가 3×8인 이원분할표의 단순 대응분석을 보여주고 있다. 여기서는 이 자료를 활용한 [SAS-코드 4.4.1](oz-tfidf-SCRA.SAS)을 고려하면 [결과 4.4.1]을 얻게 된다.

[SAS-코드 4.4.1]에서 proc corresp 문에서 옵션 all과 옵션 short에 의한 주요 결과를 [결과 1]과 [결과 2]에 요약하였다. 그리고 ods graphics;에 의해서 [결과 2]의 Row Coordinates와 Column Coordinates에 의한 차원별 조합에 의한 대응분석 [그림 4.4.1]을 제공하고 있다. 단순 대응분석 그림의 제1축(Dimension 1)과 제2축(Dimension 2)은 각각 50.00%와 50.00%를 설명하며 2차원의 단순 대응분석 그림의 설명력은 총 100%이다. 제1축의 오른편에 위치한 Witch 단어는 oz-1인 시리즈 문서 wonderfulOZ에 대응한다. 제3사분면에는 Jellia, Wizard, Strut, Nick 단어가 oz-3인 시리즈 문서 royal에 대응한다. 제2사분면에는 단어 Hokus, Chew, Cowardly가 oz-2인 시리즈 문서 Ozoplaningwiththe WizardofOz에 대응한다. [그림 4.3.1]과는 기하적으로 핵심어와 시리즈 문서의 위치가 달라 보이나 대응관계는 동일하다.

결과 4.4.1 [SAS-코드 4.4.1](oz-tfidf-SCRA.SAS)의 결과

[결과 1] 옵션 all에 의한 결과

Contingency Table									
	Witch	Hokus	Cowardly	Chew	Jellia	Wizard	Strut	Nick	Sum
oz_1	128.5376	0	0	0	0	0	0	0	128.5376
oz_2	0	219.7225	213.1308	138.4251	0	0	0	0	571.2784
oz_3	0	0	0	0	360.3448	274.6531	157.1016	156.0029	948.1024
Sum	128.5376	219.7225	213.1308	138.4251	360.3448	274.6531	157.1016	156.0029	1647.918

[결과 2] 옵션 short에 의한 결과

Inertia and Chi-Square Decomposition

Singular Value	Principal Inertia	Chi-Square	Percent	Cumulative Percent	0 10 20 30 40 50
1.00000	1.00000	1647.92	50.00	50.00	
1.00000	1.00000	1647.92	50.00	100.00	
	2.00000	3295.84	100.00		Degrees of Freedom = 14

Row Coordinates		
	Dim1	Dim2
oz_1	3.4381	0.0000
oz_2	-0.2909	1.3416
oz_3	-0.2909	-0.8084

Column Coordinates		
	Dim1	Dim2
Witch	3.4381	-0.0000
Hokus	-0.2909	1.3416
Cowardly	-0.2909	1.3416
Chew	-0.2909	1.3416
Jellia	-0.2909	-0.8084
Wizard	-0.2909	-0.8084
Strut	-0.2909	-0.8084
Nick	-0.2909	-0.8084

[결과 3] ods graphics on;에 의한 결과

[그림 4.4.1] 오즈의 마법사 시리즈 TF-IDF 적용한 핵심어 이원분할표의 단순 대응분석 그림

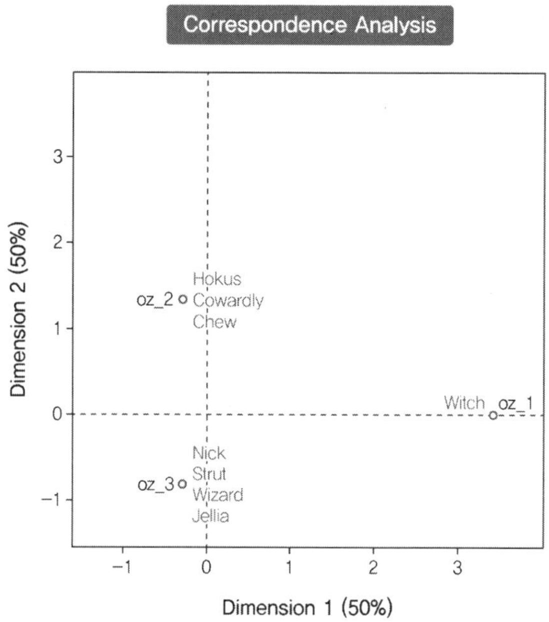

[그림 4.4.1] 오즈의 마법사 시리즈 TF-IDF 적용한 핵심어 이원분할표의 단순 대응분석 그림

[SAS-코드 4.4.1] 오즈 마법사 시리즈 TF-IDF 적용한 핵심어 이원분할표의 단순 대응분석(oz-tfidf-SCRA.SAS)

```
data oz;
input series$ Witch  Hokus  Cowardly  Chew  Jellia   Wizard  Strut  Nick;
cards;
oz_1 128.537637774169 0 0 0 0 0 0 0
oz_2 0 219.722457733622 213.130784001613 138.425148372182 0 0 0 0
oz_3 0 0 0 0 360.34483068314 274.653072167027 157.10155727954 156.002944990872
;
run;
ods graphics;
proc corresp data = oz all short;
     var Witch  Hokus  Cowardly  Chew  Jellia   Wizard  Strut  Nick;
     id series;
run;
```

보기 4.4.2 TF-IDF 적용한 정부출연연구원 보고서 핵심어의 단순 대응분석

[보기 4.3.2]에서 정부출연기관 연구원 6개 과학기술정책연구원(과기원), 대외경제정책연구원(대경원), 산업연구원(산업원), 한국개발연구원(한개원), 한국교육개발연구원(한교원), 한국보건사회연구원(한보원)의 대표적 보고서 한 개씩의 자연어 처리 과정을 통해 최종적으로 크기가 6×196인 문서-핵심어 행렬로 제공되었다. 이 자료에 대해 SAS를 활용한 단순 대응분석을 보이고자 한다.

[SAS-코드 4.4.2](gov-institutes-tfidf-SCRA.SAS)는 [결과 4.4.2]를 제공하며 [결과 2]로부터 [결과 3]-[그림 4.4.2]의 단순 대응분석 그림의 설명력을 제공한다. 제1축(Dimension 1)과 제2축(Dimension 2)은 각각 31.35%와 27.21%를 설명하며 2차원의 단순 대응분석 그림의 설명력은 총 58.56%이다. [결과 1]의 분할표와 [결과 2]의 열좌표 Column Coordinates는 크기 관계로 생략되었다. [그림 4.4.2]-(a)의 제1사분면의 경제특구, 비즈니스, 무역, 산업, 금융, 서비스, 시장 제조업, 스마트, 성공 등은 경제관련 단어들로 대경원(대외경제정책연구원)과 대응하고 있다. 다만 [그림 4.4.2]-(a)의 겹쳐지는 단어들을 보기 위해서 특정한 영역으로 수평축은 (−1, 1), 수직축은 (−0.7, 1)만을 선택해서 새 SAS 자료 institute_part를 만들고 proc sgscatter를 통해 제공된 [그림 4.4.2]-(b)를 참고할 수 있다. 보다 자세한 단어와 연구원 대응 경향은 [해석 4.3.2]를 참고하기 바란다.

결과 4.4.2 [SAS-코드 4.4.2](gov-institutes-tfidf-SCRA.SAS)의 결과

[결과 1] 옵션 all에 의한 결과

6×196 분할표 생략

[결과 2] 옵션 short에 의한 결과

Inertia and Chi-Square Decomposition

Singular Value	Principal Inertia	Chi-Square	Percent	Cumulative Percent	0 10 20 30
0.92845	0.86203	6623.6	31.35	31.35	
0.86497	0.74817	5748.7	27.21	58.56	
0.84010	0.70577	5422.9	25.67	84.23	
0.47854	0.22900	1759.5	8.33	92.56	
0.45231	0.20458	1572.0	7.44	100.00	
	2.74954	21126.8	100.00		Degrees of Freedom = 975

Row Coordinates

	Dim1	Dim2
과기원	-0.1858	0.3156
대경원	0.0992	2.8298
산업원	1.2772	-0.4383
한개원	1.3927	-0.5107
한교원	-1.0509	-0.5294
한보원	-0.1336	0.1656

Column Coordinates

	Dim1	Dim2
기술	-0.1011	0.4115
혁신	-0.2398	0.4463
테크	-0.2001	0.3648
과학	-0.1479	0.1617
핀	-0.2001	0.3648
연구	-0.2043	0.6129
기업	0.0062	0.7730
금융	0.3142	0.3330
월	0.9790	-0.3373
서비스	0.5277	0.1785
미래	-0.4289	0.1517
자료	0.2948	-0.0803
전자	-0.1508	0.3376
지원	-0.4952	0.0011
사업	0.1741	0.0634
제품	0.3011	0.2150

이하 생략

[결과 3] ods graphics on;에 의한 결과

[그림 4.4.2] 정부출연연구원 보고서 TF-IDF 적용한 핵심어의 단순 대응분석 그림

[SAS-코드 4.4.2] 정부출연연구원 보고서 TF-IDF 적용한 핵심어의 단순 대응분석 (gov-institutes-tfidf-SCRA.SAS)

```
options validvarname=any;
data institute;
infile "d:정부출연연구원_Keyword_TFIDF.txt";
    input  연구원$ 기술 혁신 테크 --- 생략 --- 교실 원주민;
run;
ods graphics;
proc corresp data =  institute  all short;
     var 기술 혁신 테크 기술 혁신 테크 --- 생략 --- 교실 원주민
     id 연구원;
run;
data institute_part;
    set graph;
    where  -1<= dim1 <= 1 and   -0.7<=dim2<= 1;
run;
proc sgscatter data=institute_part;
        plot  dim2* dim1/datalabel=연구원 grid  group=_TYPE_;
                    title '단순 대응분석 그림의 특정 영역 확대';
run;
```

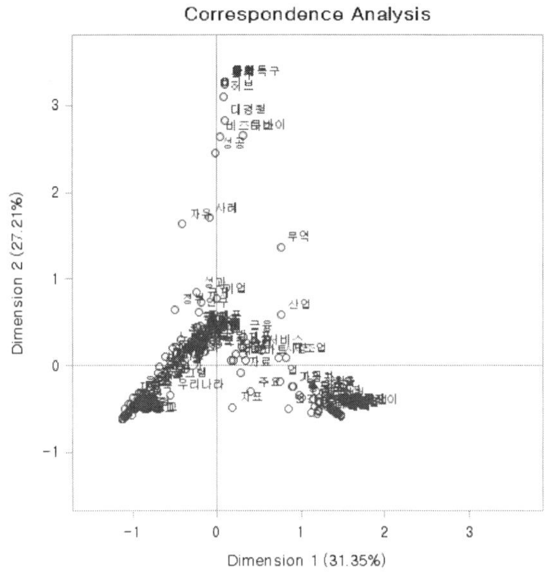

(a) 정부출연연구원 보고서 핵심어의 단순 대응분석 그림

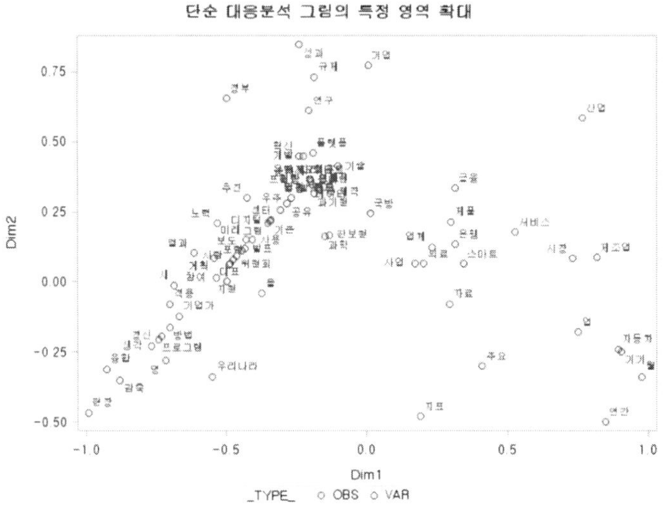

(b) 단순 대응분석 그림 (a)의 확대

[그림 4.4.2] 정부출연연구원 보고서 핵심어의 단순 대응분석 그림

4.5 SPSS 실습

[보기 1.4.3]에서 오즈마법사 시리즈 3편의 비정형 문서로 불용어를 제외하고 정형 텍스트 자료를 얻어 각각 상위 빈도 5개 단어와 빈도를 요약한 이원분할표 [자료 1.1.3]을 제공하였다. 이 분할표의 단순 대응분석을 위해 [SPSS-메뉴 1.4.3]을 활용하였다. 이것 대신에 [보기 4.3.1]에서는 상위 빈도 5개 단어와 빈도 대신에 실제 문서-용어 행렬과 용어의 중요도인 가중치를 측정하는 TF-IDF를 활용한 문서-핵심어에 의한 핵심어 8개에 대하여 크기가 3×8인 이원분할표를 얻었다. 이 분할표를 활용하여 단순 대응분석을 실행하기 위한 [SPSS-메뉴 4.5.1]과 그 결과를 제공한다. 그리고 [보기 4.3.2]에서 생성된 문서-핵심어 행렬이 6×196인 이원분할표로부터 [SPSS-메뉴 4.5.2]에 의한 단순 대응분석을 제공한다.

보기 4.5.1 TF-IDF 적용한 오즈 마법사 텍스트 자료의 대응분석

[보기 4.3.1]과 [보기 4.4.1]에서 살펴본 오즈마법사 시리즈 3편(wonderfulOZ, royal, OzoplaningwiththeWizardofOz)의 문서-핵심어에 의한 크기가 3×8인 이원분할표에 의한 단순 대응분석을 위한 [SPSS-메뉴 4.5.1]과 [결과 4.5.1]의 [결과 1]~[결과 3]을 살펴보자. 분석을 위한 자료는 이원분할표를 분류변수를 입력한 oz-tfidf.sav를 활용한다.

[결과 1]은 문서-핵심어에 의한 크기가 3×8인 이원분할표이고 [결과 2]의 설명력은 [결과 3]의 [그림 4.5.1]의 2차원 단순 대응분석 그림에서 제1축(차원 1)과 제2축(차원 2)이 각각 50.00%와 50.00%를 차지하여 총 100%임을 보여주고 있다. [그림 4.5.1]의 해석은 다음과 같다. 차원 2의 아래쪽 Witch 단어는 oz-1인 시리즈 문서 wonderfulOZ에 대응한다. 차원 2의 위쪽 Jellia, Wizard, Strut, Nick 단어가 oz-3인 시리즈 문서 royal에 대응한다. 그리고 단어 Hokus, Chew, Cowardly가 oz-2인 시리즈 문서 OzoplaningwiththeWizardofOz에 대응한다. 이는 [보기 4.4.1]의 SAS 결과와 동일하다.

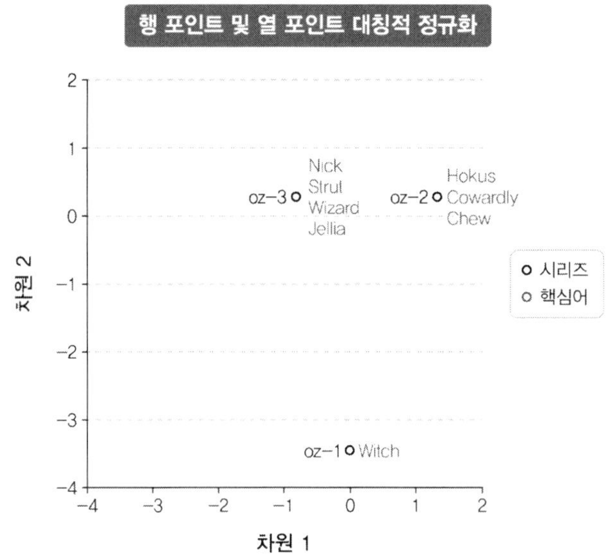

[그림 4.5.1] TF-IDF 적용한 오즈 마법사 텍스트 자료의 대응분석 그림

결과 4.5.1 [SPSS-메뉴 4.5.1]의 결과

[결과 1] 이원분할표

대응일치표

시리즈	핵심어 Witch	Hokus	Cowardly	Chew	Jella	Wizard	Strut	Nick	주변 합
oz-1	128.538	.000	.000	.000	.000	.000	.000	.000	128.538
oz-2	.000	219.723	213.131	138.425	.000	.000	.000	.000	571.278
oz-3	.000	.000	.000	.000	360.349	274.653	157.102	156.003	948.106
주변 합	128.538	219.723	213.131	138.425	360.349	274.653	157.102	156.003	1647.922

[결과 2] 설명력

요약

차원	비정칙값	요약 관성	카이제곱	유의확률	관성비율 설명됨	누적	신뢰 비정칙값 표준편차	상관관계 2
1	1.000	1.000			.500	.500	.000	.581
2	1.000	1.000			.500	1.000	.000	
전체		2.000	3295.845	.000[a]	1.000	1.000		

a. 자유도 14

		차원의 점수	
시리즈	매스	1	2
oz-1	.078	.000	-3.438
oz-2	.347	1.342	.291
oz-3	.575	-.808	.291
전체 합	1.000		

a. 대칭적 정규화

		차원의 점수	
핵심어	매스	1	2
Witch	.078	.000	-3.438
Hokus	.133	1.342	.291
Cowardly	.129	1.342	.291
Chew	.084	1.342	.291
Jella	.219	-.808	.291
Wizard	.167	-.808	.291
Strut	.095	-.808	.291
Nick	.095	-.808	.291
전체 합	1.000		

a. 대칭적 정규화

[결과 3] 대응일치분석 : 모형과 도표의 결과

[그림 4.5.1] TF-IDF 적용한 오즈 마법사 텍스트 자료의 단순 대응분석 그림

[SPSS-메뉴 4.5.1] TF-IDF 적용한 오즈 마법사 텍스트 자료의 단순 대응분석(oz-tfidf.sav)

분석(A) ▶ 차원 축소(D) ▶ 대응일치분석(C)

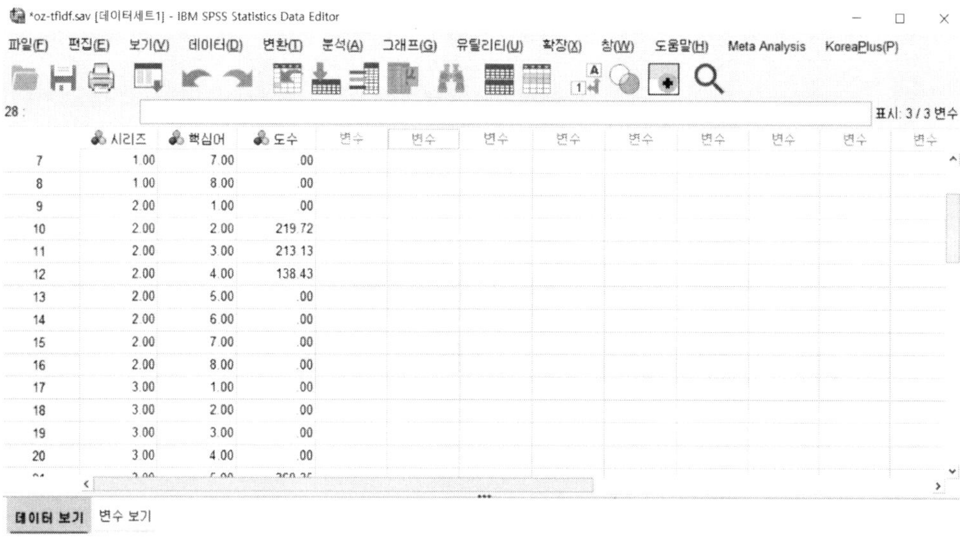

보기 4.5.2 TF-IDF 적용한 정부출연연구원 보고서 핵심어의 단순 대응분석

[보기 4.4.2]에서 정부출연기관 연구원 6개 과학기술정책연구원(과기원), 대외경제정책연구원(대경원), 산업연구원(산업원), 한국개발연구원(한개원), 한국교육개발연구원(한교원), 한국보건사회연구원(한보원)의 대표적 보고서 한 개씩의 자연어 처리 과정을 통해 최종적으로 크기가 6×196인 문서-핵심어 행렬로 제공된 자료(institute.csv)를 활용하여 [SPSS-메뉴 4.5.2]에 의해서 [결과 4.5.2]를 제공하고 있다.

[결과 2]로부터 [결과 3]-[그림 4.5.2]의 2차원 단순 대응분석 그림의 설명력은 제1축(차원 1)과 제2축(차원 2)이 각각 31.40%와 27.20%를 설명하며 총 58.60%이다. [결과 1]의 분할표는 크기가 6×196 문서-핵심어 용어 행렬을 나타낸다. [그림 4.5.2]는 SAS의 [그림 4.4.2]와는 제1축과 제2축에 대하여 좌표점인 핵심어와 연구원의 위치가 모두 정반대이다. 그러나 핵심어와 연구원의 대응관계는 그 경향이 서로 일치한다. SPSS의 그림은 좌표점을 나타내는 문자를 다 보여주는 장점이 있다. 전체적인 대응관계의 경향은 [해석 4.3.2]를 참고하기 바란다.

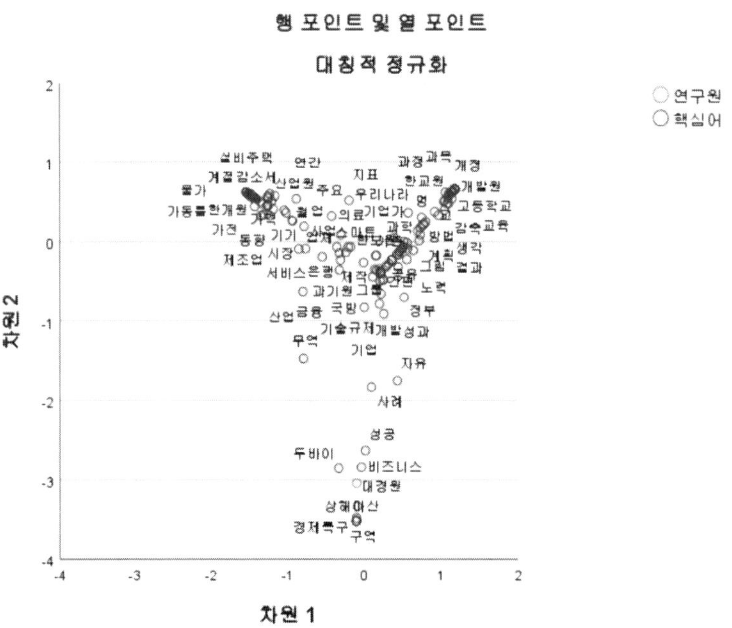

[그림 4.5.2] 정부출연연구원 보고서에 TF-IDF 적용한 핵심어의 단순 대응분석 그림

결과 4.5.2 [SPSS-메뉴 4.5.2]의 결과

[결과 1] 이원분할표

대응일치표

연구원	가격	가동률	가전	간편	감소세	감축	개발	개발원	…….	현장	협약	화학	주변 합
								핵심어					
과기원	6.238	.000	1.099	23.293	.000	7.690	16.624	.000		4.394	37.627	2.079	2426.349
대경원	.000	.000	.000	.000	.000	.000	4.055	.000		.000	.000	.693	543.550
산업원	14.556	24.169	23.071	.000	27.465	.000	2.838	.000		.000	.000	18.715	1614.576
한개원	22.181	4.394	.000	.000	5.493	.000	.000	.000		.000	.000	.000	633.601
한교원	.000	.000	.000	.000	.000	20.874	6.893	30.460		25.268	.000	.000	2418.475
한보원	.000	.000	.000	.000	.000	.000	.000	.000		.000	.000	.000	47.184
주변 합	42.975	28.564	24.169	23.293	32.958	28.564	30.410	30.460		29.663	37.627	21.488	7683.734

[결과 2] 설명력

요약

차원	비정칙값	요약 관성	카이제곱	유의확률	관성비율		신뢰 비정칙값	
								상관관계
					설명됨	누적	표준편차	2
1	.928	.862			.314	.314	.003	.196
2	.865	.748			.272	.586	.007	
3	.840	.706			.257	.842		
4	.479	.229			.083	.926		
5	.452	.205			.074	1.000		
전체		2.750	21126.755	.000ª	1.000	1.000		

a. 자유도 975

연구원	매스	차원의 점수 1	차원의 점수 2	요약 관성
과기원	.316	.193	-.339	.483
대경원	.071	-.103	-3.043	.688
산업원	.210	-1.326	.471	.466
한개원	.082	-1.445	.549	.337
한교원	.315	1.091	.569	.551
한보원	.006	.139	-.178	.224
전체 합	1.000			2.750

a. 대칭적 정규화

핵심어	매스	차원의 점수 1	차원의 점수 2	요약 관성
가격	.006	-1.257	.455	.016
가동률	.004	-1.448	.559	.010
가전	.003	-1.353	.502	.011
간편	.003	.208	-.392	.007
감소세	.004	-1.449	.560	.011
감축	.004	.914	.375	.003
개발	.004	.232	-.483	.002
개발원	.004	1.175	.658	.009
개정	.008	1.141	.621	.016
결과	.003	.638	-.110	.001
경기	.003	-1.457	.571	.012

[결과 3] 대응일치분석 : 모형과 도표의 결과

[그림 4.5.2] 정부출연연구원 보고서에 TF-IDF 적용한 핵심어의 단순 대응분석 그림

[SPSS-메뉴 4.5.2] 정부출연연구원 보고서 TF-IDF 적용한 핵심어의 단순 대응분석(institute.sav)

분석(A) ▶ 차원 축소(D) ▶ 대응일치분석(C)

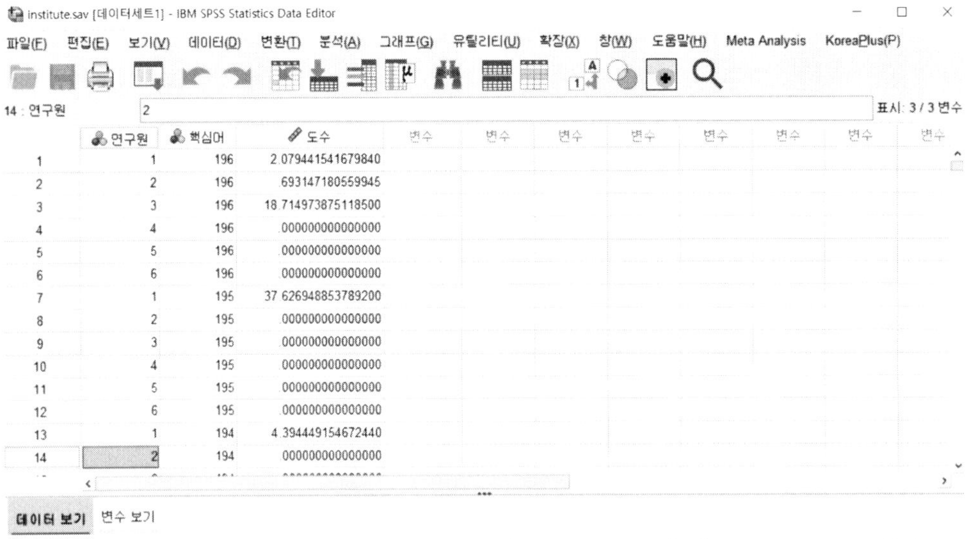

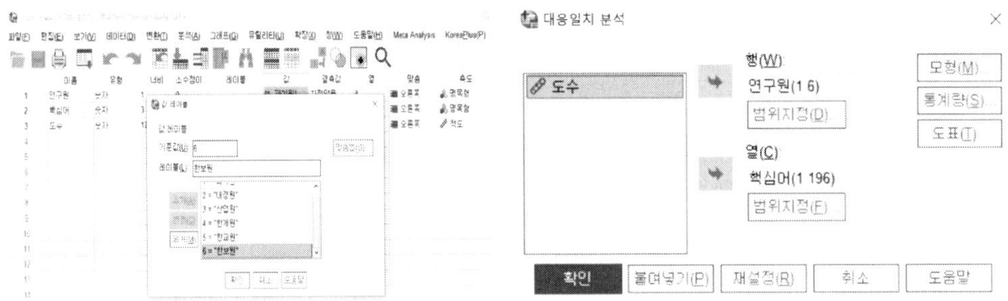

4장 요약

01 텍스트 자료(text data)는 일반적으로 문헌 및 문서자료를 말한다. 더 나아가 신문, 메일, 뉴스, 잡지, 연구자료, 보고서 등과 웹 자료(트위터, 인스타그램, 영화댓글, 포털사이트)도 포함한다.

02 일반적으로 텍스트 자료를 비정형 자료(unstructured data)라 하며 이로부터 숨겨진 정보를 잘 얻어내기 위해서는 수치형 자료인 정형화 자료(structured data)로 변환해 줄 필요성이 있다. 이를 위해 크롤링(crawling), 파싱(parsing) 그리고 필터링(filtering)과 같은 전처리(preprocessing) 과정이 요구된다.

03 한글 텍스트 분석에서 중요한 KoNLP 패키지는 2020년 2월 R의 CRAN에서 삭제되어 깃허브(github)와 연동해서 사용해야 하며 R 사용자를 위한 언어 설치 multilinguer 패키지를 설치해야 한다. 제일 큰 문제는 KoNLP가 자바(java)로 만든 형태소 분석기라 이를 설치해 주어야 한다. 의존성 패키지도 설치하고 library(KoNLP)로 불러오면 된다.

04 텍스트 자료의 정형화를 위해서는 문장부호, 특수문자, 불용어(stop words) 제거와 같이 여러 가지 정제화(cleaning) 작업과정을 거친다. 더 나아가 각 문서의 용어나 단어들에 대한 빈도를 구한다. 그러나 여러 목적을 나타내는 텍스트 자료로부터 빈도만으로 유용한 정보를 추출해내기는 어렵다. 용어 가중치 함수 TF-IDF(term frequency-inverse document frequency)를 이용한 정형화를 통해 문서-용어 빈도, 문서용어 가중치와 문서-핵심어를 구한다.

05 핵심어 선정은 문서-용어 가중행렬로부터 용어 평균 가중점수의 팔꿈치 그림에서 변곡점을 찾고 이 지점을 기준으로 찾는다.

06 문서-핵심어는 이원분할표로 구성 가능하고 단순 대응분석을 통해 문서와 핵심어의 대응관계와 연관성을 살펴본다.

07 텍스트 자료로부터 추출된 문서-핵심어의 이원분할표에 대한 단순 대응분석은 R 패키지 ca의 ca() 함수, SAS/PROC CORRESP와 SPSS의 **분석(A) ▶ 차원 축소(D) ▶ 대응일치 분석(C)**에서 가능하다.

5 장

추가범주의 대응분석

the orthogonal projection has a simple geometrical description that allow for visualization.
Schott, J.R.(2005)

직교 투영에는 시각화를 허용하는
간결한 기하학적 기술이 깃들어 있다.

새로운 정보를 가진 범주변수를 이미 대응분석한 분할표 자료에 추가하여 기존의 대응분석의 범주들과 대응관계를 살피는 일은 매우 중요하다. 이를 추가범주라 하는데 이를 위한 단순과 다중 대응분석 알고리즘을 소개한다. 더불어 몇 가지 보기에서 R의 패키지 ca의 적용을 소개하고 SAS/PROC CORRESP의 활용을 소개하려 한다. 다만 SPSS의 **분석(A) ▶ 차원 축소(D) ▶ 최적 척도법(D)**에서는 범주변수의 범주인 분류변수의 입력자료에 대한 다중 대응분석의 추가범주만이 가능하다.

5.1 단순 대응분석의 추가범주

이미 어떤 분할표의 대응분석에서 범주들의 대응관계를 제공한 2차원의 대응분석 그림에 새로운 정보를 가진 범주를 추가하여 기존의 범주들과의 관계를 나타내는 기법은 대응분석에서 매우 중요하다. 이를 추가범주(supplementary categories)라 한다(Greenacre, 1984, pp. 70-76). Lebart 외(1984, p. 16과 p. 42)에서는 기존의 범주를 활동적 요소(active element)라 하고 추가되는 범주를 설명적 요소(illustrative element)라 하는데 추가범주는 기존 범주에 추가적인 설명을 곁들이기 위한 것임을 의미한다.

이원분할표 O에 추가범주를 포함하는 단순 대응분석과 표시행렬 Z에 추가범주를 추가하거나 범주변수가 입력자료로 구성된 분류변수 자료에서 추가범주를 고려하는 다중 대응분석을 고려할 수 있다. 더군다나 추가범주가 포함된 표시행렬 Z에 의해서 버트행렬도 추가범주를 고려하게 된다.

먼저 이원분할표의 경우 추가범주를 설명하기 위한 전형적인 예를 [보기 5.1.1]과 [보기 5.1.2]에서 살펴보자. 이를 위해 R의 패키지 ca의 ca() 함수에서 열 범주와 행범주 추가를 위한 옵션 supcol=, suprow=을 활용한다. 이들 추가범주는 단순 대응분석 그림의 설명력과 축을 형성하는 데 전혀 영향을 미치지는 않는다. 다만 이들에 대한 프로파일이 그림에 투영되어 나타나고 기존의 범주들과 어떤 대응관계를 보여주는지를 파악하게 된다.

보기 5.1.1 지위와 흡연습관에 추가된 음주 및 전국 흡연습관의 단순 대응분석

[보기 1.1.1]의 크기가 5×4인 이원분할표 [자료 1.1.1]은 R에서 data(smoke)로 제공되는데 어느 회사에서 지위에 따라 개인의 흡연습관을 나타낸 것이다. 행범주는 지위로 상위 경영직(SM), 하위 경영직(JM), 상위 고용직(SE), 하위 고용직(JE), 비서직(SC)에 따라 5범주로 나뉘고 각 그룹으로부터 흡연습관에 응답할 사람을 남녀 구분 없이 임의로 10% 선정하였다. 그리고 이들 각자에게 4가지 경우의 흡연습관 none(담배를 전혀 피우지 않는다), light(하루에 담배를 1-10개비 피운다), medium(하루에 담배를 11-20개비 피운다), heavy(하루에 담배를 1갑 이상 피운다)에 따라 응답하도록 하였다.

이번에는 이 기존의 이원분할표에

- 추가 행범주: 전국에 걸쳐 실시된 여론조사에서 흡연습관 None, Light, Medium, Heavy에 따른 백분율(%)을 각각 42%, 29%, 20%, 9%로 구하여 이를 전국(NEA: nationwide estimated average)으로 하여 추가하였다.
- 추가 열범주: 직위에 따른 음주 여부(No, Yes)를 열범주에 추가하였다.

따라서 추가 행과 열범주로 구성한 이원분할표가 [자료 5.1.1]이다.

[자료 5.1.1] 지위와 흡연습관에 행과 열범주가 추가된 이원분할표

지 위	흡 연 습 관				음 주 여 부	
	None	Light	Medium	Heavy	No	Yes
SM(상위 경영직)	4	2	3	2	0	11
JM(하위 경영직)	4	3	7	4	1	17
SE(상위 고용직)	25	10	12	4	5	46
JE(하위 고용직)	18	24	33	13	10	78
SC(비 서 직)	10	6	7	2	7	18
NEA(전 국 %)	42	29	20	9	.	.

[자료 5.1.1]을 분석하기 위한 [R-코드 5.1.1]을 보면 단순 대응분석을 위한 함수 ca()에 추가범주를 지정하는 옵션을 포함한 ca(O, supcol=5:6, suprow=6)를 활용한다. 결론은 [보기 1.1.1]에서 살펴본 지위에 따른 개인의 흡연습관에 대한 단순 대응분석 [그림 1.1.1]에다 음주여부(No, Yes)인 열범주와 전국적인 흡연습관(NEA)인 행범주를 추가한 [그림 5.1.1]을 얻는 것이다. 실제 [보기 2.2.1]에서 [그림 1.1.1]을 포함한 [자료 1.1.1]에 대한 ca() 함수를 이용한 [R-코드 2.2.1]의 [결과 2.2.1]과 추가범주를 포함한 [결과 5.1.1]을 비교해 보면 당연히 (1) 설명력과 (2)와 (3)의 행범주와 열범주에 관한 정보 또한 추가범주에 대한 것을 제외하고 동일하다. 즉, [결과 5.1.1]-(2)의 추가 행범주 NEA (*), (3)에서 추가 열범주 No (*)와 Yes (*)에 대한 2차원 좌표에 대한 것만 [결과 2.2.1]-(2)와 (3)에 추가되었다. 특히 이들에 대한 매스(mass)가 각각 NA로 이들은 총결여성 (2.3.7)과 (2.3.8)을 계산하는 데 기여하지 하지 못함을 의미하여 결여성(Inertia)에 역시 NA로 표시되어 있다. 따라서 추가범주에 대한 이들 매스를 영(zero)매스라 부른다.

[그림 5.1.1]에서 추가된 음주 여부의 대응관계를 먼저 살펴보자. 제1축의 오른편의 흡연 그룹(JE(하위 고용직), JM(하위 경영직))은 음주를 한다는 Yes와 대응하고 왼편의 흡연 습관 none(담배를 전혀 피우지 않는다) 방향으로 대응하는 비흡연 그룹인 SE(상위 고용직)

과 SC(비서직)와 SM(상위 경영직)은 음주를 하지 않는다는 No와 대응하고 있다. 이는 기존 흡연과 추가된 음주는 연관성이 있음을 보여준다. 추가된 행범주인 NEA(전국 흡연습관)도 기존 흡연그룹과는 반대 방향에 상대적으로 멀리 떨어져 있다. 이는 이 회사의 흡연자들의 비율이 전국적인 평균과 비교해 볼 때 일반적으로 높다는 것을 의미한다. 물론 이 사실은 [자료 5.1.1]을 보면 명료하게 알 수 있다. 그러나 [그림 5.1.1]은 기존 단순 대응분석에 추가된 범주들과의 비교, 연관성 그리고 경향 등 더 많은 정보를 제공하고 있음을 보여준다.

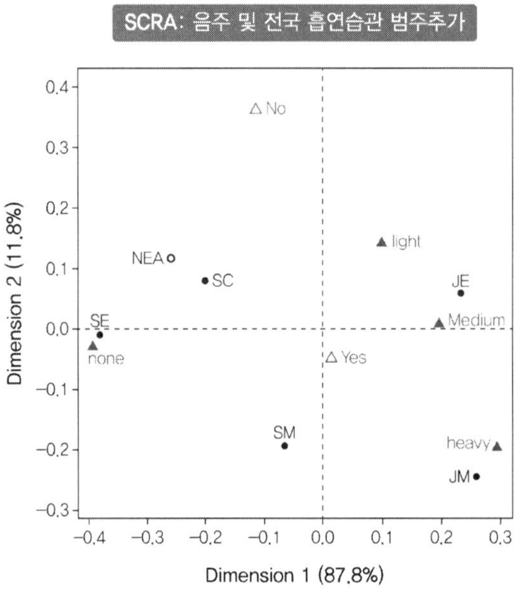

[그림 5.1.1] 지위와 흡연습관에 추가된 음주 및 전국 흡연습관의 단순 대응분석 그림

결과 5.1.1 [R-코드 5.1.1](smoke-SCRA-supplementary.R)의 결과

```
> sca
(1) 설명력
 Principal inertias (eigenvalues):
            1        2        3
Value       0.074759 0.010017 0.000414
Percentage  87.76%   11.76%   0.49%

(2) 행범주와 추가 행범주에 관한 정보
 Rows:
          SM       JM       SE       JE       SC       NEA (*)
Mass      0.056995 0.093264 0.264249 0.455959 0.129534       NA
ChiDist   0.216559 0.356921 0.380779 0.240025 0.216169 0.325364
```

Inertia	0.002673	0.011881	0.038314	0.026269	0.006053	NA
Dim. 1	-0.240539	0.947105	-1.391973	0.851989	-0.735456	-0.944946
Dim. 2	-1.935708	-2.430958	-0.106508	0.576944	0.788435	1.175469

(3) 열범주와 추가 행범주에 관한 정보

Columns:

	none	light	medium	heavy	No (*)	Yes (*)
Mass	0.316062	0.233161	0.321244	0.129534	NA	NA
ChiDist	0.394490	0.173996	0.198127	0.355109	0.573399	0.077578
Inertia	0.049186	0.007059	0.012610	0.016335	NA	NA
Dim. 1	-1.438471	0.363746	0.718017	1.074445	-0.419970	0.056819
Dim. 2	-0.304659	1.409433	0.073528	-1.975960	3.616454	-0.489285

(4) [그림 5.1.1] 지위와 흡연습관에 추가된 음주 및 전국 흡연습관의 단순 대응분석 그림

[R-코드 5.1.1] 지위와 흡연습관에 추가된 음주 및 전국 흡연습관의 단순 대응분석 (smoke-SCRA-supplementary.R)

```
# Simple CRA with Supplementary Variables : smoker data
library(ca)
data(smoke)
O=smokeSCRA

#Supplementary Columns
drink=matrix(c(0, 11, 1, 17, 5, 46, 10, 78, 7, 18), byrow=T, nrow=5)
colnames(drink)=c("No", "Yes")
Osc=drink
Oc=cbind(O, Osc)

#Supplementary Rows
nea=matrix(c(42, 29, 20, 9, NA, NA), byrow=T, nrow=1)
colnames(nea)=colnames(Oc)
rownames(nea)=c("NEA")
Osr=nea

# Supplementary Table
O=rbind(Oc, Osr);O
sca=ca(O, supcol=5:6, suprow=6)
sca
win.graph()
par(pty="s")
plot(sca, main="SCRA : 음주 및 전국 흡연습관 범주추가")
```

보기 5.1.2 과학분야와 연구비지원에 추가된 범주의 단순 대응분석

[자료 5.1.2]는 796명의 과학 연구자를 그들이 종사하는 10가지 과학분야(Geology~Mathematics)와 5가지 연구비지원(A~E) 범주에 따라 나눈 이원분할표에 다음 범주를 추가한 것이다.

- 추가 행범주: Museums(박물관)에서 근무하는 연구자와 Statistics(통계)와 Mathematics(수학) 분야의 연구자를 합한 빈도를 나타내는 MathSciences(수리과학)로 각각 고려하였다.
- 추가 열범주: 신진 연구자에게 연구비지원 보장 여부(Y)를 고려한 것이다.

여기서 연구비 범주 중 A~D는 연구비지원을 받는 정도에 따른 범주인데 A는 가장 많고 D는 가장 적은 연구비지원이다. 반면에 E는 연구비지원이 탈락된 경우이다(Greenacre, 2007, Exhibit 12.1). 특히, 이 조사는 대학에 근무하는 연구자들의 연구비지원에 대한 경향을 보기 위한 것이다. 그러나 이들과 동일한 연구비지원기관으로부터 유사하게 지원을 받는 박물관에서 근무하는 연구자 53명의 연구비지원 범주를 기존의 대학 연구원의 경향을 보여주는 단순 대응분석 그림의 공간에 추가해서 보려고 한다. 이럴 경우 추가범주는 설명력과 2차원 단순 대응분석 그림의 축을 결정하는 데 관여하지 않는다.

[자료 5.1.2] 과학분야와 연구비지원에 추가된 범주의 이원분할표(fund.txt)

과학 분야	연구비지원					
	A	B	C	D	E	Y
Geology	3	19	39	14	10	0
Biochemistry	1	2	13	1	12	1
Chemistry	6	25	49	21	29	0
Zoology	3	15	41	35	26	0
Physics	10	22	47	9	26	1
Engineering	3	11	25	15	34	1
Microbiology	1	6	14	5	11	1
Botany	0	12	34	17	23	1
Statistics	2	5	11	4	7	0
Mathematics	2	11	37	8	20	1
Museum	4	12	11	19	7	.
Math Sciences	4	16	48	12	27	.

[자료 5.1.2]를 분석하기 위한 [R-코드 5.1.2]를 보면 단순 대응분석을 위한 함수 ca()에 추가범주를 지정하는 옵션을 포함한 ca(O, supcol=6, suprow=5:6)를 활용한다. [결과 5.1.2]를 살펴보면 먼저 (4) 2차원 단순 대응분석 [그림 5.1.2]는 제1축이 47.2%이고 제2축이 36.7%이므로 총 83.9%의 설명력을 보여주고 있다. (2)와 (3)에서는 추가 행범주 Museum (*)과 MathSciences (*) 그리고 추가 열범주 Y (*)의 좌표를 보여주고 있다. 이들의 특징은 Mass(매스)가 NA로 영(zero)매스이므로 Inertia(결여성)도 0이 되어 주결여성에 영향을 미치지 않는다는 것이다. 실제로 [그림 5.1.2]에서 추가 행범주 Museum은 2사분면 위쪽에 위치하고 있고 이는 연구비지원 범주 D(가장 적은 연구 지원)와 대응하고 있다. 대학의 Zoology(동물학) 연구자들도 이 경향에 속한다. 더불어 Statistics와 Mathematics를 합쳐 추가한 행범주 MathSciences(수리과학)는 이들과 비슷한 위치에 있어 유사한 범주임을 보여준다. 그러나 기하적으로 Mathematics에 더 가깝게 위치하고 있다. 추가 열범주인 Y(신진 연구 지원)는 모든 분야에 걸쳐 총 6명으로 이는 아주 특이한 경우로 4사분면 하단에 원점으로부터 멀리 떨어져 있어 이상치(outlier)로 여길 수 있다. 특히 이 범주가 원래 이원분할표에 포함되어 있었다면 대응분석 그림에 상당한 영향을 주었을 것이다. 실제로 기하적으로 4사분면 Y(신진 연구 지원) 방향으로 놓인 Biochemistry, Mathematics, Microbiology는 신진연구비지원을 받는 연구분야이며 추가적으로 제1축을 기준으로 Physics도 해당한다. 제2축을 기준으로는 아래로 놓인 Y에 대해 3사분면의 Botany와 Engineering도 신진 연구비지원을 받는 분야이다. 이들은 [자료 5.1.2]에서 추가범주 Y의 값이 1로 되어 있는 분야이다.

[그림 5.1.2]에서 기존 이원분할표의 범주들을 보면 제1축의 왼편에서 오른편으로 연구비지원 정도에 따른 순서인 D(가장 적은 지원)에서 A(가장 많은 지원)로 되어 있고 더군다나 B와 C는 중앙에 위치하고 있다. 특히, E(탈락)는 제2축에 대하여 위쪽에 위치한 이들과 반대에 위치하고 있다. 따라서 단순 대응분석 그림에서 연구분야가 오른편에 위치할수록 연구자들이 연구비를 더 많이 받게 됨을 보여준다. 그리고 연구분야가 제2축의 아래쪽에 위치할수록 연구자가 연구비지원을 덜 받게 됨을 기하적으로 보여주고 있다.

제1축에 대하여 Geology, Statistics, Mathematics, Biochemistry 분야는 좌표의 위치가 유사하나 제2축에 대해서는 많이 다르다. 이는 연구비지원을 받는 이 분야의 연구자들이 연구 지원 범주 A~D에 대하여 비슷한 위치에 있음을 보여준다. 그러나 E(탈락) 방향과는 반대 방향의 Geology(11.8% 탈락)는 이 방향에 놓인 Biochemistry(41.4% 탈락)보다 훨씬 적은 연구비지원 탈락이 있음을 보여준다.

결과 5.1.2 [R-코드 5.1.2](fund-SCRA-supplementary.R)의 결과

〉 sca

(1) 설명력

Principal inertias (eigenvalues):

	1	2	3	4
Value	0.039117	0.030381	0.010869	0.002512
Percentage	47.2%	36.66%	13.11%	3.03%

(2) 행범주와 추가 행범주에 관한 정보

Rows:

	Geology	Biochemistry	Chemistry	Zoology	Physics	Engineering	Microbiology	Botany	Statistics	Mathematics
Mass	0.106784	0.036432	0.163317	0.150754	0.143216	0.110553	0.046482	0.108040	0.036432	0.097990
ChiDist	0.326043	0.521341	0.102759	0.355831	0.336461	0.337125	0.133880	0.226008	0.167495	0.218104
Inertia	0.011352	0.009902	0.001725	0.019088	0.016213	0.012565	0.000833	0.005519	0.001022	0.004661
Dim. 1	0.386296	0.909559	0.190335	-1.655208	1.595479	-0.594071	0.064548	-0.903507	0.630190	0.539750
Dim. 2	1.735902	-2.610406	0.420843	0.586819	0.154885	-1.673612	-0.629120	-0.220890	0.081250	-0.351784

	Museum (*)	MathSciences (*)
Mass	NA	NA
ChiDist	0.662420	0.158934
Inertia	NA	NA
Dim. 1	-1.589250	0.564262
Dim. 2	2.185594	-.234420

(3) 열범주와 추가 행범주에 관한 정보

Columns:

	A	B	C	D	E	Y (*)
Mass	0.038945	0.160804	0.389447	0.162060	0.248744	NA
ChiDist	0.631009	0.238023	0.141374	0.421317	0.295436	1.160108
Inertia	0.015507	0.009110	0.007784	0.028767	0.021711	NA
Dim. 1	2.417466	0.643401	0.417144	-1.974149	-0.161345	1.358214
Dim. 2	0.414679	0.994763	0.285841	0.799134	-1.676180	-5.097437

(4) [그림 5.1.2] 과학 분야와 연구비지원에 추가된 범주의 단순 대응분석 그림

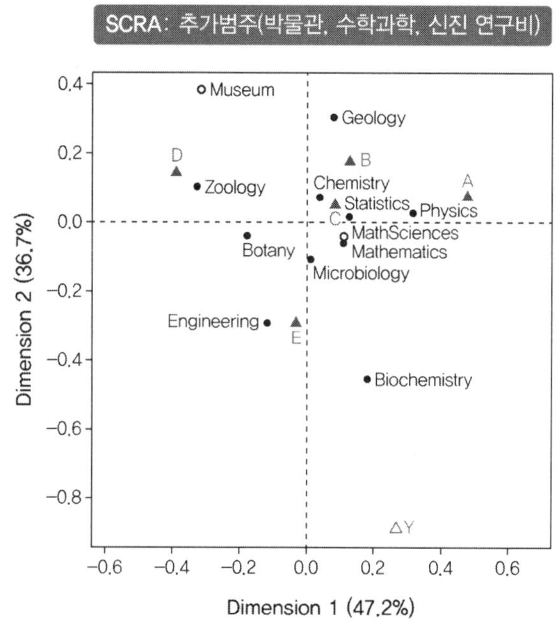

[그림 5.1.2] 과학분야와 연구비지원에 추가된 범주의 단순 대응분석 그림

[R-코드 5.1.2] 과학분야와 연구비지원에 추가된 범주의 단순 대응분석(fund-SCRA-supplementary.R)

```
# Scientific Areas and Funding with Supplementary Variables
library(ca)
fund=read.table("fund.txt", head=T)
sca=ca(fund, supcol=6, suprow=11:12)
sca
par(pty="s")
plot(sca, main="SCRA: 추가범주(박물관,수학과학, 신진 연구비)")
```

5.2 추가범주를 위한 알고리즘

추가 행과 열범주를 포함하는 단순 대응분석의 대수적인 면을 소개하기로 하자. 이는 5.3절의 다중 대응분석에서 표시행렬 형태의 자료에 열 범주를 추가하는 다중 대응분석 알고리즘에도 대수적으로 적용이 가능하다. 먼저 범주형 자료의 형태가 [표 2.1.1]과 같은 행과 열의 수가 각각 n과 p인 이원분할표 자료행렬

$$O = (o_{ij}),\ o_{ij} \geq 0,\ i = 1,\ldots,n\ ;\ j = 1,\ldots,p$$

에 [그림 5.2.1]과 같이 n_s개의 행과 p_s개의 열이 추가되었다고 하자. 이들을 추가범주(supplementary categories)라 하고 이들과 관련된 범주변수를 추가변수(supplementary variables)라 한다. 여기서 O_+는 크기가 $n_s \times p$인 추가 행범주 자료행렬이고 O^+는 크기가 $n \times p_s$인 추가 열범주 자료행렬이다.

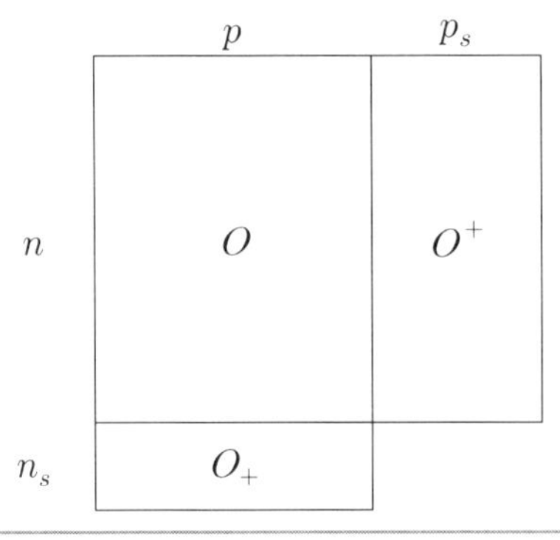

[그림 5.2.1] 추가 행과 열 범주의 표시

일반적으로 추가범주에 대한 저차원 공간상의 좌표점을 구하는 알고리즘은 기존 대응분석 알고리즘의 좌표행렬의 대수적 구조를 따른다. 단순 대응분석에서는 이원분할표 자료행렬 O로부터 대응행렬 $F = (f_{ij}),\ f_{ij} = o_{ij}/o_{..},\ i = 1,\ldots,n\ ;\ j = 1,\ldots,p$를 고려한다. 여기서 $o_{..} = \sum_{i=1}^{n}\sum_{j=1}^{p} o_{ij} = 1_n^T O 1_p$이며 1_n와 1_p는 크기가 각각 $n \times 1$과 $p \times 1$인 원소 1을 갖는 벡터이다.

2장 1절에서 정의한 $\boldsymbol{r}_i = (f_{i1}, \dots, f_{ip})^T / f_{i.}$를 크기가 $f_{i.} = \sum_{j=1}^{p} f_{ij}$인 i번째 행프로파일이라 하고 크기가 $f_{.j} = \sum_{i=1}^{n} f_{ij}$인 j번째 열프로파일을 $\boldsymbol{c}_j = (f_{1j}, \dots, f_{nj})^T / f_{.j}$로 정의하면, n개의 행프로파일 $\boldsymbol{r}_1, \dots, \boldsymbol{r}_n$과 p개의 열프로파일 $\boldsymbol{c}_1, \dots, \boldsymbol{c}_p$는 각각 p 차원과 n 차원의 가중유클리드공간(weighted Euclidean space)에서 행좌표점과 열좌표점으로 생각된다.

이들 프로파일에 의한 행프로파일과 열프로파일 행렬은 대수적으로 다음과 같다.

$$R = D_r^{-1} F = (\boldsymbol{r}_1, \dots, \boldsymbol{r}_n)^T, \;\; C = D_c^{-1} F^T = (\boldsymbol{c}_1, \dots, \boldsymbol{c}_p)^T \tag{5.2.1}$$

여기서 $D_r^{-1} = diag(1/f_{1.}, \dots, 1/f_{n.})$과 $D_c^{-1} = diag(1/f_{.1}, \dots, 1/f_{.p})$는 크기가 $n \times n$과 $p \times p$인 대각행렬이다. (5.2.1)의 대수적 구조와 같이 크기가 $n_s \times p$와 $p_s \times n$인 추가 행과 열 프로파일행렬도 각각 다음과 같이 대수적으로 구할 수 있다.

$$R_s \;=\; diag(O_+ 1_p)^{-1} O_+, \;\; C_s \;=\; diag(O^{+^T} 1_n)^{-1} O^{+^T} \tag{5.2.2}$$

여기서 (5.2.2)의 $diag(\text{vector})^{-1}$는 벡터를 대각행렬로 만들고 그것의 역행렬을 구함을 말한다. 특히 $O_+ 1_p$과 $O^{+^T} 1_n$는 각각 크기가 $n_s \times 1$와 $p_s \times 1$이다.

단순 대응분석 (2.1.12)로부터 p차원 공간상의 n개의 행프로파일과 n차원 공간상의 p개의 열프로파일을 저차원 그래프에 나타내기 위한 좌표점은 각각 행과 열좌표행렬

$$C_R = D_r^{-1} A D_\lambda, \;\; C_C = D_c^{-1} B D_\lambda \tag{5.2.3}$$

의 열벡터이다. 이는 추가범주가 없는 단순 대응분석 그림을 위한 행과 열좌표점이다. 여기서 A와 B는 대응행렬 F의 일반화비정칙값분해 $F = A D_\lambda B^T$를 만족하고 조건 $A^T D_r^{-1} A = B^T D_c^{-1} B = I$를 따르며 $D_\lambda = diag(1, \lambda_1, \dots, \lambda_{p-1})$은 비정칙값을 대각원소로 하는 대각행렬이다.

추가범주가 없는 단순 대응분석 그림을 위한 행과 열좌표행렬 (5.2.3)은 조건 $A^T D_r^{-1} A = B^T D_c^{-1} B = I$와 (5.2.1)에 의해서 각각 대수적으로 다음과 같이 정리된다.

$$C_R = D_r^{-1} A D_\lambda (B^T D_c^{-1} B) = (D_r^{-1} F) D_c^{-1} B = R D_c^{-1} B \tag{5.2.4}$$

$$C_C = D_c^{-1} B D_\lambda (A^T D_r^{-1} A) = (D_c^{-1} F^T) D_r^{-1} A = C D_r^{-1} A \tag{5.2.5}$$

(5.2.4)와 (5.2.5)의 기하적 성질은 2장 1절 (2.1.4) 근처에서 자세히 설명하고 있다. 즉, (5.4.2)와 (5.2.5)의 두 좌표점은 $RD_c^{-1}B = RD_c^{-1/2}D_c^{-1/2}B$과 $CD_r^{-1}A = CD_c^{-1/2}D_c^{-1/2}A$에 의해서 행프로파일행렬 R이 $D_c^{-1/2}$에 의해서 재측도(rescale)되었고 열프로파일행렬 C가 $D_r^{-1/2}$에 의해서 재측도되었음을 나타낸다. 이들은 조건 $A^TD_r^{-1}A = B^TD_c^{-1}B = I$를 만족하는 $D_c^{-1/2}B$와 $D_c^{-1/2}A$에 의해서 각각 직교 변환된 효과를 가지고 있다. 따라서 이런 대수적 성질을 이용하며 (5.2.2)의 추가 행과 열프로파일행렬의 저차원 공간상의 좌표점을 구할 수 있게 된다. 이를 각각 추가 행과 열좌표행렬 C_{Rs}와 C_{Cs}라 하면 (5.2.4)와 (5.2.5)로부터 대수적으로 비슷한 구조를 가지는 (5.2.6)을 구할 수 있다.

$$C_{Rs} = R_sD_c^{-1}B,\ \ C_{Cs} = C_sD_r^{-1}A \tag{5.2.6}$$

특히, (5.2.6)을 제공하는 추가범주의 행과 열프로파일은 이들을 고려하지 않은 분할표의 단순 대응분석의 설명력과 그림의 차원을 결정하는 데 전혀 관여하지 않게 된다는 점이다.

더군다나 (5.2.6)의 추가 행과 열좌표행렬은 추가범주가 없는 단순 대응분석 그림의 열과 행좌표행렬에 의해서 다음과 같이 구해지기도 한다. 먼저 (5.2.3)의 열좌표행렬 $C_C = D_c^{-1}BD_\lambda$의 양변의 오른편에 D_λ^{-1}를 곱하면 $C_CD_\lambda^{-1} = D_c^{-1}B$가 된다. 이를 (5.2.6)의 추가 행좌표행렬 C_{Rs}의 오른편에 대입하면 다음과 같이 구해진다.

$$C_{Rs} = R_sD_c^{-1}B = R_sC_CD_\lambda^{-1} \tag{5.2.7}$$

이번에는 (5.2.3)의 행좌표행렬 $C_R = D_r^{-1}AD_\lambda$의 양변의 오른편에 D_λ^{-1}를 곱하면 $C_RD_\lambda^{-1} = D_r^{-1}A$가 된다. 이를 (5.2.6)의 추가 열좌표행렬 C_{Cs}의 오른편에 대입하면 다음과 같이 구해진다.

$$C_{Cs} = C_sD_r^{-1}A = C_sC_RD_\lambda^{-1} \tag{5.2.8}$$

[보기 5.2.1]과 [보기 5.2.2]에서 추가 행과 열 좌표행렬을 실제로 (5.2.7)과 (5.2.8)을 활용하여 구하고 $D_\lambda = diag(1, \lambda_1, \ldots, \lambda_{p-1})$는 비정칙값 1을 제외한 것을 활용하며 추가범주에 대한 옵션을 활용해서 자동으로 추가범주 좌표를 제공하는 [보기 5.2.1]-[결과 5.2.1]과 [보기 5.2.2]-[결과 5.2.2]를 비교 확인할 수 있다.

보기 5.2.1 지위와 흡연습관에 추가된 음주 및 전국 흡연습관 범주좌표 구하기

[보기 5.1.1]의 지위와 흡연습관에 음주 및 전국 흡연습관 추가범주에 대한 단순 대응분석의 [결과 5.1.1]-(2)에서 추가 행범주 NEA (*), (3)에서 추가 열범주 No (*)와 Yes (*)에 대한 2차원 좌표가 기존의 행범주와 열범주 좌표에 추가되어 있다. 이는 (5.2.6)에 의해서 대수적으로 계산된 것이다. 여기서는 (5.2.6)을 통해 추가범주의 좌표를 구하는 계산 과정을 [R-코드 5.2.1]을 활용해서 정리하려 한다.

[결과 5.2.1]의 (1)과 (2)에는 추가 행과 열범주 좌표 $C_{Rs} = R_s C_C D_\lambda^{-1}$와 $C_{Cs} = C_s C_R D_\lambda^{-1}$를 구하는 계산 과정에서 필요로 하는 요소를 정리해 두었다.

먼저 (1) 추가 행범주 좌표의 경우

[[1]] : 추가 행범주 자료 행렬 $O_+ = [42, \ 29, \ 20, \ 9]$

[[2]] : 추가 행범주 자료의 빈도 합의 대각행렬 $r = diag(O_+ 1_p)^{-1}$

[[3]] : 추가 행범주 프로파일 행렬

$$R_s = diag(O_+ 1_p)^{-1} O_+ = [0.42, \ 0.29, \ 0.20, \ 0.09]$$

[[4]] : 열좌표행렬 $C_C = D_c^{-1} B D_\lambda$

[[5]] : 비정칙값의 역행렬 $D_\lambda^{-1} = diag(1/\sqrt{0.074759}, 1/\sqrt{0.010017})$

[[6]] : 추가 행범주 좌표행렬 $C_{Rs} = R_s C_C D_\lambda^{-1}$

[결과 5.1.1]-(1)로부터 2차원까지 주결여성이 각각 0.074759, 0.010017이므로 이들의 제곱근인 비정칙값으로 [[5]] : 비정칙값의 역행렬은 다음과 같다.

$$D_\lambda^{-1} = diag(3.657362, 9.991421)$$

따라서 [[3]] : 추가 행범주 프로파일행렬 R_s와 [[4]] : 열좌표행렬 C_C와 더불어 추가범주 행좌표행렬은 다음과 같이 계산된다.

$$\begin{aligned} C_{Rs} &= R_s C_C D_\lambda^{-1} \\ &= [0.42, \ 0.29, \ 0.20, \ 0.09] \begin{bmatrix} -1.4384714 & -0.30465911 \\ 0.3637463 & 1.40943267 \\ 0.7180168 & 0.07352795 \\ 1.0744451 & -1.97595989 \end{bmatrix} \begin{bmatrix} 3.657362 & 0 \\ 0 & 9.991421 \end{bmatrix} \\ &= [-0.9449458, \ 1.175469] \end{aligned}$$

다음으로 (2) 추가 열범주 좌표의 경우

[[1]] : 추가 열범주 자료 행렬 O^{+}

[[2]] : 추가 열범주 자료의 빈도 합의 대각행렬 $c = \ diag(O^{+^T} 1_n)$

[[3]] : 추가 열범주 프로파일 행렬 $C_s \ = \ diag(O^{+^T} 1_n)^{-1} O^{+^T}$

[[4]] : 행좌표행렬 $C_R = D_r^{-1} A D_\lambda$

[[5]] : 비정칙값의 역행렬 $D_\lambda^{-1} = diag(1/\sqrt{0.074759}, 1/\sqrt{0.010017})$

[[6]] : 추가 열범주 좌표행렬 $C_{Cs} = C_s C_R D_\lambda^{-1}$

따라서 추가 행범주 좌표행렬에서와 동일한 [[5]] : 비정칙값의 역행렬 D_λ^{-1}에 대하여 [[3]] : 추가 열범주 프로파일행렬 C_s와 [[4]] : 행 좌표행렬 C_R로부터 추가 열범주 좌표행렬은 다음과 같이 계산된다.

$$
\begin{aligned}
C_{Cs} &= C_s C_R D_\lambda^{-1} \\
&= \begin{bmatrix} 0.0000000 & 0.04347826 & 0.2173913 & 0.4347826 & 0.3043478 \\ 0.06470588 & 0.10000000 & 0.2705882 & 0.4588235 & 0.1058824 \end{bmatrix} \\
&\quad \times \begin{bmatrix} -0.2405388 & -1.9357079 \\ 0.9471047 & -2.4309584 \\ -1.3919733 & -0.1065076 \\ 0.8519895 & 0.5769437 \\ -0.7354557 & 0.7884353 \end{bmatrix} \begin{bmatrix} 3.657362 & 0 \\ 0 & 9.991421 \end{bmatrix} \\
&= \begin{bmatrix} -0.41996965 & 3.616454 \\ 0.05681942 & -0.489285 \end{bmatrix}
\end{aligned}
$$

결과 5.2.1 [R-코드 5.2.1](smoke-SCRA-supplementaryalgorithm.R)의 결과

(1) 추가 행범주 좌표

```
> list(Osr,r,Rs,Cc, Du,CRs)
[[1]]
    none light medium heavy
NEA   42    29     20     9

[[2]]
NEA
100

[[3]]
    none light medium heavy
NEA 0.42  0.29    0.2  0.09

[[4]]
             Dim1        Dim2
none   -1.4384714 -0.30465911
light   0.3637463  1.40943267
medium  0.7180168  0.07352795
heavy   1.0744451 -1.97595989

[[5]]
         [,1]     [,2]
[1,] 3.657362 0.000000
[2,] 0.000000 9.991421

[[6]]
          [,1]     [,2]
NEA -0.9449458 1.175469
```

(2) 추가 열범주 좌표

```
> list(Osc,c,Cs,Cr,Du,CCs)
[[1]]
     No Yes
[1,]  0  11
[2,]  1  17
[3,]  5  46
[4,] 10  78
[5,]  7  18

[[2]]
 No Yes
 23 170

[[3]]
           [,1]       [,2]      [,3]      [,4]      [,5]
[1,] 0.00000000 0.04347826 0.2173913 0.4347826 0.3043478
[2,] 0.06470588 0.10000000 0.2705882 0.4588235 0.1058824

[[4]]
         Dim1       Dim2
SM -0.2405388 -1.9357079
JM  0.9471047 -2.4309584
SE -1.3919733 -0.1065076
JE  0.8519895  0.5769437
SC -0.7354557  0.7884353

[[5]]
         [,1]     [,2]
[1,] 3.657362 0.000000
[2,] 0.000000 9.991421

[[6]]
           [,1]      [,2]
No  -0.41996965  3.616454
Yes  0.05681942 -0.489285
```

[R-코드 5.2.1] 지위와 흡연습관에 추가된 음주 및 전국 흡연습관 범주좌표 구하기 (smoke-SCRA-supplementaryalgorithm.R)

```
# Simple CRA with Supplementary Variables : smoker data
library(ca)
data(smoke)
O=smoke
```

```
#Supplementary Columns
drink=matrix(c(0, 11, 1, 17, 5, 46, 10, 78, 7, 18), byrow=T, nrow=5)
colnames(drink)=c("No", "Yes")
Osc=drink
Oc=cbind(O, Osc)

#Supplementary Rows
nea=matrix(c(42, 29, 20, 9, NA, NA), byrow=T, nrow=1)
colnames(nea)=colnames(Oc)
rownames(nea)=c("NEA")
Osr=nea
Osr
# Supplementary Table
O=rbind(Oc, Osr);O
sca=ca(O, supcol=5:6, suprow=6)
sca
win.graph()
par(pty="s")
plot(sca, main="SCRA : 음주 및 전국 흡연습관 범주추가")

## Algorithm for Supplementary Variables
#sca=ca(O);sca
# Coordinates for supplementary rows
Cc=sca$colcoord[-c(5,6),1:2]
Osr=O[6,1:4]
r=apply(Osr,1,sum)
Rs=Osr/r # supplementary row profile
Du=diag(1/sca$sv)[1:2, 1:2]
CRs=as.matrix(Rs)%*%Cc%*%Du;CRs
list(Osr,r,Rs,Cc, Du,CRs)

# Coordinates for supplementary columns
Cr=sca$rowcoord[-6, 1:2]
Osc=O[-6, 5:6]
c=apply(Osc, 2, sum)
Cs=diag(1/c)%*% t(Osc)# supplementary column profile
CCs=Cs%*%Cr%*%Du;rownames(CCs)=colnames(Osc)
list(Osc,c,Cs,Cr,Du,CCs)
```

보기 5.2.2 과학분야와 연구비지원에 추가된 범주좌표 구하기

[보기 5.1.2]에서는 796명의 과학 연구자를 그들이 종사하는 10가지 과학 분야(Geology~Mathematics)와 5가지 연구비지원(A~E) 범주에 따라 얻어진 이원분할표에 행범주 Museum(박물관), MathSciences(수리과학)와 열범주 신진 연구자에게 연구비지원 보장 여부(Y)를 추가하여 단순 대응분석하였다. [결과 5.1.2]-(2)에서 추가 행범주 Museum (*)과 MathSciences (*), (3)에서 추가 열범주 Y (*)에 대한 2차원 좌표가 기존의 행범주와 열범주 좌표에 추가되어 있다. 추가범주의 좌표를 구하는 계산 과정을 [R-코드 5.2.2]를 활용해서 정리하려 한다. [결과 5.2.2]의 (1)과 (2)에는 추가 행과 열범주 좌표 $C_{Rs} = R_s C_C D_\lambda^{-1}$와 $C_{Cs} = C_s C_R D_\lambda^{-1}$를 구하는 계산 과정에서 필요한 요소를 정리해 두었다.

먼저 (1) 추가 행범주 좌표의 경우 [결과 5.1.2]-(1)로부터 2차원까지 주결여성이 각각 0.039117, 0.030381이므로 이들의 제곱근이 비정칙값으로 [[5]] : 비정칙값의 역행렬은 다음과 같다.

$$D_\lambda^{-1} = diag(5.056149, 5.737205)$$

따라서 [[3]] : 추가 행범주 프로파일 행렬 R_s와 [[4]] : 열 좌표행렬 C_C와 더불어 추가범주 행 좌표행렬은 다음과 같이 계산된다.

$$
\begin{aligned}
C_{Rs} &= R_s C_C D_\lambda^{-1} \\
&= \begin{bmatrix} 0.07547170 & 0.2264151 & 0.2075472 & 0.3584906 & 0.1320755 \\ 0.03738318 & 0.1495327 & 0.4485981 & 0.1121495 & 0.2523364 \end{bmatrix} \\
&\quad \times \begin{bmatrix} 2.4174656 & 0.4146788 \\ 0.6434014 & 0.9947626 \\ 0.4171438 & 0.2858407 \\ -1.9741487 & 0.7991343 \\ -0.1613446 & -1.6761798 \end{bmatrix} \begin{bmatrix} 5.056149 & 0 \\ 0 & 5.737205 \end{bmatrix} \\
&= \begin{bmatrix} -1.5892503 & 2.1855944 \\ 0.5642616 & -0.2344196 \end{bmatrix}
\end{aligned}
$$

다음으로 (2) 추가 열범주 좌표의 경우 추가 행범주 좌표의 경우와 동일한 D_λ^{-1}에 대하여 [[3]] : 추가 열범주 프로파일행렬 C_s와 [[4]] : 행 좌표행렬 C_R로부터 추가범주 열 좌표 행렬은 다음과 같이 계산된다.

$$
\begin{aligned}
C_{Cs} &= C_s C_R D_\lambda^{-1} \\
&= [0,\ 0.1666667,\ 0,\ 0,\ 0.1666667,\ 0.1666667,\ 0.1666667,\ 0.1666667,\ 0,\ 0.1666667] \\
&\quad \times \begin{bmatrix} 0.38629613 & 1.7359025 \\ 0.90955851 & -2.6104065 \\ 0.19033533 & 0.4208433 \\ -1.65520832 & 0.5868190 \\ 1.59547904 & 0.1548850 \\ -0.59407096 & -1.6736115 \\ 0.06454846 & -0.6291205 \\ -0.90350715 & -0.2208902 \\ 0.63019040 & 0.0812501 \\ 0.53974964 & -0.3517840 \end{bmatrix} \begin{bmatrix} 5.056149 & 0 \\ 0 & 5.737205 \end{bmatrix} \\
&= [1.358214,\ -5.097437]
\end{aligned}
$$

결과 5.2.2 [R-코드 5.2.2] (fund-SCRA-supplementaryalgorithm.R)의 결과

(1) 추가 행범주 좌표

```
> list(Osr,r,Rs,Cc, Du,CRs)
[[1]]
             A  B  C  D  E
Museum       4 12 11 19  7
MathSciences 4 16 48 12 27

[[2]]
      Museum MathSciences
          53          107

[[3]]
              A         B         C         D         E
[1,] 0.07547170 0.2264151 0.2075472 0.3584906 0.1320755
[2,] 0.03738318 0.1495327 0.4485981 0.1121495 0.2523364

[[4]]
        Dim1       Dim2
A  2.4174656  0.4146788
B  0.6434014  0.9947626
C  0.4171438  0.2858407
D -1.9741487  0.7991343
E -0.1613446 -1.6761798
```

(2) 추가 열범주 좌표

```
> list(Osc,c,Cs,Cr,Du,CCs)
[[1]]
      [,1]
 [1,]    0
 [2,]    1
 [3,]    0
 [4,]    0
 [5,]    1
 [6,]    1
 [7,]    1
 [8,]    1
 [9,]    0
[10,]    1

[[2]]
[1] 6

[[3]]
          [,1]      [,2]      [,3] [,4]      [,5]
[1,]         0 0.1666667         0    0 0.1666667
          [,6]      [,7]      [,8] [,9]     [,10]
[1,] 0.1666667 0.1666667 0.1666667    0 0.1666667
```

```
[[5]]
          [,1]      [,2]
[1,] 5.056149 0.000000
[2,] 0.000000 5.737205

[[6]]
                   [,1]       [,2]
Museum       -1.5892503  2.1855944
MathSciences  0.5642616 -0.2344196
```

```
[[4]]
                    Dim1       Dim2
Geology       0.38629613  1.7359025
Biochemistry  0.90955851 -2.6104065
Chemistry     0.19033533  0.4208433
Zoology      -1.65520832  0.5868190
Physics       1.59547904  0.1548850
Engineering  -0.59407096 -1.6736115
Microbiology  0.06454846 -0.6291205
Botany       -0.90350715 -0.2208902
Statistics    0.63019040  0.0812501
Mathematics   0.53974964 -0.3517840

[[5]]
          [,1]      [,2]
[1,] 5.056149 0.000000
[2,] 0.000000 5.737205

[[6]]
      [,1]      [,2]
Y 1.358214 -5.097437
```

[R-코드 5.2.2] 과학분야와 연구비지원에 추가된 범주좌표 구하기(fund-SCRA-supplementaryalgorithm.R)

```
# Scientific Areas and Funding with Supplementary Variables
library(ca)
O=read.table("fund.txt", head=T)
sca=ca(O, supcol=6, suprow=11:12)
sca
par(pty="s")
plot(sca, main="SCRA: 추가범주(박물관, 수학과학, 신진 연구비)")


## Algorithm for Supplementary Variables
# Coordinates for supplementary rows
Cc=sca$colcoord[-6,1:2]
Osr=O[c(11,12),-6];Osr
r=apply(Osr,1,sum);r
Rs=diag(1/r)%*%as.matrix(Osr) # supplementary row profile
Du=diag(1/sca$sv)[1:2, 1:2]
CRs=Rs%*%Cc%*%Du; rownames(CRs)=rownames(Osr)
list(Osr,r,Rs,Cc, Du,CRs)
```

```
# Coordinates for supplementary columns
Cr=sca$rowcoord[-c(11,12), 1:2]
Osc=as.matrix(O[-c(11,12), 6])
c=apply(Osc, 2, sum)
Cs= t(Osc)/c# supplementary column profile
CCs=Cs%*%Cr%*%Du;rownames(CCs)=c("Y")
list(Osc,c,Cs,Cr,Du,CCs)
```

5.3 다중 대응분석의 추가범주

추가범주가 있는 다중 대응분석의 경우 표시행렬 Z에 추가범주를 추가하거나 범주변수가 입력자료로 구성된 분류변수 자료에서 추가범주를 고려하는 다중 대응분석을 고려할 수 있다. 더군다나 추가범주가 포함된 표시행렬 Z에 의해서 버트행렬도 추가범주를 고려하게 된다. 이 절에서는 범주변수가 입력자료로 구성된 분류변수 자료와 표시행렬 자료에 추가범주를 고려하는 다중 대응분석을 고려하고자 한다.

먼저 표시행렬로 된 자료의 경우 5.2절의 단순 대응분석에서 적용된 추가범주 알고리즘을 응용하여 열 범주 추가하듯이 하면 대수적으로 아무 문제없이 사용 가능하다. 여기서 이를 정리하자면 다음과 같다.

범주변수의 수가 $p(\geq 3)$인 경우 m개의 행과 $q = q_1 + q_2 + \cdots + q_p$개의 열을 갖는 크기가 $m \times q$인 표시행렬 $Z = [\, Z_1 \,|\, Z_2 \,|\, \cdots \,|\, Z_p \,]$를 고려하자. 여기서 j번째 행렬 Z_j는 j번째 범주변수가 q_j개 열범주를 가져 크기가 $m \times q_j$가 된다. 표시행렬 $Z = [\, Z_1 \,|\, Z_2 \,|\, \cdots \,|\, Z_p \,]$에 추가범주변수의 범주를 추가할 자료행렬 Z_s가 주어지면 추가 열범주 자료의 빈도 합의 대각행렬은 $c^Z = diag(Z_s^T 1_m)$이고 (5.2.2)를 활용하면 추가 열범주 프로파일행렬은 (5.3.1)과 같이 정리된다.

$$C_s^Z = diag(Z_s^T 1_m)^{-1} Z_s^T \tag{5.3.1}$$

행 좌표행렬을 C_R^Z라 하고 잔차행렬의 비정칙값분해의 비정칙값에 의한 대각행렬의 역행렬을 Λ_Z^{-1}라 하면 (5.2.8)로부터 추가변수의 열범주 좌표행렬은 (5.3.2)가 된다.

$$C_{Cs}^Z = C_s^Z C_R^Z \Lambda_Z^{-1} \tag{5.3.2}$$

[보기 5.3.1]에서는 [보기 3.4.1] 경제전망과 경제정책 선호도 조사의 분류변수 자료에 대하여 범주변수로 교육수준을 추가하여 다중 대응분석을 실시하려 한다. [보기 5.3.2]에서는 1993년 서독에서 실시된 과학의 역할에 대한 871명의 통계조사에 범주변수로 성별, 나이, 교육수준의 범주를 추가하여 과학의 태도에 대한 다중 대응분석을 보이고자 한다. [보

기 5.3.3]에서는 고객 12명을 대상으로 한 세 범주변수(성별, 나이, 키)에 따른 삼원분할표에 대하여 얻어진 표시행렬 $[Z_1 \mid Z_2 \mid Z_3]$을 입력자료로 하여 다중 대응분석을 보여주며 추가변수로 교육수준의 범주인 대졸이상, 고졸, 중졸이상을 고려한 표시행렬 Z_s를 포함한 표시행렬 $Z = [Z_1 \mid Z_2 \mid Z_3 \mid Z_s]$에 대한 다중 대응분석을 보이고자 한다.

보기 5.3.1 **교육수준을 추가범주로 하는 경제전망과 경제정책선호도의 다중 대응분석**

[보기 3.4.1]에서는 120명의 성인 남녀를 대상으로 범주변수인 성별(sex), 나이(age), 수입(income)에 따른 경제전망(view)과 경제정책선호도(policy)를 알아보기 위해 5가지 질문을 통하여 수집된 가상의 자료에 대한 다중 대응분석을 보여주고 있다. 특히, 이 자료는 입력자료로 범주변수의 범주로 이루어진 분류변수 (1) sex(성별): 1(남), 2(여) / (2) age(나이): 1(30세 이하), 2(30세 이상) / (3) income(연 수입): 1(1000만원 이하), 2(1000만원 이상) / (4) view(경제전망): 1(낙관), 2(비관) / (5) policy(정부의 경제정책): 1(찬성), 2(반대)를 고려한다. 이번에는 추가범주로 (6) edu(교육수준) : 1(중졸이하), 2(고졸), 3(대졸 이상)을 고려한 자료(view-supplementary.txt)의 다중 대응분석을 보이고자 한다. 이를 위한 [R-코드 5.3.1](view-MCRA-supplementary.R)과 [결과 5.3.1]을 참고하기 바란다. 특히, [R-코드 5.3.1]의 함수 mjca(view, supcol=6)에서 추가범주에 대한 옵션 sup=6을 지정하면 된다. 이는 기존 5개 범주의 자료에 6번째로 edu(교육수준)가 추가되어 있기 때문이다.

[결과 5.3.1]을 보면 (1) 설명력은 제1축이 85.18%이고 제2축이 0.49%로 추가범주가 없는 [결과 3.4.1]의 설명력과 동일함을 보여준다. 다만 (2) 열범주와 추가범주에 관한 정보에서 edu:1(*) edu:2(*) edu:3(*)에서 이들에 대한 2차원 좌표를 제공하고 있다.

[그림 5.3.1]을 보면 다중 대응분석 [그림 1.1.5] 또는 [결과 3.4.1]에서 추가범주인 교육수준(edu:1, edu:2 edu:3)이 추가되어 있다. [그림 1.1.5]의 해석인 제1축의 오른편에는 연령(age:2)과 수입(income:2)이 높은 남성(sex:1)들이 경제전망을 비관(view:2)하고 경제정책을 반대(policy:2)하고 있음을 참고하여 여기에 추가범주의 대응관계를 설명하자. 즉, 제1축의 오른편에는 연령(age:2)과 수입(income:2)이 높은 남성(sex:1)들이 경제전망을 비관(view:2)하고 경제정책을 반대(policy:2)하고 있는데 이들은 교육수준이 중졸 이하(edu:1)와 대졸 이상(edu:3)이다. 반대로 왼편에는 연령(age:1)과 수입(income:1)이 낮은 여성(sex:2)들이 경제전망을 낙관(view:1)하고 경제정책을 찬성(policy:1)하는 경향이 있으며 이들의 교육수준은 고졸(edu:2)과 대응하고 있다.

결과 5.3.1 [R-코드 5.3.1](view-MCRA-supplementary.R)의 결과

```
> mjca(view, sup=6)
```

(1) 설명력

Eigenvalues:

	1	2
Value	0.178447	0.001018
Percentage	85.18%	0.49%

(2) 열범주와 추가범주에 관한 정보

Columns:

	sex:1	sex:2	age:1	age:2	income:1	income:2	view:1	view:2	policy:1	policy:2
Mass	0.126667	0.073333	0.120000	0.080000	0.153333	0.046667	0.053333	0.146667	0.073333	0.126667
ChiDist	0.465567	0.804162	0.528152	0.792229	0.341826	1.123143	0.998656	0.363147	0.718208	0.415804
Inertia	0.027455	0.047423	0.033473	0.050210	0.017916	0.058868	0.053190	0.019342	0.037827	0.021900
Dim. 1	0.815374	-1.408374	-0.888077	1.332115	-0.591738	1.944283	-1.701435	0.618704	-0.896624	0.519098
Dim. 2	0.230783	-0.398625	-0.984092	1.476138	-0.068827	0.226146	0.906130	-0.329502	2.329320	-1.348553

	edu:1(*)	edu:2(*)	edu:3(*)
Mass	NA	NA	NA
ChiDist	NA	NA	NA
Inertia	NA	NA	NA
Dim. 1	0.314770	-0.340675	0.165889
Dim. 2	-0.923438	0.458058	-0.089659

(3) [그림 5.3.1] 경제전망과 정책선호도에 교육수준 추가범주에 대한 다중 대응분석 그림

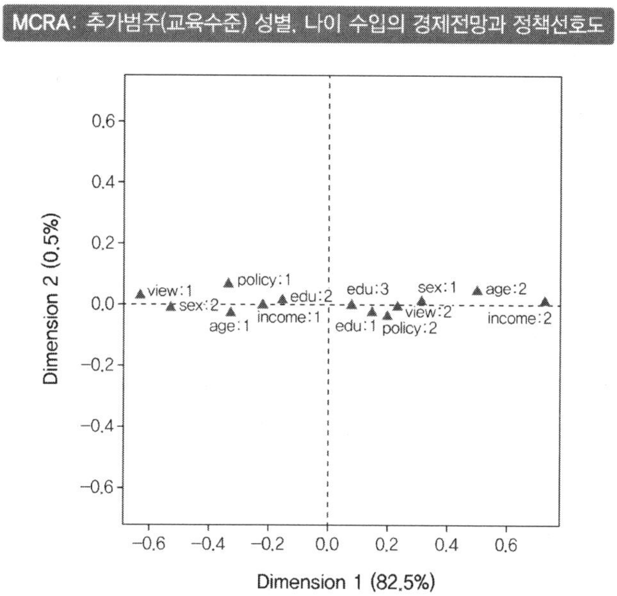

[그림 5.3.1] 경제전망과 정책선호도에 교육수준 추가범주에 대한 다중 대응분석 그림

[R-코드 5.3.1] 경제전망과 정책선호도에 교육수준 추가범주에 대한 다중 대응분석 (view-MCRA-supplementary.R)

```
# MCRA for Econmic View and Policy with Supplementary Variable
view<-read.table("view-supplementary.txt", header=T)
view<-view[, -1]
library(ca)
#Supplementary Variables: Education Levels
mjca(view, supcol=6)
par(pty="s")
plot(mjca(view), main="MCRA : 추가범주(교육수준) 성별, 나이 수입의 경제전망과 정책선
호도")
```

보기 5.3.2 성별, 나이, 교육수준을 추가범주로 하는 과학의 태도에 대한 다중 대응분석

자료 data(wg93)는 1993년에 서독에서 실시된 과학의 역할에 대한 871명의 통계조사로부터 얻어졌다. 질문은 다음 4가지에 각각 5점 척도(1. 매우 동의 2. 다소 동의 3. 동의도 반대도 하지도 않음 4. 다소 반대 5. 매우 반대)로 대답하도록 구성되었다.

A: 과학을 너무 자주 믿고 감정과 믿음을 충분히 믿지 않는다.
B: 전반적으로, 현대 과학은 득보다 실이 많다.
C: 인간이 자연에서 일으키는 어떠한 변화도, 아무리 과학적이라 할지라도, 상황을 더 악화시킬 가능성이 있다.
D: 현대 과학은 우리의 삶의 방식에 거의 변화를 주지 않고 우리의 환경 문제를 해결할 것이다.

여기에 추가범주로 성별, 나이(age1~age6), 교육수준(edu1~edu6)을 고려하여 이들과의 대응 관계를 추가적으로 생각하기로 하자.

이를 위한 [R-코드 5.3.2](science-MCRA-supplementary.R)과 [결과 5.3.2]를 참고하기 바란다. 특히, [R-코드 5.3.2]의 함수 mjca(wg93, supcol=5:7)에서 추가범주에 대한 옵션 sup=5:7을 지정하면 된다. 이는 기존 4개 범주로 이루어진 자료에 5번째~7번째 열에 성별(sex), 나이(age), 교육수준(edu)이 추가되어 있기 때문이다.

[결과 5.3.2]를 보면 (1) 설명력은 제1축이 44.9%이고 제2축이 34.2%로 총 79.1%이다. (2) 열범주와 추가범주에 관한 정보의 sex:1(*) sex:2(*) age:1(*)~age:6(*) edu:1(*)~edu:6(*)에서 이들에 대한 2차원 좌표를 제공하고 있다.

[그림 5.3.2]에서 먼저 추가범주를 고려하지 않고 과학에 대한 태도만 살펴보면 질문 A, B, C의 비슷한 경향을 보여주고 있다. 제1축의 왼편의 매우 반대한다(A:5, B:5, C:5)에서 오른편 매우 동의한다(A:1, B:1, C:1)로 쐐기 모양의 말굽편자무늬(wedge-shaped horseshoe pattern)를 거꾸로 한 것과 같은 형태를 보여 주고 있다. 그러나 질문 D는 전혀 다른 궤적을 보이고 있는데 극단적으로 D:1과 D:5가 가까이 대응하고 있다. 제1축의 왼편에서 처음 3가지 질문 A, B, C에 대한 대답은 전반적으로 과학에 대해 부정적인 태도를 보이고 있으나 질문 D에 대해선 긍정적으로 답하고 있다는 점이다. 그래서 D:5는 A:1, B:1, C:1 방향에 D:1은 A:5, B:5, C:5 방향으로 위치되기를 기대하였다. 실제로 D:1과 D:5가 편자 무늬 평균 안쪽에 가까이 있는 것은 나머지 세 가지 질문 A, B, C의 극단적 대답과 모두 관련이 있다는 것을 보여준다.

더불어 추가범주 성별 sex:1, 연령 age:1, age:2와 교육수준 edu:4~edu:6는 제1축의 왼편에 위치하여 질문 A, B, C에 대한 부정적인 대답과 대응하고 있다. 반대로 성별 sex:2, 연령 age:2~age:6과 교육수준 edu:4~edu:6은 제1축의 오른편에 위치하여 질문 A, B, C에 대한 긍정적인 대답과 대응하고 있음을 보여준다.

결과 5.3.2 [R-코드 5.3.2](science-MCRA-supplementary.R)의 결과

```
> mcra

(1) 설명력
 Eigenvalues:
            1        2        3        4       5        6
Value       0.076455 0.05822  0.009197 0.00567 0.001172 7e-06
Percentage  44.91%   34.2%    5.4%     3.33%   0.69%    0%

(2) 열범주와 추가범주에 관한 정보
 Columns:
               A:1       A:2       A:3       A:4       A:5       B:1       B:2
Mass      0.034156  0.092423  0.058553  0.051091  0.013777  0.020379  0.049943
ChiDist   1.343394  0.676433  0.947274  1.049164  2.214898  1.856041  1.034203
Inertia   0.061642  0.042289  0.052542  0.056238  0.067588  0.070203  0.053417
Dim. 1    1.836627  0.546240 -0.446797 -1.165903 -1.995217  2.924321  0.641516
Dim. 2   -0.727459  0.284443  1.199439 -0.736782 -2.470026 -1.370078  0.666938
               B:3       B:4       B:5       C:1       C:2       C:3       C:4
Mass      0.058840  0.080654  0.040184  0.043628  0.090700  0.056544  0.044202
ChiDist   0.933288  0.760011  1.294006  1.241063  0.688137  0.977789  1.148345
Inertia   0.051252  0.046587  0.067286  0.067197  0.042950  0.054060  0.058289
Dim. 1    0.346050 -0.714126 -1.353725  2.157782  0.246828 -0.618996 -1.348858
Dim. 2    0.963918  0.280071 -2.107677 -0.908553  0.591611  1.044412 -0.634647
```

	C:5	D:1	D:2	D:3	D:4	D:5	
Mass	0.014925	0.017222	0.066590	0.057979	0.064868	0.043341	
ChiDist	2.132827	1.915937	0.843092	0.962007	0.860714	1.136559	
Inertia	0.067895	0.063217	0.047333	0.053657	0.048056	0.055986	
Dim. 1	-1.467582	1.203782	-0.221151	-0.384656	-0.221635	0.707750	
Dim. 2	-3.016588	-1.821975	0.006935	1.158694	0.210513	-1.151804	
	sex:1(*)	sex:2(*)	age:1(*)	age:2(*)	age:3(*)	age:4(*)	age:5(*)
Mass	NA	NA	NA	NA	NA	NA	NA
ChiDist	NA	NA	NA	NA	NA	NA	NA
Inertia	NA	NA	NA	NA	NA	NA	NA
Dim. 1	-0.349114	0.335747	-0.404914	-0.213533	-0.060886	-0.076328	0.038901
Dim. 2	0.079710	-0.076658	-0.037355	-0.221472	-0.010864	0.156386	0.128252
	age:6(*)	edu:1(*)	edu:2(*)	edu:3(*)	edu:4(*)	edu:5(*)	edu:6(*)
Mass	NA	NA	NA	NA	NA	NA	NA
ChiDist	NA	NA	NA	NA	NA	NA	NA
Inertia	NA	NA	NA	NA	NA	NA	NA
Dim. 1	0.687530	0.440371	0.394150	-0.165528	-0.556229	-0.420208	-0.754132
Dim. 2	0.090769	0.162711	0.254163	0.245517	-0.757992	-0.714424	-0.791626

(3) [그림 5.3.2] 성별, 나이, 교육수준을 추가범주로 하는 과학의 태도에 대한 다중 대응분석 그림

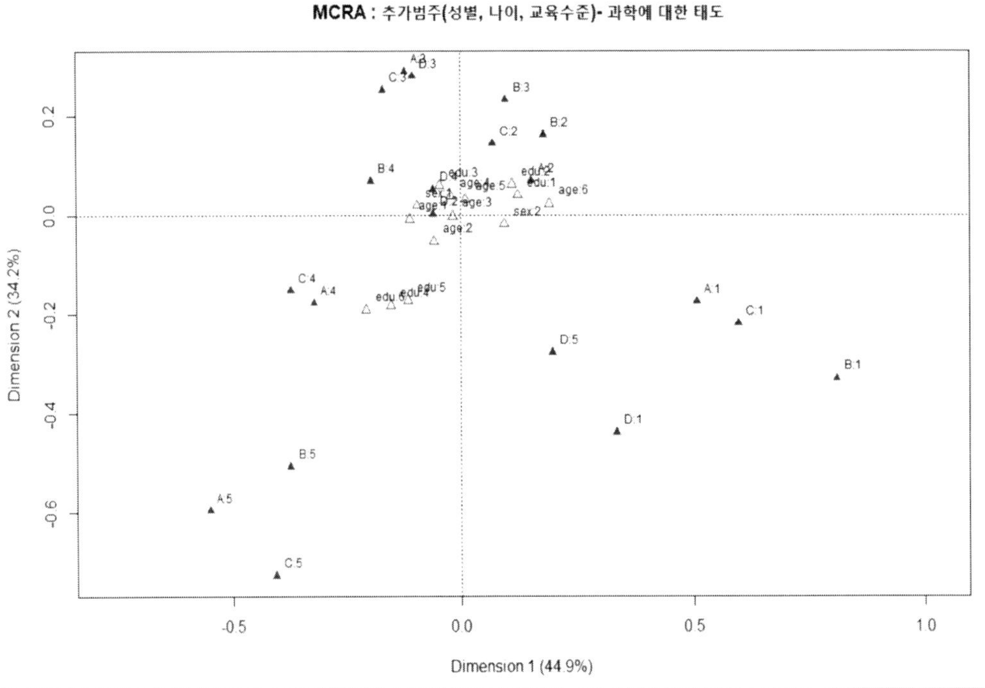

[그림 5.3.2] 성별, 나이, 교육수준을 추가범주로 하는 과학의 태도에 대한 다중 대응분석 그림

[R-코드 5.3.2] 성별, 나이, 교육수준을 추가범주로 하는 과학의 태도에 대한 다중 대응분석 (science-MCRA-supplementary.R)

```
# MCRA for Attitudes towards Science with Supplementary Variables: Sex, Age, Education
library(ca)
data(wg93)
#Supplementary Variables: Sex, Age, Education
mcra=mjca(wg93, supcol=5:7)
mcra
plot(mcra, main="MCRA : 추가범주(성별, 나이, 교육수준)- 과학에 대한 태도 " )
```

보기 5.3.3 교육수준을 추가범주로 하는 고객 특성에 대한 다중 대응분석

[보기 3.3.4]에서는 고객 12명을 대상으로 조사한 세 범주변수(성별, 나이, 키)에 따른 삼원분할표에 대하여 얻어진 크기가 $12\times(2+2+2)$인 표시행렬 $[Z_1 \mid Z_2 \mid Z_3]$을 입력자료로 하여 다중 대응분석을 보여주고 있다. 여기서는 추가범주로 교육수준을 대졸이상, 고졸, 중졸이상 각각 6명, 4명, 2명씩을 고려한 크기가 12×3인 표시행렬 Z_s를 포함한 표시행렬 $Z=[Z_1 \mid Z_2 \mid Z_3 \mid Z_s]$에 대한 다중 대응분석을 보이고자 한다.

$Z=[Z_1 \mid Z_2 \mid Z_3 \mid Z_s]=$

남	여	중장년	청소년	키큼	키작음	대졸이상	고졸	중졸이상
1	0	1	0	1	0	1	0	0
1	0	1	0	0	1	0	1	0
1	0	1	0	0	1	1	0	0
1	0	1	0	0	1	1	0	0
1	0	0	1	1	0	0	0	1
1	0	0	1	1	0	0	1	0
1	0	0	1	0	1	1	0	0
0	1	1	0	1	0	0	1	0
0	1	1	0	0	1	1	0	0
0	1	1	0	0	1	1	0	0
0	1	0	1	1	0	0	0	1
0	1	0	1	0	1	0	1	0

이를 위한 [R-코드 5.3.3](customer-MCRA-Z-supplementary.R)과 [결과 5.3.3]을 참고하기 바란다. 특히, [R-코드 5.3.3]의 함수 ca(Zt, supcol=7:9)에서 추가범주에 대한 옵션

supcol=7:9을 지정하면 된다. 이는 기존 3개 범주변수의 6개 범주에 대한 표시행렬 $[Z_1 \mid Z_2 \mid Z_3]$에 교육수준이라는 범주변수가 추가범주 3개(대졸이상, 고졸 중졸이하)로 이루어져 7번째~9번째 열을 추가했기 때문이다.

[결과 5.3.3]을 보면 (1) 설명력은 제1축이 43.98%이고 제2축이 33.16%로 총 77.14%이다. 이는 [보기 3.3.4]의 설명력과 반올림 차이로 동일하다. 이는 당연히 추가범주가 고려되지 않은 다중 대응분석의 설명력과 일치한다. (2) 열범주와 추가범주에 관한 정보에서 특히, 대졸이상 (*) 고졸 (*) 중졸이하 (*)에 대한 2차원 좌표를 제공하고 있다. 이 좌표는 디폴트로 표준화좌표를 제공하고 있다.

[그림 5.3.3]을 보면 점은 행좌표점을 나타내는데 여기서는 고려하지 않아도 된다. 다만 [보기 3.3.4]의 다중 대응분석 그림의 해석을 참고하여 추가범주인 교육수준을 고려하면 전반적으로 남자 고객은 주로 청소년이고 키가 큰 편인 반면 여자 고객은 그 반대의 특성과 대응하고 있다. 더불어 추가범주 교육수준은 특히 고졸과 중졸이하가 남자 고객과 대응하며 대졸이상은 여자 고객과 대응하고 있다.

끝으로 (2) 열범주와 추가범주에 관한 정보에서 특히, 대졸이상 (*) 고졸 (*) 중졸이하 (*)에 대한 2차원 좌표는 함수 ca(Zt, supcol=7:9)에서 추가범주에 대한 옵션 supcol=7:9에 의해서 제공되었다. 이는 대수적으로 (5.3.2) $C_{Cs}^{Z} = C_s^Z C_R^Z \Lambda_Z^{-1}$에 의해 구해지는데 [R-코드 5.3.3]의 하단 # Coordinates for supplementary columns 이하의 코드에 의해서 계산해 보면 [결과 5.3.3]의 (4) 추가범주에 대한 2차원 좌표를 제공한다.

결과 5.3.3 [R-코드 5.3.3](customer-MCRA-Z-supplementary.R)의 결과

(1) 설명력

```
 Principal inertias (eigenvalues):
            1        2        3        4  5
Value       0.439799 0.331629 0.228571 0  0
Percentage  43.98%   33.16%   22.86%   0% 0%
```

(2) 열범주와 추가범주에 관한 정보

```
 Columns:
                남        여     중장년     청소년       키큼     키작음 대졸이상 (*)  고졸 (*) 중졸이하 (*)
Mass     0.194444  0.138889 0.194444  0.138889  0.138889 0.194444           NA        NA           NA
ChiDist  0.845154  1.183216 0.845154  1.183216  1.183216 0.845154     1.000000  1.414214     2.236068
Inertia  0.138889  0.194444 0.138889  0.194444  0.194444 0.138889           NA        NA           NA
Dim. 1  -0.183723  0.257213 1.026914 -1.437679 -1.437679 1.026914     0.906135 -0.283478    -2.151447
Dim. 2   1.452275 -2.033185 0.129912 -0.181877 -0.181877 0.129912     0.448643 -0.344179    -0.657570
```

(3) [그림 5.3.3] 교육수준을 추가범주로 하는 고객 특성에 대한 다중 대응분석 그림

(4) 추가범주에 대한 2차원 좌표

	[,1]	[,2]
대졸이상	0.9061346	0.4486428
고졸	-0.2834785	-0.3441792
중졸이하	-2.1514468	-0.65757

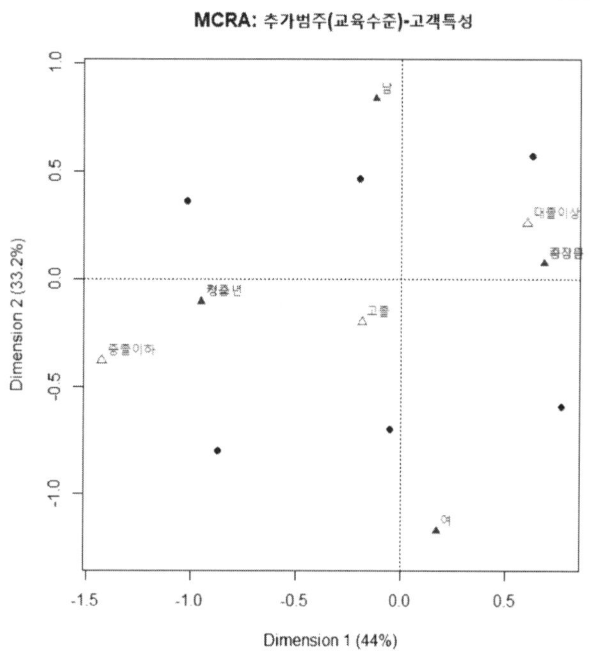

[그림 5.3.3] 교육수준을 추가범주로 하는 고객 특성에 대한 다중 대응분석 그림

[R-코드 5.3.3] 교육수준을 추가범주로 하는 고객 특성에 대한 다중 대응분석 (customer-MCRA-Z-supplementary.R)

```
# MCRA : Indicator Matrix with Supplementary Variables
library(ca)
Z<-matrix(c(1, 0, 1, 0, 1, 0,
            1, 0, 1, 0, 0, 1,
            1, 0, 1, 0, 0, 1,
            1, 0, 1, 0, 0, 1,
            1, 0, 0, 1, 1, 0,
            1, 0, 0, 1, 1, 0,
            1, 0, 0, 1, 0, 1,
            0, 1, 1, 0, 1, 0,
            0, 1, 1, 0, 0, 1,
```

```
            0, 1, 1, 0, 0, 1,
            0, 1, 0, 1, 1, 0,
            0, 1, 0, 1, 0, 1), byrow=T, nrow=12)
colnames(Z)<-c("남", "여", "중장년", "청소년", "키큼", "키작음")
# Supplementary Variables: 교육수준
Zs<-matrix(c(1, 0, 0,
             0, 1, 0,
             1, 0, 0,
             1, 0, 0,
             0, 0, 1,
             0, 1, 0,
             1, 0, 0,
             0, 1, 0,
             1, 0, 0,
             1, 0, 0,
             0, 0, 1,
             0, 1, 0), byrow=T, nrow=12)
colnames(Zs)<-c("대졸이상", "고졸", "중졸이하")
ca(Z)
Zt=cbind(Z, Zs);Zt
scra=ca(Zt, supcol=7:9);scra
plot(scra, main="MCRA: 추가범주(교육수준)-고객특성")

# MCRA Plot of Only Columns
Cc=scra$colcoord[,1:2]
lim=range(pretty(Cc))
plot(Cc, xlab="Dimension 1(43.98%)", ylab="Dimension 2(33.16%)",
xlim=lim, ylim=lim, main="MCRA: 추가범주(교육수준)-고객특성")
text(Cc, rownames(Cc), col=1, pos=3)

# Coordinates for supplementary columns
Cr=scra$rowcoord[, 1:2];Cr
Osc=Zs
c=apply(Zs, 2, sum)
Cs=diag(1/c)%*% t(Osc)# supplementary column profile
Du=diag(1/scra$sv)[1:2, 1:2]
CCs=Cs%*%Cr%*%Du;rownames(CCs)=colnames(Osc)
list(Osc,c,Cs,Cr,Du,CCs)
```

5.4 SAS 실습

5.1절과 5.3절에서 R의 패키지 ca에서 소개한 추가범주를 가진 단순과 다중 대응분석을 활용한 결과를 보여주었는데 이 절에서는 SAS/PROC CORRESP의 옵션 supplementary 문과 weight 문을 활용한 결과를 보여주고자 한다. 먼저 [보기 5.1.1] 지위와 흡연습관에 음주 및 전국 흡연습관 추가범주에 대한 단순 대응분석의 자료를 [보기 5.4.1]에서 고려하자. 그리고 [보기 5.3.2] 성별, 나이, 교육수준을 추가범주로 하는 과학의 태도에 대한 다중 대응분석을 위한 자료를 활용하여 [보기 5.4.2]에서 요약하고 있다. 다만, SAS에서 제공되는 좌표점과 그림은 2장 1절의 (2.1.13)의 주좌표를 바탕으로 제공되며 R에서는 디폴트로 표준좌표 (2.1.17)에 의해서 제공된다.

보기 5.4.1 **지위와 흡연습관에 추가된 음주 및 전국 흡연습관의 단순 대응분석**

[보기 5.1.1]의 [자료 5.1.1]에는 어느 회사의 직원들에 대하여 지위(SM, JM, SE, JE, SC)에 따른 개인의 흡연습관(none, light, medium, heavy)에 전국 흡연습관(NEA)에 따른 백분율(%)로 각각 42%, 29%, 20%, 9%를 추가 행범주로 하였고 직위에 따른 음주 여부(No, Yes)를 열범주로 추가하였다. 추가범주가 없는 이원분할표에 대한 SAS를 활용한 단순 대응분석은 2.5절의 [보기 2.5.1]-[결과 2.5.1]에 잘 나타나 있다.

[SAS-코드 5.4.1]은 [결과 5.4.1]의 [결과 1]~[결과 3]을 제공한다. 특히, data 문에서 추가 열범주로 음주 여부(No, Yes)와 관련된 범주와 자료를 추가하고 행범주 전국 흡연습관(NEA)에 관한 자료를 추가한 후 wt 변수에 원래 있던 각 행범주의 가중치는 +1로 추가된 행범주는 −1로 지정하였고 추가 열범주의 경우 해당 자료가 없는 경우 .로 나타내었다. proc corresp 문의 var 문에서는 추가 열범주인 음주 여부(no, yes)를 포함하고 있으며 supplementary 문에는 이를 지정하고 있고 실제 weight 문은 원래 있던 행범주와 추가 행범주를 표시한 변수 wt를 지정하기 위한 것이다.

[결과 1]의 설명력은 추가범주를 고려하지 않은 이원분할표의 단순 대응분석 [결과 2.5.1]-[결과 2]와 일치한다. [결과 2]는 추가범주의 좌표만 요약하고 있다. 나머지 원 이원분할표의 범주에 대한 2차원 좌표는 [결과 2.5.1]-[결과 2]와 같다. [결과 3]-[그림

5.4.1]은 추가범주를 표시하고 있는 대응분석 그림으로 [그림 5.1.1]과 제2축의 위와 아래 방향만 다르고 나머지 대응관계와 해석은 동일하다.

결과 5.4.1 [SAS-코드 5.4.1](accident-MCRA-Adjusted.SAS)의 결과

[결과 1] 설명력

Inertia and Chi-Square Decomposition

Singular Value	Principal Inertia	Chi-Square	Percent	Cumulative Percent
0.27342	0.07476	14.4285	87.76	87.76
0.10009	0.01002	1.9333	11.76	99.51
0.02034	0.00041	0.0798	0.49	100.00
	0.08519	16.4416	100.00	

Degrees of Freedom = 12

[결과 2] 추가범주에 대한 좌표

Supplementary Row Coordinates

	Dim1	Dim2
NEA	-0.2584	-0.1176

Supplementary Column Coordinates

	Dim1	Dim2
no	-0.1148	-0.3620
yes	0.0155	0.0490

[결과 3] ods graphics on;에 의한 결과

Correspondence Analysis

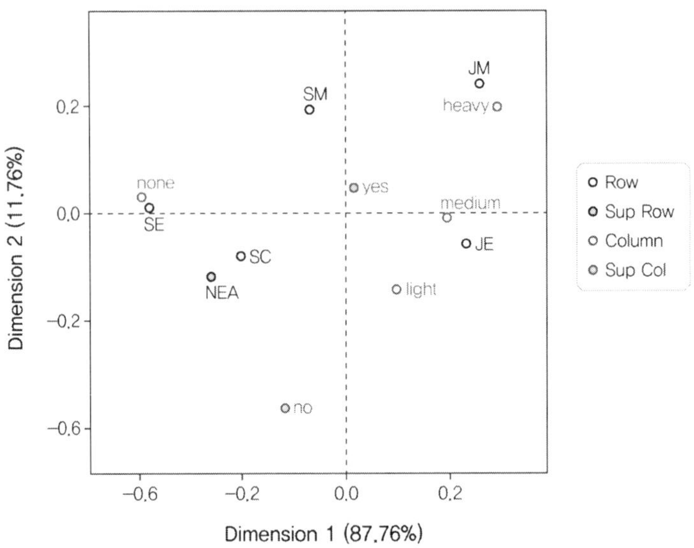

[그림 5.4.1] 지위와 흡연습관에 음주 및 전국 흡연습관 추가범주에 대한 단순 대응분석 그림

[SAS-코드 5.4.1] 지위와 흡연습관에 음주 및 전국 흡연습관 추가범주에 대한 단순 대응분석 (smoke-SCRA-supplementary.SAS)

```
data smoker_s;
     input group $ none light medium heavy no yes wt;
cards;
SM   4  2  3  2   0 11  1
JM   4  3  7  4   1 17  1
SE  25 10 12  4   5 46  1
JE  18 24 33 13  10 78  1
SC  10  6  7  2   7 18  1
NEA 42 29 20  9   .  . -1
;

ods graphics on;
proc corresp data = smoker_s  outc = graph_s;
     var none light medium heavy no yes;
     id group;
     supplementary no yes;
     weight wt;
run;
```

보기 5.4.2 성별, 나이, 교육수준을 추가범주로 하는 과학의 태도에 대한 다중 대응분석

[보기 5.3.2]에서 사용한 자료 data(wg93) 대신에 범주변수의 범주를 가지도록 변형한 자료(wg93_category.txt)를 활용한다. 이 자료는 원래 과학의 역할에 대한 871명에 대한 통계조사의 질문으로 4가지(A~D)에 각각 5점 척도(1. 매우 동의 2. 다소 동의 3. 동의도 반대도 하지도 않음 4. 다소 반대 5. 매우 반대)로 응답한 것이 A1~A5, B1~B5, C1~C5, D1~D5로 입력되어 있다. 여기에 추가범주로 성별(sex 1, sex2), 나이(age1~age6), 교육수준(edu1~edu6)을 고려하여 이들과의 대응관계를 추가적으로 고려한 것이었다.

[SAS-코드 5.4.2](science-MCRA-supplementary.SAS)와 [결과 5.4.2]를 참고하기 바란다. 특히, 추가범주에 대해 supplementary sex age edu; 문을 고려하였고 기존 범주변수가 4개인 관계로 다중 대응분석을 위한 옵션 mca를 proc corresp 문에 고려하고 있다. [결과 5.4.2]의 [결과 1] 설명력은 제1축이 11.43%이고 제2축이 10.77%로 R의 mjca() 함수를 이용한 설명력 79.1%보다 낮게 나온다. 이와 같이 높은 수정 설명력을 얻기 위해서는 3.5절에 설명한 바와 같이 SAS 옵션 greenacre를 이용하면 된다. [결과 2]는 추가범주에 대한 2차원 좌표이다. 끝으로 [그림 5.4.2]는 [그림 5.3.2]와 해석이 일치하나 다만 제2축에 대해 위와 아래 좌표점의

위치가 바뀌어 있음을 보여준다. 따라서 제1축에 대하여 왼편의 매우 반대한다(A:5, B:5, C:5)에서 오른편의 매우 동의한다(A:1, B:1, C:1)로 쐐기 모양의 말굽편자무늬를 하고 있다.

더불어 추가범주 성별 sex1, 연령 age1과 교육수준 edu3~edu6는 제1축의 왼편에 위치하여 과학에 대한 태도에 관한 질문 A, B, C에 대한 부정적인 대답과 대응하고 있다. 반대로 성별 sex2, 연령 age2~age6와 교육수준 edu1~edu2는 제1축의 오른편에 위치하여 질문 A, B, C에 대한 긍정적인 대답과 대응하고 있음을 보여준다. 즉, 젊은 남성의 경우 교육수준이 높아질수록 점점 더 부정적인 과학에 대한 태도와 대응하며 여성의 경우 연령이 높아지고 교육 수준이 낮을수록 점점 더 긍정적인 과학에 대한 태도에 대응한다.

[R-코드 5.4.2] 성별, 나이, 교육수준을 추가범주로 하는 과학의 태도에 대한 다중 대응분석 (science-MCRA-supplementary.R)

```
data science_s;
infile' D:/SAS-code-CRA/wg93_category.txt';
input  id A$ B$ C$ D$ sex$ age$ edu$;
run;
ods graphics;
proc corresp data=science_s short mca;
     tables A B C D sex age edu;
     supplementary sex age edu;
run;
```

결과 5.4.2 [SAS-코드 5.4.2](science-MCRA-supplementary.SAS)의 결과

[결과 1] 설명력

Inertia and Chi-Square Decomposition

Singular Value	Principal Inertia	Chi-Square	Percent	Cumulative Percent
0.67630	0.45738	1797.0	11.43	11.43
0.65648	0.43097	1693.2	10.77	22.21
0.56738	0.32193	1264.8	8.05	30.26
0.55360	0.30647	1204.1	7.66	37.92
0.52505	0.27567	1083.1	6.89	44.81
0.50192	0.25193	989.8	6.30	51.11
0.49250	0.24256	953.0	6.06	57.17
0.48472	0.23495	923.1	5.87	63.05
0.47483	0.22547	885.8	5.64	68.68
0.46971	0.22063	866.8	5.52	74.20
0.45808	0.20984	824.4	5.25	79.44
0.44401	0.19715	774.6	4.93	84.37
0.42176	0.17788	698.9	4.45	88.82
0.41123	0.16911	664.4	4.23	93.05
0.39092	0.15282	600.4	3.82	96.87
0.35390	0.12525	492.1	3.13	100.00
	4.00000	15715.4	100.00	

Degrees of Freedom = 361

[결과 2] 추가범주에 대한 좌표

Supplementary Column Coordinates		
	Dim1	Dim2
sex1	-0.1427	-0.0293
sex2	0.1373	0.0282
age1	-0.1655	0.0137
age2	-0.0873	0.0814
age3	-0.0249	0.0040
age4	-0.0312	-0.0575
age5	0.0159	-0.0471
age6	0.2811	-0.0334
edu1	0.1800	-0.0598
edu2	0.1611	-0.0934
edu3	-0.0677	-0.0902
edu4	-0.2274	0.2786
edu5	-0.1718	0.2626
edu6	-0.3083	0.2910

[결과 3] ods graphics;에 의한 결과

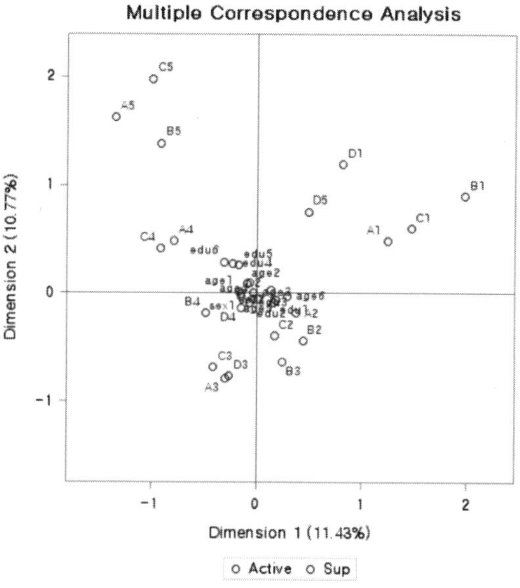

[그림 5.4.2] 성별, 나이, 교육수준을 추가범주로 하는 과학의 태도에 대한 다중 대응분석 그림

5.5 SPSS 실습

5.4절에서 추가범주에 대하여 단순과 다중 대응분석을 위한 SAS/PROC CORRESP의 활용을 소개하였다. 이 절에서는 SPSS에서 추가범주를 처리하는 절차와 그 결과를 살펴보고자 한다. 다만 이원분할표와 관련한 단순 대응분석의 추가범주는 SPSS의 **분석(A) ▶ 차원 축소(D) ▶ 대응 일치분석(C)**에서 처리가 불가능하다. 그러나 SPSS에서 다중 대응분석의 실행 절차와 추가범주 처리는 가능하며 **분석(A) ▶ 차원 축소(D) ▶ 최적화 척도법(O)** 메뉴를 통해 가능하다.

[보기 5.4.2] 성별, 나이, 교육수준을 추가범주로 하는 과학의 태도에 대한 다중 대응분석을 [보기 5.5.1]에서 요약하고자 한다.

보기 5.5.1 **성별, 나이, 교육수준을 추가범주로 하는 과학의 태도에 대한 다중 대응분석**

[보기 5.3.2]에서 사용한 자료 data(wg93) 대신에 SPSS에서 분석을 위해 변환된 자료(science.sav)를 활용한다. 이 자료에는 과학의 역할에 대한 871명의 통계조사로 질문 4가지(A~D)에 각각 5점 척도(1. 매우 동의 2. 다소 동의 3. 동의도 반대도 하지도 않음 4. 다소 반대 5. 매우 반대)로 응답한 것을 A1~A5, B1~B5, C1~C5, D1~D5로 입력하였다. 여기에 추가범주로 3가지 범주변수 성별(sex1, sex2), 나이(age1~age6), 교육수준(edu1~edu6)을 고려하여 이들과의 대응 관계를 추가적으로 고려한 것이었다.

[SPSS-메뉴 5.5.1]과 [결과 5.5.1]을 참고하기 바란다. [결과 1] 설명력의 모형 요약에서 2차원 다중 대응분석 그림의 설명력은 70.72%이다. 특히, 추가범주에 대해선 [SPSS-메뉴 5.5.1]의 4번째 화면의 **추가변수(S)**에 sex, age, edu를 고려해야 한다.

끝으로 [결과 5.5.1]-[결과 2]의 [그림 5.5.1]은 실제로 오른편 상단의 범례에 따르면 색깔로 범주변수를 구분하며 이에 따른 범주인 분류변수를 쉽게 파악할 수 있도록 되어 있다. 대응관계는 [그림 5.4.2]와 해석에서 별 차이가 없으나 제1축인 차원 1에 대하여 좌표점들의 위치가 왼편과 오른편이 바뀐 형태이다.

결과 5.5.1 [SPSS-메뉴 5.5.1]의 결과

[결과 1] 설명력

모형 요약

차원	Cronbach의 알파	설명된 분산	
		전체(고유값)	% 분산
1	.594	1.803	45.081
2	.033	1.025	25.637
전체	.862[a]	2.829	70.719

a. 전체 Cronbach의 알파는 전체 고유값에 기준합니다.

[결과 2] 추가범주를 가진 다중 대응분석 그림

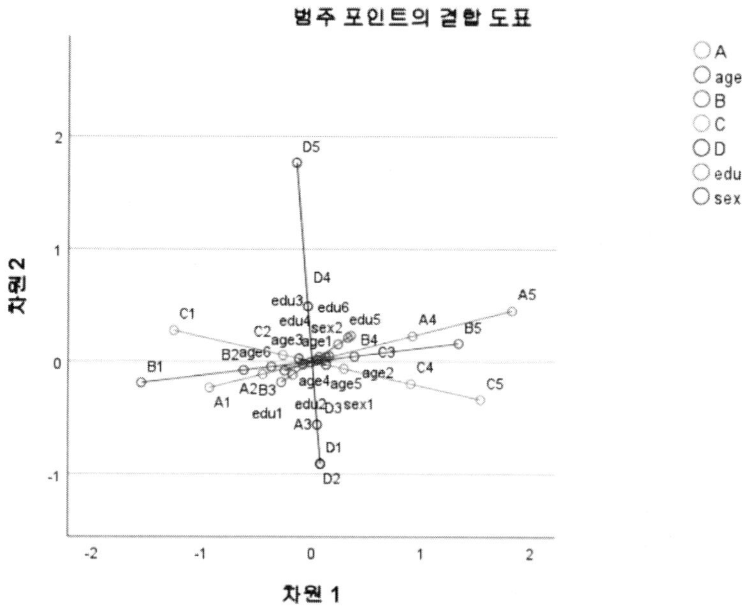

[그림 5.5.1] 성별, 나이, 교육수준을 추가범주로 하는 과학의 태도에 대한 다중 대응분석 그림

[SPSS-메뉴 5.5.1] 성별, 나이, 교육수준을 추가범주로 하는 과학의 태도에 대한 다중 대응분석(science.sav)

분석(A) ▶ 차원 축소(D) ▶ 최적화 척도법(O)

5장 요약

01 이미 어떤 분할표의 대응분석에서 범주들의 대응관계를 제공한 2차원의 대응분석 그림에 새로운 정보를 가진 범주를 추가하여 기존의 범주들과의 관계를 나타내는 기법은 대응 분석에서 매우 중요하다. 이를 추가범주(supplementary categories)라 한다.

02 이원분할표 O에 추가범주를 포함하는 단순 대응분석과 표시행렬 Z에 추가범주를 추가하거나 범주변수가 입력자료로 구성된 분류변수 자료에서 추가범주를 고려하는 다중 대응분석을 고려할 수 있다.

03 추가범주는 단순 대응분석 그림의 설명력과 축을 형성하는 데 전혀 영향을 미치지는 않는다. 다만 이들에 대한 프로파일이 그림에 투영되어 나타나고 기존의 범주들과 어떤 대응관계를 보여주는지를 파악하게 된다.

04 O_+와 O^+는 각각 크기가 $n_s \times p$이고 $n \times p_s$인 추가 행범주와 열범주 자료행렬이이다. 그리고 추가 행과 열 프로파일행렬은 각각 대수적으로 다음과 같다.

$$R_s = diag(O_+ 1_p)^{-1} O_+, \quad C_s = diag(O^{+^T} 1_n)^{-1} O^{+^T}$$

이들에 의한 추가 행과 추가 열좌표행렬은 $C_{Rs} = R_s C_C D_\lambda^{-1}$과 $C_{Cs} = C_s C_R D_\lambda^{-1}$이다. 여기서 C_C와 C_R은 추가범주가 없는 단순 대응분석의 좌표행렬이이다.

05 범주변수의 수가 $p(\geq 3)$인 경우 m개의 행과 $q = q_1 + q_2 + \cdots + q_p$개의 열을 갖는 크기가 $m \times q$인 표시행렬 $Z = [Z_1 \mid Z_2 \mid \cdots \mid Z_p]$를 고려하자. 추가범주변수의 범주를 추가할 자료행렬을 Z_s라 하면 $c^Z = diag(Z_s^T 1_m)$이고 추가 열범주 프로파일행렬과 추가변수의 열범주 좌표행렬은 각각 $C_s^Z = diag(Z_s^T 1_m)^{-1} Z_s^T$와 $C_{Cs}^Z = C_s^Z C_R^Z \Lambda_Z^{-1}$이다.

06 R 패키지 ca에서 열 범주와 행범주 추가를 위한 옵션은 단순 대응분석의 경우 함수 ca()의 옵션 supcol=, suprow=을 활용하고, 표시행렬 Z의 다중 대응분석의 경우 함수 mjca()의 supcol=을 활용한다. SAS/PROC CORRESP의 단순 대응분석에서는 supplementary 문과 weight 문을 활용하고 mca 옵션을 사용하는 다중 대응분석의 경우에는 supplementary 문만 사용한다. 다만 SPSS의 추가범주 처리는 단순 대응분석의 경우 그 절차가 없으며 다중 대응분석은 **분석(A) ▶ 차원 축소(D) ▶ 최적화 척도법(O)** 메뉴에서 범주변수의 범주인 분류변수의 입력자료에 대한 추가범주만 가능하다.

6장

좌표점 정보통계량

Information is an abstract concept that refers to that which has the power to inform.
Wikipedia(2003)

정보는 이를 제공하는 힘을 가진 것을 가리키는 추상적인 개념이다.

범주들의 대응관계를 2차원 대응분석 그림만으로는 충분히 나타낼 수 없는 경우가 있다. 이때는 그림상의 좌표점에 대한 부가적인 정보의 필요성을 느낀다. 이 장에서는 이 필요성을 충족시킬 좌표점의 정보통계량을 설명하고자 한다. R의 패키지 ca에서는 함수 summary()를 활용하고 SAS에서는 옵션 dimens=으로 주축을 지정하여 이들에 대한 결과를 제공받을 수 있다. SPSS의 정보통계량은 용어가 R이나 SPSS와 다소 다르나 내용은 동일하다.

6.1 좌표점 정보통계량

지금까지 일반적으로 이원분할표에 대한 단순 대응분석과 다원분할표 또는 여러 범주변수에 대한 분류변수를 빈도로 사용하는 자료, 표시행렬, 버트행렬에 대한 다중 대응분석을 통해 범주 및 추가범주를 2차원의 대응분석 그림에 나타내어 범주들의 대응관계를 살펴보았다. 2장 2절의 [R-코드 2.2.1]의 [결과 2.2.1]로부터 단순 대응분석 [그림 1.1.1]은 지위에 따른 흡연습관의 이원분할표 [자료 1.1.1](data(smoke))에 대한 결과이다. 특히, 단순 대응분석 [그림 1.1.1]은 2차원의 그림으로 실제로는 비정칙치의 개수에 따르면 3차원의 단순 대응분석 그림이어야 한다. 일반적으로 설명력이 높은 경우와 시각적 해석의 편의성에 따라 2차원의 대응분석 그림을 선호한다. 다만, [그림 1.1.1]에서와 같이 처음 두 개의 주결여성(principal inertia)이 차지하는 비율인 적합도, 즉 설명력이 99.52%를 차지하여 제1축과 제2축에 의한 2차원의 대응분석 그림만으로 행과 열범주의 대응관계를 보이기에 충분하다면 더 바람직하다.

그러나 실제로 많은 예에서 이와 같이 만족할 만한 2차원의 대응분석 그림을 얻기가 쉽지 않다. 만약에 처음 두 개의 주 결여성 외에 총결여성에서 차지하는 비율이 높은 주결여성이 있고 이에 대응하는 제3의 축들이 있다면 어떤 범주들은 처음 두 개의 주결여성에 대응하는 제1축과 제2축에 의한 대응분석 그림에는 잘 나타나지 못할 것이다.

대응분석 그림은 기하적으로 p차원과 n차원의 가중유클리드공간에서 정의되는 행과 열범주의 좌표점을 투영을 이용하여 차원 축소된 공간에 나타낸 것이다. 공간은 몇 개의 축으로 결정되는데 이를 주축(principal axis)이라 하며 70% 이상의 설명력이 필요하나 대개 기하적 해석의 편의상 제1축과 제2축에 의한 2차원 공간에서 그려지는 2차원 대응분석 그림을 선호한다. 그러나 이러한 그림을 통해서는 어느 범주의 좌표점이 주축에 가까이 혹은 멀리 떨어져 있는지 알 수가 없고 어느 좌표점이 주축에 의한 공간을 찾는 데 기여를 했는지 알 수가 없다. 따라서 이런 대응분석 그림을 정확하게 해석하기 위해서 주축에 대한 좌표점의 추가적인 정보가 필요하다. 추가적인 정보는 양적으로 나타나는데 지금부터 이를 축에 대한 좌표점의 정보통계량이라 하자.

[표 6.1.1]에는 주축에 대한 좌표점의 정보통계량과 이를 얻기 위한 행렬연산을 정리해 두었다. 이 정보통계량들은 (2.1.11)의 대응행렬 F의 일반화 비정칙값분해에 대수적 기반

을 두고 있으며 (6.1.1)에 재인용하였다.

$$F = A D_\lambda B^T \tag{6.1.1}$$

여기서 $D_r = diag(f_{1.},\dots,f_{n.})$과 $D_c = diag(f_{.1},\dots,f_{.p})$는 크기가 $n \times n$과 $p \times p$인 대각행렬이다. $A^T D_r^{-1} A = B^T D_c^{-1} B = I$이고 $D_\lambda = diag(1, \lambda_1, \dots, \lambda_{p-1})$는 비정칙값을 대각원소로 하는 대각행렬이다.

특히, 비정칙값분해에서 D_λ를 구성하는 비정칙값 중 최댓값이 1이 되어 실제 A와 B에 의해서 구성되는 좌표점 행렬의 1번째 열은 제외해야 한다. 2장 1절에서 이를 해결하기 위해서 (2.1.10)의 중심화 대응행렬 $\tilde{F} = F - rc^T$의 변환된 잔차행렬 Y의 비정칙값분해

$$Y = D_r^{-1/2} \tilde{F} D_c^{-1/2} = U \Lambda V^T \tag{6.1.2}$$

를 이용하면 된다. 여기서 $\Lambda = diag(\lambda_1, \dots, \lambda_p)$는 Y의 비정칙값인 $\lambda_1, \dots, \lambda_p$를 대각원소로 갖는 크기가 $p \times p$인 대각행렬이며, 행렬 U와 V는 각각 $U^T U = I_p$와 $V^T V = I_p$를 만족한다.

따라서 [표 6.1.1]의 행렬연산에서 A와 B는 실제로 (6.1.2)로부터 $A = D_r^{1/2} U$와 $B = D_c^{1/2} V$를 활용하면 된다. 그리고 $sq(\cdot)$는 지정된 행렬의 각 원소의 제곱을 원소로 갖는 행렬값 함수(matrix-valued function)이고, t는 행렬 D_λ^2의 비정치값의 제곱인 주결여성으로 이루어진 대각원소의 합으로 총결여성이다. 추가 좌표점에 대한 행렬연산에서 R_s와 C_s는 추가 행과 열 프로파일행렬로 5장 2절의 (5.2.2)에서 대수적으로 정의하고 있다. 특히, 마지막 항목인 MCA 추가열좌표점의 제곱코사인은 다중 대응분석과 관련된 내용이다. 행렬연산에서 D_s는 표시행렬 Z의 추가 열범주의 주변합인 주변도수로 이루어진 대각행렬이다. 이는 표시행렬의 내적곱인 버트행렬 B의 대각에 나타나 있고 q는 표시행렬의 열의 수이다. 표시행렬과 버트행렬에 대해선 3장을 참고하기 바란다.

[보기 6.1.1]에서 어느 회사의 지위에 따른 개인의 흡연습관 자료에 대하여 주축에 대한 좌표점의 정보통계량을 얻고 이에 대한 기하적인 해석을 6장 2절에서 제공하려 한다. 이는 Geenacre(1984, pp. 66-70)에서 자세히 설명하고 있다. 일반적으로 R에서는 단순과 다중 대응분석을 위한 ca()와 mjca()의 결과를 함수 summary()에 의해서 주축에 대한 좌표점의 정보통계량을 얻게 된다. 이 장에서는 편의상 단순 대응분석에 대한 좌표점의 정보통계량을 구하고 설명하기로 한다.

[표 6.1.1] 주축에 대한 좌표점의 정보통계량의 행렬 계산

통 계 량	행렬 연산
(1) 행좌표점의 결여성에 대한 부분기여도 Row partial contributions to inertia	$D_r^{-1}sq(A)$
(2) 열좌표점의 결여성에 대한 부분기여도 Column partial contributions to inertia	$D_c^{-1}sq(B)$
(3) 행좌표점의 제곱코사인 Row squared cosines	$diag(sq(AD_\lambda)1)^{-1}sq(AD_\lambda)$
(4) 열좌표점의 제곱코사인 Column squared cosines	$diag(sq(BD_\lambda)1)^{-1}sq(BD_\lambda)$
(5) 열프로파일의 중심 Row mass	r
(6) 행프로파일의 중심 Column mass	c
(7) 행좌표점의 결여성 Row inertia	$(1/t)\, D_r^{-1}sq(AD_\lambda)1$
(8) 열좌표점의 결여성 Column inertia	$(1/t)\, D_c^{-1}sq(BD_\lambda)1$
(9) 추가 행좌표점의 제곱코사인 Supplementary row squared cosines	$diag\left(sq(R_s-1c^T)D_c^{-1}1\right)^{-1}sq(R_sD_c^{-1}B)$
(10) 추가 열좌표점의 제곱코사인 Supplementary column squared cosines	$diag\left(sq(C_s-1r^T)D_r^{-1}1\right)^{-1}sq(C_sD_r^{-1}A)$
(11) MCA 추가 열좌표점의 제곱코사인 MCA supplementary column squared cosines	$D_s(q1-D_s)^{-1}sq(C_sD_r^{-1}AD_u^{-1})$

보기 6.1.1 지위에 따른 흡연습관의 이원분할표에 대한 단순 대응분석의 정보통계량

[R-코드 6.1.1]은 어느 회사에서 지위에 따라 개인의 흡연습관에 관한 R의 data(smoke)를 활용하여 [결과 6.1.1]에서 주축에 대한 좌표점의 정보통계량을 제공하고 있다. 이들 정보통계량은 행범주로 지위인 상위 경영직(SM), 하위 경영직(JM), 상위 고용직(SE), 하위 고용직(JE), 비서직(SC)에 따라 열범주로 4가지 경우의 흡연습관 none(담배를 전혀 피우지 않는다), light(하루에 담배를 1-10개비 피운다), medium(하루에 담배를 11-20개비 피운다) 그리고 heavy(하루에 담배를 1갑 이상 피운다)를 고려하였다. 참고로 [결과 6.1.1]-(2)의 Rows:에서 각 열 ①~⑥은 다음을 나타낸다. 이는 Columns:의 각 열에 대해서도 동일하며 편의상 제1축을 주축으로 하여 요약·정리하고자 한다.

① mass : 중심(가중치)

② qlt : 좌표점의 상대기여도 합

③ inr : 좌표점의 결여성

④ k=1 : 제1축의 중심(원점)으로부터 거리(좌표)

⑤ cor : 좌표점의 상대기여도($cos^2\theta$)

⑥ ctr : 좌표점의 절대기여도

[표 6.1.1]의 통계량의 대수적 연산에 따른 [R-코드 6.1.2](smoke-SCRA-Information Statistics.R)의 [결과 6.1.2]를 참고하기 바란다. 이 결과는 소수점 첫째 자리에서 반올림하면 [결과 6.1.1]과 일치한다. 모든 통계량은 1000이 곱해져 나타나 있다. 특히, [결과 6.1.2]에서 #1)Mass :(5)^(6)는 [표 6.1.1]의 통계량 (5) 열프로파일의 중심(Row mass)과 (6) 행프로파일의 중심(Column mass)을 나타낸다. 나머지 통계량에 대해서도 이와 유사하게 나타내고 있다.

[결과 6.1.1]-(1) 설명력에는 Principal inertias(eigenvalues)에 주결여성(고윳값)과 총결여성 0.085190과 각 결여성의 %와 누적 %가 주어져있다. [결과 6.1.1]-(2) 좌표점의 정보통계량에서 기여 부분의 해석은 각 축(차원)에 대하여 ⑥ ctr(절대기여도)을 살펴보면 되고 이는 [표 6.1.1]의 (1)과 (2)에 의해 계산된다. 다음으로 각 좌표점에 대하여 ② qlt(상대기여도 합)는 상대기여도 cor 2개열의 합에 해당하는데 이는 선택된 차원의 부분공간에서 좌표점의 표현의 질을 나타내며 이는 [표 6.1.1]의 (3)과 (4)로부터 얻어진다. 예를 들자면 행좌표 JM에 대한 상대기여도 합 ② qlt 991은 상대기여도 cor 526과 465의 합이다.

먼저 [결과 6.1.1]-(2) 좌표점의 정보통계량에서 Rows:의 첫 번째 행좌표점 SM의 정보통계량을 진하게 표시해 두었는데 ① mass 57은 중심으로 원래 0.057이고 이것의 2차원 ③ inr(결여성) 31은 0.031, ④ k=1(제1축)에 대한 주좌표점은 -0.066이다. 이 축과의 상대기여도 ⑤ cor($cos^2\theta$)는 0.092이다. 그리고 이 좌표점의 결여성은 제1축의 결여성 0.074759에 대한 ⑥ ctr(절대기여도)은 3으로 이는 원래 0.003으로 $0.003 \times 0.074759 = 0.000224277$에 해당한다. 다음으로 제2축 k=2에 대해서는 주좌표점 -194는 -0.194이고 cor($cos^2\theta$)은 0.800이며 주결여성 0.100017에 대해 ctr은 0.214로 $0.214 \times 0.100017 = 0.02140364$에 해당한다. qlt는 0.893으로 이는 제1축과 제2축에 대한 cor의 합에 해당한다. 열좌표점에 대해서도 유사한 해석을 할 수 있다.

결과 6.1.1 [R-코드 6.1.1](smoke-SCRA-summary.R)의 결과

```
> summary(sca)
(1) 설명력
Principal inertias (eigenvalues):

dim     value      %      cum%    scree plot
1       0.074759   87.8   87.8    **********************
2       0.010017   11.8   99.5    ***
3       0.000414    0.5  100.0
        -------   ----
Total:  0.085190  100.0

(2) 좌표점 정보 통계량
Rows:          ①    ②    ③      ④    ⑤    ⑥
     name   mass   qlt  inr     k=1  cor  ctr     k=2  cor  ctr
1 |   SM |    57   893   31 |   -66   92    3 |  -194  800  214 |
2 |   JM |    93   991  139 |   259  526   84 |  -243  465  551 |
3 |   SE |   264  1000  450 |  -381  999  512 |   -11    1    3 |
4 |   JE |   456  1000  308 |   233  942  331 |    58   58  152 |
5 |   SC |   130   999   71 |  -201  865   70 |    79  133   81 |

Columns:       ①    ②    ③      ④    ⑤    ⑥
     name   mass   qlt  inr     k=1  cor  ctr     k=2  cor  ctr
1 | none |   316  1000  577 |  -393  994  654 |   -30    6   29 |
2 | lght |   233   984   83 |    99  327   31 |   141  657  463 |
3 | medm |   321   983  148 |   196  982  166 |     7    1    2 |
4 | hevy |   130   995  192 |   294  684  150 |  -198  310  506 |
```

[R-코드 6.1.1] 지위에 따른 흡연습관의 이원분할표에 대한 단순 대응분석의 정보통계량 (smoke-SCRA-summary.R)

```
# Simple CRA : Information Statistics
library(ca)
data(smoke)
summary(ca(smoke))
```

결과 6.1.2 [R-코드 6.1.2](smoke-SCRA-InformationStatistics.R)의 결과

#1)Mass :(5)^(6)

```
> r*1000
      SM       JM        SE        JE        SC
56.99482 93.26425 264.24870 455.95855 129.53368
> c*1000
    none    light   medium    heavy
316.0622 233.1606 321.2435 129.5337
```

#2)inr(Inertia): (7)^(8)

```
> inr_r;inr_c
          [,1]
[1,]  31.37618
[2,] 139.46703
[3,] 449.74987
[4,] 308.35392
[5,]  71.05300
          [,1]
[1,] 577.37221
[2,]  82.85995
[3,] 148.02515
[4,] 191.74269
```

#3)k=1 ^ k=2 : Coordinates

```
> Cr[, 1:2];Cc[, 1:2]
        [,1]       [,2]
SM  -65.76838 -193.73700
JM  258.95842 -243.30457
SE -380.59489  -10.65991
JE  232.95191   57.74391
SC -201.08912   78.91123
            [,1]        [,2]
none   -393.30845  -30.492071
light    99.45592  141.064289
medium  196.32096    7.359109
heavy   293.77599 -197.765656
```

#4)cor(Squared cosines): (3)^(4)

```
> cor_r[, 1:2]; cor_c[, 1:2]
          [,1]        [,2]
[1,]  92.23203 800.3363898
[2,] 526.39991 464.6824609
[3,] 999.03295   0.7837197
[4,] 941.93412  57.8762422
[5,] 865.34551 133.2569974
         [,1]       [,2]
[1,] 994.0204   5.974514
[2,] 326.7262 657.289655
[3,] 981.8480   1.379626
[4,] 684.3977 310.154247
```

#5)qlt(Quality):

```
> qlt_r;qlt_c
[1]892.5684 991.0824 999.8167 999.8104 998.6025
[1] 999.9949 984.0158 983.2277 994.5520
```

#6)ctr(Partial contribution to inertia): (1)^(2)

```
> ctr_r[, 1:2]; ctr_c[, 1:2]
           [,1]       [,2]
[1,]   3.297658 213.557601
[2,]  83.658712 551.150552
[3,] 512.005549   2.997604
[4,] 330.973947 151.772191
[5,]  70.064134  80.522052
         [,1]       [,2]
[1,] 653.9958  29.335998
[2,]  30.8498 463.173682
[3,] 165.6165   1.736758
[4,] 149.5379 505.753561
```

[R-코드 6.1.2] 지위에 따른 흡연습관의 이원분할표에 대한 단순 대응분석의 정보통계량 계산 (smoke-SCRA-InformationStatistics.R)

```
## 주축에 대한 좌표점 정보통계량의 계산: 흡연 자료
# 이원분할표 자료행렬
O<-matrix(c(4,    2,    3,    2,
            4,    3,    7,    4,
           25,   10,   12,    4,
           18,   24,   33,   13,
           10,    6,    7,    2), byrow=T, nrow=5)
rownames(O) <- c("SM", "JM", "SE", "JE", "SC")
colnames(O) <- c("none", "light",  "medium", "heavy")

#대응행렬, 중심화 대응행렬중심화, 대응행렬
F <- O/sum(O)
      r <- apply(F,1,sum)
      c <- apply(F,2,sum)
      Dr<- diag(r)
      Dc<- diag(c)
cF<- F-r%*%t(c)

#잔차행렬의 비정칙값분해
Dr<- diag(1/sqrt(r))
Dc<- diag(1/sqrt(c))
Y <- Dr%*%(cF)%*%Dc
svd.Y <- svd(Y)
      U <- svd.Y$u
      V <- svd.Y$v
      D <- diag(svd.Y$d)

A=diag(sqrt(r))%*%U
B=diag(sqrt(c))%*%V

# 주축에 대한 좌표점 정보 통계량 : [표 6.1.1]
#1)Mass :(5)^(6)
r*1000
c*1000

#2)inr(Inertia): (7)^(8)
t=sum(svd.Y$d^2)
AD=(A%*%D)^2
BD=(B%*%D)^2
inr_r=Dr^2%*%apply(AD,1,sum)/t* 1000
```

```
inr_c=Dc^2%*%apply(BD,1,sum)/t* 1000
inr_r;inr_c

#3)k=1 ^ k=2 : Coordinates
Cr <- (Dr%*%U%*%D) *1000
Cc <- (Dc%*%V%*%D) * 1000
       rownames(Cr) <- rownames(O)
       rownames(Cc) <- colnames(O)
Cr[, 1:2];Cc[, 1:2]

#4)cor(Squared cosines): (3)^(4)
AD=(A%*%D)^2
apply(AD,1,sum)
cor_r=diag(1/apply(AD,1,sum))%*%AD * 1000

BD=(B%*%D)^2
cor_c=diag(1/apply(BD,1,sum))%*%BD * 1000
cor_r[, 1:2]; cor_c[, 1:2]

#5)qlt(Quality):
qlt_r=apply(cor_r[, 1:2],1,sum)
qlt_c=apply(cor_c[, 1:2],1,sum)
qlt_r;qlt_c

#6)ctr(Partial contribution to inertia): (1)^(2)
ctr_r=Dr^2%*%(A^2) *1000
ctr_c=Dc^2%*%(B^2) *1000
ctr_r[, 1:2]; ctr_c[, 1:2]
```

6.2 정보통계량의 관계와 해석

이 절에서는 [R-코드 6.1.1]의 수행 [결과 6.1.1]을 중심으로 좌표점 정보통계량의 관계 및 해석을 알아보려 한다. [결과 6.1.1]-(2) 좌표점 정보통계량 k=1과 k=2에 의한 행좌표점과 열좌표점을 나타낸 2차원의 대응분석 [그림 1.1.1]로부터 편의상 설명력 87.8%인 제1축(Dimension 1)만을 주축으로 고려한 [그림 6.2.1]을 살펴보자.

[그림 6.2.1] [그림 1.1.1]로부터 얻어진 1차원 단순 대응분석 그림

[그림 6.2.1]에서 1차원 대응분석 그림의 주축에 대한 좌표점들은 2차원 대응분석 [그림 1.1.1]의 주축 중 제1축에 대한 것과 일치한다. 단지 좌표점들의 주축에 대한 정보 통계량 값이 달라진다. [그림 6.2.1]의 1차원 대응분석 그림에서 주축인 제1축의 양의 방향으로는 흡연그룹(JE, JM)이, 음의 방향으로 비흡연그룹(SE, SC, SM)이 대응됨을 볼 수 있다. 이 제1축인 주축은 [결과 6.1.1]-(1) 설명력에서 비정칙값 0.27342의 제곱인 주결여성(principal inertia) 0.074759는 1차원 대응분석에서 총결여성에 해당하며 이 값은 가중 유클리드공간의 좌표점인 행프로파일벡터들과 이들의 중심의 거리의 가중 제곱합과 또는 열프로파일벡터들과 이들의 중심의 거리의 가중 제곱합과 같다. 이는 $inertia(n)$ 또는 $inertia(p)$로 2장 3절의 (2.3.7)과 (2.3.8)에서 언급하였다. 이 가중 제곱합에서 각각의 항은 주결여성 0.074759에서 차지하는 백분율로 나타나고 이를 주축에 대한 좌표점의 기여도(contributions by the points to the principal axes) 혹은 절대기여도(absolute contribution)라 한다(Greenacre, 1984, pp. 67-68 ; Lebart 외, 1984, pp. 46-49).

보기 6.2.1 지위에 따른 흡연습관의 1차원 단순 대응분석 정보 통계량의 요약

[결과 6.1.1]-(1) 설명력에서 value의 주결여성 0.074759에 해당하는 주축에 대해 (2) 좌표점 정보통계량에서 Rows:의 첫 번째 행좌표점 SM은 각 열 ① mass~⑥ ctr에 따라 [표 6.2.1]의 정보통계를 가지며 그 값을 진하게 표시해 두었다.

[표 6.2.1] 행좌표점 SM의 정보통계

정보통계	[결과 6.1.1]	[결과 6.1.2]
1) 중심(가중치) ① mass	57	56.99482
2) 중심(원점)으로 부터 거리 ④ k=1	−66	−65.76838
3) 1차원 좌표점의 결여성	0.2	$(56.99482/1000)\times(-65.76838/1000)^2$ $=0.0002465299$ $\Rightarrow\ 0.0002465299\times1000=0.2465299$
4) 좌표점의 절대기여도 ⑥ ctr	3	$0.2465299\times(0.074759)^{-1}=3.297662$ $=0.3298(\%)$
5) 좌표점의 상대기여도 ⑤ cor	92	92.23203

[표 6.2.1]의 1), 2), 4)와 5)는 순차적으로 [결과 6.1.1]-(2) 좌표점 정보통계량의 ① mass, ④ k=1, ⑥ ctr, ⑤ cor에서 각각 찾을 수 있다. 3)은 4)의 수치에 주결여성 0.07476을 곱해서 구할 수도 있다. [결과 6.1.2]의 경우에는 #1)Mass :(5)^(6), #3)k=1 ^ k=2 : Coordinates, #6)ctr(Partial contribution to inertia): (1)^(2), #4)cor(Squared cosines): (3)^(4)에서 각각 찾을 수 있다. 나머지 행좌표점과 열좌표점에 대해서도 같은 방법으로 적용할 수 있다.

보기 6.2.2 지위에 따른 흡연습관의 1차원 단순 대응분석 정보통계량의 해석

[표 6.2.2]는 [보기 6.2.1]의 [표 6.2.1]과 같은 계산 방법에 따라 좌표점 정보통계량을 바탕으로 모든 행과 열좌표점에 대하여 결여성, 절대기여도(%), 상대기여도($\cos\theta^2 \times 1000$), 주축과 프로파일 벡터 사이의 각 θ를 다음과 같은 관계에 의해서 보여주고 있다.

주축에 관한 결여성: ctr × 주결여성
절대기여도(%) : ctr ÷ 10(%)
상대기여도($\cos^2\theta \times 1000$) : cor

여기서 SE와 JE의 절대기여도가 총 84.3(51.2+33.1)%로 전체 행좌표점의 주결여성의 80% 이상을 기여하고 있다. 반면에 열좌표점 중에서 NONE(담배를 피우지 않는다) 자체만으로 전체의 65.4%를 기여했다. 이들 좌표점들이 주축(제1축)에 가장 많이 기여하였고 이들의 가중치는 264, 456과 316으로 상대적으로 꽤 높음을 알 수 있다.

이는 주축이 가중치가 높은 좌표점 방향으로 치우치는 것으로 당연하다. 물론 절대기여도의 계산 측면에서 볼 때 한 좌표점의 가중치가 높으면 절대기여도는 높아지나 반대로 가중치가 꽤 낮아도 중심으로부터의 거리가 길면 이 좌표점들의 절대기여도가 높아진다. 이런 경우는 [그림 6.2.1]에서와 같이 원점을 중심으로 행좌표점 JE과 SE를 비교해보면 알 수 있다. 가중치는 SE(264)가 JE(456)보다 훨씬 작으나 좌표점은 원점에서 SE(−381)가 JE(233)보다 더 많이 떨어져 있다. 따라서 절대기여도는 SE(51.2%)가 JE(33.1%)보다 높다.

열좌표점의 경우도 [그림 6.2.1]의 1차원 대응분석 그림의 주축(Dimension 1)이 흡연과 비흡연 그룹을 분명하게 구분한다. 즉, 이 주축에 대해 양의 방향에 LIGHT, MEDIUM, 그리고 HEAVY가 있고 음의 방향에 NONE이 있기 때문이다. 그러나 엄밀히 말하자면 앞서 언급한 이 주축에 대한 좌표점 NONE의 가중치는 316으로 MEDIUM(321)보다는 작으나 원점에서 떨어진 거리가 −393으로 MEDIUM(196)보다 멀어 절대기여도(65.4%)가 두드러지게 높으며 이는 주축의 성격을 나타내는 데 큰 역할을 한다고 볼 수 있다.

다음으로 흡연습관인 MEDIUM의 주축의 상대기여도는 982로 매우 높아 [그림 6.2.1]의 제1축인 주축방향에 있으며 단순 대응분석 그림은 이를 잘 반영하고 있다. 다른 좌표점도 상대기여도에 따라 1차원의 단순 대응분석 그림에 잘 반영되고 있다.

[표 6.2.2] [결과 6.1.1]의 결과로부터 정리한 주축(제1축)에 대한 좌표점의 정보

좌표점	가중치	주축에 관한 결여성	절대기여도 (%)	상대기여도 $\cos^2\theta \times 1000$	주축과 프로파일 벡터 사이의 각 θ
SM	57	0.2465296	0.3	92	72.32°
JM	93	6.254242	8.4	526	43.50°
SE	264	38.277020	51.2	999	1.78°
JE	456	24.743280	33.1	942	13.94°
SC	130	5.237925	7.0	865	21.53°
NONE	316	48.892070	65.4	994	4.44°
LIGHT	233	2.306300	3.1	327	55.12°
MEDIUM	321	12.381320	16.6	982	7.74°
HEAVY	130	11.179300	15.0	684	34.18°
[결과 6.1.1]	① mass	⑥ ctr ×0.074759	⑥ ctr ÷ 10(%)	⑤ cor	

6.3 정보통계량의 기하적 해석

이 절에서는 2차원 공간의 각 좌표점이 주축(제1축)에 의한 1차원 공간에서 기하적으로 얼마나 가까이 있는지를 정보통계량을 통해 알아보자. 이는 [보기 6.2.2]의 지위와 흡연습관의 단순 대응분석으로부터 요약·정리된 주축(제1축)에 대한 좌표점의 정보 [표 6.2.2]의 상대기여도와 각 θ로 알 수 있다. 이를 위해 먼저 p차원 가중유클리드공간에서 k번째 주축에 대한 행프로파일벡터를 나타낸 [그림 6.3.1]의 기하적 의미를 살펴보자.

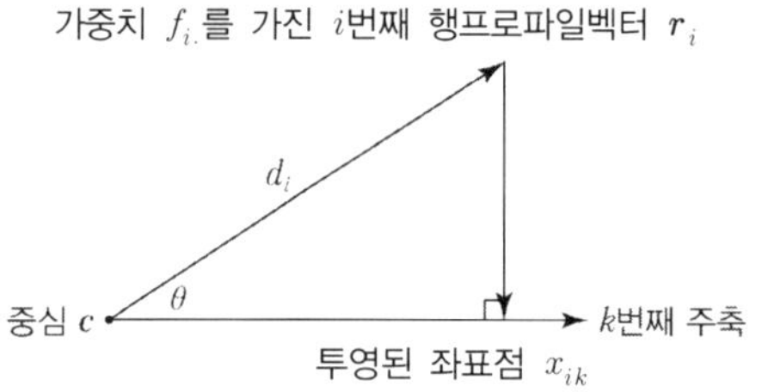

[그림 6.3.1] 가중유클리드공간에서 k번째 주축에 대한 프로파일벡터의 기하

(2.1.1)로부터 행과 열의 수가 각각 n과 p인 이원분할표 자료행렬

$$O = (o_{ij}),\ o_{ij} \ge 0,\ i = 1, \dots, n\ ;\ j = 1, \dots, p$$

를 고려하자. 그러면 [그림 6.3.1]에서 행프로파일벡터 $\boldsymbol{r}_i = (f_{i1}/f_{i.}, \dots,\ f_{ip}/f_{i.})^T,\ i = 1, \dots, n$ 와 중심(centroid) $\boldsymbol{c} = \sum_{i=1}^{n} f_{i.} \boldsymbol{r}_i = \sum_{i=1}^{n} (f_{i1}, \cdots, f_{ip})^T$는 2장 1절의 (2.1.3)과 (2.1.8)에서 각각 정의한 바 있다. 그리고 (2.1.12)에서 정의한 저차원 공간의 행좌표점을 위한 대응행렬 F의 일반화비정칙값분해 $F = A D_\lambda B^T$를 통해 얻어진 행좌표점 $C_R = D_r^{-1} A D_\lambda$을 편의상 $X = (x_{ik}),\ i = 1, \dots, n; k = 1, \dots, q,\ q = \min(n-1, p-1)$라 하면 x_{ik}는 k번째 주축에 i번째 행프로파일벡터가 투영되어 나타난 좌표점이다.

다음으로 프로파일벡터와 주축 사이에 이루는 각을 θ라 하고 d_i를 행프로파일벡터의 중심 $\boldsymbol{c}$로부터의 거리라고 한다면

$$\cos^2\theta = (x_{ik}/d_i)^2 = (f_{i.}x_{ik}^2/f_{i.}d_i^2) \tag{6.3.1}$$

이다. (6.3.1)에서 $f_{i.}\ d_i^2$은 2장 3절에 정의한 가중치 $f_{i.}$와 중심으로부터 거리가 d_i인 i번째 행프로파일벡터 $\boldsymbol{r}_i$의 결여성으로 이는 주축들에 따라 분해된다. 실제 d_i^2은 (2.3.2)에서 정의한 중심 $\boldsymbol{c}$로부터 제곱 카이제곱거리인 $d_p^2(\boldsymbol{r}_i, \boldsymbol{c})$로 다음과 같다.

$$d_i^2 = d_p^2(\boldsymbol{r}_i, \boldsymbol{c}) = (\boldsymbol{r}_i - \boldsymbol{c})^T D_c^{-1}(\boldsymbol{r}_i - \boldsymbol{c}) \tag{6.3.2}$$

여기서 $D_c = diag(\boldsymbol{c}) = diag(f_{.1}, \ldots, f_{.p})$이다.

현재 주축은 제1축으로 이 축에 분해된 결여성은 각각 $f_{i.}\ x_{i1}^2$이 되고 참고로 [보기 6.2.2]의 지위와 흡연습관의 단순 대응분석으로부터 요약·정리된 주축(제1축)에 대한 좌표점의 정보 [표 6.2.2]의 결여성에 정리되어 있다. 따라서 (6.3.1)의 $\cos^2\theta$는 i번째 행프로파일벡터의 총결여성에서 제1축에 의해 설명되는 결여성의 비율을 나타낸다. 따라서 $\cos^2\theta$을 좌표점의 결여성에 대한 축의 기여도(contribution of the axis to the inertia of the point) 혹은 좌표점에 대한 주축의 상대기여도(relative contribution of the principal axis to the point)라 한다(Greenacre, 1984, p. 70). 특히, Lebart 외(1984, pp. 47-48)는 이를 제곱상관(squared correlation)이라고 했다. 끝으로 상대기여도와 이로부터 각 θ를 계산해 두었다. 따라서 [그림 6.3.1]의 기하적 의미는 다음으로 요약할 수 있다.

상대기여도 $\cos^2\theta$가 높으면 각 θ가 작고 프로파일벡터가 주축방향에 있으며 축과 가까이 있음을 의미한다.

보기 6.3.1 지위에 따른 흡연습관의 주축(제1축)의 좌표점 상대기여도의 계산

[결과 6.1.1]-(2) 좌표점 정보 통계량에서 ⑤ cor인 좌표점의 상대기여도를 계산하는 예를 들기 위하여 좌표점 SM(Senior Manager)의 다음의 정보통계량을 생각하자. 이를 위하여 [보기 2.2.1]로부터 좌표점 SM에 대한 행프로파일과 제곱 카이제곱거리 계산과 [보기 6.1.1]-[결과 6.1.2]의 #3)k=1 ^ k=2 : Coordinates의 -65.76838을 다시 1000으로 나누면 제1축 SM 좌표 $x_{11} = -0.06576838$을 제공받을 수 있다. 이를 활용하여 다음 (1)~(7)과 같은 계산 과정을 통해 상대기여도를 계산할 수 있다.

(1) SM 프로파일 :

$$r_1 = (0.02072539,\ 0.01036269,\ 0.01554404,\ 0.01036269)^T/0.05699481$$

$$= (0.3636364,\ 0.1818182,\ 0.2727273,\ 0.18181818)^T$$

(2) 행 프로파일의 중심 : $c = (0.316062,\ 0.233161,\ 0.321244,\ 0.129534)^T$

(3) 제곱 카이제곱거리 :

$$d_p^2(r_1, c) = (r_1 - c)^T D_c^{-1}(r_1 - c)$$

$$= \frac{(0.3636364 - 0.3160622)^2}{0.3160622} + \frac{(0.1818182 - 0.2331606)^2}{0.2331606} + \frac{(0.2727273 - 0.3212435)^2}{0.3212435} + \frac{(0.1818182 - 0.1295337)^2}{0.1295337}$$

$$= 0.04689781$$

(4) 가중치 : $f_{1.} = 0.05699482$

(5) 총결여성 : $f_{1.}\, d_1^2 = 0.05699482 \times 0.04689781 = 0.002672932$

(6) 결여성 : $f_{1.}\, x_{11}^2 = 0.05699482 \times (-0.06576838)^2 = 0.0002465299$

(7) 상대기여도 : $\cos^2\theta = 0.0002465299\ /\ 0.002672932 = 0.09223201$

따라서 (7)의 상대기여도에 1000을 곱하고 소수점 이하 자리를 반올림하면 [결과 6.1.1]-(2) 좌표점 정보 통계량에서 ⑤ cor 92를 구하게 된다. 이는 [결과 6.1.2]의 #4)cor (Squared cosines): (3)^(4)에 잘 나타나 있다.

일반적으로 지금까지 6.2절과 6.3절에서 자세히 설명한 절대기여도와 상대기여도의 관계는 주축의 결여성에 대한 좌표점의 절대기여도가 높다(High contribution of the point to the inertia of the axis)면 좌표점의 결여성에 대해 주축의 상대기여도도 높다(High relative contribution of the axis to the inertia of the point)라고 할 수 있다.

그러나 역은 성립하지 않는다(Greenacre, 1984, p. 70). [표 6.2.2]에 따르면 제1축에서 행좌표점 SC는 주축(제1축)에 대한 상대기여도(865)가 높아 단순 대응분석 [그림 6.2.1]에서 극단적으로 반영이 되었으나, 좌표축에 대한 절대기여도(7.0)는 다른 범주에 비해 매우 낮다. 반면에 SM(Senior Managers)은 주축의 상대기여도(92)가 낮아 주축에 잘 반영이 되지 못해 원점 근처에 있고, 위치는 주축과 $\theta = 72.32°$으로 거의 직교함을 알 수 있다.

6.4 SAS 실습

6.1절~6.3절에서는 R에서 2차원 단순 대응분석 그림의 좌표점에 대한 정보통계량을 소개하였다. 여기서는 SAS/PROC CORRESP를 활용한 결과를 보이고 R의 결과와 비교·요약하려고 한다. [보기 6.4.1]에서 지위에 따른 흡연습관 이원분할표의 [SAS-코드 6.4.1]의 실행 [결과 6.4.1]을 R의 패키지 ca의 [결과 6.1.1]과 비교하려 한다. [결과 6.4.1]은 편의상 [결과 1]~[결과 3]으로 구성되어 있다.

보기 6.4.1 **지위에 따른 흡연습관의 이원분할표에 대한 단순 대응분석의 정보통계량**

[SAS-코드 6.4.1](smoke-SCRA-InformationStatistics.SAS)은 어느 회사에서 지위와 개인의 흡연습관에 관한 [SAS-코드 2.5.1]에서 차원에 대한 옵션 dimens=1을 활용한 것이다. 이를 실행하여 얻어진 [결과 6.4.1]에는 주축(제1축)에 대한 좌표점의 정보통계량을 제공하고 있다. 편의상 행좌표에 대해서만 결과를 설명하자면 [결과 6.4.1]-[결과 2] 주축(제1축)의 좌표점: ④, [결과 3] 좌표점 정보 통계량: ② ① ③ ⑥ ⑤는 [보기 6.1.1]의 R의 [결과 6.1.1]의 Rows:에서 각 열 ①~⑥에 해당한다. 이를 비교하기 위하여 [표 6.4.1]에 요약정리해두었다. 이들에 대한 해석은 [보기 6.1.1], [보기 6.2.2]와 [보기 6.3.1]을 참고하기 바란다. 다만, R의 경우 정보통계량은 SAS의 결과에 1000을 곱해준 형태임을 참고하기 바란다. SAS [결과 6.4.1]-[결과 1]은 설명력으로 이는 [결과 6.1.1]-(1) 설명력과 동일하다.

[표 6.4.1] R과 SAS의 정보통계량

정보 통계량	R	SAS
중심(가중치)	① mass	① Mass
좌표점의 상대기여도 합	② qlt	② Quality
좌표점의 결여성	③ inr	③ Inertia
중심(원점)으로 부터 거리(좌표)	④ k=1	④ Row Coordinates
좌표점의 상대기여도($\cos^2\theta$)	⑤ cor	⑤ Squared Cosines for the Row Points
좌표점의 절대기여도	⑥ ctr	⑥ Partial Contributions to Inertia for the Row Points

[SAS-코드 6.4.1] 지위에 따른 흡연습관의 단순 대응분석의 정보통계량 (smoke-SCRA-InformationStatistics.SAS)

```
data smoker;
     input  group $ none light medium heavy;
cards;
 SM   4  2  3  2
 JM   4  3  7  4
 SE  25 10 12  4
 JE  18 24 33 13
 SC  10  6  7  2
 ;
proc corresp data = smoker dimens=1;
      var none light medium heavy;
      id group;
run;
```

결과 6.4.1 [SAS-코드 6.4.1](smoke-SCRA-InformationStatistics.SAS)의 결과

[결과 1] 설명력

Inertia and Chi-Square Decomposition

Singular Value	Principal Inertia	Chi-Square	Percent	Cumulative Percent
0.27342	0.07476	14.4285	87.76	87.76
0.10009	0.01002	1.9333	11.76	99.51
0.02034	0.00041	0.0798	0.49	100.00
	0.08519	16.4416	100.00	

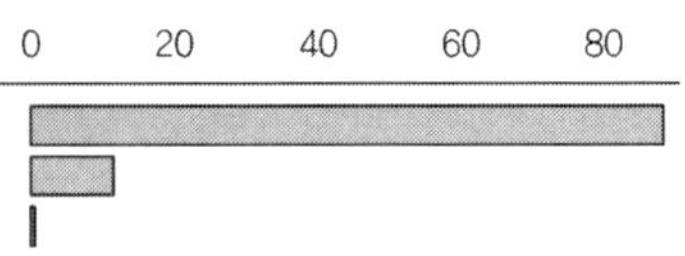

Degrees of Freedom = 12

[결과 2] 주축(제1축)의 좌표점

④

Row Coordinates	
	Dim1
SM	-0.0658
JM	0.2590
SE	-0.3806
JE	0.2330
SC	-0.2011

④

Column Coordinates	
	Dim1
none	-0.3933
light	0.0995
medium	0.1963
heavy	0.2938

[결과 3] 좌표점 정보 통계량

② ① ③

Summary Statistics for the Row Points			
	Quality	Mass	Inertia
SM	0.0922	0.0570	0.0314
JM	0.5264	0.0933	0.1395
SE	0.9990	0.2642	0.4497
JE	0.9419	0.4560	0.3084
SC	0.8653	0.1295	0.0711

② ① ③

Summary Statistics for the Column Points			
	Quality	Mass	Inertia
none	0.9940	0.3161	0.5774
light	0.3267	0.2332	0.0829
medium	0.9818	0.3212	0.1480
heavy	0.6844	0.1295	0.1917

⑥

Partial Contributions to Inertia for the Row Points	
	Dim1
SM	0.0033
JM	0.0837
SE	0.5120
JE	0.3310
SC	0.0701

⑤

Squared Cosines for the Row Points	
	Dim1
SM	0.0922
JM	0.5264
SE	0.9990
JE	0.9419
SC	0.8653

⑥

Partial Contributions to Inertia for the Column Points	
	Dim1
none	0.6540
light	0.0308
medium	0.1656
heavy	0.1495

⑤

Squared Cosines for the Column Points	
	Dim1
none	0.9940
light	0.3267
medium	0.9818
heavy	0.6844

6.5 SPSS 실습

SPSS에서도 2차원 단순 대응분석 그림의 좌표점에 대한 정보통계량을 제공한다. 다만 [표 6.5.1]에서와 같이 정보통계량에 대한 용어가 다소 다르나 내용은 R과 SPSS가 동일하다. R의 패키지 ca의 [결과 6.1.1]과 비교 차원에서 [결과 6.5.1]을 정리하고 설명하고자 한다. [결과 6.5.1]은 편의상 [결과 1] 설명력과 [결과 2] 정보통계량으로 구분해 두었다.

보기 6.5.1 지위에 따른 흡연습관의 이원분할표에 대한 단순 대응분석의 정보통계량

[SPSS-메뉴 6.5.1]은 [SPSS-메뉴 1.4.1]을 재인용하며 이는 어느 회사에서 지위와 개인의 흡연습관에 관한 대응분석 [결과 6.5.1]을 제공한다. [결과 6.5.1]-(1)에서 설명력으로 관성비율을 보면 주축(차원 1)에 대해 87.8%를 보여주고 있다. [결과 2]의 정보통계량에서는 순서적으로 ① 매스, ④ 차원의 점수: 1, ③ 요약 관성, ⑥ 기여도: 차원의 관성에 대한 포인트, ⑤ 기여도: 포인트의 관성에 대한 차원, ② 기여도: 포인트의 관성에 대한 차원을 제공한다. [표 6.5.1]을 참고하면 R의 정보통계량과 비교 가능하다. 이들에 대한 해석은 [보기 6.1.1], [보기 6.2.2]와 [보기 6.3.1]을 참고하기 바란다.

[표 6.5.1] R과 SPSS의 정보통계량

정보통계량	R	SPSS
중심(가중치)	① mass	① 매스
좌표점의 상대기여도 합	② qlt	② 기여도: 포인트의 관성에 대한 차원
좌표점의 결여성	③ inr	③ 요약 관성
중심(원점)으로부터 거리(좌표)	④ k=1	④ 차원의 점수: 1
좌표점의 상대기여도($\cos^2\theta$)	⑤ cor	⑤ 기여도: 포인트의 관성에 대한 차원
좌표점의 절대기여도	⑥ ctr	⑥ 기여도: 차원의 관성에 대한 포인트

결과 6.5.1 [SPSS 메뉴-6.5.1]의 결과

[결과 1] 설명력

요약

					관성비율		신뢰 비정칙값	
								상관관계
차원	비정칙값	요약 관성	카이제곱	유의확률	설명됨	누적	표준편차	2
1	.273	.075			.878	.878	.070	.020
2	.100	.010			.118	.995	.076	
3	.020	.000			.005	1.000		
전체		.085	16.442	.172[a]	1.000	1.000		

a. 자유도 12

[결과 2] 좌표점 정보 통계량

①　　④　　③　　⑥　　⑤ = ②

행 포인트 개요[a]

		차원의 점수			기여도				
					차원의 관성에 대한 포인트		포인트의 관성에 대한 차원		
지위	매스	1	2	요약 관성	1	2	1	2	전체
SM	.057	-.126	.612	.003	.003	.214	.092	.800	.893
JM	.093	.495	.769	.012	.084	.551	.526	.465	.991
SE	.264	-.728	.034	.038	.512	.003	.999	.001	1.000
JE	.456	.446	-.183	.026	.331	.152	.942	.058	1.000
SC	.130	-.385	-.249	.006	.070	.081	.865	.133	.999
전체 합	1.000			.085	1.000	1.000			

a. 대칭적 정규화

열 포인트 개요[a]

		차원의 점수			기여도				
					차원의 관성에 대한 포인트		포인트의 관성에 대한 차원		
흡연습관	매스	1	2	요약 관성	1	2	1	2	전체
none	.316	-.752	.096	.049	.654	.029	.994	.006	1.000
light	.233	.190	-.446	.007	.031	.463	.327	.657	.984
medium	.321	.375	-.023	.013	.166	.002	.982	.001	.983
heavy	.130	.562	.625	.016	.150	.506	.684	.310	.995
전체 합	1.000			.085	1.000	1.000			

a. 대칭적 정규화

[SPSS-메뉴 6.5.1] 지위에 따른 흡연습관의 이원분할표에 대한 단순 대응분석의 정보통계량(smoke.sav)

분석(A) ▶ 차원 축소(D) ▶ 대응일치분석(C)

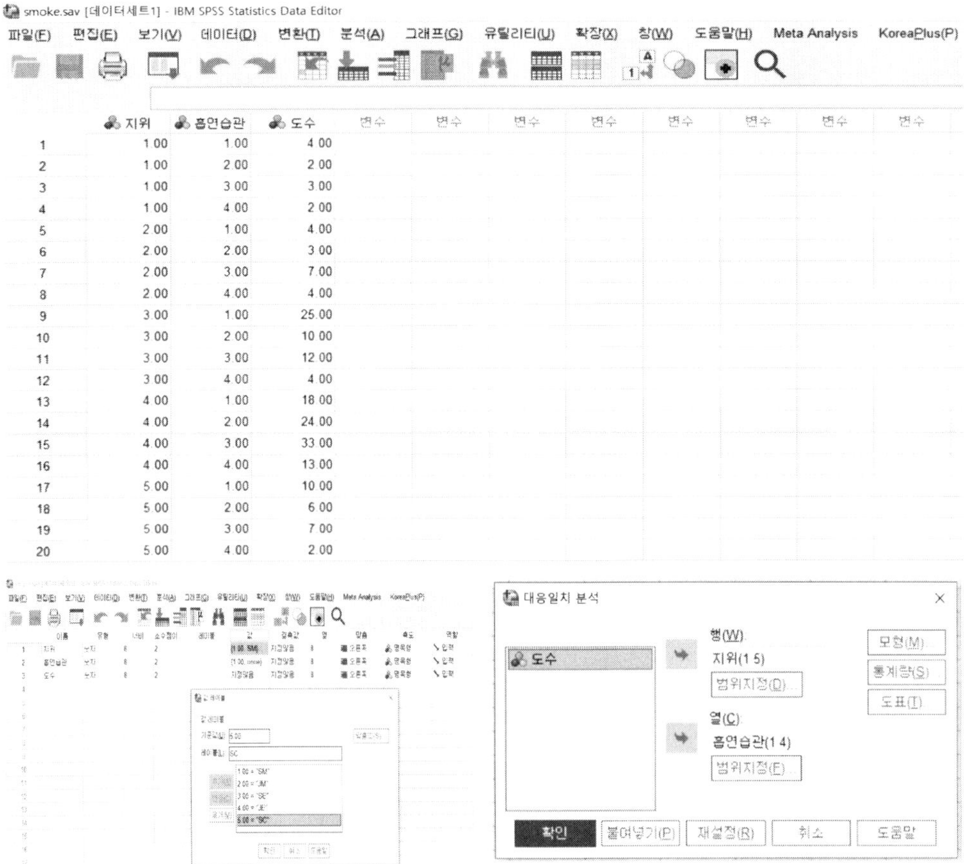

	지위	흡연습관	도수
1	1.00	1.00	4.00
2	1.00	2.00	2.00
3	1.00	3.00	3.00
4	1.00	4.00	2.00
5	2.00	1.00	4.00
6	2.00	2.00	3.00
7	2.00	3.00	7.00
8	2.00	4.00	4.00
9	3.00	1.00	25.00
10	3.00	2.00	10.00
11	3.00	3.00	12.00
12	3.00	4.00	4.00
13	4.00	1.00	18.00
14	4.00	2.00	24.00
15	4.00	3.00	33.00
16	4.00	4.00	13.00
17	5.00	1.00	10.00
18	5.00	2.00	6.00
19	5.00	3.00	7.00
20	5.00	4.00	2.00

6장 요약

01 대응분석 그림은 기하적 해석의 편의상 주축인 제1축과 제2축에 의한 2차원 공간에서 그려지는 2차원을 선호한다. 그러나 이런 그림을 통해서는 어느 범주의 좌표점이 주축에 가까이 혹은 멀리 떨어져 있는지 알 수가 없고 어느 좌표점이 주축에 의한 공간을 찾는 데 기여를 했는지 알 수가 없다. 따라서 대응분석 그림을 정확하게 해석하기 위해서 주축에 대한 좌표점의 추가적인 정보가 필요하다.

02 단순 대응분석 그림의 주축으로 제1축에 대한 정보통계량의 패키지 용어 비교

정보 통계량	R	SAS	SPSS
① 중심(가중치)	① mass	① Mass	① 매스
② 좌표점의 상대기여도 합	② qlt	② Quality	② 기여도: 포인트의 관성에 대한 차원
③ 좌표점의 결여성	③ inr	③ Inertia	③ 요약 관성
④ 중심(원점)으로부터 거리(좌표)	④ k=1	④ Row Coordinates	④ 차원의 점수: 1
⑤ 좌표점의 상대기여도($\cos^2\theta$)	⑤ cor	⑤ Squared Cosines for the Row points	⑤ 기여도: 포인트의 관성에 대한 차원
⑥ 좌표점의 절대기여도	⑥ ctr	⑥ Partial Contributions to Inertia for the Row Points	⑥ 기여도: 차원의 관성에 대한 포인트

03 $\cos^2\theta$을 좌표점의 결여성에 대한 축의 기여도(contribution of the axis to the inertia of the point) 혹은 좌표점에 대한 주축의 상대기여도(relative contribution of the principal axis to the point)라 한다. 상대기여도 $\cos^2\theta$가 높으면 각 θ가 작고 프로파일 벡터가 주축방향에 있으며 축과 가까이 있음을 의미한다.

04 절대기여도와 상대기여도의 관계는 주축의 결여성에 대한 좌표점의 절대기여도가 높다(High contribution of the point to the inertia of the axis)면 좌표점의 결여성에 대해 주축의 상대기여도도 높다(High relative contribution of the axis to the inertia of the point)라고 할 수 있다. 그 역은 성립하지 않는다.

05 정보통계량의 제공은 R의 패키지 ca에서는 함수 summary()를 활용하고 SAS에서는 옵션 dimens=으로 주축을 지정하여 이들에 대한 결과를 제공받을 수 있다. SPSS의 정보통계량은 용어가 R이나 SPSS와 다소 다르나 내용은 동일하다.

7장

다시점 자료의 대응분석

Repeated observations on a subject are typically correlated.
Agresti, A.(2007)

한 개체에 대한 반복적인 관찰은 일반적으로 상관관계가 있다.

각 개체가 여러 시간에 따라 관찰된 반응을 반복측정(repeated measurement)한 다시점 자료의 시각화를 위해 Ryu 외(2022)가 R에서 패키지 vlda를 개발하였다. vlda의 알고리즘은 표시행렬의 이변량 대응분석의 확장인 다중 대응분석의 대수적인 면에서 일치한다. 긴 형태와 넓은 형태의 다시점 자료를 모두 분석할 수 있으며 이를 활용한 보기와 실제 이변량 대응분석의 알고리즘을 확장한 다중 대응분석을 소개하고자 한다. 추가 개체와 변수도 다루고 있으며 끝으로 SAS와 SPSS의 실습도 제공한다.

7.1 다시점 자료

다시점 자료는 각 개체가 여러 시간에 따라 관찰된 반응을 반복측정(repeated measurement) 한 것이다. 이런 종류의 자료는 의학에서 제일 빈번하게 접하며, 사회학, 교육학, 경제학, 기상학 등에서 사용된다. 일반적으로 다시점 자료에 대한 분석으로 GEE(일반화 추정 방정식)에 의한 다시점 로짓모형(longitudinal logit model)이 있다(양호진 외, 2022, 10장).

만약에 다시점 자료를 시각화를 통해 해석하고자 한다면 기존의 모형 중심의 분석 결과와 유사한 해석과 경향을 보여 주어야 한다. 일반적으로 다시점 자료는 [표 7.1.1]과 같은 긴 형태(long form) 자료 내지는 특수한 경우 [표 7.1.2]와 같은 넓은 형태(wide form) 자료와 같은 구조를 가지고 있다. 대부분의 다시점 자료를 처리하는 패키지는 긴 형태를 필요로 한다.

먼저 [표 7.1.1]은 치료 결과에 영향을 미칠 수 있는 환자의 특성을 나타내는 p개 공변량 $X_1, \cdots, X_p$를 보여준다. 각 행은 개체당 하나의 시점이며 전체적으로 T개 시점에서 각 개체가 측정되어 있다. 개체별 시점에서 얻은 반응변수는 Y이다. 이는 공변량에도 동일하게 적용되며 시간이 지나도 변하지 않는 일부 공변량은 모든 개체에서 동일한 값을 가진다.

[표 7.1.1] 다시점 자료의 긴 형태 구조

개체	X_1	$\cdots$	X_p	Y	시점
1	x_{111}	$\cdots$	x_{11p}	y_{11}	1
1	x_{121}	$\cdots$	x_{12p}	y_{12}	2
$\vdots$	$\vdots$		$\vdots$	$\vdots$	$\vdots$
1	x_{1T1}	$\cdots$	x_{1Tp}	y_{1T}	T
2	x_{211}	$\cdots$	x_{21p}	y_{21}	1
2	x_{221}	$\cdots$	x_{22p}	y_{22}	2
$\vdots$	$\vdots$		$\vdots$	$\vdots$	$\vdots$
2	x_{2T1}	$\cdots$	x_{2Tp}	y_{2T}	T
$\vdots$	$\vdots$		$\vdots$	$\vdots$	$\vdots$
n	x_{n11}	$\cdots$	x_{n1p}	y_{n1}	1
n	x_{n21}	$\cdots$	x_{n2p}	y_{n2}	2
$\vdots$	$\vdots$		$\vdots$	$\vdots$	$\vdots$
n	x_{nT1}	$\cdots$	x_{nTp}	y_{nT}	T

[표 7.1.1]의 공변량의 값이 시점 1에서 변하지 않는 경우 개체당 하나의 값만 가지는 [표 7.1.2]의 형태로 변환 가능하다. 여기서 개체별 $Y_1, \cdots, Y_T$는 시점 $t(=1, \cdots, T)$에 얻은 반응변수이다. 따라서 [표 7.1.2]에서 한 개체의 T개 시점의 반복 반응은 하나의 행에 표시된다.

[표 7.1.2] 다시점 자료의 넓은 형태 구조

개체	X_1	$\cdots$	X_p	Y_1	$\cdots$	Y_T
1	x_{11}	$\cdots$	x_{1p}	y_{11}	$\cdots$	y_{1T}
2	x_{21}	$\cdots$	x_{2p}	y_{21}	$\cdots$	y_{2T}
$\vdots$	$\vdots$		$\vdots$	$\vdots$		$\vdots$
n	x_{n1}	$\cdots$	x_{np}	y_{n1}	$\cdots$	y_{nT}

1장의 [보기 1.1.4]에서 다중 대응분석을 적용한 [자료 1.1.4] 외상 후 스트레스 증후군에 대한 다시점 자료는 대표적으로 긴 형태이다. 특히, 이 자료는 화재에서 생존한 316명의 부상자를 대상으로 3개월, 6개월, 그리고 12개월 후 면접을 통해 외상 후 스트레스 증후군 PTSD를 측정한 자료이다. 더군다나 자아통제력(control), 인생문제횟수(problems), 스트레스성횟수(sevent), 가족결속력(cohes)의 값은 실수와 정수로 되어 있어 그 범위가 다양하다. 이를 분석의 편의상 자아통제력(control), 인생문제횟수(problems), 스트레스성횟수(sevent)는 3을 기준으로 상과 하로 나누고 가족결속력횟수(cohes)는 6을 기준으로 상과 하로 나누었다.

[자료 7.1.1]은 우울증을 앓고 있는 환자를 치료하기 위한 두 약물을 비교하는 자료로 [표 7.1.2]와 같은 넓은 형태의 자료이다(Lee, 2019, Table 2.5). 이 자료에서는 800명의 환자를 우울증 초기 중증도에 따라 경도(Mild) 또는 중증(Severe)의 두 그룹으로 분류하였다. 각 그룹에서 환자는 표준(Standard) 약물과 신약(New) 중 하나에 무작위로 할당되었다. 따라서 2종류의 공변량인 진단(Diagnosis)과 약물(Drug)에 따른 1주, 2주, 4주의 치료 후 각 환자의 우울증 고통 정도를 이항 반응인 정상(Normal) 또는 비정상(Abnormal)으로 분류하였다. [자료 7.1.2]는 [자료 7.1.1]의 넓은 형태 자료를 긴 형태 자료로 전환한 것이다.

[자료 7.1.1] 우울증 자료의 넓은 형태 자료

환자	Diagnosis	Drug	Outcome0	Outcome1	Outcome2
1	Mild	Standard	Normal	Normal	Normal
2	Mild	Standard	Normal	Normal	Normal
$\vdots$	$\vdots$	$\vdots$	$\vdots$	$\vdots$	$\vdots$
800	Severe	New	Abnormal	Abnormal	Abnormal

[자료 7.1.2] 우울증 자료의 긴 형태 자료

환자	Diagnosis	Drug	Outcome	시점
1	Mild	Standard	Normal	1 week
1	Mild	Standard	Normal	2 weeks
1	Mild	Standard	Normal	4 weeks
2	Mild	Standard	Normal	1 week
2	Mild	Standard	Normal	2 weeks
2	Mild	Standard	Normal	4 weeks
⋮	⋮	⋮	⋮	⋮
800	Severe	New	Abnormal	1 week
800	Severe	New	Abnormal	2 weeks
800	Severe	New	Abnormal	4 weeks

Ryu 외(2022)는 R에서 지금까지 설명한 긴 형태와 넓은 형태의 다시점 자료를 모두 분석할 수 있는 시각화 기법을 보여 주는 패키지 vlda(버전 1.1.5)를 개발하였다. 패키지 vlda에서 제공하는 시각화 그림의 알고리즘도 3장의 다중 대응분석의 알고리즘 관점에서 보면 일치하므로 다중 대응분석 그림이라 하자. 이는 Lee(2019)의 알고리즘을 바탕으로 Lee 외(2021)에서 그 활용을 선보였다. vlda의 바탕이 되는 알고리즘은 3장의 다중 대응분석에서 이변량 대응분석의 확장인 표시행렬을 이용한 것으로 7.2절에서 자세히 설명하기로 한다. 여기서는 패키지 vlda를 [보기 7.1.1]에서는 외상 후 스트레스 증후군 [자료 1.1.4]에, [보기 7.1.2]에서는 우울증 [자료 7.1.2]에 적용한 결과를 보이고자 한다. 이미 외상 후 스트레스 증후군 자료의 경우 [보기 1.1.4]에서 패키지 ca의 함수 mjca()를 활용하여 [그림 1.1.4]에서 다중 대응분석 그림과 [해석 1.1.4]를 제공하고 있다.

보기 7.1.1 PTSD에 대한 다중 대응분석

외상 후 스트레스 증후군 [자료 1.1.4]는 패키지 vlda의 data(PTSD)로 내장되어 있다. 이를 활용하면서 분석의 편의상 자아통제력(control), 인생문제횟수(problems), 스트레스성횟수(sevent)는 3을 기준으로 상(1)과 하(0)로 나누고 가족결속력횟수(cohes)는 6을 기준으로 상(1)과 하(0)로 나누어 재코딩된다. 이는 [R-코드 7.1.1]에 반영되어 있고 수행 결과 [결과 7.1.1]과 [그림 7.1.1]-(a)를 제공한다. [결과 7.1.1]에는 $obs.coordinate와 $var.coordinate에서 개체와 범주들의 좌표점을 제공하며 $Eigen과 $GOF에서 주결여성과 총결여성에 관련된 설명력을 제공한다.

[그림 7.1.1] (b)는 패키지 ca를 활용한 결과 [그림 1.1.4]를 재인용한 것이다. 해석은 (b)의 [해석 1.1.4]를 참고하자. (a) vlda에 대한 기하적 대응관계는 [해석 7.1.1]을 참고하고 실제 [해석 1.1.4]와 동일한 해석을 제공하게 된다. 다만 (a)의 다중 대응분석 그림 위에 [결과 7.1.1]의 $obs.coordinate에서 제공하는 각 개체에 관한 좌표점을 추가하고 있어 이런 범주들 간의 해석에 개체들의 관계를 엿볼 수 있다. (a)는 원래 색깔로 좌표점을 보여주고 있으며 그림 아래에 범례가 마련되어 있다. 개체 좌표점은 희미한 회색으로 316개체에 대하여 3개의 시점에 대하여 총 948개가 그림에 제공된다. 개체들의 해석을 위해 [R-코드 7.1.1]의 fit$obs.coordinate$obs_list로부터 [결과 7.1.1]의 아래 오른쪽 마지막 결과를 제공 받는다. 여기서 $`x = −1.488 y = −1.204`의 [1] "127_1" "350_1"은 첫 번째 행 좌표점의 개체는 127번째와 350번째 환자가 시점 time 1(3개월 후)에 위치하고 있으며 이는 [그림 7.1.1]의 (c) 대화형 그림에서 확인 가능하다. 이 대화형(interactive) 그림은 (a)의 다중 대응분석 그림에서 개체를 나타내는 좌표점에 마우스를 가져다 되면 나타나고 [해석 7.1.1]-(4)를 참고하면 된다.

해석 7.1.1 **[그림 7.1.1]-(a), (b)와 (c)에 대한 기하적 해석**

(1) 2차원 다중 대응분석 그림 (a)의 설명력은 제1축(Dimension 1)과 제2축(Dimension 2)이 각각 24.80%와 15.80%로 총 40.60%이다. 이는 [결과 7.1.1]의 $Eigen과 $GOF에서도 확인 가능하다. 실제로 (b)와 비교해 보면 설명력이 낮은데 이는 3장에서 지적하고 있는 바와 같이 표시행렬에 의한 알고리즘에 바탕을 두기 때문이다.

(2) 제1축 왼편의 범주들은 시점 time.1(3개월 후), 자아통제력 control.0과 가족결속력 cohesion.0, 인생문제수 problems.1과 스트레스수 stress.1이 서로 대응한다. 이는 환자가 외상 3개월 후 자아통제력과 가족결속력이 낮으며 인생문제와 스트레스가 높음을 보여주고 있다.

(3) 제1축의 오른편에는 범주변수의 대응관계를 통해 외상 후 환자가 시점 6개월 후(time.2)와 9개월 후(time.3)에 자아통제력(control.1)과 가족결속력(cohesion.1)이 높고, 인생문제수(problems.0)와 스트레스(stress.0)가 낮아졌음을 보여주고 있다. 이는 시간이 지날수록 환자들이 외상에서 회복되고 있음을 보여준다.

(4) 대화형 그림 (c)에서 행 좌표점의 개체는 127번째와 350번째 환자가 시점 time 1(3개월 후)에 위치하고 있으므로 이들 개체는 (2)에서 살펴본 자아통제력 control.0과 가족결속력 cohesion.0, 인생문제수 problems.1과 스트레스수 stress.1이 서로 대응한다. 따라서 이들 환자는 외상 3개월 후 자아통제력과 가족결속력이 낮으며 인생문제와 스트레스가 높음을 보여주고 있다.

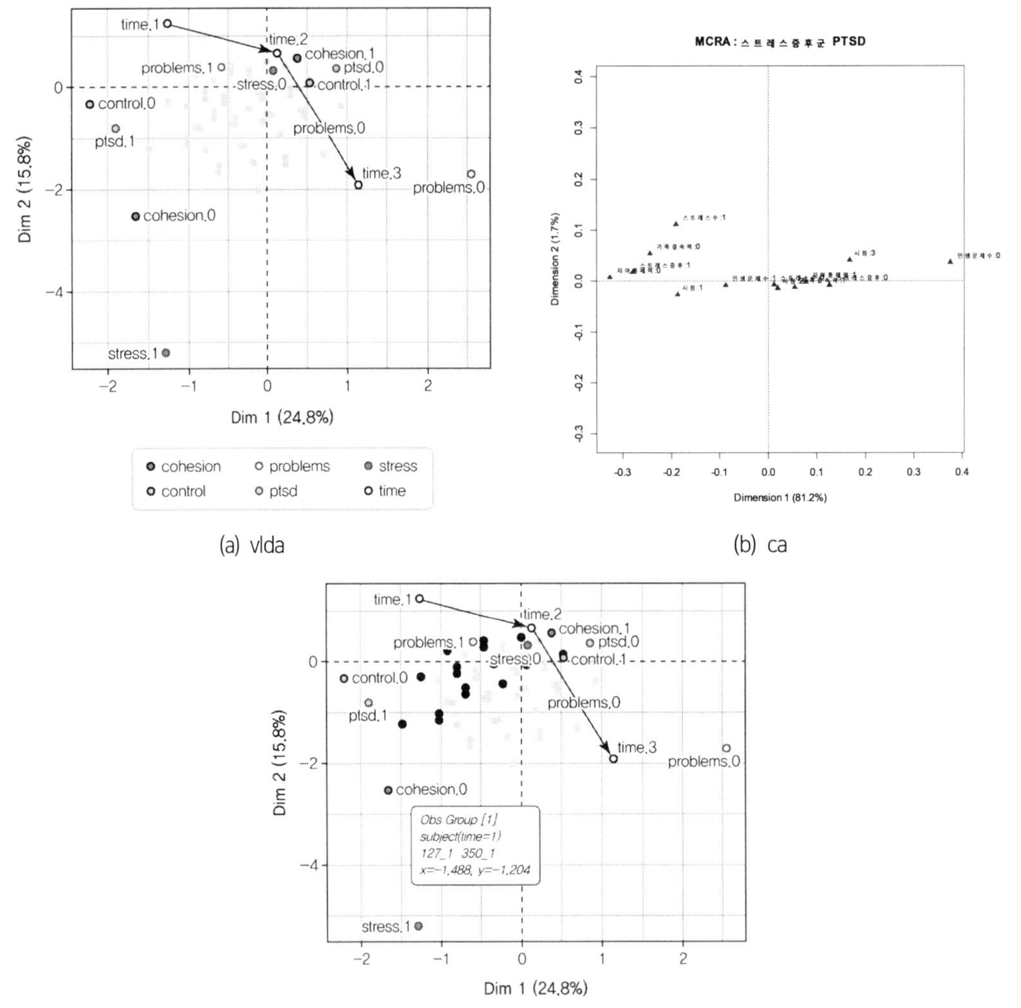

(a) vlda (b) ca

(c) 대화형 그림

[그림 7.1.1] PTSD의 다중 대응분석 그림: (a) vlda (b) ca (c) 대화형 그림

결과 7.1.1 [R-코드 7.1.1](ptsd-MCRA-vlda.R)의 결과

```
> fit
$obs.coordinate
# A tibble: 57 x 3
# Groups:   x [57]
        x        y obs_list
    <dbl>    <dbl> <named list>
1   -1.49    -1.20  <chr [2]>
2   -1.26   -0.283  <chr [21]>
```

```
$var.coordinate
                   x        y
control.0     -2.215   -0.326
control.1      0.530    0.078
problems.0     2.549   -1.702
problems.1    -0.589    0.393
stress.0       0.081    0.326
stress.1      -1.292   -5.200
```

```
3   -1.03   -1.14  <chr [5]>
4   -1.03   -1.01  <chr [1]>
5   -1.02   -0.379 <chr [13]>
6   -0.92    0.233 <chr [30]>
7   -0.916  -0.784 <chr [2]>
8   -0.858  -0.808 <chr [4]>
9   -0.801  -0.215 <chr [11]>
10  -0.799  -0.088 <chr [7]>
# ... with 47 more rows
```

```
cohesion.0  -1.658  -2.528
cohesion.1   0.373   0.568
time.1      -1.270   1.243
time.2       0.132   0.667
time.3       1.138  -1.910
ptsd.0       0.855   0.362
ptsd.1      -1.902  -0.805
```

```
$Eigen
  Eigenvalue  Percent  Cumulative
1      0.289   24.8 %      24.8 %
2      0.184   15.8 %      40.6 %
3      0.169   14.5 %      55.1 %
4      0.165   14.1 %      69.2 %
5      0.133   11.4 %      80.6 %
6      0.116    9.9 %      90.5 %
7      0.110    9.5 %       100 %

$GOF
[1] "Goodness of fit : 40.6 %"
```

```
> fit$obs.coordinate$obs_list
$`x = -1.488 y = -1.204`
[1] "127_1" "350_1"

$`x = -1.259 y = -0.283`
 [1] "57_1"  "69_1"  "71_1"  "115_1" "141_1"
"150_1" "155_1" "162_1" "178_1"
[10] "190_1" "244_1" "273_1" "284_1" "319_1"
"331_1" "383_1" "393_1" "447_1"
[19] "523_1" "529_1" "566_1"
```

… 46개 행 생략 …

[R-코드 7.1.1] PTSD에 대한 다중 대응분석(ptsd-MCRA-vlda.R)

```
## MCRA for PTSD based on the vlda
#install.packages("vlda")
library(vlda)
data(PTSD)
# Rescaling Data
PTSD <- as.data.frame(PTSD)
PTSD[,2:4] <- apply(PTSD[,2:4], 2, function(x) ifelse(x >= 3, 1, 0))
PTSD[,5] <- ifelse(PTSD[,5] >= 6 , 1, 0)
PTSD <- data.frame(lapply(PTSD, function(x) as.factor(x)))
# Fit vlda
fit=vlda(x = PTSD, object = "subject", time = "time", type = "long")
fit
fit$obs.coordinate$obs_list
# MCRA plot
vlda_plot(fit)
```

보기 7.1.2 우울증 자료에 대한 다중 대응분석

[자료 7.1.1]은 우울증을 앓고 있는 환자를 치료하기 위한 두 약물을 비교하는 자료로 [표 7.1.2]와 같은 넓은 형태의 자료이다. 이 자료에서는 800명의 환자를 우울증 초기 중증도에 따라 경도(Mild) 또는 중증(Severe)으로 분류하였고 환자는 표준(Standard) 약물과 신약(New) 중 하나에 무작위로 할당되었다. 2종류의 공변량인 진단(Diagnosis)과 약물(Drug)에 따른 1주, 2주, 4주의 치료 후 각 환자의 우울증 고통 정도를 이항 반응인 정상(Normal) 또는 비정상(Abnormal)으로 분류하였다. 이 자료는 패키지 vlda의 data(Depression)로 내장되어 있는데 우울증 초기 중증도(Diagnosis)에 따라 경도(Mild) 또는 중증(Severe)을 1과 2로, 무작위로 활당된 약물(Drug)은 표준(Standard) 약물과 신약(New)을 1과 2로, 치료 후 이항 반응은 비정상(Abnormal)과 정상(Normal)으로 시점에 따라 1과 2로 재코딩되어 있다. 이는 [결과 7.1.2]의 명령문 head(Depression)가 제공하고 있는 것을 살펴보면 알 수 있다. 이를 활용한 [R-코드 7.1.2]의 수행 결과 [결과 7.1.2]와 [그림 7.1.2]-(a)와 (c)를 제공한다. [결과 7.1.1]에는 $obs.coordinate와 $var.coordinate에서 개체와 범주들의 좌표점을 제공하며 $Eigen과 $GOF에서 설명력을 제공한다. [그림 7.1.2]-(b)는 패키지 ca를 활용한 [R-코드 7.1.3](depression-MCRA-ca.R)의 결과이며 [그림 7.1.2]의 해석은 [해석 7.1.2]를 참고하자. [그림 7.1.2]-(c) 대화형 그림에서 개체들의 해석을 위해 [R-코드 7.1.2]의 fit$obs.coordinate $obs_list로부터 [결과 7.1.2]의 아래 오른쪽 마지막 결과를 제공 받는다. 특히, 위치 좌표 $`x= −0.562 y= −0.314`의 개체 좌표점에 대해서 보여주고 있다.

해석 7.1.2 [그림 7.1.2]-(a), (b)와 (c)에 대한 기하적 해석

(1) 2차원 다중 대응분석 그림 (a)의 설명력은 제1축(Dimension 1)과 제2축(Dimension 2)이 각각 35.88%와 22.01%로 총 57.89%이다. 이는 [결과 7.1.2]의 $Eigen과 $GOF에서도 확인 가능하다. 패키지 ca의 mjca()에 의한 (b)의 설명력 85.80%보다 많이 낮으며 제1축과 제2축에 대하여 좌표점들의 방향이 반대이나 대응관계는 일치한다.

(2) 제1축 왼편에는 환자의 초기 상태를 나타내는 Diagnosis.1(경도, Mild)이 오른편에는 Diagnosis.2(중증, Severe)가 위치하고 있다. 환자의 초기 상태와 무관하게 무작위로 할당되었으나 약물 투여도 Drug.1(표준, Standard)과 Drug.2(신약, New)가 각각 대응하고 있다. 이는 무작위로 약물이 투여되기는 했지만 신약이 중중 환자에게 더 많이 투여되었음을 보여준다.

(3) 제1축의 오른편에는 Drug.2(신약, New)로 약물 치료 후 지난 시점 1week.1, 2weeks.1, 4weeks.1에 따라 그 결과가 비정상(Abnormal)과 대응한다. 왼편의 경우는 그 반대의 경향을 보인다.

(4) 대화형 그림 (c)에서 행 좌표점의 개체들(501, 502, 503, 504, 505)은 3사분면에 있고 이는 초기 증세는 Diagnosis.1(경도, Mild)이면서 치료 후 시점 1week.2, 2weeks.2, 4weeks.2와 대응하며 그 결과가 정상(Normal)과 대응한다. 따라서 이들 환자는 초기 증세는 경미하며 약물 Drug.1(표준, Standard)을 투여한 후 정상으로 회복되었음을 보여준다.

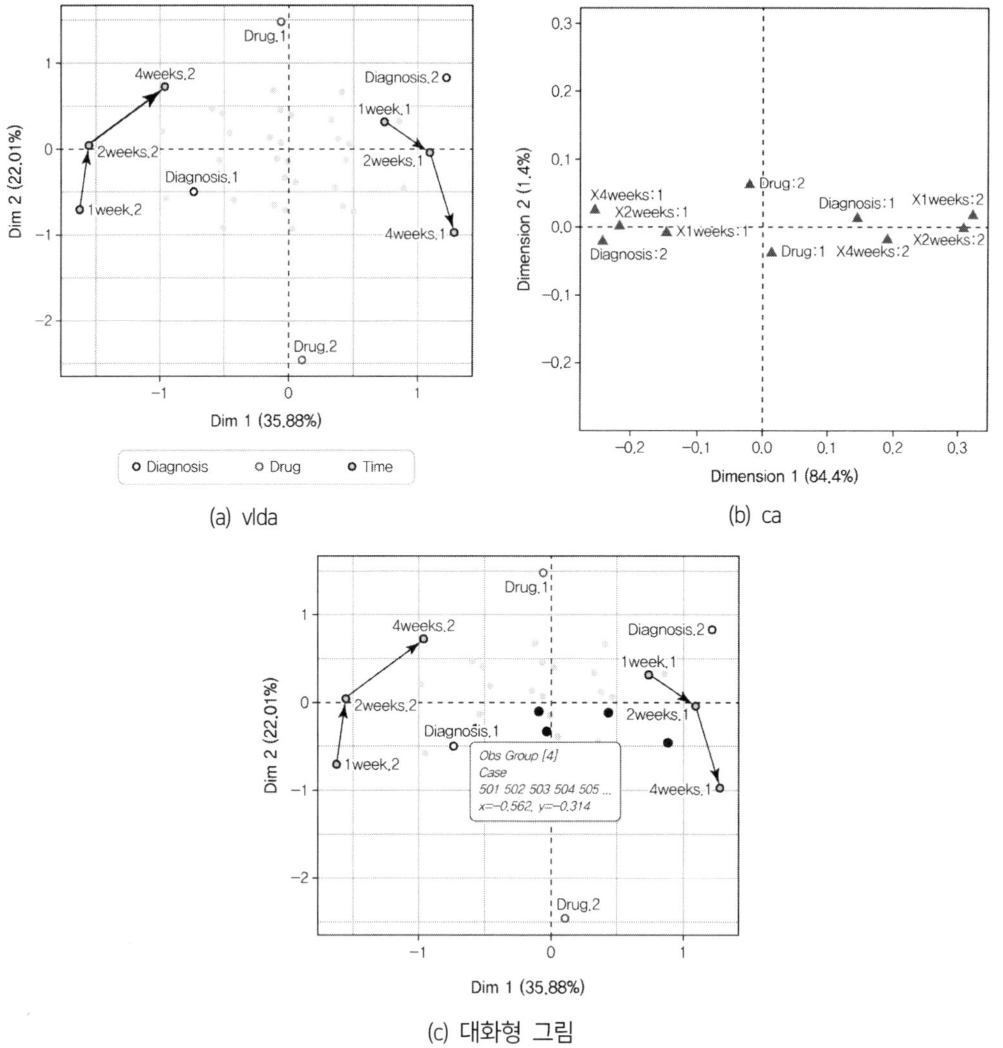

[그림 7.1.2] 우울증 자료에 대한 다중 대응분석 그림: : (a) vlda (b) ca (c) 대화형 그림

[R-코드 7.1.2] 우울증 자료에 대한 다중 대응분석(depression-MCRA-vlda.R)

```
## MCRA for Wide form of Depression Data based on the vlda
library(vlda)
data(Depression)
head(Depression)
# Fit vlda
fit=vlda(Depression, object="Case", time=c("1week", "2weeks", "4weeks"), type="wide")
fit
fit$obs.coordinate$obs_list
# MCRA plot
vlda_plot(fit)
```

결과 7.1.2 [R-코드 7.1.2](depression-MCRA-vlda.R)의 결과

```
> head(Depression)
  Case Diagnosis Drug 1week 2weeks 4weeks
1    1         1    2     2      2      2
2    2         1    2     2      2      2
3    3         1    2     2      2      2
4    4         1    2     2      2      2
5    5         1    2     2      2      2
6    6         1    2     2      2      2
```

```
> fit
$obs.coordinate
# A tibble: 32 x 3
# Groups:   x [32]
        x      y obs_list
    <dbl>  <dbl> <named list>
 1 -0.984  0.209 <chr [75]>
 2 -0.951 -0.58  <chr [32]>
 3 -0.595  0.476 <chr [12]>
 4 -0.562 -0.314 <chr [5]>
 5 -0.537 -0.13  <chr [9]>
 6 -0.513  0.414 <chr [72]>
 7 -0.504 -0.919 <chr [20]>
 8 -0.48  -0.375 <chr [32]>
 9 -0.457  0.194 <chr [18]>
10 -0.424 -0.595 <chr [24]>
# ... with 22 more rows
```

```
$$var.coordinate
                 x      y
Diagnosis.1 -0.731 -0.500
Diagnosis.2  1.218  0.833
Drug.1      -0.062  1.480
Drug.2       0.103 -2.467
1week.1      0.737  0.321
1week.2     -1.621 -0.705
2weeks.1     1.088 -0.031
2weeks.2    -1.549  0.044
4weeks.1     1.277 -0.968
4weeks.2    -0.959  0.726
```

```
$Eigen
  Eigenvalue Percent Cumulative
1      0.359  35.9 %     35.9 %
2      0.220    22 %     57.9 %
3      0.161  16.1 %       74 %
4      0.144  14.4 %     88.4 %
5      0.116  11.6 %      100 %

$GOF
[1] "Goodness of fit : 57.9 %"
```

```
> fit$obs.coordinate$obs_list
        .. 생략...

$`x = -0.562 y = -0.314`
[1] "501" "502" "503" "504" "505"

        ... 생략 ...
```

[R-코드 7.1.3] 우울증 자료에 대한 패키지 ca의 다중 대응분석(depression-MCRA-ca.R)

```
## MCRA for Long Form of Depression Data based on the vlda
library(vlda)
library(ca)
data(Depression)
Depression=Depression[, -1]
mjca(Depression)
par(pty="s")
plot(mjca(Depression))
```

7.2 다시점 자료의 대응분석 알고리즘

7.1절에서 다시점 자료의 다중 대응분석 그림을 위해 개발된 패키지 vlda(Ryu 외, 2022)와 참고로 R의 패키지 ca의 함수 mjca()에 의한 결과를 제공하고 해석하였다. 패키지 ca에 의한 다중 대응분석을 위한 알고리즘 중 특히, 다시점 자료에 적용 가능한 것은 3.4절의 분류변수를 포함하는 다중 대응분석을 위한 알고리즘인데 이는 버트행렬에 기초하고 디폴트 옵션 (lambda = "adjusted")에 의한 설명력을 보정하여 높인 것이다. 여기서는 R에서 긴 형태와 넓은 형태의 다시점 자료를 모두 분석할 수 있고 시각화하여 보여 주는 패키지 vlda의 기본 알고리즘을 소개하려 한다. 이는 Lee(2019)와 Lee 외(2021)에 바탕을 두고 있다.

실제로 이들 알고리즘은 3장의 다중 대응분석에서 이변량 대응분석 알고리즘의 확장과 대수적으로 그 맥락을 같이한다고 볼 수 있다. 다만, vlda를 위한 알고리즘을 유도하는 과정에서 행렬의 표기는 Lee 외(2021)에 바탕을 두기로 하자. 패키지 vlda의 기본 알고리즘을 유도하는 과정은 Lee(2019)를 참고하고 여기서는 Lee 외(2021)로부터 요약된 알고리즘을 정리하고자 한다. 이를 위해 먼저 다시점 자료의 두 가지 형태인 [표 7.1.1]의 긴 형태와 [표 7.1.2]의 넓은 형태 구조를 고려하자.

다시점 자료가 긴 형태의 경우 T개 시점에 따른 개체별 p개 공변량 $X_1, \cdots, X_p$와 반응변수 Y가 있으며 넓은 형태의 경우는 각 개체별 p개 공변량 $X_1, \cdots, X_p$와 $Y_1, \cdots, Y_T$가 T개 시점에서 측정된 것이다. 이에 따라 3장의 표시행렬 Z를 만드는 방식에 따라 각 공변량과 반응변수가 가지는 범주인 분류변수를 고려하여 이를 구성하게 된다.

n개 개체에 대해 두 형태의 자료에 대한 공변량, 반응변수, 시점을 고려하여 크기가 $m \times q$인 일반적인 표시행렬 Z를 다음과 같이 나타내자.

$$Z = [\, Z_1 \mid Z_2 \mid \cdots \mid Z_K \,] \tag{7.2.1}$$

여기서 긴 형태 자료에서는 $m = nT$, $K = p + 2$이고 넓은 형태 자료에서는 $m = n$, $K = p + T$이다. $q = q_1 + q_2 + \cdots + q_K$는 각 공변량이 가지는 범주인 분류변수의 개수와 반응변수와 시점 또는 반응변수가 가지는 분류변수의 수의 합을 나타낸다. 특히 분할계획행렬 k번째 행렬 Z_k는 크기가 $m \times q_k$이다.

예를 들자면 우울증 긴 형태 [자료 7.1.2]의 경우 세 시점 $T = 3$(0: 1 week, 1: 2 weeks,

2: 4 weeks)에서 환자 $n = 800$명에 대하여 $p = 2$개 공변량(X_1 = Diagnosis, X_2 = Drug)과 1개의 반응변수(Y= Outcome)에 대한 것이다. 특히, 공변량으로 우울증 초기 중증도(Diagnosis)에 따라 경도(Mild) 또는 중증(Severe) 2가지로 분류되고 약물은 2종류로 표준(Standard) 약물과 신약(New)이다. 치료 후 반응변수는 이항 반응인 정상(Normal) 또는 비정상(Abnormal)이다. 이를 표시행렬로 나타내면 $m = nT = 800 \times 3 = 2400$이고 $K = p + 2 = 2 + 2 = 4$인 Z는 다음과 같다.

$$Z = [\, Z_1 \mid Z_2 \mid Z_3 \mid Z_4 \,] \tag{7.2.2}$$

특히 각 공변량이 가지는 분류변수가 각각 2개이므로 Z_1과 Z_2는 크기가 $m \times 2$이다. 3개의 시점을 나타내는 Z_3는 크기가 $m \times 3$이고 반응변수가 이항반응으로 Z_4는 크기가 $m \times 2$이고 따라서 $q = q_1 + q_2 + q_3 + q_4 = 2 + 2 + 3 + 2 = 9$로 표시행렬 Z는 실제로 크기가 2400×9이며 [자료 7.2.1]에 변환되어 있다.

[자료 7.2.1] 긴 형태 우울증 자료 [자료 7.1.2]의 크기가 2400×9인 표시행렬 Z

Z_1		Z_2		Z_3			Z_4	
Mild	Severe	Standard	New	T0	T1	T2	Normal	Abnormal
1	0	1	0	1	0	0	1	0
1	0	1	0	0	1	0	1	0
1	0	1	0	0	0	1	1	0
1	0	1	0	1	0	0	1	0
1	0	1	0	0	1	0	1	0
1	0	1	0	0	0	1	1	0
⋮	⋮	⋮	⋮	⋮	⋮	⋮	⋮	⋮
0	1	0	1	1	0	0	0	0
0	1	0	1	0	1	0	0	0
0	1	0	1	0	0	1	0	0

우울증의 넓은 형태 [자료 7.1.1]의 경우 환자 $n = 800$명에 대하여 $p = 2$개 공변량(X_1 = Diagnosis, X_2 = Drug)과 반응변수(Y= Outcome)가 시점에 따라 3가지(Outcome1~Outcome3)로 각각 분류변수는 이항 반응인 정상(Normal) 또는 비정상(Abnormal)이다. 이를 표시행렬로 나타내면 $m = n = 800$과 $K = p + T = 2 + 3 = 5$인 표시행렬 Z를 다음과 같이 고려하자.

$$Z = [\, Z_1 \mid Z_2 \mid Z_3 \mid Z_4 \mid Z_5 \,] \tag{7.2.3}$$

여기서도 각 공변량이 가지는 분류변수가 각각 2개이므로 Z_1과 Z_2는 크기가 $m \times 2$이다. 반응변수는 3가지 시점에 따라 이항반응으로 Z_3, Z_4, Z_5는 크기가 $m \times 2$이다. 따라서 $q = q_1 + q_2 + q_3 + q_4 + q_5 = 2+2+2+2+2 = 10$으로 표시행렬 Z는 실제로 크기가 800×10이며 [자료 7.2.2]에 변환되어 있다.

[자료 7.2.2] 넓은 형태 우울증 자료 [자료 7.1.1]의 크기가 800×10인 표시행렬 Z

Z_1		Z_2		Z_3		Z_4		Z_5	
Mild	Severe	Standard	New	N0	A0	N1	A1	N2	A2
1	0	1	0	1	0	1	0	1	0
1	0	1	0	1	0	1	0	1	0
⋮	⋮	⋮	⋮	⋮	⋮	⋮	⋮	⋮	⋮
0	1	0	1	0	1	0	1	0	1

[자료 7.2.1]과 [자료 7.2.2]의 표시행렬 Z의 구성으로부터 다시점 자료의 형태가 긴 형태와 넓은 형태에 따라 표시행렬의 분할계획행렬의 수가 달라지며 크기가 달라짐을 알 수 있다. 특히, 긴 형태 자료는 반응변수와 시점을 각각 고려하고 있어 시점에 따라 개체가 반복 측정되는 형태를 가지는 반면에 넓은 형태 자료는 각 개체별 각 시점에 따라 반응변수를 각각 고려하고 있는지에 따라 큰 차이가 남을 알 수 있다.

(7.2.1)로부터 크기가 $m \times q$인 표시행렬을 $Z = (z_{ij})$, $i = 1, \cdots, m$; $j = 1, \cdots, q$라 하면, 상대적 도수 자료행렬인 대응행렬을 다음과 같이 정의하자.

$$S = (s_{ij}),\ s_{ij} = \frac{1}{mK} \times z_{ij},\ i = 1, \cdots, m\ ;\ j = 1, \cdots, q \tag{7.2.4}$$

여기서 i번째 행프로파일벡터는

$$\boldsymbol{r}_i = \frac{1}{s_{i.}}(s_{i1}, \cdots, s_{iq})^T,\ i = 1, \cdots, m \tag{7.2.5}$$

이고 $s_{i.} = \sum_{j=1}^{q} s_{ij} = 1/m$이고 $\boldsymbol{r}_i$는 0 또는 $1/K$의 값을 원소로 가진다. 다음으로 $q \times q$ 대각행렬 $D_c = diag(s_{.1}, \cdots, s_{.q})$를 정의하면 두 개의 행프로파일벡터 $\boldsymbol{r}_i$와 $\boldsymbol{r}_h$ 사이에 (7.2.6)과 같은 가중유클리드공간상의 제곱 카이제곱거리

$$d_q^2(\boldsymbol{r}_i, \boldsymbol{r}_h) = \sum_{j=1}^{q}\left(\frac{s_{ij}/s_{i.} - s_{hj}/s_{h.}}{\sqrt{s_{.j}}}\right)^2$$
$$= (\boldsymbol{r}_i - \boldsymbol{r}_h)^T D_c^{-1}(\boldsymbol{r}_i - \boldsymbol{r}_h) \quad (7.2.6)$$

을 만족한다.

이제 저차원에서 표시행렬 Z의 q개의 열에 대한 다중 대응분석 그림의 좌표는 Lee 외 (2021)로부터 $G = D_r^{-1/2} S D_c^{-1/2}$의 비정칙값분해

$$G = D_r^{-1/2} S D_c^{-1/2} = P D_\lambda Q^T \quad (7.2.7)$$

로부터 구할 수 있다. 여기서 $D_r = diag(s_{1.}, \cdots, s_{m.})$, $D_c = diag(s_{.1}, \cdots, s_{.q})$이고 $P^T P = Q^T Q = I_q$이며 $D_\lambda = diag(1, \lambda_1, \cdots, \lambda_{q-1})$는 비정칙값에 의한 대각행렬이다.

(7.2.7)로부터 q차원 공간상의 m개의 행프로파일과 m차원 공간상의 q개의 열프로파일을 저차원 그래프에 나타내기 위한 좌표점은 (7.2.8)과 같은 열과 행 좌표행렬에 의해서 제공된다.

$$C_R^Z = D_r^{-1/2} P D_\lambda, \; C_C^Z = D_c^{-1/2} Q \quad (7.2.8)$$

다만 (7.2.7)의 $D_\lambda = diag(1, \lambda_1, \cdots, \lambda_{q-1})$에서 첫 번째 비정칙값 1로 인하여 (7.2.8)의 좌표행렬에서는 처음 열은 제거해 주어야 한다. 그리고 비정칙값 1을 제거하기 위해서 (3.2.22) 또는 [표 3.2.1]-[2단계]와 같이 중심화 대응행렬 $\tilde{S} = S - \boldsymbol{r}\boldsymbol{c}^T$를 고려하면 된다. 여기서 $\boldsymbol{r}$과 $\boldsymbol{c}$는 표시행렬 Z의 열프로파일과 행프로파일의 중심으로 (7.2.9)와 같이 정의된다.

$$\boldsymbol{r} = S\boldsymbol{1}_q, \; \boldsymbol{c} = S^T\boldsymbol{1}_m \quad (7.2.9)$$

이제 중심화 대응행렬의 변환인 잔차행렬 Y의 비정칙값분해

$$Y = D_r^{-1/2} \tilde{S} D_c^{-1/2} = U\Lambda V^T \quad (7.2.10)$$

를 이용하면 대칭적 방법의 행좌표점과 열좌표점을 얻는다.

(7.2.10)에서 $D_c = diag(s_{.1}, \cdots, s_{.q})$이고 대각원소 $\lambda_1, \ldots, \lambda_q$를 비정칙값으로 하는 $\Lambda = diag(\lambda_1, \ldots, \lambda_q)$는 크기가 $q \times q$인 대각행렬이며, 행렬 U와 V는 각각 $U^T U = I_q$와

$V^T V = I_q$를 만족한다.

따라서 (7.2.10)으로부터 q차원 공간상의 m개의 행프로파일과 m차원 공간상의 q개의 열프로파일을 저차원 그래프에 나타내기 위한 좌표점은 (7.2.11)과 같은 열과 행 좌표행렬에 의해서 제공된다.

$$\widetilde{C}_R^Z = D_r^{-1/2} U\Lambda,\ \widetilde{C}_C^Z = D_c^{-1/2} V \tag{7.2.11}$$

그리고 $s(\geq 2)$차원의 다시점 자료의 다중 대응분석 그림을 위한 열과 행 좌표점의 부행렬과 설명력은 다음과 같다.

$$\widetilde{C}_{R_{(s)}}^Z = D_{r(s)}^{-1/2} U_{(s)} \Lambda_{(s)},\ \widetilde{C}_{C_{(s)}}^Z = D_{c(s)}^{-1/2} V_{(s)} \tag{7.2.12}$$

$$fit_Z = \frac{\sum_{j=1}^{s} l_j}{\sum_{j=1}^{q} l_j} \times 100\%,\ l_j = \lambda_j^2 \tag{7.2.13}$$

일반적으로 다중 대응분석에서 열좌표만 고려하는데 (7.2.11)의 좌표에서 행과 열좌표 모두를 고려하고 있다. 특히, 다시점 자료의 특성상 개체들에 대한 시점에 따른 반응변수의 결과와의 대응관계도 중요하므로 행좌표도 고려하게 된다. 그리고 중심화 대응행렬을 활용한 3장의 이변량 대응분석을 확장한 다중 대응분석을 위한 알고리즘의 열좌표와는 수치적으로 차이를 보이나 범주인 분류변수들의 대응관계는 유사하여 별 차이가 없다.

[표 7.2.1]은 지금까지 살펴본 다시점 자료의 표시행렬에 대한 다중 대응분석 그림을 위한 알고리즘을 중심화 대응행렬 $\tilde{S} = S - \boldsymbol{rc}^T$를 고려하여 정리하고 있다.

[표 7.2.1] 다시점 자료의 표시행렬에 대한 대응분석 알고리즘

[1단계] $m \times q$ 표시행렬 : $Z = [Z_1 \mid Z_2 \mid \cdots \mid Z_K] = (z_{ij}),\ i = 1,...,m\ ; j = 1,...,q$
- p : 공변량의 수, T : 시점의 수, n : 개체의 수
- 긴 형태 자료: $m = nT,\ K = p+2$, 넓은 형태 자료: $m = n,\ K = p+T$
- $Z_k\ :\ m \times q_k,\ k = 1,..,K$
- $q = q_1 + q_2 + \cdots + q_K$

[2단계] 대응행렬 : $S = (s_{ij}),\ s_{ij} = \frac{1}{mK} \times z_{ij},\ i = 1, \cdots, m\ ; j = 1, \cdots, q,$

$\Rightarrow$ 중심화 대응행렬 $\tilde{S} = S - \boldsymbol{r}\boldsymbol{c}^T$

• 행과 열프로파일의 중심: $\boldsymbol{c} = S^T \boldsymbol{1}_m$, $\boldsymbol{r} = S\boldsymbol{1}_q$

[3단계] 잔차행렬의 비정칙값분해 : $Y = D_r^{-1/2}\tilde{S}D_c^{-1/2} = U\Lambda V^T$

• $D_r = diag(s_{1.}, \cdots, s_{m.})$

• $D_c = diag(s_{.1}, \cdots, s_{.q})$

• $\Lambda = diag(\lambda_1, ..., \lambda_q)$: Y의 비정칙값 $\lambda_1, ..., \lambda_q$에 의한 대각행렬

• $U^T U = V^T V = I_q$

[4단계] s차원의 다중 대응분석 그림의 행과 열 좌표점:

$$\tilde{C}^Z_{R_{(s)}} = D_{r(s)}^{-1/2} U_{(s)} \Lambda_{(s)}, \quad \tilde{C}^Z_{C_{(s)}} = D_{c(s)}^{-1/2} V_{(s)}$$

[5단계] $s(\geq 2)$차원의 다중 대응분석 그림의 설명력 :

$$fit_Z = \frac{\sum_{j=1}^{s} l_j}{\sum_{j=1}^{q} l_j} \times 100\%, \quad l_j = \lambda_j^2$$

보기 7.2.1 PTSD의 표시행렬 Z의 다중 대응분석

[보기 7.1.1]에서 긴 형태의 PTSD [자료 1.1.4]의 자아통제력(control), 인생문제횟수(problems), 스트레스성횟수(sevent)는 3을 기준으로 상(1)과 하(0)로 나누고 가족결속력횟수(cohes)는 6을 기준으로 상(1)과 하(0)로 나누어 재코딩된 data(PTSD)가 패키지 vlda에 내장되어 있다. 환자인 개체가 316명으로 3시점(T1: 3개월, T2: 6개월, T3: 12개월)에서 측정된 이 자료로부터 [자료 7.2.3]의 크기가 948×13인 표시행렬

$$Z = [\, Z_1 \mid Z_2 \mid Z_3 \mid Z_4 \mid Z_5 \mid Z_6 \,]$$

를 만들 수 있다. 실제로 vlda 패키지에서는 data(PTSD)로부터 함수 indicator()에 의해서 제공받을 수 있다. 표시행렬의 행의 수는 316명의 개체가 3시점을 따르므로 $316 \times 3 = 948$이고 열의 수는 4개의 공변량 각각이 2개의 분류변수를 가져 8개이고 반응변수가 2개 그리고 시점이 3개의 분류변수를 가지므로 총 13(=8+2+3)이 된다. 특히, $Z_1 \sim Z_4$는 4가지의 공변량에 대한 분할계획행렬로 크기가 각각 948×2이고 Z_5는 3가지 시점을 나타내며 크기가 948×3이며 Z_6는 이항 반응변수로 크기가 948×2이다.

[자료 7.2.3] 긴 형태 PTSD의 [자료 1.1.4]의 크기가 948×13인 표시행렬 Z

Z_1		Z_2		Z_3		Z_4		Z_5			Z_6	
Ctr0	Ctr1	Prob0	Prob1	Strs0	Strs1	Cohes0	Cohes1	T1	T2	T3	PTSD0	PTSD1
0	1	1	0	1	0	0	1	1	0	0	1	0
0	1	1	0	1	0	0	1	0	1	0	1	0
0	1	1	0	1	0	0	1	0	0	1	1	0
1	0	0	1	1	0	1	0	1	0	0	0	1
1	0	0	1	1	0	1	0	0	1	0	0	1
1	0	0	1	1	0	1	0	0	0	1	0	1
⋮	⋮	⋮	⋮	⋮	⋮	⋮	⋮	⋮	⋮	⋮	⋮	⋮
0	1	0	1	1	0	0	1	1	0	0	1	0
1	0	1	0	1	0	0	1	0	1	0	1	0
0	1	1	0	1	0	0	1	0	0	1	1	0

[R-코드 7.2.1](ptsd-MCRAalgorithm-Z-vlda.R)은 [표 7.2.1]의 다시점 자료의 표시행렬에 대한 대응분석 알고리즘에 따라 작성되었으며 긴 형태의 자료의 표시행렬 [자료 7.2.3]을 활용한다. [결과 7.2.1]에는 설명력과 행과 열 좌표 그리고 열좌표에 의한 다중 대응분석 그림이 제공된다. 이 그림은 [그림 7.1.1]과 제1축과 제2축에 대해 좌표점의 위치가 오른편과 왼편 그리고 위쪽과 아래쪽이 정 반대의 형태이다. 그러나 설명력과 공변량, 시점 그리고 반응변수의 대응관계의 해석이 동일하며 다만 다시점 자료의 표시행렬에 의한 다중 대응분석의 알고리즘을 접목하여 응용하는 차원에서 제공되었다.

결과 7.2.1 [R-코드 7.2.1](ptsd-MCRAalgorithm-Z-vlda.R)의 결과

설명력:

```
      [,1]   [,2]   [,3]   [,4]   [,5]  [,6]
[1,]  0.289  0.184  0.169  0.165  0.133 0.116
[2,] 24.804 15.805 14.465 14.104 11.429 9.939
      [,7]   [,8]   [,9]  [,10]  [,11] [,12]
[1,]  0.110     0      0      0      0     0
[2,]  9.454     0      0      0      0     0
```

열좌표:

```
                  [,1]        [,2]
control.0    2.21532148   0.3261412
control.1   -0.52993965  -0.0780181
problems.0  -2.54926264   1.7020940
problems.1   0.58931006  -0.3934711
```

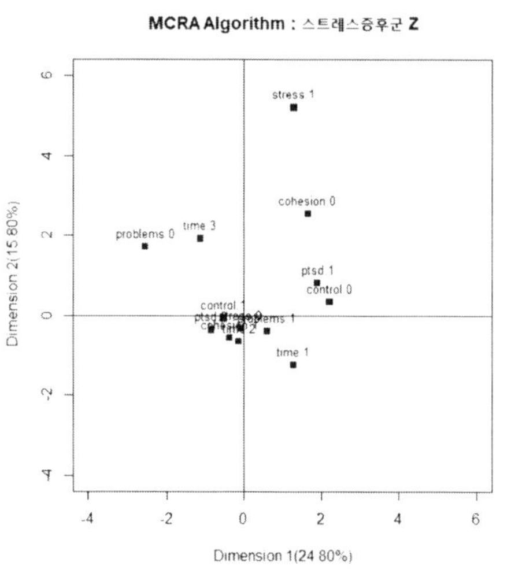

```
stress.0     -0.08111852  -0.3264549
stress.1      1.29210211   5.1999598
cohesion.0    1.65780038   2.5278794
cohesion.1   -0.37268381  -0.5682830
time.1        1.26985848  -1.2434243
time.2       -0.13194564  -0.6667295
time.3       -1.13791284   1.9101538
ptsd.0       -0.85499180  -0.3616571
ptsd.1        1.90192054   0.8045025

행좌표:
                  [,1]          [,2]
  [1,]  1.106151e-04 -0.0160839353
  [2,] -7.477465e-03 -0.0129622387
       --- 생략 ---
[948,] -2.991220e-02  0.0123301058
```

[R-코드 7.2.1] PTSD 표시행렬 Z의 다중 대응분석(ptsd-MCRAalgorithm-Z-vlda.R)

```
## MCRA for PTSD based on Z and the vlda
##install.packages("vlda")
library(vlda)
str(PTSD)
data(PTSD)
PTSD <- as.data.frame(PTSD)
PTSD[,2:4] <- apply(PTSD[,2:4], 2, function(x) ifelse(x >= 3, 1, 0))
PTSD[,5] <- ifelse(PTSD[,5] >= 6 , 1, 0)
PTSD <- data.frame(lapply(PTSD, function(x) as.factor(x)))

#[1단계] 표시행렬 : Z
Z=indicator(PTSD[,-1])
Z=as.matrix(Z)
Z

#[2단계] 대응행렬 : S
S <- Z/sum(Z)
      r <- apply(S,1,sum)
      c <- apply(S,2,sum)
      Dr<- diag(1/sqrt(r))
      Dc<- diag(1/sqrt(c))
cG=S-r%*%t(c)

#[3단계] 잔차행렬 G의 비정칙값분해
```

```
Y <- Dr%*%(cG)%*%Dc
svd.Y <- svd(Y)
      U <- svd.Y$u
      V <- svd.Y$v
      D <- diag(svd.Y$d)

#[4단계] 다중 대응분석 그림의 행과 열 좌표점
Cr<- U%*%D[, 1:2]
Cc <- (Dc%*%V)[,1:2];rownames(Cc) <- colnames(Z) #standard coordinates
Cc;Cr

#[5단계] 2차원 다중 대응분석 그림의 설명력
eig <- (svd.Y$d)^2
      per <- eig/sum(eig)*100
      gof <- sum(per[1:2])
rbind(round(eig, 3),round(per, 3))

par(pty="s")
      lim <-range(pretty(Cc))
      plot(Cc, xlab="Dimension 1(24.80%)",ylab="Dimension
2(15.80%)",xlim=lim,ylim=lim,pch=15,col=1, main="MCRA Algorithm : 스트레스증후군 Z")
      text(Cc,rownames(Cc),cex=0.8,col=1,pos=3)
      abline(v=0,h=0)
```

보기 7.2.2 넓은 형태의 우울증 자료에 대한 다중 대응분석

[자료 7.1.1]은 우울증을 앓고 있는 환자를 치료하기 위한 두 약물을 비교하는 넓은 형태의 자료이다. 이 자료에서는 800명의 환자를 우울증 초기 중증도에 따라 경도(Mild) 또는 중증(Severe)의 두 그룹으로 분류하였다. 각 그룹에서 환자는 표준(Standard) 약물과 신약(New) 중 하나에 무작위로 할당되었다. 따라서 2종류의 공변량인 진단(Diagnosis)과 약물(Drug)에 따른 1주, 2주, 4주의 치료 후 각 환자의 우울증 고통 정도를 이항 반응인 정상(Normal) 또는 비정상(Abnormal)으로 분류하였다. 이 자료는 패키지 vlda의 data (Depression)로 내장되어 있는데 우울증 초기 중증도(Diagnosis)에 따라 경도(Mild) 또는 중증(Severe)을 1과 2로, 무작위로 할당된 약물(Drug)은 표준(Standard) 약물과 신약(New)을 1과 2로, 치료 후 이항 반응인 비정상(Abnormal)과 정상(Normal)을 시점에 따라 1과 2로 재코딩되어 있다. 이는 [결과 7.1.2]의 명령문 head(Depression)가 제공하고 있는 것을 살펴보면 알 수 있다. 이들 자료로부터 구성한 [자료 7.2.2]는 (7.2.3)과 같은 표시행렬

$$Z = [\, Z_1 \mid Z_2 \mid Z_3 \mid Z_4 \mid Z_5 \,]$$

로 각 공변량이 가지는 분류변수가 각각 2개이므로 Z_1과 Z_2는 크기가 800×2이다. 반응 변수는 3가지 시점에 따른 (N0, A0), (N1, A1), (N2, A2) 이항반응을 표시하는 Z_3, Z_4, Z_5로 크기가 800×2이다. 따라서 $q = q_1 + q_2 + q_3 + q_4 + q_5 = 2+2+2+2+2 = 10$이므로 표시행렬 Z는 실제로 크기가 800×10이고 패키지 vlda에서는 data(Depression)로부터 함수 indicator()에 의해서 제공받을 수 있다.

[R-코드 7.2.2](depression-MCRAalgorithm-Z-vlda.R)는 넓은 형태의 [자료 7.1.1]의 다시점 자료의 표시행렬 [자료 7.2.2]에 대한 대응분석 알고리즘에 따라 작성되었다. [결과 7.2.2]에는 설명력, 행과 열 좌표 그리고 열좌표에 의한 다중 대응분석 그림이 제공된다. 이 그림은 [그림 7.1.2]-(a) vlda와 제2축에 대해서 좌표점의 위치가 위편과 아래편이 바뀌어 있으나 그 설명력과 해석은 일치한다.

결과 7.2.2 [R-코드 7.2.2](depression-MCRAalgorithm-Z-vlda.R)의 결과

설명력:

	[,1]	[,2]	[,3]	[,4]	[,5]	[,6]	[,7]	[,8]	[,9]
[1,]	0.359	0.220	0.161	0.144	0.116	0	0	0	0
[2,]	35.877	22.011	16.117	14.424	11.571	0	0	0	0

열좌표:

	[,1]	[,2]
Diagnosis.1	-0.73059633	-0.50006529
Diagnosis.2	1.21766056	0.83344216
Drug.1	-0.06183048	1.48040569
Drug.2	0.10305081	-2.46734281
1week.1	0.73671401	0.32052867
1week.2	-1.62077083	-0.70516307
2weeks.1	1.08777958	-0.03089044
2weeks.2	-1.54926182	0.04399547
4weeks.1	1.27740225	-0.96792537
4weeks.2	-0.95875049	0.72647353

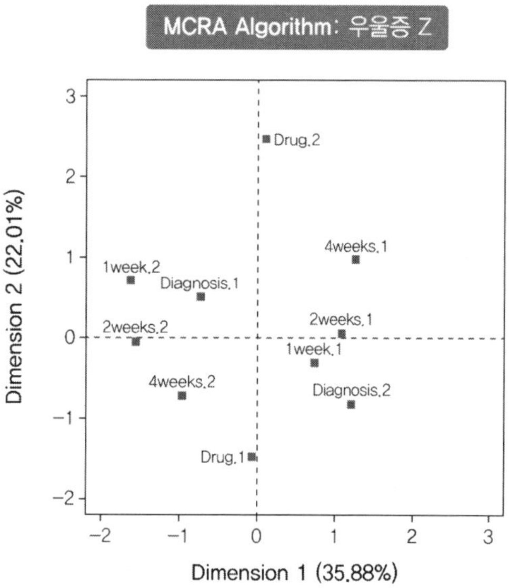

행좌표:

	[,1]	[,2]
[1,]	-0.0336323225	0.020520961
[2,]	-0.0336323225	0.020520961
	--- 생략 ---	
[800,]	0.0301066687	-0.011565161

[R-코드 7.2.2] 우울증 자료의 표시행렬 Z의 다중 대응분석(depression-MCRAalgorithm-Z-vlda.R)

```
## MCRA for Depression Data based ont the vlda
##install.packages("vlda")
library(vlda)
data(Depression)
str(Depression)

#[1단계] 표시행렬 : Z
Z=indicator(Depression[,-1])
Z=as.matrix(Z)
Z

#[2단계] 대응행렬 : S
S <- Z/sum(Z)
      r <- apply(S,1,sum)
      c <- apply(S,2,sum)
      Dr<- diag(1/sqrt(r))
      Dc<- diag(1/sqrt(c))
cG=S-r%*%t(c)

#[3단계] 잔차행렬 G의 비정칙값분해
Y <- Dr%*%(cG)%*%Dc
svd.Y <- svd(Y)
      U <- svd.Y$u
      V <- svd.Y$v
      D <- diag(svd.Y$d)

#[4단계] 다중 대응분석 그림의 행과 열 좌표점
Cr<- U%*%D[, 1:2]
Cc <- (Dc%*%V)[,1:2];rownames(Cc) <- colnames(Z) #standard coordinates
Cc;Cr

#[5단계] 2차원 다중 대응분석 그림의 설명력
eig <- (svd.Y$d)^2
      per <- eig/sum(eig)*100
      gof <- sum(per[1:2])
rbind(round(eig, 3),round(per, 3))

par(pty="s")
      lim <-range(pretty(Cc))
      plot(Cc, xlab="Dimension 1(35.88%)",ylab="Dimension
2(22.01%)",xlim=lim,ylim=lim,pch=15,col=1, main="MCRA Algorithm : 우울증 Z")
      text(Cc,rownames(Cc),cex=0.8,col=1,pos=3)
      abline(v=0,h=0)
```

7.3 다시점 자료의 추가 개체와 변수

R의 패키지 vlda(Ryu 외, 2022)에는 표시행렬에서 개체와 변수 추가 알고리즘을 응용한 다중 대응분석도 포함하고 있다. 이 절에서 알고리즘을 설명하고 적용 사례를 보이고자 한다. 일부 다시점 자료에 대해 표시행렬에 의한 2차원 다중 대응분석 그림에 새로운 정보를 가진 개체 또는 변수를 추가하는 것은 매우 중요하다. 예를 들어, 마지막 시점 이후에 추가 시점에서 이전에 측정되지 않은 새로운 개체가 발생한 경우 이에 대해 측정된 결과를 변수에 따라 긴 형태로 행에 추가할 수 있다. 그리고 이전에 주어진 공변량 외에 개체의 특성을 나타내는 다른 변수들이 열에 추가될 수 있다. 넓은 형태의 경우 추가 시점에서 측정한 결과에 관한 변수를 열로 추가할 수 있다. 특히, 다시점 자료는 필연적으로 이와 같이 개체나 변수가 추가되는 특성을 갖는다. 실제로 5장의 추가범주의 대응분석에서 5.2절의 행과 열 추가범주를 위한 알고리즘의 전개와 5.3절의 다중 대응분석의 추가범주에서 열범주 추가에서 대수적으로 유사한 경향을 활용할 수 있다.

먼저 (7.2.1)에서 정의한 n개 개체에 대해 길거나 넓은 두 형태의 자료에 대한 공변량, 반응변수, T개 시점을 고려한 다음과 같은 크기가 $m \times q$인 일반적인 표시행렬 Z를 고려하자.

$$Z = [\, Z_1 \mid Z_2 \mid \cdots \mid Z_K \,]$$

여기서 긴 형태 자료에서는 $m = nT$, $K = p + 2$이고 넓은 형태 자료에서는 $m = n$, $K = p + T$이다. $q = q_1 + q_2 + \cdots + q_K$는 각 공변량이 가지는 범주인 분류변수의 개수와 반응변수와 시점 또는 반응변수가 가지는 분류변수의 수의 합을 나타낸다.

표시행렬 Z에 [그림 7.3.1]과 같이 n_s명 추가 개체와 q_s개 변수를 추가하여 Z_+는 크기가 $n_s \times q$인 추가 행 표시행렬과 Z^+는 크기가 $m \times q_s$인 추가 열 표시행렬이라 하자.

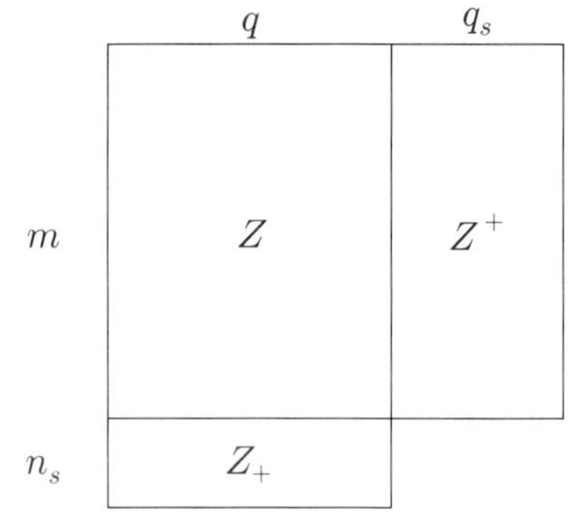

[그림 7.3.1] 표시행렬 Z에서 추가 개체와 분류변수의 표시

먼저, (7.2.4)의 대응행렬 $S=(s_{ij})$, $i=1, \cdots, m$; $j=1, \cdots, q$로부터 i번째 행프로파일벡터 $\boldsymbol{r}_i=(s_{i1}, \cdots, s_{iq})^T/s_{i.}$와 j번째 열프로파일벡터 $\boldsymbol{c}_j=(s_{1j}, \cdots, s_{mj})^T/s_{.j}$에 의해서 행과 열 프로파일행렬을 (7.3.1)과 같이 정의하자.

$$R = D_r^{-1}S = (\boldsymbol{r}_1, \cdots, \boldsymbol{r}_m)^T, \; C = D_c^{-1}S^T = (\boldsymbol{c}_1, \cdots, \boldsymbol{c}_q)^T \tag{7.3.1}$$

여기서 $s_{i.} = \sum_{j=1}^{q} s_{ij}$, $s_{.j} = \sum_{i=1}^{m} s_{ij}$, $D_r = diag(s_{1.}, \cdots, s_{m.})$, $D_c = diag(s_{.1}, \cdots, s_{.q})$이다.

추가 행 표시행렬 Z_+와 추가 열 표시행렬 Z^+를 이용하여 (7.3.1)과 대수적으로 유사하게 추가 행과 열 프로파일행렬을 (7.3.2)와 같이 구할 수 있다.

$$R_s = diag(Z_+\mathbf{1}_q)^{-1}Z_+, \; C_s = diag(Z^+\mathbf{1}_m)^{-1}Z^+ \tag{7.3.2}$$

여기서 $diag(\text{vector})^{-1}$는 벡터를 대각행렬로 만들고 그것의 역행렬을 구함을 말한다.

다음으로 추가 개체와 변수가 없는 (7.2.8)의 행과 열 좌표행렬 $C_R^Z = D_r^{-1/2}PD_\lambda$, $C_C^Z = D_c^{-1/2}Q$는 G의 비정칙값분해 (7.2.7)과 조건 $P^TP = Q^TQ = I_q$에 의해서 (7.3.3)과 (7.3.4)와 같이 행과 열 프로파일행렬 R과 C에 의해서 대수적으로 정리된다.

$$C_R^Z = D_r^{-1/2}PD_\lambda = D_r^{-1}SD_c^{-1/2}Q = RD_c^{-1/2}Q \tag{7.3.3}$$

$$C_C^Z = D_c^{-1/2}Q = D_c^{-1/2}QD_\lambda P^TPD_\lambda^{-1} = CD_r^{-1}PD_\lambda^{-1} \tag{7.3.4}$$

따라서 각각 추가 개체와 변수를 위한 행과 열 좌표행렬 C_{Rs}^Z와 C_{Cs}^Z라 하면 (7.3.3)과

(7.3.4)로부터 추가 행과 열 프로파일행렬 R_s와 C_s에 의해서 대수적으로 비슷한 구조를 가지는 (7.3.5)를 구할 수 있다.

$$C^Z_{Rs} = R_s D_c^{-1/2} Q, \; C^Z_{Cs} = C_s D_r^{-1} P D_\lambda^{-1} \qquad (7.3.5)$$

그리고 (7.3.5)에 의해서 개체와 변수가 추가된 대응분석 그림의 설명력은 (7.2.13)에 바탕을 둔다.

보기 7.3.1 PTSD의 표시행렬 Z의 추가 개체와 변수의 다중 대응분석

[보기 7.2.1]에서 환자인 개체 316명에 대하여 3시점(T1: 3개월 , T2: 6개월, T3: 12개월)에 공변량 자아통제력(control), 인생문제횟수(problems), 스트레스성횟수(sevent)를 측정한 긴 형태의 PTSD [자료 1.1.4]를 표시행렬

$$Z = [\, Z_1 \mid Z_2 \mid Z_3 \mid Z_4 \mid Z_5 \mid Z_6 \,]$$

로 나타낸 [자료 7.2.3]을 고려하자. 여기서 18개월 뒤 개체 316명의 추가 자료를 고려하고 PTSD에 영향을 미치는 음주정도(drinking)에 따라 Low(0)와 High(1)를 3개 시점에 대해 측정된 것을 추가하면 [자료 7.3.1]과 같이 구성된다. 즉, 크기가 948×13인 원래 표시행렬 Z에 추가 개체에 의한 표시행렬 Z_+는 크기가 316×13이고 추가 변수에 의한 표시행렬 $Z^+ = Z_7$는 크기가 948×2가 된다. [자료 7.3.1]에는 추가 개체와 변수를 고려한 표시행렬로 추가되는 자료 값을 진하게 표시해 두었다.

[자료 7.3.1] 추가 개체와 변수 PTSD의 표시행렬

Z_1		Z_2		Z_3		Z_4		Z_5			Z_6		Z_7	
Ctr0	Ctr1	Prob0	Prob1	Strs0	Strs1	Cohes0	Cohes1	T1	T2	T3	PTSD0	PTSD1	Drk0	Drk1
0	1	1	0	1	0	0	1	1	0	0	1	0	1	0
0	1	1	0	1	0	0	1	0	1	0	1	0	1	0
0	1	1	0	1	0	0	1	0	0	1	1	0	1	0
0	1	1	0	1	0	0	1	0	0	0	1	0		
1	0	0	1	1	0	1	0	1	0	0	0	1	0	1
1	0	0	1	1	0	1	0	0	1	0	0	1	1	0
1	0	0	1	1	0	1	0	0	0	1	0	1	1	0
0	1	0	1	1	0	0	1	0	0	0	0	1		
⋮	⋮	⋮	⋮	⋮	⋮	⋮	⋮	⋮	⋮	⋮	⋮	⋮	⋮	⋮
0	1	0	1	1	0	0	1	1	0	0	1	0	1	0
1	0	1	0	1	0	0	1	0	1	0	1	0	1	0
0	1	1	0	1	0	0	1	0	0	1	1	0	1	0
0	1	1	0	1	0	0	1	0	0	0	1	0		

[R-코드 7.3.1](ptsd-MCRA-Z-vlda-supplementary.R)은 추가 개체와 변수를 고려한 [자료 7.3.1]에 대한 [결과 7.3.1]의 다중 대응분석 그림을 얻기 위해서 패키지 vlda에 내장된 추가 개체와 변수에 대한 표시행렬 data(PTSD_row)와 data(PTSD_column)를 활용하고 있다. 이들에 대해선 [결과 7.3.1]에서 확인 가능하다.

[결과 7.3.1]의 다중 대응분석 그림은 [보기 7.1.1]의 [그림 7.1.1]-(a) vlda의 그림에 추가 개체와 변수가 반영된 형태이다. 여기서 음주정도가 높은 Drinking.1은 제1축(Dim1)의 왼편에 위치하며 control.0, problems.1, stress.1, cohesion.0, time.1 및 ptsd.1과 대응하며 서로 동질성을 나타낸다. 이는 환자들이 자기통제력과 가족의 결속력이 떨어지고, 과음은 물론 많은 생활문제와 스트레스 사건이 3개월 후에 PTSD를 일으켰다는 것을 의미한다. 반면 음주정도가 낮은 Drinking.0는 오른편에 위치하여 control.1, problems.0, stress.0, cohesion.1, time.1, time.2 및 ptsd.0과 대응하며 이는 6-12개월 후에는 자기통제력과 가족응집력이 증가하고, 음주는 물론 생활문제와 스트레스 이벤트가 감소하여 PTSD가 나타나지 않았다는 것을 보여준다.

추가된 환자 316명의 4번째 시점(18개월 후)에 대한 좌표는 다중 대응분석 그림에서 진하게 표시되어 있다. 이들에 대해 [그림 7.1.1]-(c) 대화형과 같이 특정한 점에 마우스를 가져다 되면 추가 개체의 정보를 보여주며 이들의 공변량과 시점과 PTSD와의 대응 관계를 알 수 있다.

결과 7.3.1 [R-코드 7.3.1](ptsd-MCRA-Z-vlda-supplementary.R)의 결과

추가 개체: 18개월 후 증상

```
> str(PTSD_row)
'data.frame'  : 316 obs. of 13 variables:
 $ control.0  : int 0 0 0 0 0 0 0 0 0 0 ...
 $ control.1  : int 1 1 1 1 1 1 1 1 1 1 ...
 $ problems.0 : int 1 1 1 1 1 1 1 1 0 1 ...
 $ problems.1 : int 0 0 0 0 0 0 0 0 1 0 ...
 $ stress.0   : int 1 1 1 1 1 1 1 1 1 1 ...
 $ stress.1   : int 0 0 0 0 0 0 0 0 0 0 ...
 $ cohesion.0 : int 0 0 0 0 0 0 0 0 0 0 ...
 $ cohesion.1 : int 1 1 1 1 1 1 1 1 1 1 ...
 $ time.1     : int 0 0 0 0 0 0 0 0 0 0 ...
 $ time.2     : int 0 0 0 0 0 0 0 0 0 0 ...
 $ time.3     : int 0 0 0 0 0 0 0 0 0 0 ...
 $ ptsd.0     : int 1 1 1 1 1 1 1 1 1 1 ...
 $ ptsd.1     : int 0 0 0 0 0 0 0 0 0 0 ...
```

추가 변수: 음주 정도

```
> str(PTSD_column)
'data.frame'  : 948 obs. of 2 variables:
 $ Drinking.0 : int 1 1 1 0 1 1 0 0 0 1 ...
 $ Drinking.1 : int 0 0 0 1 0 0 1 1 1 0 ...
```

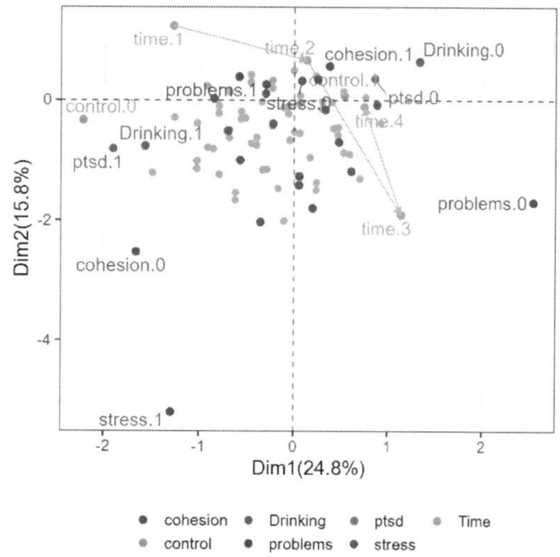

[R-코드 7.3.1] PTSD의 표시행렬 Z의 추가 개체와 변수의 다중 대응분석 (ptsd-MCRA-Z-vlda-supplementary.R)

```
## MCRA for PTSD with Supplementary Objects and Variables based on the vlda
#install.packages("vlda")
library(vlda)
data(PTSD)
data(PTSD_row)
str(PTSD_row)
data(PTSD_column)
str(PTSD_column)

# Rescaling Data
PTSD <- as.data.frame(PTSD)
PTSD[,2:4] <- apply(PTSD[,2:4], 2, function(x) ifelse(x >= 3, 1, 0))
PTSD[,5] <- ifelse(PTSD[,5] >= 6 , 1, 0)
PTSD <- data.frame(lapply(PTSD, function(x) as.factor(x)))
# Fit vlda
fit=vlda(x = PTSD, object = "subject", time = "time", type = "long")
```

```
# Supplementary Objects and Variables : After 18 months and Drinking
fit2=vlda_add(fit, add.row=PTSD_row, add.col=PTSD_column)
vlda_plot(fit2)
```

보기 7.3.2 **우울증 자료의 표시행렬 Z의 추가 개체와 변수의 다중 대응분석**

[보기 7.2.2]에서 800명의 우울증 환자에 대하여 2종류의 공변량인 진단(Diagnosis)과 약물(Drug)에 따른 1주, 2주, 4주의 치료 후 반응을 정상(Normal) 또는 비정상(Abnormal)으로 고려한 넓은 형태 [표 7.1.2]로부터 변환된 표시행렬

$$Z = [\, Z_1 \mid Z_2 \mid Z_3 \mid Z_4 \mid Z_5 \,]$$

의 [자료 7.2.2]가 주어져 있다. 여기서 [자료 7.3.2]에 나타낸 것과 같이 기존의 표시행렬 크기가 800×10인 [자료 7.2.2]에 추가 개체와 변수를 포함하고 있다. 즉 다른 환자 100명의 추가 자료를 고려하고 이들은 기존 환자와는 다르게 약물(Drug)로 위약(Placebo)을 투여하였고 기존 환자 800명의 6주 뒤 우울증 반응(N3, A3)과 성별(Male, Female)도 우울증에 영향을 미치는 공변량으로 고려되었다. [그림 7.3.1]에 따르면 크기가 800×10인 원래 표시행렬 Z에 추가 개체에 의한 표시행렬 Z_+는 크기가 100×10이고 특히, 약물과 관련한 Z_2에서 모두 (0, 0)에 의해서 위약 투여를 나타내고 있다. 추가 변수에 의한 표시행렬 $Z^+ = [Z_6 \mid Z_7]$는 크기가 800×4가 된다. [자료 7.3.2]에서 추가 개체와 변수를 고려한 표시행렬로 추가되는 자료 값은 진하게 표시해 두었다. 이들은 패키지 vlda에서 data(Depression), data(Depression_row)와 data(Depression_column)에서 제공된다.

[자료 7.3.2] 추가 개체와 변수 우울증 자료의 표시행렬

Z_1		Z_2		Z_3		Z_4		Z_5		Z_6		Z_7	
Mild	Severe	Standard	New	N0	A0	N1	A1	N2	A2	N3	A3	Male	Female
1	0	1	0	1	0	1	0	1	0	**1**	**0**	**1**	**0**
1	0	1	0	1	0	1	0	1	0	**1**	**0**	**1**	**0**
⋮	⋮	⋮	⋮	⋮	⋮	⋮	⋮	⋮	⋮	⋮	⋮	⋮	⋮
0	1	0	1	0	1	0	1	0	1	**1**	**0**	**0**	**1**
1	**0**	**0**	**0**	**1**	**0**	**1**	**0**	**1**	**0**				
1	**0**	**0**	**0**	**1**	**0**	**1**	**0**	**1**	**0**				
⋮	⋮	⋮	⋮	⋮	⋮	⋮	⋮	⋮	⋮				
0	**1**	**0**	**0**	**0**	**1**	**0**	**1**	**0**	**1**				

[R-코드 7.3.2](depression-MCRA-Z-vlda-supplementary.R)는 추가 개체와 변수를 고려한 [자료 7.3.2]에 대한 [결과 7.3.2]의 다중 대응분석 그림을 얻기 위한 것이다. [결과 7.3.2]의 다중 대응분석 그림은 [보기 7.1.2]의 [그림 7.1.2]-(a) vlda의 그림에 추가 개체와 변수가 반영된 형태이다.

추가한 개체와 변수에 초점을 맞추자면 제1축의 왼편에 sex.1(남성)은 환자의 초기 상태인 Diagnosis.1(경도, Mild), 약물 투여 Drug.1(표준, Standard), 치료 후 시점에 따른 결과가 1week.2, 2weeks.2, 4weeks.2와 대응하며, 추가한 6weeks.2와도 대응하여 정상(Normal)임을 보여준다. 반면에 제1축의 오른편에 sex.2(여성)는 남성과 반대의 경향을 보인다. 즉 환자들이 신약을 복용하고 가벼운 초기 우울증이 있고 남성일 경우 정상일 가능성이 높다. 그리고 환자들이 표준 약물을 복용하고, 초기 우울증이 심하며, 여성이라면, 그들은 비정상적일 가능성이 더 높다.

4주에서 6주로 시간이 지날수록 정상(4weeks.2 → 6weeks.2)은 Drug.1(표준, Standard)에 가까워지고 비정상(4weeks.1 → 6weeks.1)은 Drug.2(신약, New)에 가까워진다. 즉, 시간이 지남에 따라 약물의 효과가 여전히 나타난다. 위약을 투여한 추가 100명의 환자는 그림에서 진하게 표시되어 있는데 특히 제1축 오른편에 위치한 개체들은 비정상(1week.1, 2weeks.1, 4weeks.1, 6weeks.1)과 대응하고 있어 약물의 효용이 전혀 없음을 보여 주고 있다.

결과 7.3.2 [R-코드 7.3.2](depression-MCRA-Z-vlda-supplementary.R)의 결과

추가 개체: 100명의 새 환자

```
> str(Depression_row)
 'data.frame'   :     100 obs. of  10 variables:
 $ Diagnosis.1 : int 1 1 1 1 1 1 1 1 1 1 ...
 $ Diagnosis.2 : int 0 0 0 0 0 0 0 0 0 0 ...
 $ Drug.1      : int 0 0 0 0 0 0 0 0 0 0 ...
 $ Drug.2      : int 0 0 0 0 0 0 0 0 0 0 ...
 $ 1week.1     : int 0 0 0 0 0 0 0 0 0 0 ...
 $ 1week.2     : int 1 1 1 1 1 1 1 1 1 1 ...
 $ 2weeks.1    : int 0 0 0 0 0 0 0 0 1 1 ...
 $ 2weeks.2    : int 1 1 1 1 1 1 1 1 0 0 ...
 $ 4weeks.1    : int 0 0 0 1 1 1 1 1 0 0 ...
 $ 4weeks.2    : int 1 1 1 0 0 0 0 0 1 1 ...
```

추가 변수: 6주 후와 성별

```
> str(Depression_column)
'data.frame' :     800 obs. of   4 variables:
$ 6weeks.1 : int 0 0 0 0 0 0 0 0 0 0 ...
$ 6weeks.2 : int 1 1 1 1 1 1 1 1 1 1 ...
$ sex.1    : int 1 1 1 1 1 1 1 1 1 1 ...
$ sex.2    : int 0 0 0 0 0 0 0 0 0 0 ...
```

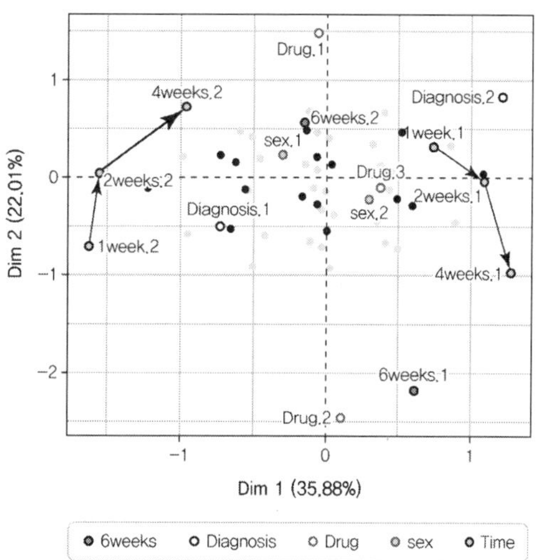

[R-코드 7.3.2] 우울증 자료의 표시행렬 Z의 추가 개체와 변수의 다중 대응분석 (depression-MCRA-Z-vlda-supplementary.R)

```
## MCRA for Wide form of Depression Data with Supplementary Objects and Variablesbased
on the vlda
library(vlda)
data(Depression)
data(Depression_row)
Depression_row <- as.data.frame(Depression_row)
str(Depression_row)
data(Depression_column)
str(Depression_column)

# Fit vlda
fit=vlda(Depression, object="Case", time=c("1week", "2weeks", "4weeks"),type="wide")

# Supplementary Objects and Variables : After 6 weeks and Sex
fit2=vlda_add(fit, add.row=Depression_row, add.col=Depression_column)
vlda_plot(fit2)
```

7.4 SAS 실습

7.1절의 [보기 7.1.1]과 [보기 7.1.2]에서 각각 다시점 자료 PTSD와 우울증에 대한 다중 대응분석 그림을 통해 공변량과 반응변수 그리고 개체들의 대응관계를 살펴보았다. 이 절에서는 [보기 7.4.1]과 [보기 7.4.2]에서 SAS/PROC CORRESP의 다중 대응분석을 위한 옵션 mca를 활용하여 이들 다시점 자료 PTSD와 우울증 자료에 응용하고자 한다. [보기 7.4.1]의 PTSD의 경우 [보기 1.3.4]-[그림 1.3.4]에서 이미 SAS를 활용한 다중 대응분석 그림을 제공하여 이 외의 결과만 제공하고 해석하고자 한다.

특히, SAS에서는 표시행렬 Z 대신에 버트행렬 $B = Z^T Z$에 바탕을 둔 알고리즘을 적용한다는 것을 3장을 통해 잘 알고 있다. 그리고 다시점 자료를 분류변수 자료로 고려할 수 있고 따라서 다시점 자료의 다중 대응분석은 3.4절에서 살펴본 분류변수 자료의 다중 대응분석을 적용하면 된다.

보기 7.4.1 PTSD에 대한 다중 대응분석

[보기 1.3.4]에서 316명의 화재 부상자의 PTSD [자료 1.1.4]의 자아통제력(control), 인생문제횟수(problems), 스트레스성횟수(sevent)는 3을 기준으로 상(1)과 하(0)로 나누고 가족결속력횟수(cohes)는 6을 기준으로 상(1)과 하(0)로 나누어 변환 자료의 SAS/PROC CORRESP의 옵션 mca를 적용한 [SAS-코드 1.3.4]의 결과로 [그림 1.3.4]의 다중 대응분석 그림을 제공하고 있다. 이 그림 외의 결과를 [결과 7.4.1]에 [결과 1]~[결과 3]으로 정리해 두었다.

[결과 7.4.1]-[결과 1]에서는 크기가 13×13인 버트표를 제공하고 있는데 참고로 [보기 7.2.1]에서 표시행렬 Z의 크기는 948×13이었다. [결과 2]의 설명력에서 제1축과 제2축의 설명력은 24.34%와 15.66%로 총 40.00%이다. [결과 3]의 다중 대응분석 그림에 대한 해석은 [그림 7.1.1]-(a) vlda의 [해석 7.1.1]을 참고하면 되는데 이 그림과 좌표점의 위치가 왼편과 오른편 그리고 위아래가 바뀐 형태이고 [그림 7.1.1]-(b) ca와는 좌표점들의 위치가 왼편과 오른편이 바뀐 형태이다. 따라서 [그림 1.3.4]에서 제1축의 오른편 범주들은 시점1(3개월 후), 자아통제력0과 가족결속력0, 인생문제수1과 스트레스수1이 서로 대응한다. 이는 환자가 외상 3개월 후 자아통제력과 가족결속력이 낮으며 인생문제와 스트레스가 높음을 보여주고 있다.

결과 7.4.1 [SAS-코드 1.3.4](ptsd-MCRA.SAS)의 결과

[결과 1] 옵션 all에 의한 결과

Burt Table

	시점1	시점2	시점3	스트레스증후0	스트레스증후1	자아통제력0	자아통제력1	인생문제수0	인생문제수1	스트레스수0	스트레스수1	가족결속력0	가족결속력1
시점1	316	0	0	187	129	85	231	14	302	296	20	15	301
시점2	0	316	0	222	94	52	264	57	259	299	17	15	301
시점3	0	0	316	245	71	46	270	107	209	297	19	15	301
스트레스증후0	187	222	245	654	0	82	572	165	489	630	24	19	635
스트레스증후1	129	94	71	0	294	101	193	13	281	262	32	26	268
자아통제력0	85	52	46	82	101	183	0	8	175	174	9	24	159
자아통제력1	231	264	270	572	193	0	765	170	595	718	47	21	744
인생문제수0	14	57	107	165	13	8	170	178	0	169	9	4	174
인생문제수1	302	259	209	489	281	175	595	0	770	723	47	41	729
스트레스수0	296	299	297	630	262	174	718	169	723	892	0	43	849
스트레스수1	20	17	19	24	32	9	47	9	47	0	56	2	54
가족결속력0	15	15	15	19	26	24	21	4	41	43	2	45	0
가족결속력1	301	301	301	635	268	159	744	174	729	849	54	0	903

Column Coordinates

	Dim1	Dim2
시점1	0.7178	-0.4408
시점2	-0.0748	-0.3532
시점3	-0.6430	0.7941
스트레스증후0	-0.4500	-0.0459
스트레스증후1	1.0011	0.1021
자아통제력0	1.2420	0.8033
자아통제력1	-0.2971	-0.1922
인생문제수0	-1.3792	0.7363
인생문제수1	0.3188	-0.1702
스트레스수0	-0.0332	0.0336
스트레스수1	0.5286	-0.5359
가족결속력0	1.5228	3.0940
가족결속력1	-0.0759	-0.1542

[결과 2] 옵션 short에 의한 결과

Inertia and Chi-Square Decomposition

Singular Value	Principal Inertia	Chi-Square	Percent	Cumulative Percent
0.53289	0.28397	1789.30	24.34	24.34
0.42740	0.18267	1150.98	15.66	40.00
0.41869	0.17530	1104.58	15.03	55.02
0.40735	0.16593	1045.52	14.22	69.25
0.36176	0.13087	824.62	11.22	80.46
0.34260	0.11737	739.56	10.06	90.52
0.33248	0.11054	696.52	9.48	100.00
	1.16667	7351.09	100.00	

Degrees of Freedom = 144

[결과 3] ods graphics on;에 의한 결과
[그림 1.3.4] PTSD에 대한 다중 대응분석 그림

보기 7.4.2 우울증 자료에 대한 다중 대응분석

[보기 7.1.2]에서는 우울증을 앓고 있는 환자를 치료하기 위한 두 약물을 비교하는 자료로 넓은 형태의 [자료 7.1.1]을 고려하였다. 이 자료에서는 800명의 환자를 우울증 초기 중증도에 따라 경도(Mild) 또는 중증(Severe)의 두 그룹으로 분류하였고 표준(Standard) 약물과 신약(New) 중 하나에 무작위로 할당하였다. 2종류의 공변량인 진단(Diagnosis)과 약물(Drug)에 따른 1주, 2주, 4주의 치료 후 각 환자의 우울증 고통 정도를 이항 반응인 정상(Normal) 또는 비정상(Abnormal)으로 분류하였다. 이 자료는 패키지 vlda의 data(Depression)로 내장되어 있는데 우울증 초기 중증도(Diagnosis)에 따라 경도(Mild) 또는 중증(Severe)을 1과 2로, 무작위로 할당된 약물(Drug)은 표준(Standard) 약물과 신약(New)을 1과 2로, 치료 후 이항 반응은 비정상(Abnormal)과 정상(Normal)을 시점에 따라 1과 2로 재코딩하

였다. 이를 [SAS-코드 7.4.1](depression-MCRA.SAS)의 If 문에서 이들 값에 분류변수를 지정하여 다중 대응분석을 적용하고 있다.

[결과 7.4.2]-[결과 1]에서는 크기 10×10의 버트표 B를 제공하고 있는데 [보기 7.2.2]에 따르면 원래 표시행렬 Z의 크기는 800×10이다. [결과 2]의 설명력에서 제1축과 제2축의 설명력은 35.88%와 22.01%로 총 57.89%이다. [결과 3]의 다중 대응분석 그림에 대한 해석은 [해석 7.1.2]를 참고하면 되는데 [그림 7.1.2]-(b) ca와 유사하나 (a) vlda와는 제1축과 제2축에 대해 서로 반대 방향으로 분류변수들이 위치하고 있다.

따라서 제1축 오른편에는 환자의 초기 상태를 나타내는 Diagnosis1(경도, Mild)이 왼편에는 Diagnosis2(중증, Severe)가 위치하고 있다. 약물은 환자의 초기 상태와 무관하게 무작위로 할당되었으나 약물 투여도 Drug1(표준, Standard)과 Drug2(신약, New)가 Diagnosis1(경도, Mild)과 Diagnosis2(중증, Severe)에 각각 대응하고 있다. 이는 무작위로 약물이 투여되기는 했지만 신약이 중증 환자에게 더 많이 투여되었음을 보여준다. 제1축의 왼편에는 Drug2(신약, New)와 약물 치료 후 지난 시점 1week.1, 2weeks.1, 4weeks.1이 대응하므로 약물 투여 결과가 1인 비정상(Abnormal)임을 알 수 있다. 오른편의 경우 그 반대이다.

결과 7.4.2 [SAS-코드 7.4.1](depression-MCRA.SAS)의 결과

[결과 1] 옵션 mca에 의한 결과

Burt Table

	Diagnosis1	Diagnosis2	Drug1	Drug2	1week.1	1week.2	2weeks.1	2weeks.2	4weeks.1	4weeks.2
Diagnosis1	500	0	300	200	307	193	245	255	180	320
Diagnosis2	0	300	200	100	243	57	225	75	163	137
Drug1	300	200	500	0	353	147	291	209	186	314
Drug2	200	100	0	300	197	103	179	121	157	143
1week.1	307	243	353	197	550	0	387	163	273	277
1week.2	193	57	147	103	0	250	83	167	70	180
2weeks.1	245	225	291	179	387	83	470	0	273	197
2weeks.2	255	75	209	121	163	167	0	330	70	260
4weeks.1	180	163	186	157	273	70	273	70	343	0
4weeks.2	320	137	314	143	277	180	197	260	0	457

Column Coordinates

	Dim1	Dim2
Diagnosis1	0.4376	0.2346
Diagnosis2	-0.7294	-0.3910
Drug1	0.0370	-0.6946
Drug2	-0.0617	1.1576
1week.1	-0.4413	-0.1504
1week.2	0.9708	0.3308
2weeks.1	-0.6516	0.0145
2weeks.2	0.9280	-0.0206
4weeks.1	-0.7651	0.4541
4weeks.2	0.5743	-0.3408

[결과 2] 옵션 short에 의한 결과

Inertia and Chi-Square Decomposition

Singular Value	Principal Inertia	Chi-Square	Percent	Cumulative Percent	0 10 20 30
0.59898	0.35877	1703.01	35.88	35.88	
0.46916	0.22011	1044.82	22.01	57.89	
0.40146	0.16117	765.02	16.12	74.01	
0.37978	0.14424	684.65	14.42	88.43	
0.34016	0.11571	549.24	11.57	100.00	
	1.00000	4746.73	100.00		Degrees of Freedom = 81

[결과 3] ods graphics on;에 의한 결과

[그림 7.4.1] 우울증 자료에 대한 다중 대응분석 그림

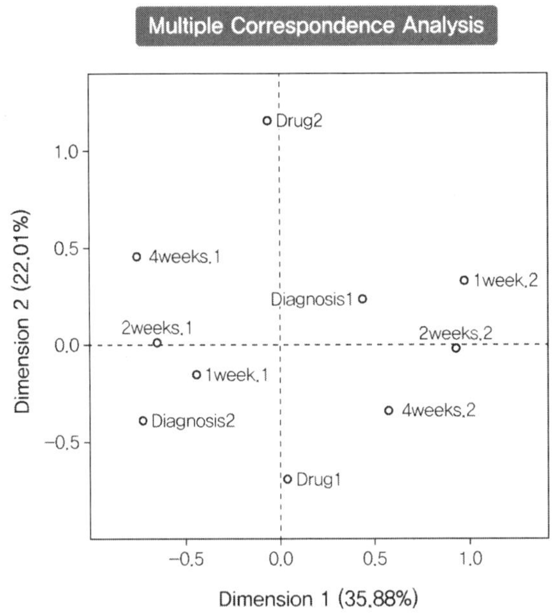

[그림 7.4.1] 우울증 자료에 대한 다중 대응분석 그림

[SAS-코드 7.4.1] 우울증 자료에 대한 다중 대응분석(depression-MCRA.SAS)

```
data depression;
infile "D:depression.txt";
input Case x1-x5;
/*Case Number of patients
Diagnosis Classification based on the initial symptoms of depression ( 1 : Mild, 2 :
Severe )
Drug Drugs given to patients ( 1 : New, 2 : Standard )
1week Depression symptoms 1week after taking the drug ( 1 : Abnormal, 2 : Normal )
2weeks Depression symptoms 2weeks after taking the drug ( 1 : Abnormal, 2 : Normal )
4weeks Depression symptoms 4weeks after taking the drug ( 1 : Abnormal, 2 : Normal )
*/
if x1=1 then y1="Diagnosis1"; else  y1="Diagnosis2";
if x2=1 then y2="Drug1"; else  y2="Drug2";
if x3=1 then y3="1week.1"; else y3="1week.2";
if x4=1 then y4="2weeks.1"; else y4="2weeks.2";
if x5=1 then y5="4weeks.1"; else y5="4weeks.2";
run;
ods graphics on;
proc corresp data=depression mca observed short;
     tables  y1-y5;
run;
```

7.5 SPSS 실습

SPSS에서 다시점 자료에 대한 다중 대응분석은 **분석(A) ▶ 차원 축소(D) ▶ 최적화 척도법(O)** 메뉴를 통해 이루어짐을 1.4절과 3.6절을 통해 잘 알고 있다. 7.4절에서 SAS를 적용하여 살펴본 [보기 7.4.1]의 다시점 자료 PTSD에 대하여 SPSS를 적용한 다중 대응분석 그림은 이미 1.4절의 [보기 1.4.4]에서 살펴보았다. 이 절에서는 SAS를 적용한 [보기 7.4.2]의 우울증 자료에 대하여 [보기 7.5.1]에서 SPSS를 적용한 다중 대응분석을 정리하자.

특히, 다시점 자료는 여러 개의 공변량, 시점, 반응변수의 분류변수를 자료 값으로 하고 있어 일반적으로 분류변수 자료의 다중 대응분석을 위한 3.6절의 자료변환 절차를 활용하기 바란다. 다시 말해서 SPSS에서 Data Editor 화면에서 텍스트파일(*.txt) 형태의 자료파일을 **파일(F) ▶ 열기(O) ▶ 데이터(D) ▶ 파일 유형(T)**에서 텍스트 가져오기 마법사 6단계를 거쳐 SPSS 자료파일(*.sav)로 저장하여 사용하기 바란다.

보기 7.5.1 우울증 다시점 자료에 대한 다중 대응분석

우울증 자료를 SPSS 활용을 위해 변환한 자료(depression.sav)는 [SPSS-메뉴 7.5.1]에 의해서 [결과 7.5.1]을 제공한다. [결과 1]은 [결과 2]의 다중 대응분석 그림의 설명력으로 제1축(차원 1)과 제2축(차원 2)이 각각 35.88%와 22.01%로 총 57.89%를 보여 준다. 이는 패키지 vlda, SAS 그리고 표시행렬 Z의 알고리즘을 적용한 것과 일치한다.

[그림 7.5.1]의 해석은 SAS 실습인 [보기 7.4.1]-[그림 7.4.1]과 기하적으로 유사하다. 여기서 간단히 요약하자면 차원 1 오른편에는 환자의 초기 상태를 나타내는 Diagnosis1(경도, Mild)이 왼편에는 Diagnosis2(중증, Severe)가 위치하고 있다. 환자의 초기 상태와 무관하게 무작위로 할당된 약물 투여도 Drug1(표준, Standard)과 Drug.2(신약, New)가 각각 Diagnosis1과 Diagnosis2에 대응하고 있다. 이는 신약이 중증 환자에게 더 많이 투여되었음을 보여준다. 차원 2의 왼편에 Drug2(신약, New)와 약물 치료 후 지난 시점 1week1, 2weeks1, 4weeks1이 대응하고 있어 그 결과가 1인 비정상(Abnormal)임을 알 수 있다. 오른편의 경우 그 반대이다.

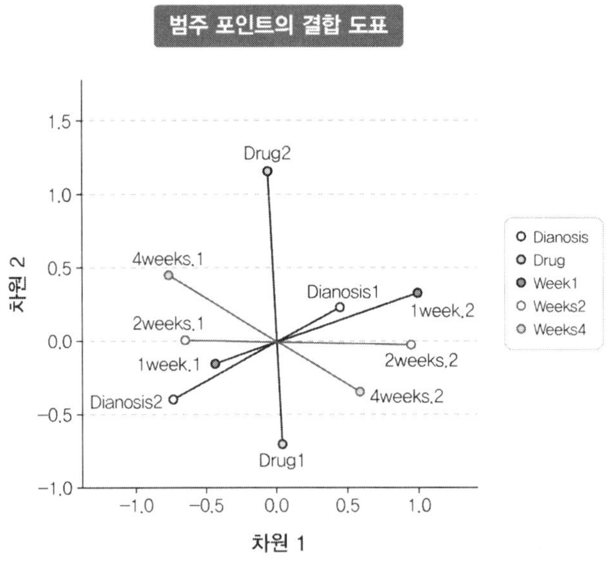

[그림 7.5.1] 우울증 다시점 자료의 다중 대응분석 그림

결과 7.5.1 [SPSS-메뉴 7.5.1]의 결과

[결과 1] 설명력

모형 요약

차원	Cronbach의 알파	설명된 분산	
		전체(고유값)	% 분산
1	.553	1.794	35.877
2	.114	1.101	22.011
전체	.818[a]	2.894	57.889

a. 전체 Cronbach의 알파는 전체 고유값에 기준합니다.

[결과 2] 다중 대응분석 그림

[그림 7.5.1] 우울증 다시점 자료의 다중 대응분석 그림

[SPSS-메뉴 7.5.1] 우울증 다시점 자료의 다중 대응분석(depression.sav)

분석(A) ▶ 차원 축소(D) ▶ 최적화 척도법(O)

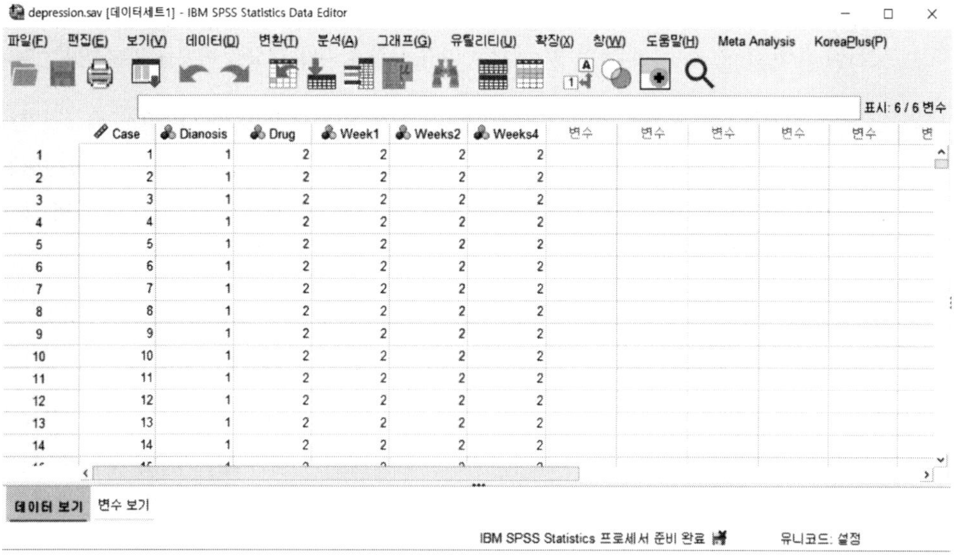

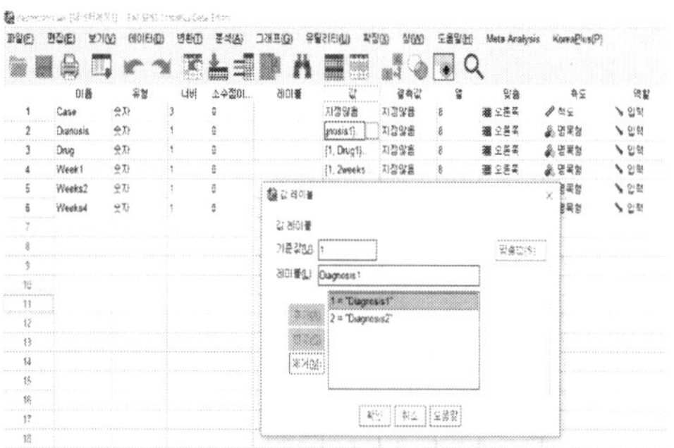

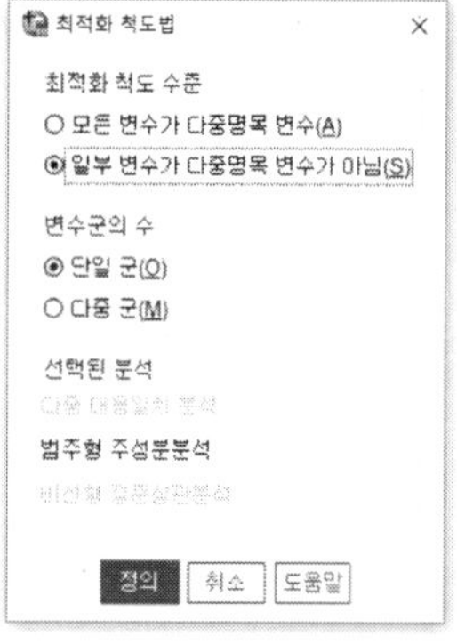

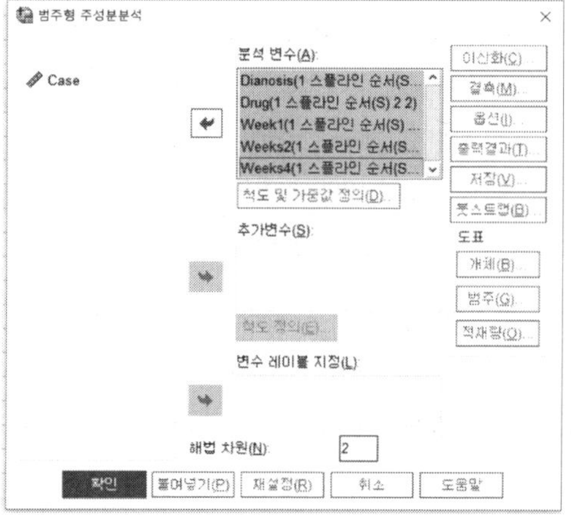

7장 요약

01 다시점 자료(longitudinal data)는 각 개체가 여러 시간에 따라 관찰된 반응을 반복측정한 것이다.

02 다시점 자료는 p개 공변량 $X_1, \cdots, X_p$와 반응변수는 Y에 대한 T개 시점에서 측정된 자료로 긴 형태(long form) 자료 내지는 넓은 형태(wide form) 자료와 같은 구조를 가지고 있다. 전자는 개체당 하나의 시점이며 전체적으로 T개 시점에서 각 개체가 측정되어 있으며, 후자는 개체별 $Y_1, \cdots, Y_T$는 시점 $t(=1, \cdots, T)$에 얻은 반응변수로 측정된 것이다.

03 n개 개체에 대해 두 형태의 자료에 대한 공변량, 반응변수, T개 시점을 고려한 크기가 $m\times q$인 일반적인 표시행렬 $Z=[Z_1 | Z_2 | \cdots | Z_K]$가 있다. 여기서 긴 형태 자료는 $m=nT$, $K=p+2$이고 넓은 형태 자료는 $m=n$, $K=p+T$이다. $q=q_1+q_2+\cdots+q_K$는 각 공변량이 가지는 범주인 분류변수의 개수와 반응변수와 시점 또는 반응변수가 가지는 분류변수의 수의 합을 나타낸다.

04 $m\times q$ 표시행렬 $Z=(z_{ij})$로부터 대응행렬 $S=(s_{ij})$, $s_{ij}=z_{ij}/mK$과 중심화 대응행렬 $\tilde{S}=S-\boldsymbol{rc}^T$을 구하고 잔차행렬의 비정칙값분해

$$Y = D_r^{-1/2}\tilde{S}D_c^{-1/2} = U\Lambda V^T$$

로부터 다시점 자료의 대응분석을 위한 열과 행 좌표행렬은 다음과 같다.

$$\tilde{C}_R^Z = D_r^{-1/2}U\Lambda,\ \tilde{C}_C^Z = D_c^{-1/2}V$$

여기서 $D_r = diag(s_{1.}, \cdots, s_{m.})$, $D_c = diag(s_{.1}, \cdots, s_{.q})$, $\boldsymbol{r}=S\boldsymbol{1}_q$, $\boldsymbol{c}=S^T\boldsymbol{1}_m$.

05 추가 개체와 변수에 대한 행과 열좌표 행렬은 표시행렬 Z의 다중 대응분석의 추가범주와 알고리즘이 일치한다. 마지막 시점 이후에 추가 시점에서 이전에 측정되지 않은 새로운 개체가 발생한 경우 이에 대해 측정된 결과를 변수에 따라 긴 형태로 행에 추가할 수 있다. 그리고 이전에 주어진 공변량 외에 개체의 특성을 나타내는 다른 변수들이 열에 추가될 수 있다. 넓은 형태의 경우 추가 시점에서 측정한 결과에 관한 변수를 열로 추가할 수 있다.

06 R의 패키지 vlda(2022, 버전 1.5.1)는 다시점 자료의 대응분석을 위해 개발된 것이다. SAS와 SPSS에서 다시점 자료는 분류변수 자료로 변환하여 전자는 PROC CORRESP의 mca 옵션으로, 후자는 **분석(A) ▶ 차원 축소(D) ▶ 최적화 척도법(O)** 메뉴로 다중 대응분석을 제공한다.

부록

코드 및 자료 목록

[R-코드] 및 [SAS-코드]와 [자료]는 저자의 홈페이지(yschoi.pusan.ac.kr)의 메뉴 Researches의 Books에서 받아갈 수 있으며 **CRA-codes.zip**로 압축되어 있다. 압축을 풀면 세 개의 디렉터리 R-code-CRA, SAS-code-CRA, SPSS-code-CRA에 코드 및 자료가 저장되어 있다. 특히, 목록에서 [SPSS-메뉴]는 코드가 없는 관계로 관련 자료를 대신 표기해 둔다.

부록.1 코드

1장 대응분석의 이해

smoke-SCRA.R	[R-코드 1.1.1]	지위에 따른 흡연습관의 이원분할표에 대한 단순 대응분석
accidenttable-MCRA.R	[R-코드 1.1.2]	사고 운전자에 관한 삼원분할표의 다중 대응분석
oz-SCRA.R	[R-코드 1.1.3]	오즈의 마법사 텍스트 마이닝의 단순 대응분석
ptsd-MCRA.R	[R-코드 1.1.4]	외상 후 스트레스 증후군에 대한 다시점 자료의 다중 대응분석
view-MCRA.R	[R-코드 1.1.5]	경제전망과 경제정책선호 조사자료의 다중 대응분석
socieconoMCRA-ca-B.R	[R-코드 1.1.6]	인구통계적 변인과 사회경제적 변인에 의한 버트행렬에 대한 다중 대응분석
usmigration-modifiedSCRA.R	[R-코드 1.1.7]	미국의 거주지 이주에 관한 비대칭 분할표의 수정 단순 대응분석
smoke-SCRA.SAS	[SAS-코드 1.3.1]	지위에 따른 흡연습관의 이원분할표에 대한 단순 대응분석
accident-MCRA.SAS	[SAS-코드 1.3.2]	사고 운전자에 관한 삼원분할표의 다중 대응분석
oz-SCRA.SAS	[SAS-코드 1.3.3]	오즈의 마법사 텍스트 마이닝의 단순 대응분석
ptsd-MCRA.SAS	[SAS-코드 1.3.4]	외상 후 스트레스 증후군에 대한 다시점 자료의 다중 대응분석
view-MCRA.SAS	[SAS-코드 1.3.5]	경제전망과 경제정책선호 조사자료의 다중 대응분석
sociecono-MCRA.SAS	[SAS-코드 1.3.6]	인구통계적 변인과 사회경제적 변인에 의한 버트행렬에 대한 다중 대응분석
usmigration-modifiedSCRA.SAS	[SAS-코드 1.3.7]	미국의 거주지 이주에 관한 비대칭 분할표의 수정 단순 대응분석
smoke.sav	[SPSS-메뉴 1.4.1]	지위에 따른 흡연습관의 이원분할표에 대한 단순 대응분석
accident.sav	[SPSS-메뉴 1.4.2]	사고 운전자에 관한 삼원분할표의 다중 대응분석
oz.sav	[SPSS-메뉴 1.4.3]	오즈의 마법사 텍스트 마이닝의 단순 대응분석
ptsd.sav	[SPSS-메뉴 1.4.4]	외상 후 스트레스 증후군에 대한 다시점 자료의 다중 대응분석
view.sav	[SPSS-메뉴 1.4.5]	경제전망과 경제정책선호 조사자료의 다중 대응분석
usmigration.sav	[SPSS-메뉴 1.4.6]	미국의 거주지 이주에 관한 비대칭 분할표의 수정 단순 대응분석

2장 단순 대응분석

travel.R	[R-코드 2.1.1]	삼각형 좌표 시스템의 여행 국가 프로파일의 좌표점 공간
smoke-SCRA-algorithm.R	[R-코드 2.1.2]	지위에 따른 흡연습관의 이원분할표에 대한 단순 대응분석의 알고리즘
smoke-SCRA.R	[R-코드 2.2.2]	지위에 따른 흡연습관의 이원분할표에 대한 단순 대응분석
presex-SCRA.R	[R-코드 2.3.1]	결혼 전 성관계에 대한 반응과 피임허용의 이원분할표의 단순 대응분석
occupation-modifiedSCRA.R	[R-코드 2.4.1]	영국의 직업 이동에 관한 수정 단순 대응분석
usmigration-modifiedSCRA-join.R	[R-코드 2.4.2]	미국의 거주지 이주에 관한 수정 단순 대응분석
usmigration-modifiedSCRAalgorithm.R	[R-코드 2.4.3]	미국의 거주지 이주에 관한 수정 단순 대응분석의 알고리즘
smoke-SCRA.SAS	[SAS-코드 2.5.1]	지위에 따른 흡연습관의 이원분할표에 대한 단순 대응분석
usmigration-modifiedSCRA.SAS	[SAS-코드 2.5.2]	미국의 거주지 이주에 관한 비대칭 분할표의 수정 단순 대응분석
smoke.sav	[SPSS-메뉴 2.6.1]	지위에 따른 흡연습관의 이원분할표에 대한 단순 대응분석
usmigration.sav	[SPSS-메뉴 2.6.2]	미국의 거주지 이주에 관한 비대칭 분할표의 수정 단순 대응분석

3장 다중 대응분석

bivariateCRA-ca—Z-B-O.R	[R-코드 3.1.1]	이원분할표 O, 표시행렬 Z와 버트표 B의 이변량 대응분석
bivariateCRA-Algorithm-Z.R	[R-코드 3.2.1]	표시행렬 Z의 이변량 대응분석
bivariateCRA-ca-Z-withRows.R	[R-코드 3.2.2]	표시행렬 Z의 행좌표를 포함하는 이변량 대응분석 그림
MCRA-Algorithm-B.R	[R-코드 3.3.1]	표시행렬 Z의 이변량 대응분석과 버트표 B의 다중 대응분석
accident-B-Algorithm.R	[R-코드 3.3.2]	사고운전자의 부상정도에 따른 삼원분할표의 버트표의 다중 대응분석
sociecono-MCRAalgorithm.R	[R-코드 3.3.3]	인구통계적 변인과 사회경제적 변인에 의한 버트행렬에 대한 다중 대응분석 알고리즘
customer-MCRAalgorithm-Z.R	[R-코드 3.3.4]	미국의 거주지 이주에 관한 수정 단순 대응분석의 알고리즘
accident-MCRA-Adjusted.SAS	[SAS-코드 3.5.1]	사고 운전자에 관한 삼원분할표의 다중 대응분석의 수정 설명력 추가
accident-MCRA-Adjusted.SAS	[SAS-코드 3.5.2]	경제전망과 경제정책선호 조사자료의 다중 대응분석의 수정 설명력 추가
sociecono-MCR-Adjuted.SAS	[SAS-코드 3.5.3]	인구통계적 변인과 사회경제적 변인에 의한 버트행렬에 대한 다중 대응분석의 수정 설명력 추가

accident.sav	[SPSS-메뉴 3.6.1]	사고 운전자에 관한 삼원분할표의 다중 대응분석
view.sav	[SPSS-메뉴 3.6.2]	경제전망과 경제정책선호 조사자료의 다중 대응분석

4장 텍스트 자료의 대응분석

SSApple-wordcloud-barplot.R	[R-코드 4.1.1]	삼성과 애플의 기사의 빈도에 대한 워드 클라우드와 막대그림
oz-01.R	[R-코드 4.1.2]	오즈의 마법사 시리즈 1의 상위 빈도 5개 단어
oz_tfidf.R	[R-코드 4.2.1]	표시행렬 Z의 행좌표를 포함하는 이변량 대응분석 그림
gov-institutes-tfidf.R	[R-코드 4.2.2]	정부출연기관 보고서의 TF-IDF 적용 핵심어추출
oz-tfidf-SCRA.R	[R-코드 4.3.1]	오즈의 마법사 3종류 시리즈의 TF-IDF 적용 핵심어 추출
gov-institutes-tfidf-SCRA.R	[R-코드 4.3.2]	정부출연연구원 핵심어 단순 대응분석
oz-tfidf-SCRA.SAS	[SAS-코드 4.4.1]	오즈의 마법사 시리즈 핵심어 이원분할표에 대한 단순 대응분석
gov-institutes-tfidf-SCRA.SAS	[SAS-코드 4.4.2]	정부출연연구원 보고서 핵심어의 단순 대응분석
oz-tfidf.sav	[SPSS-메뉴 4.5.1]	오즈의 마법사 텍스트 자료의 단순 대응분석
institute.sav	[SPSS-메뉴 4.5.2]	정부출연연구원 보고서 핵심어의 단순 대응분석

5장 추가범주의 대응분석

smoke-SCRA-supplementary.R	[R-코드 5.1.1]	지위와 흡연습관에 추가된 음주 및 전국 흡연습관의 단순 대응분석
fund-SCRA-supplementary.R	[R-코드 5.1.2]	과학분야와 연구비지원에 추가된 범주의 단순 대응분석
smoke-SCRA-supplementaryalgorithm.R	[R-코드 5.2.1]	지위와 흡연습관에 추가된 음주 및 전국 흡연습관 범주좌표 구하기
fund-SCRA-supplementaryalgorithm.R	[R-코드 5.2.2]	과학분야와 연구비지원에 추가된 범주좌표 구하기
view-MCRA-supplementary.R	[R-코드 5.3.1]	경제전망과 정책선호도에 교육수준 추가범주에 대한 다중 대응분석
view-MCRA-supplementary.R	[R-코드 5.3.2]	성별, 나이, 교육수준을 추가범주로 하는 과학의 태도에 대한 다중 대응분석
customer-MCRA-Z-supplementary.R	[R-코드 5.3.2]	교육수준을 추가범주로 하는 고객 특성에 대한 다중 대응분석
smoke-SCRA-supplementary.SAS	[SAS-코드 5.4.1]	지위와 흡연습관에 추가된 음주 및 전국 흡연습관의 단순 대응분석
view-MCRA-supplementary.R	[SAS-코드 4.4.2]	성별, 나이, 교육수준을 추가범주로 하는 과학의 태도에 대한 다중 대응분석
science.sav	[SPSS-메뉴 5.5.1]	성별, 나이, 교육수준을 추가범주로 하는 과학의 태도에 대한 다중 대응분석

6장 좌표점의 정보통계량

smoke-SCRA-summary.R	[R-코드 6.1.1]	지위에 따른 흡연습관의 이원분할표에 대한 단순 대응분석의 정보통계량
smoke-SCRA-InformationStatistics.R	[R-코드 6.1.2]	지위에 따른 흡연습관의 이원분할표에 대한 단순 대응분석의 정보통계량 계산
smoke-SCRA-InformationStatistics.SAS	[SAS-코드 6.4.1]	지위에 따른 흡연습관의 단순 대응분석의 정보통계량
smoke.sav	[SPSS-메뉴 6.5.1]	성별, 나이, 교육수준을 추가범주로 하는 과학의 태도에 대한 다중 대응분석

7장 다시점 자료의 대응분석

ptsd-MCRA-vlda.R	[R-코드 7.1.1]	PTSD에 대한 다중 대응분석
depression-MCRA-vlda.R	[R-코드 7.1.2]	우울증 자료에 대한 다중 대응분석
depression-MCRA-ca.R	[R-코드 7.1.3]	우울증 자료에 대한 패키지 ca의 다중 대응분석
ptsd-MCRAalgorithm-Z-vlda.R	[R-코드 7.2.1]	PTSD 표시행렬 Z의 다중 대응분석
depression-MCRAalgorithm-Z-vlda.R	[R-코드 7.2.2]	우울증 자료의 표시행렬 Z의 다중 대응분석
ptsd-MCRA-Z-vlda-supplementary.R	[R-코드 7.3.1]	PTSD의 표시행렬 Z의 추가 개체와 변수의 다중 대응분석
depression-MCRA-Z-vlda-supplementary.R	[R-코드 7.3.2]	우울증 자료의 표시행렬 Z의 추가 개체와 변수의 다중 대응분석
depression-MCRA.SAS	[SAS-코드 7.4.1]	우울증 자료에 대한 다중 대응분석
depression.sav	[SPSS-메뉴 7.5.1]	우울증 다시점 자료의 다중 대응분석

부록.2 자료

각 장에서 처음 나타나는 자료만 언급하였다.

1장 대응분석의 이해

accidenttable.txt	[자료 1.1.2]	운전상태, 안전벨트사용, 사고운전자의 부상정도에 따른 삼원분할표
oz_total.txt	[자료 1.1.3]	오즈의 마법사 3종류 시리즈의 상위 빈도 5개 단어
ptsd.txt, data(PTSD)	[자료 1.1.4]	외상 후 스트레스 증후군에 대한 다시점 자료
view.txt	[자료 1.1.5]	경제전망과 경제정책선호 조사자료
sociecono_B.txt	[자료 1.1.6]	인구통계적 변인과 사회경제적 변인에 의한 버트표
usmigration.txt	[자료 1.1.7]	미국의 거주지 이주에 관한 비대칭 분할표
smoke.sav	[SPSS-메뉴 1.4.1]	지위에 따른 흡연습관의 이원분할표에 대한 단순 대응분석
accident.sav	[SPSS-메뉴 1.4.2]	사고 운전자에 관한 삼원분할표의 다중 대응분석
oz.sav	[SPSS-메뉴 1.4.3]	오즈의 마법사 텍스트 마이닝의 단순 대응분석
ptsd.sav	[SPSS-메뉴 1.4.4]	외상 후 스트레스 증후군에 대한 다시점자료의 다중 대응분석
view.sav	[SPSS-메뉴 1.4.5]	경제전망과 경제정책선호 조사자료의 다중 대응분석
usmigration.sav	[SPSS-메뉴 1.4.6]	미국의 거주지 이주에 관한 비대칭 분할표의 수정 단순 대응분석

2장 단순 대응분석

presex.txt	[자료 2.3.1]	결혼 전 성관계에 대한 반응과 피임허용의 이원분할표
occupation.txt	[자료 2.4.1]	영국의 직업 이동에 관한 비대칭 분할표

4장 텍스트 자료의 대응분석

Apple.txt	[자료 4.1.1]	2012년 1월~2012년 12월의 한국경제신문 기사

5장 추가범주의 대응분석

fund.txt	[자료 5.1.2]	과학분야와 연구비 지원에 추가된 범주의 이원분할표
data(wg93)	[보기 5.3.2]	성별, 나이, 교육수준을 추가범주로 하는 과학의 태도의 통계조사
wg93_category.txt	[보기 5.4.2]	성별, 나이, 교육수준을 추가 범주변수 형태의 자료

7장 다시점 자료의 대응분석

data(Depression)	[자료 7.1.1]	우울증 자료의 넓은 형태 자료

후기

대응분석(correspondence analysis)을 처음 접한 것은 1989년 겨울부터 고려대학교 허명회 교수의 지도하에 박사학위 논문 〈Resistant principal component analysis, biplot and correspondence〉을 준비하면서였다. 국내에서 처음으로 대응분석에 관한 전공 책으로 1993년 《SAS 대응분석》(고려대학교 통계연구소 통계분석 강의총서 17)과 2001년 《SAS 대응분석의 이해와 응용》을 집필하였다. 그 이후 본인의 졸작에 이를 요약하거나 R의 패키지 ca를 활용하기도 하여 분할표 자료의 시각화 기법으로 대응분석을 소개하였다.

이번 신작도 대학에서 교직 생활을 몇 년 남기지 않은 시점에서 마무리를 잘하자는 차원과 비록 졸작이지만 전공 관련 책을 몇 권 저술하려던 생각의 연장선에서 이루어졌다.

2022년 3월 4일 원고 작성을 시작하여 코로나에 감염된 여름 방학을 이겨내고 2023년 2월 1일 겨울방학을 맞아 1차 원고를 탈고하였다. 앞으로 2개월 정도 지도 학생들의 도움으로 원고를 복사해서 읽고 오류를 찾을 예정이다.

책을 집필하면서 늘 느끼는 점은 생각에 그려진 구성과 문장을 글로 시각화하는 작업이 쉽지 않다는 것이다. 어느 날은 한 쪽을 구성하기도 쉽지 않다.

이 책에서도 소개하고 있지만, 대응분석의 대가로 잘 알려진 세 사람 벤제크리(Jean-Paul Benzécri, 1932-2019), 하야시(Chikio Hayashi, 1918-2002) 그리고 그린에이커(Michael Greenacre, 1951-현재) 중 80년대 후반 고려대학교 대학원의 초청 연사로 왔던 하야시, 그리고 90년대 중반 폴란드 학회에 참여했던 그린에이커 이 두 사람과 만났던 그때의 감동은 여전하다.

이 책의 7장 다시점 자료의 대응분석은 한때 나의 지도 학생이었고 현재는 신라대학교 광고홍보학과 교수로 재직 중인 이보희의 박사학위 논문과 이를 토대로 개발된 R패키지 vlda(2022, 버전 1.1.5)에 힘입은 바가 크다.

출판사는 최근 통계 관련 책 집필을 지원하는 데 관심을 보였고 더군다나 본인의 졸작 《R과 함께하는 다변량 자료분석(2018)》, 《R과 함께하는 다변량 자료분석을 위한 추정과 검정(2019)》 그리고 《R과 함께하는 인과모형의 이해와 응용 –구조방정식모형–(2021)》을 출간해준 경문사를 마음에 두었다. 잘 팔리지 않는 전공 서적을 출간해 주겠다고 나서는 경문사가 나로선 그저 고마울 뿐이다.

아직 최종 수정된 원고를 넘기기까지의 과정과 출판사와의 지루한 교정 과정이 남아 있지만 1차 원고를 탈고했다는 생각에 행복하다. 지난해 8월 코로나 감염과 올 1월 초 골절상으로 다소 힘들었던 시기에 잘 간호해준 아내에게 고마움을 전한다.

2023년 2월 17일

참고문헌

강창완, 조장식, 최승배(2018). **R과 RStudio를 이용한 빅데이터 분석입문**, 자유아카데미.

목원대학교 스톡스대학 SW교양학부(2021). **데이터분석을 위한 R 프로그래밍 -기초부터 실전 데이터분석까지-**, 인피니티북스.

양호진, 정광모, 최용석(2022). **R과 SAS를 활용한 범주형자료분석**, 자유아카데미.

최용석(1993). **SAS 대응분석**, 고려대학교 통계연구소 강의총서 17, 자유아카데미.

최용석(1999). **행렬도의 이해와 응용**, 부산대학교출판부.

최용석(2001). **SAS 대응분석의 이해와 응용**, 자유아카데미.

최용석, 정광모(2001). **실무자를 위한 MINITAB 다변량 분석**, 이레테크.

최용석, 신상민(2013). **R을 활용한 행렬도 분석의 이해**, 자유아카데미.

최용석(2021). **R과 함께하는 다변량 자료분석**, 1판 2쇄, 경문사.

최용석, 강상목(1994). 한국기업의 환경법규위반패턴에 관한 연구: 대응분석을 이용한 실증적 분석. **한국환경학회지**, 3권 4호, 445-450.

허명회(1999). **다변량수량화**, 서울 : 자유아카데미.

허명회(2011). **탐색적 다변량자료 분석**, 자유아카데미.

허명회(2014). **응용데이터분석**, 자유아카데미.

Beh, E.J. and Lombardo, R.(2014). *Correpondence Analysis*, John Wiley & Sons, Ltd.

Choi, Y.S.(1991). *Resistant Principal Component Analysis, Biplot and Correspondence Analysis.* Unpublished Ph.D. Dissertation, Department of Statistics, Korea University.

Choi, Y.S. and Huh, M.H.(1999). Robust Simple Correspondence Analysis, *Journal of the Korean Statistical Society,* 28(3), 337-346.

Choi, Y.S., Hyun, G.H. and Kim, K.H.(2002). Reinterpretation of Multiple Correspondence Analysis using the k-Means Clustering Analysis. *Communications for Statistical Applications and Methods*, The Korean Statistical Society, 9(2), 505-514.

Choi, Y.S., Hyun, G.H. and Kim, J.G.(2005). A Numerical Comparison of Map Variability in SCA Using the Procrutese Analysis. *Journal of The Korean Data Analysis Society*, 7(5), 1531-1538.

Choi, J. and Choi, Y.S.(2014). Standardizing Unstructured Big Data and Visual Interpretation Using MapReduce and Correspondence Analysis, *The Korean Journal of Applied Statistics*, 27(2), 169-183.

du Toit, S.H.C., Steyn, A.G.W. and Stumpf, R.H.(1986). *Graphical Exploratory Data Analysis.* Springer-Verlag, New York.

Gower, J., Lubbe, S. and Roux, L.N.(2011). *Understanding Biplots*, Jonn Wiley & Sons, Ltd.

Greenacre, M.J.(1981). *Practical correspondence analysis.* in *Interpreting Multivariate Data* (edited by V. Barnet). Wiley, New York, 119-146.

Greenacre, M.J.(1984). *Theory and Applications of Correspondence Analysis.* Academic Press, New York.

Greenacre, M.J.(2007). *Correspondence Analysis in Practice. Second Edition,* Academic Press, London.

Greenacre, M. and Blasius, J.(1994). *Correspondence Analysis in the Social Sciences* -Recent Developments and Applications-, Acdemic Press, London.

Greenacre, M. and Hastie, T.(1987). The geometric interpretation of correspondence analysis, *Journal of the American Statistical Association 82*, 437-447.

Härdle W. and Simar, L.(2007). *Applied Multivariate Statistcal Analysis*, Springer, New York.

Izenman, A.J.(2008). *Modern Multivariate Statistical Techniques*, Springer,

Jeong, H.Y., Shin, S.M. and Choi, Y.S.(2019). Comparison of term weighting schemes for document classification, *The Korean Journal of Applied Statistics,* 32(2), 265-276.

Jobson, J.D.(1992). *Applied Multivariate Data Analysis*, Springer-Verlag, New York.

Johnson, R.A. and Wichern, D.W.(2002). *Applied Multivariate Statistical Analysis.* Prentice-Hall, New Jersey.

Jolliffe, I.T.(1986). *Principal Component Analysis.* Springer-Verlag, New York.

Jung, M.J., Shin, S.M. and Choi, Y.S.(2019).Creation and clustering of proximity data for text data analysis, *The Korean Journal of Applied Statistics,* 32(3), 451-462.

Kim, J.K., Choi, S.K. and Choi, Y.S.(2012). Social Network Analysis and Its Applications for Authors and Keywords in the JKSS. *Communications for Statistical Applications and Methods*, 19(4), 547-558.

Lebart, L., Morineau, A. and Warwick, K.(1984). *Multivariate Descriptive Statistical Analysis : Correspondence Analysis and Related Techniques for Large Matrices.* Wiley, New York.

Lee, B.H.(2019). *Visualization of Multidimensional Longitudinal Data*, Unpublished Ph.D. Dissertation, Dept. of Statistics, Pusan National University.

Lee, B.H., Lee, S.J. and Choi, Y.S.(2020). Document classification using a deep neural network in text mining, *The Korean Journal of Applied Statistics*, 33(5), 615-625.

Lee, B.H., Ryu, S.W. and Choi, Y.S.(2021). vlda: An R package for statistical visualization of multidimensional longitudinal data. *Communications for Statistical Applications and Methods*, The Korean (International) Statistical Society, 28(4), 361-391.

Lee, C.Y. and Choi, Y.S.(2014). Visualizations for Matched Pairs Models Using Modified Correspondence Analysis. *Communications for Statistical Applications and Methods*, The Korean Statistical Society, 21(4), 275-284.

Ryu, S.W., Lee, B.H. and Choi, Y.S.(2022). Package 'vlda': *Visualization of Multidimensional Longitudinal Data*, R package version 1.1.5, URL https://cran.r-project.org/web/packages/vlda/vlda.pdf.

SAS Institute(1988a). *SAS/IML User's Guide*, Release 6.03 Edition. Cary, NC: SAS Institute Inc.

SAS Institute(1988b). *SAS/GRAPH User's Guide*, Release 6.03 Edition. Cary, NC: SAS Institute Inc.

SAS Institute(2013). *SAS/STAT 13.1 User's Guide*, Cary, NC : SAS Institute Inc.

Satopaa, V., Albrecht, J., Irwin, D. and Raghavan, B.(2011). Finding a "kneedle" in a Haystack: Detecting Knee Points in System Behavior, *Distributed Computing Systems Workshops (ICDCSW) 2011 31st International Conference on, IEEE*, 166-171.

van der Heijden, P.G.M. and de Leeuw, J.(1985). Correspondence analysis used complementary to loglinear analysis, *Psychometrika, 50*, 429-447.

R, SAS, SPSS 함께하는

범주형 자료의 시각화

-대응분석-

지은이　최용석
펴낸이　조경희
펴낸곳　경문사
펴낸날　2023년 9월 10일 1판 1쇄
등　록　1979년 11월 9일 제1979-000023호
주　소　04057, 서울특별시 마포구 와우산로 174
전　화　(02)332-2004 팩스 (02)336-5193
이메일　kyungmoon@kyungmoon.com

값 25,000원

ISBN 979-11-6073-650-2